全国水利水电类高职高专统编教材

城市水利施工组织与造价

主　编　冷爱国　何　俊
副主编　陈方葵　刘祥柱
主　审　张智涌

黄河水利出版社

内 容 提 要

本书是全国水利水电类高职高专统编教材，是根据全国水利水电高职教研会制定的《城市水利施工组织与造价》课程教学大纲编写完成的。本书结合城市水利工程的特点，主要介绍了施工组织设计的概念、内容、任务、作用、分类、编制程序和步骤；流水施工的原理；工程网络计划技术的绘图、时间参数计算和优化；施工项目部署；施工场地布置；工程项目划分；工程费用构成；工程定额；工程造价的类型及编制方法。书中列举了大量例题和实际工程资料，突出了教材内容的实用性，能够满足高职高专学生学习的需要。

本书可作为高职高专院校城市水利、水务管理、水利工程、工程管理、工程造价等专业的教材，也可作为水利工程技术人员、工程管理人员的学习参考用书。

图书在版编目(CIP)数据

城市水利施工组织与造价/冷爱国，何俊主编. —郑州：黄河水利出版社，2008.9

全国水利水电类高职高专统编教材

ISBN 978-7-80734-371-4

Ⅰ.城… Ⅱ.①冷…②何… Ⅲ.①城市-水利工程-工程施工-施工组织-高等学校：技术学校-教材②城市-水利工程-工程造价-高等学校：技术学校-教材 Ⅳ.TV512

中国版本图书馆 CIP 数据核字(2008)第123838号

组稿编辑：王路平 电话：0371-66022212 E-mail：hhslwlp@126.com

出 版 社：黄河水利出版社

地址：河南省郑州市金水路11号 邮政编码：450003

发行单位：黄河水利出版社

发行部电话：0371-66026940、66020550、66028024、66022620(传真)

E-mail：hhslcbs@126.com

承印单位：许昌裕达印刷有限公司

开本：787 mm×1 092 mm 1/16

印张：22.75

字数：530千字 印数：1—4 100

版次：2008年9月第1版 印次：2008年9月第1次印刷

定价：40.00元

前　言

本书是根据教育部《关于加强高职高专教育人才培养工作意见》和《面向21世纪教育振兴行动计划》等文件精神，以及全国水利水电高职教研会拟定的教材编写规划，报水利部批准，由全国水利水电高职教研会组织编写的水利水电类全国统编教材。

随着我国城市化进程的加快，城市区域的水资源与水环境问题日渐突出，城市防洪、供水、节水、水环境、水生态、水文化以及城市水系综合治理等工程日渐增多，水利、市政、土建等多个行业相互交叉，施工条件发生较大变化，工程施工组织与造价面临着许多新的问题。为了适应新形势下城市水务建设与管理的需要，城市水利专业应运而生。

为了更好地满足专业教学和城市水利施工组织与造价编制的需要，坚持从实际出发，理论联系实际，在参照水利、土建、市政、交通等行业工程施工组织与造价的基础上，结合城市水利工程的特点，编写了本书。书中主要介绍了城市水利施工组织设计的概念、内容、任务、作用、分类、编制方法和编制步骤，以及工程造价的类型及编制方法，列举了工程实例，教材内容具有实用性，能较好地满足高职高专院校教学的要求。

本书编写人员及编写分工如下：第一章由山东水利职业学院冷爱国编写，第二章、第三章由杨凌职业技术学院田佳编写，第四章、第五章由山东水利职业学院刘祥柱编写，第六章由山西水利职业技术学院杨勇编写，第七章由山东水利职业学院张云清编写，第八章、第九章、第十二章、第十三章由四川水利职业技术学院李学明编写，第十章由安徽水安建设发展股份有限公司陈方葵编写，第十一章、第十四章由安徽水利水电职业技术学院何俊编写。本书由冷爱国、何俊担任主编，冷爱国负责全书统稿，由陈方葵、刘祥柱担任副主编。全书由四川水利职业技术学院张智涌担任主审。

本书在编写过程中，参考和借鉴了一些专家、学者的论著、有关教材和工程实际资料，在此谨向作者表示衷心的感谢。

由于水平有限，书中难免有不妥甚至错误之处，恳请广大读者批评指正。

编　者

2008年6月

目 录

第一章　施工组织概论

本章重点

1. 土建工程施工程序。
2. 施工组织设计的概念和作用。
3. 施工组织设计的类型和基本内容。
4. 施工组织设计编制程序和步骤。

本章教学要求

1. 掌握土建工程的施工程序。
2. 掌握施工组织设计的类型和基本内容。
3. 熟练掌握施工组织设计的编制程序和步骤。

第一节　建筑产品及其施工的特点

建筑产品是通过勘察、设计和施工,消耗大量资源(人力、物力、财力)而完成的,是一系列资源投入产出的过程。其施工生产的阶段性和连续性、组织上的专门化和协作化是一致的。建筑产品具有许多不同点,主要表现在以下方面:产品的形体庞大、复杂多样、整体难分、不能移动,其施工具有流动性、单件性、生产周期长、易受气候影响和外界干扰等。这些特点,对工程施工组织与造价预测有很大的影响。

一、建筑产品的特点

由于建筑产品的使用功能、平面与空间组合、结构与构造型式等,以及所使用材料的物理力学性能,决定了建筑产品的特殊性。其具体特点如下所述。

(一)建筑产品在空间上的固定性

一般的建筑产品均由自然地面以下的基础和自然地面以上的主体两部分组成。基础承受主体的全部荷载(包括基础的自重),并传递给地基。任何建筑产品都是在选定的地点上建造的,与选定地点的土地不可分割,只能在建造的地方供长期使用。所以,建筑产品的建造和使用地点在空间上是固定的。

(二)建筑产品的多样性

由于建筑产品的使用目的、技术等级、技术标准、自然条件以及使用功能不同,并且房屋建筑工程产品还要体现不同地区的民族风格、物质文明和精神文明,这些使建筑产品在规模、结构、构造、形式等诸方面千差万别、复杂多样。

(三)建筑产品形体庞大

建筑产品为了满足使用功能的要求,并结合建筑材料的物理力学性能,需要大量的物质资源,占据广阔的土地与空间,因而建筑产品具有形体的庞大性。

二、建筑产品施工的特点

建筑产品施工的特点是由建筑产品本身的特点所决定的。其具体特点如下所述。

(一)施工的流动性大

建筑产品地点的固定性决定了其施工的流动性。由于建筑产品的固定性和施工顺序的严格性,因而要组织各类工作人员和各种机械围绕这一固定产品,在同一工作面不同时间,或同一时间不同工作面上进行施工活动,这就需要科学地解决空间布置和时间安排之间的矛盾。此外,当某一土木工程竣工后,还要解决施工队伍向新的施工现场转移的问题。

(二)施工的单件性

土木工程类型多、施工环节多、工序复杂,每项工程又具有不同的功能、不同的施工条件,不仅要进行个别设计,而且要组织个别施工。即使选用标准设计、通用构件或配件,由于建筑产品所在地区的自然、技术、经济条件的不同,也应对建筑产品的结构和构造、建筑材料、施工组织和施工方法等因地制宜地加以修改,从而使各建筑产品施工具有单件性。

(三)施工周期长

建筑产品的固定性和形体的庞大性决定了建筑产品施工周期长。建筑产品形体庞大,使得最终建筑产品的建成必然消耗大量的人力、物力和财力。同时,建筑产品的施工全过程还要受到工艺流程和施工程序的制约,使各专业、各工种之间必须按照合理的施工顺序进行配合和衔接。又由于建筑产品的固定性,使施工活动的空间具有局限性,从而导致建筑产品施工具有周期长、占用资金大的特点。

(四)受外界干扰及自然因素影响大

建筑产品形体的庞大性,决定了建筑产品施工露天作业多。因此,受自然条件的影响较大,如气候冷暖、地势高低、洪水、雨雪等。设计变更、地质情况、物资供应条件、环境因素等对工程进度、工程质量、工程成本等都有很大的影响。

(五)施工协作性高

由上述建筑产品施工的特点可以看出,建筑产品施工涉及面广。每项工程都涉及建设、设计、施工等单位的密切配合,需要材料、动力、运输等各个部门的通力协作。因此,施工过程中的综合平衡和调度、严密的计划和科学的管理就显得尤为重要。

第二节　土建工程施工程序

施工程序是指施工单位从接受施工任务到工程竣工验收阶段必须遵守的工作顺序。

施工程序包括接受施工任务、签订工程承包合同、施工准备工作、组织施工和竣工验收各个阶段。

一、接受施工任务和签订工程承包合同

目前,随着我国市场经济体制的建立和发展,施工企业接受施工任务主要是通过参加投标,并通过建筑市场平等竞争而取得的。

接受工程项目时,首先应核查工程项目是否列入国家基本建设计划,必须有批准的可

行性研究、初步设计(或施工图设计)及概预算文件方可签订总承包合同(或协议书),进行施工准备工作。

施工承包合同内容一般包括承包的依据和方式、工程范围、工程质量、施工工期、开工和竣工日期、工程造价、技术物资供应、价款结算方式、奖惩条款和各自应做的准备工作及配合关系。承包合同应满足工程施工的需要,反映工程的特点,合同内容要具体,责任要明确,条款要简明,文字解释要清楚,便于检查。

二、施工准备工作

施工单位接受施工任务后,即可着手进行施工准备工作。在工程开工之前,必须有合理的施工准备期,而且施工准备工作还应有计划、有步骤、分阶段地贯彻于整个工程项目的施工过程中。随着工程的进展,在各个分部分项工程施工之前,都要做好施工准备工作。施工准备工作的基本任务是掌握建设工程的特点和进度要求,摸清施工的客观条件,统筹安排施工力量,为拟建工程的施工建立必要的技术和物质条件。

工程项目的施工准备工作按其性质和内容通常包括技术准备、物资准备、劳动组织准备、施工现场准备。

(一)技术准备

技术准备是施工准备的核心,任何技术的差错或隐患都可能引起安全和质量事故,造成生命、财产的巨大损失。因此,必须认真做好施工准备工作。其具体内容如下所述。

1.熟悉、核对设计文件、图纸及有关资料

组织有关人员熟悉设计文件、图纸及有关资料,使施工人员明确设计意图,熟悉施工图的内容和结构物的细部构造,掌握各种原始资料。对设计文件和图纸必须进行现场核对,其主要内容是:

(1)各项计划的安排,设计图纸和资料是否符合国家有关方针、政策和规定,图纸是否齐全,图纸内容及相互之间有无错误和矛盾;

(2)掌握设计内容和技术条件,弄清工程规模、结构特点和型式;

(3)设计文件所依据的水文、地质、气象、岩土等资料是否准确、可靠、齐全;

(4)核对路线中线、主要控制点、转角点、三角点、基线等是否准确无误,重要构造物的位置、尺寸大小、孔径等是否恰当、能否采用先进技术或使用新材料;

(5)路线或构造物与农田、水利、铁路、电讯、管道、公路、航道及其他建筑物的互相干扰情况和解决办法是否恰当,干扰可否避免;

(6)工业项目审查生产工艺流程和技术要求,掌握配套投产的先后次序和相互关系,以及设备安装图纸与其相配合的土建施工图纸在坐标、标高上是否一致,掌握土建施工质量是否满足设备安装的要求;

(7)对不良地质地段采取的处理措施,对水土流失、环境影响的处理措施是否合理;

(8)施工方法、料场分布、运输方式、道路条件等是否符合实际情况;

(9)临时房屋、便道、便线、便桥、电力、电讯设备、临时供水、供电等场地布置是否恰当;

(10)各项协议书等文件是否完善、齐备。

现场核对发现设计不合理或错误之处,应提出修改意见报上级机关审批,然后根据批复的修改设计意见进行施工测量、补充图纸等工作。

2. 补充调查资料

进行现场补充调查是为修改设计和编制实施性施工组织设计收集资料的。调查研究、搜集资料是施工准备工作中不可缺少的内容,应重点做好以下两个方面的调查分析。

1) 自然条件的调查分析

建设地区自然条件的调查分析主要有以下内容:地区水准点和绝对标高等情况;地质构造、土的性质和类别、地基土的承载力、地震级别和烈度等情况;河流流量和水质、最高洪水和枯水期的水位等情况;地下水位高低变化情况,含水层的厚度、流向、流量和水质等情况;气温、雨、雪、风和雷电等情况;土的冻结深度和冬季施工期限等情况。

2) 技术经济条件的调查分析

建设地区技术经济条件调查分析主要有以下内容:地方建筑施工企业的状况;施工现场的动迁状况;当地可利用的地方材料状况;地方能源和交通状况;地方劳动力和技术水平状况;当地生活供应、教育和卫生防疫状况;当地消防、治安状况和参加施工单位的力量状况。

3. 编制实施性施工组织设计、施工预算

实施性施工组织设计是施工准备工作的重要组成部分,是指导施工的重要技术经济文件。由于工程施工的特点决定了其不可能采用一个定型的、一成不变的施工方法,所以每个建设工程项目都需要分别确定施工方案和组织方法,即要求根据拟建工程的规模、结构特点和建设单位的要求,在施工调查资料分析的基础上,编制出一份能切实指导该工程全部施工活动的科学方案——施工组织设计。

施工预算是根据施工图预算、施工图纸、施工组织设计或施工方案、施工定额等文件编制的。它直接受施工图预算的控制,是施工企业内部控制各项成本支出、考核用工、"两算"对比、签发施工任务单、限额领料、基层队伍进行经济核算的依据。

(二)物资准备

材料、构(配)件、制品、机具设备是保证施工顺利进行的物资基础,这些物资的准备工作必须在工程开工之前完成。根据各种物资的需要量计划,分别落实货源、安排运输和储备,使其满足连续施工的要求。其主要包括以下内容。

1. 建筑材料的准备

建筑材料的准备主要是根据施工预算进行分析,按照施工进度计划的要求,按材料名称、规格、使用时间、材料储备定额和消耗定额进行汇总,编制出材料需要量计划,为组织备料、确定仓库和场地堆放所需的面积及组织运输等提供依据。

2. 构(配)件、制品的加工准备

根据施工预算提供的构(配)件、制品的名称、规格、质量和消耗确定加工方案、供应渠道及进场后的储存地点和方式,编制出其需要量计划,为组织运输、确定堆场面积等提供依据。

3. 建筑安装施工机具的准备

根据采用的施工方案安排施工进度,确定施工机械类型、数量和进场时间,确定施工机具的供应办法及进场后的存放地点和方式，编制工艺设备需要量计划，为组织运输、确定堆场面积提供依据。

4. 生产工艺设备的准备

按照拟建工程生产工艺流程及工艺设备的布置图，提出工艺设备的名称、型号、生产能力和需要量，确定分期分批进场时间及保管方式，编制工艺设备需要量计划，为组织运输、确定堆场面积提供依据。

（三）劳动组织准备

1. 建立拟建工程项目的领导机构

施工组织机构的建立应遵循以下原则：根据拟建工程项目的规模、结构特点和复杂程度，确定拟建工程项目的领导机构人选和名额；坚持合理分工与密切协作相结合；把有施工经验、有创业精神、有工作效率的人选入领导机构；坚持因目标设事、因事设机构定编制、按编制设岗位定人员、以职责定制度授权利。

2. 建立精干的施工队组

施工队组的建立要考虑专业、工种的合理配合，技工、普工的比例要满足合理的劳动组织，要符合流水施工组织方式的要求，确定建立施工队组的类型（是专业施工队组还是混合施工队组），要坚持合理、精干的原则；同时，制定出该工程的劳动力需要量计划。

3. 集结施工力量、组织劳动力进场

工地的领导机构确定之后，按照开工日期和劳动力需要量计划，组织劳动力进场。同时，要进行安全、防火和文明施工等方面的教育，并做好职工生活后勤保障工作。

4. 向施工队组、工人进行施工组织设计、计划和技术交底

施工组织设计、计划和技术交底的目的是把拟建工程的设计内容、施工计划和施工技术等内容详尽地向施工队组和工人讲解交待。它是落实计划和技术责任的有效方法。

施工组织设计、计划和技术交底的时间应在单位工程或分部分项工程开工之前及时进行，以保证工程严格地按照设计图纸、施工组织设计、安全操作规程和施工验收规范等要求进行施工。

施工组织设计、计划和技术交底有以下内容：工程的施工进度计划、月（旬）作业计划；施工组织计划，尤其是施工工艺、质量标准、安全技术措施、降低成本措施和施工验收规范的要求；新结构、新材料、新技术和新工艺的实施方案和保证措施；图纸会审中所确定的有关部位的设计变更和技术核定等事项。交底工作应按照管理系统逐级进行，由上而下直到施工队组和工人。交底的方式有书面形式、口头形式和现场示范形式等。

施工队组、工人接受施工组织设计、计划和技术交底后，要组织其成员进行认真的分析研究，弄清关键部位、质量标准、安全措施和操作要领。必要时应进行示范，并明确任务及做好分工协作，同时建立健全岗位责任制和保证措施。

5. 建立健全各项管理制度

工地的各项管理制度是否建立健全，直接影响其各项施工活动的顺利进行。其内容通常如下：工程质量检查与验收制度；工程技术档案管理制度；建筑材料（构件、配件、制品）的检查验收制度；技术责任制度；施工图纸学习与会审制度；技术交底制度；职工考勤、考核制度；工地及班组经济核算制度；材料出入库制度；安全操作制度；机具使用保养制度。

(四)施工现场准备

工程开工之前,一定要做好现场的各项施工准备工作。施工现场的准备应按施工组织设计的要求和安排进行。其包括以下内容:

(1)测出占地和征用土地范围,拆迁房屋、电讯设备等各种障碍物;

(2)平整场地,做好施工放样;

(3)修建便道、便桥,搭盖工棚和大型临时设施;

(4)料场布置,安装供水、供电设备;

(5)做好施工现场的补充勘探;

(6)组织施工机具进场,并安装和调试;

(7)做好冬、雨季施工的现场准备,设置消防、保安措施。

上述各项具体施工准备工作全部就绪后,即可向建设单位或工程师提出开工报告。必须坚持没有做好施工准备工作不能开工的原则。

三、组织施工

做好施工准备并报请批准后,才能进行正式施工。施工时应严格按照施工图纸进行,如需变动,应事先取得建设单位或工程师的同意。要按照施工组织设计确定的施工顺序、施工方法以及进度要求,科学、合理地组织施工,而且对施工过程要注意进行全面质量管理及成本控制。

对各分项工程,特别是地下工程和隐蔽工程,施工时要作好原始记录,每道工序施工完成并经工程师检验合格后,才能进行下一道工序。施工要严格按照设计要求和施工验收技术规范的规定进行,保证质量,不留隐患,不留尾巴,发现问题及时解决。

对大中型工程建设项目,要严格执行工程建设监理制度,按有关规定严格实行投资控制、进度控制、质量控制和安全控制。

施工时必须精心组织,建立正常、文明的施工程序,合理使用劳动力、材料、机具、设备、资金等。施工方案要因地制宜,施工方法要先进合理、切实可行。施工中必须伴随施工过程的进行,对施工进度、质量、成本、安全等实行全面控制,以达到全面高效完成计划任务的目的。

四、竣工验收

所有建设项目和工程都要按照设计文件所规定的内容全部建成,完工后以批准的设计文件为依据,根据国家有关规定,评定质量等级,进行竣工验收,并经工程师签认。

第三节　施工组织研究的对象及任务

一、施工组织研究的对象

施工组织是研究建筑产品(一个建设项目或单位工程)生产(施工)过程中诸要素合理组织的学科。如何根据工程项目建设的特点,从人力、资金、材料、机械和施工方法等五个主要方面进行科学合理的安排，使之在一定的时间和空间内，得以实现有组织、有计划、均衡的施工，使整个工程在施工中达到工期短、质量好和成本低的目的。

二、施工组织的任务

要多快好省地完成施工生产任务，必须有科学的施工组织，合理地解决好一系列问题。其具体任务是：

(1)确定开工前必须完成的各项准备工作；

(2)计算工程数量、合理布置施工力量，确定劳动力、机械台班、各种材料、构件等的需要量和供应方案；

(3)确定施工方案，选择施工机具；

(4)确定施工顺序，编制施工进度计划；

(5)确定工地上各种临时设施的平面布置；

(6)制定确保工程质量及安全生产的有效技术措施。

此外，工程项目的施工方案可以是多种多样的，我们应依据工程建设具体任务的特点、工期要求、劳动力数量、技术水平、机械装备能力、材料供应、构件生产、运输能力、地质和气候等自然条件以及技术经济条件进行综合分析，从众多方案中选择出最理想的方案。

将上述各项问题加以综合考虑，并作出合理决定，形成指导施工生产的技术经济文件——施工组织设计。它本身不仅是施工准备工作，而且是指导施工准备工作、全面安排施工生产、规划施工全过程活动、控制施工进度、进行劳动力和机械调配的基本依据，对能否多快好省地完成工程的施工生产任务起着决定性的作用。

土建工程施工占用着大量的劳动力，使用着大量的原材料、构(配)件、半成品，采用越来越多的施工机械，为了保证有节奏、连续地施工，保证在施工过程中各个工序都一致、准确地协同作业，必须不断改善施工计划和管理的组织工作。这就要求及时整理收集到的各种信息、迅速优质地编制作业计划，而传统的计算技术和工具，已不能很好地整理数量不断增加的、为熟练指挥施工组织所需的大量信息资料。因此，在施工管理中需要采用电子计算机技术。

目前，土建工程建设者已广泛利用网络技术和计算机来编制施工进度计划、施工作业计划和进行施工管理。利用现代化的计算工具和应用数学来提高施工组织和管理水平，选择组织与计划工作的最佳方案，及时整理和处理有关信息及编制施工进度计划与作业计划，缩短建设工期、降低工程造价。

第四节　施工组织设计

建筑产品作为一种特殊的商品，为社会生产、人民生活提供物质基础。一方面，建设项目能否按合同工期顺利完成投产，直接影响业主的投资经济效果和经济效益的实现；另一方面，施工单位如何保质保量、安全高效地建成项目，对施工单位本身经济及社会效益都有着重要影响。

施工组织设计就是针对工程项目施工过程的复杂性，用系统的思想并遵循技术经济规律，对拟建工程的各阶段、各环节及所需的各种资源进行统筹安排的计划管理行为。它努力使复杂的施工过程，通过科学、经济、合理的规划安排能够连续、均衡、协调地进行施工，满足建设项目对工期、质量、投资和安全等各方面的要求。

一、施工组织设计的概念及任务

施工组织设计是指导拟建工程项目进行施工准备、组织施工、指导施工活动、保证拟建工程项目正常进行的重要技术经济文件，是对拟建工程项目在人力和物力、时间和空间、技术和组织等方面所作出的全面科学合理的安排。

施工组织设计作为指导拟建工程项目的全局性文件，应尽量适应建筑安装施工过程的复杂性和具体施工项目的特殊性，并尽可能保持施工过程的连续性、均衡性和协调性，以实现生产活动的最佳经济效果。

（一）施工过程的连续性

施工过程的连续性是指施工过程的各阶段、各工序之间，在时间上紧密衔接的特性。保持施工过程的连续性，可缩短施工周期、保证产品质量和节约流动资金的占用。

（二）施工过程的均衡性

施工过程的均衡性是指工程项目的施工单位及其各施工生产环节，具有在相等的时间段内产生相等或稳定递增的特性，即施工生产各环节不出现前松后紧、时松时紧的现象。保持施工过程的均衡性，可以充分利用设备和人力、减少浪费、保证安全生产和产品质量。

（三）施工过程的协调性

施工过程的协调性是指施工过程的各阶段、各环节、各工序之间，在施工机具、劳动力的配备及工作面积的占用上保持适当比例关系的特性，它是施工过程连续性的物质基础。施工过程只有按照连续生产、均衡生产和协调生产的要求去组织，才能得以顺利进行。

施工组织设计的基本任务是根据业主对建设项目的各项要求，选择经济、合理、有效的施工方案；确定合理、可行的施工进度；拟定有效的技术组织措施；采用最佳的劳动组织，合理确定施工中劳动力、材料、机具设备等的需要量；合理布置施工现场的空间及拟定各种临时设施，以确保全面高效地完成工程建设项目。

二、施工组织设计的作用

施工组织设计在每项建设工程中都具有重要的规划作用、组织作用和指导作用，具体表现在以下几个方面：

(1)施工组织设计是拟建工程项目施工准备工作的一项重要内容，同时又是指导各项施工准备工作的依据。

(2)施工组织设计可体现实现基本建设计划和设计的要求，可进一步验证设计方案的合理性与可行性。

(3)施工组织设计是拟建工程项目所确定的施工方案、施工进度和施工顺序等，是指导开展紧凑、有秩序施工活动的技术依据。

(4)施工组织设计所提出的拟建工程项目的各项资源需要量计划直接为物资组织供

应工作提供数据。

(5)施工组织设计对现场所作的规划和布置,为现场的文明施工创造了条件,并为现场平面管理提供了依据。

(6)施工组织设计对施工企业计划起决定和控制作用。施工计划是根据施工企业对建筑市场所进行科学预测和中标结果,结合本专业的具体情况,制定出的企业不同时期应完成的生产计划和各项技术经济指标。而施工组织设计是按具体的拟建工程项目开工和竣工时间编制的指导施工的文件。因此,施工组织设计与施工企业的施工计划两者之间有着极为密切、不可分割的关系。施工组织设计是编制施工企业施工计划的基础;反过来,制定施工组织设计又应服从企业的施工计划,两者相辅相成、互为依据。

(7)通过编制施工组织设计,可以合理地确定各种临时设施的数量、规模和用途。

(8)通过编制施工组织设计,可以充分考虑施工中可能遇到的困难与障碍,主动调整施工中的薄弱环节,事先予以解决或排除,从而提高了施工的可预见性,减少了盲目性,使管理者和生产者做到心中有数,为实现建设目标提供技术保证。

(9)施工组织设计除具有以上作用外,还是上级主管部门督促检查工作及编制概预算的依据。

三、施工组织设计的分类

施工组织设计是一个总的概念,根据建设项目的类别、工程规模、编制阶段、编制对象和范围的不同,其在编制深度和广度上也有所不同。

(一)按编制单位和编制阶段不同分类

按编制单位和编制阶段不同,施工组织设计具体分类详见表1-1。

表1-1　施工组织设计分类

编制单位	编制阶段	施工组织设计类型
设计单位	初步设计	施工组织总设计
	施工图设计	单位工程施工组织设计
施工单位	投标阶段	综合指导性施工组织设计(标前施工组织设计)
	中标后施工阶段	实施性施工组织设计(标后施工组织设计)

(二)按编制对象范围不同分类

施工组织设计按编制对象范围的不同可以分为施工组织总设计、单位工程施工组织设计、分部分项工程施工组织设计三种。

1.施工组织总设计

施工组织总设计是以一个建筑群或一个建设项目为编制对象,用以指导整个建筑群或建设项目施工全过程的各项施工活动的技术、经济和组织的综合性文件。

2.单位工程施工组织设计

单位工程施工组织设计是以一个单位工程(一个建筑物或构筑物、一个交工系统)为编制对象,用以指导其施工全过程各项施工活动的技术、经济和组织的综合性文件。

3. 分部分项工程施工组织设计

分部分项工程施工组织设计又叫分部分项工程生产作业设计。它是以分部分项工程为编制对象,由单位工程的技术人员负责编制,用以具体实施其分部分项工程施工全过程的各项施工活动的技术、经济和组织的综合性文件。一般对于工程规模大、技术复杂或施工难度大的建筑物或构筑物,在编制单位工程施工组织设计之后,常需对某些重要的又缺乏经验的分部分项工程再深入编制生产作业设计。例如,深基础工程、大型结构安装工程、高层钢筋混凝土主体结构工程、地下防水工程等。

施工组织总设计、单位工程施工组织设计和分部分项工程施工组织设计,是同一建设项目中不同广度、深度和作用的三个层次。施工组织总设计是对整个建设项目的全局性战略部署,其内容和范围比较概括;单位工程施工组织设计是在施工组织总设计的控制下,以施工组织总设计和企业施工计划为依据,针对具体的单位工程,把施工组织总设计的内容具体化;分部分项工程施工组织设计是以施工组织总设计、单位工程施工组织设计和企业施工计划为依据编制的,针对具体的分部分项工程,把单位工程施工组织设计进一步具体化,它是专业工程具体的组织施工设计。

四、施工组织设计的基本内容

施工组织设计的内容,取决于它的任务和作用。因此,它必须能够根据不同建筑产品的特点和要求,根据现有的和可能争取到的施工条件,从实际出发,决定各种生产要素的基本结合方式。这种结合方式的时间和空间关系,以及根据这种结合方式和该建筑产品本身的特点,决定所需工人、机具、材料等的种类与数量,及其取得的时间与方式。不切实地解决这些问题,就不可能进行任何生产。由此可见,任何施工组织设计必须具有以下相应的基本内容:

(1)施工方法与相应的技术组织措施,即施工方案;

(2)施工进度计划;

(3)施工现场平面布置;

(4)各种资源需要量及其供应。

在这四项基本内容中,第(3)、(4)项主要用于指导准备工作的进行,为施工创造物质技术条件。人力、物力的需要量是决定施工平面布置的重要因素之一,而施工平面布置又反过来指导各项物质的因素在现场的安排。第(1)、(2)两项则主要指导施工过程的进行,规划整个的施工活动。施工的最终目的是按照国家和合同规定的工期,优质、低成本地完成基本建设工程,保证按期投产和交付使用。因此,进度计划在组织设计中就具有决定性的意义,是决定其他内容的主导因素,其他内容的确定首先要满足它的要求、为它的需要服务,这样它也就成为施工组织设计的中心内容。从设计的顺序上看,施工方案又是根本,是决定其他所有内容的基础。它虽以满足进度的要求作为选择的首要目标,但进度最终仍然要受到它的制约,并建立在这个基础之上。同时,也应该看到,人力、物力的需要与现场的平面布置也是施工方案与进度得以实现的前提和保证,要对它们发生影响。因为进度的安排与方案的确定必须从合理利用客观条件出发,进行必要的选择。所以,施工组织设计的这几项内容是有机地联系在一起的,互相促进,互相制约,密不可分。为了学习的方便，试把这种关系表示为如图1-1所示（其中实线表示决定作用，虚线表示制约作用）。

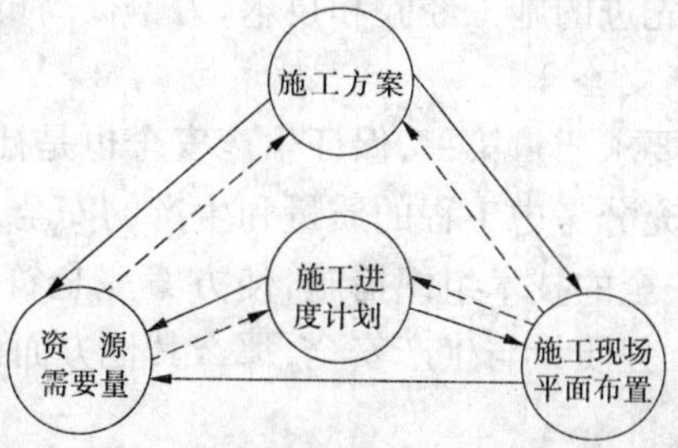

图1-1 施工组织设计的基本内容及相互关系

至于每个施工组织设计的具体内容，将因工程的情况和使用目的的差异，而有多寡、繁简与深浅之分。比如，当工程处于城市或原有的工业基地时，施工的水、电、道路与其他附属生产等临时设施将大为减少，现场的准备工作的内容将因而少些；当工程在离城市较远的新开拓地区时，这部分内容就将变得复杂起来，内容也就要多一些。对于一般性的建筑，组织设计的内容就可较为简单；对于复杂的民用建筑和工业建筑或规模较大的工程，内容就不得不较为复杂。为群体建筑做战略部署时，主要是解决重大的原则性问题，涉及面也较广，组织设计的内容就浅一些；为单体建筑的施工做战略部署时，需要能具体指导建筑安装活动，涉及面也较窄，组织设计的内容就要求深一些。除此以外，施工单位的经验和组织管理水平也可能对内容产生某些影响。比如对某些工程，如施工单位已有较多的施工经验，其组织设计的内容就可简略一些；对于缺乏施工经验的工程对象，其内容就应详尽一些、具体一些。所以，在确定每个组织设计文件的具体内容与章节时，都必须从实际出发，以适应为主，做到各具特点，少而精。

（一）施工方案

施工方案是指工、料、机等生产要素的有效结合方式。确定一个合理的结合方式，也就是从若干方案中选择出一个切实可行的施工方案来。这个问题不解决，施工就根本不可能进行。它是编制施工组织设计首先要确定的问题，它是决定其他内容的基础。施工方案的优劣，在很大程度上决定了施工组织设计的质量和施工任务完成的好坏。

1.制订和选择施工方案的基本要求

1）切实可行

制订施工方案首先必须从实际出发，一定要能切合当前的实际情况，有实现的可能性。选定的方案在人力、物力、技术上所提出的要求，应该是当前已有的条件或在一定的时期内有可能争取到的条件所能满足的。否则，任何方案都是不足取的。这就要求在制订方案之前，深入细致地做好调查研究工作，掌握主客观情况，进行反复的分析比较。方案的优劣，并不首先取决于它在技术上是否最先进，或工期是否最短，而是首先取决于它是否切实可行，只能在切实的范围内尽量要求其先进和快速。两者须统一起来，但“切实”应是主要的、决定性的方面。

2）施工期限满足国家要求

保证工程特别是重点工程按期和提前投入生产或交付使用，迅速发挥投资的效果，是有重大的国民经济意义的。因此，施工方案必须保证在竣工时间上符合国家提出的要求，并争取提前完成。这就要求在制订方案时，在施工组织上统筹安排，在照顾到均衡施工的同时，在技术上尽可能运用先进的施工经验和技术，力争提高机械化和装配化的程度。

3）确保工程质量和生产安全

基本建设是百年大计，要求质量第一，保证生产安全也是社会主义性质所决定的。因此，在制订施工方案时就要充分考虑工程的质量和生产的安全，在提出施工方案的同时要提出保证工程质量和生产安全的技术组织措施，使方案完全符合技术规范与安全规程的要求。如果方案不能确保工程质量与生产安全，那么其他方面再好也是不可取的。

4）施工费用最低

施工方案在满足其他条件的同时，也必须使方案经济合理，以增加生产的盈利。这就要求在制订方案时，尽力采用降低施工费用的一切正当的、有效的措施，从人力、材料、机具和间接费等方面找出节约的因素，发掘节约的潜力，使工料消耗和施工费用降到最低的限度。

以上几点是一个统一的整体，是不可分割的，在制订施工方案时应作通盘的考虑。现代施工技术的进步，组织经验的积累，每个工程的施工都可以用许多不同的方法来完成，存在着多种可能的方案供我们选择。这就要求在决定方案时，要以上述几点作为衡量的标准，经多方面的分析比较，全面权衡，选出可能的最好的方案。在选择中进行经济比较是完全必要的，有重要的参考价值，但决不能以此作为决定方案的唯一标准。因为施工组织问题是政治、经济、技术的综合，而不是一个单纯的经济问题。

2. 施工方案的基本内容

施工方案包括的内容很多，但概括起来，主要有以下四项：①施工方法的确定；②施工机具的选择；③施工顺序的安排；④流水施工的组织。前两项属于施工方案的技术方面，后两项属于施工方案的组织方面，不过机械的选择中也含有组织问题，如机械的配套，在施工方法中也有顺序问题，它是技术要求不可改变的顺序，而施工顺序则专指可以灵活安排的施工顺序。技术方面是施工方案的基础，但它同时又必须满足组织方面的要求，施工的组织方面把施工的技术方面，同时也把整个的施工方案同进度计划联系起来，从而反映进度计划对于施工方案的指导作用，两方面是互相联系而又互相制约着的。为把各项内容的关系更好地协调起来，使之更趋完善，为其实现创造更好的条件，施工技术组织措施也就成为施工方案各项内容的必不可少的延续和补充，成了施工方案的有机组成部分。

（二）施工进度计划

施工进度计划是施工组织设计在时间上的体现。进度计划是组织与控制整个工程进展的依据，是施工组织设计中关键的内容。因此，施工进度计划的编制要采用先进的组织方法（如立体交叉流水施工）和计划理论（如网络计划、横道图计划等）以及计算方法（如各项参数、资源量、评价指标计算等），综合平衡进度计划，规定施工的步骤和时间，以期达到各项资源在时间、空间上的合理利用，并满足既定的目标。

施工进度计划包括划分施工过程、计算工程量、计算劳动量、确定工作天数和工人人数或机械台班数、编排进度计划表及检查与调整等项工作。为了确保进度计划的实现，还必须编制与其适应的各项资源需要量计划。

(三)施工现场平面布置

施工现场平面布置是根据拟建项目各类工程的分布情况,对项目施工全过程所投入的各项资源(材料、构件、机械、运输、劳力等)和工人的生产、生活活动场地做出统筹安排,通过施工现场平面布置图或总布置图的形式表达出来。它是施工组织设计在空间上的体现。因为施工场地是施工生产的必要条件,合理安排施工现场、绘制施工现场平面布置图应遵循方便、经济、高效、安全的原则,以确保施工顺利进行。

(四)资源需要量及其供应

资源需要量是指项目施工过程中所必需消耗的各类资源的计划用量,它包括劳动力、建筑材料、机械设备以及施工用水、电、动力、运输、仓储设施等的需要量。各类资源是施工生产的物质基础,必须根据施工进度计划,按质、按量、按品种规格、按工种、按型号有条不紊地进行准备和供应。

五、施工组织设计的编制及实施

(一)施工组织设计的编制原则

施工组织设计的编制应遵循下列原则:

(1)认真贯彻党和国家对工程建设的各项方针和政策,严格执行建设程序。

(2)应在充分调查研究的基础上,遵循施工工艺规律、技术规律及安全生产规律,合理安排施工程序及施工顺序。

(3)全面规划,统筹安排,保证重点,优先安排控制工期的关键工程,确保合同工期。

(4)采用国内外先进施工技术,科学地确定施工方案。积极采用新材料、新设备、新工艺和新技术,努力提高产品质量水平。

(5)充分利用现有机械设备,扩大机械化施工范围,提高机械化程度,改善劳动条件,提高劳动效率。

(6)合理布置施工平面图,尽量减少临时工程,减少施工用地,降低工程成本。尽量利用正式工程及原有或就近已有设施,做到暂设工程与既有设施相结合、与正式工程相结合。同时,要注意因地制宜,就地取材,以求尽量减少消耗,降低生产成本。

(7)采用流水施工方法、网络计划技术来安排施工进度计划,科学安排冬、雨季项目施工,保证施工能连续地、均衡地、有节奏地进行。

(二)施工组织设计的编制依据

施工组织设计的编制应依据以下几个方面:

(1)国家计划或合同规定的进度要求;

(2)工程设计文件,包括说明书、设计图纸、工程数量表、施工组织方案意见、总概算等;

(3)调查研究资料(包括工程项目所在地区自然经济资料、施工中可配备的劳动力、机械及其他条件);

(4)有关定额(劳动定额、材料消耗定额、机械台班定额等)及参考指标;

(5)现行有关技术标准、施工规范、规则及地方性规定等;

(6)本单位的施工能力、技术水平及企业生产计划;

(7)有关其他单位的协议、上级指示等。

(三)施工组织设计的编制程序及步骤

(1)计算工程量。通常可以利用工程预算中的工程量。工程量计算准确,才能保证劳动力和资源需要量计算得正确和分层分段流水作业的合理组织,故工程量必须根据图纸和较为准确的定额资料进行计算。如工程的分层分段按流水作业方法施工时,工程量也应相应地分层分段计算。

(2)确定施工方案。如果施工组织总设计已有原则规定,则该项工作的任务就是进一步具体化,否则应全面加以考虑。需要特别加以研究的是主要分部分项工程的施工方法和施工机械的选择,因为它对整个单位工程的施工机具有决定性的作用。具体施工顺序的安排和流水段的划分也是需要考虑的重点。与此同时,还要很好地研究和决定保证质量与安全以及缩短技术性中断的各种技术组织措施。这些都是单位工程施工中的关键,对施工能否做到多快好省、安全有重大的影响。

(3)组织流水作业,拟定施工进度。根据流水作业的基本原理,按照工期要求、工作面的情况、工程结构对分层分段的影响以及其他因素,组织流水作业,决定劳动力和机械的具体需要量以及各工序的作业时间,编制网络计划,并按工作日排出施工进度。

(4)计算各种资源的需要量和确定供应计划。依据采用的劳动定额和工程量及进度可以确定劳动量(以工日为单位)和每日的工人需要量。依据有关定额和工程量及进度,就可以计算确定材料和加工预制品的主要种类、数量及其供应计划。

(5)平衡劳动力、材料物资和施工机械的需要量并修正进度计划。根据对劳动力和材料物资的计算就可绘制出相应的曲线以检查其平衡状况。如果发现有过大的高峰或低谷,即应将进度计划做适当的调整与修改,使其尽可能趋于平衡,以便劳动力的利用和物资的供应更为合理。

(6)设计施工平面图使生产要素在空间上的位置合理、互不干扰,加快施工进度。

(四)编制施工组织设计应注意的几个问题

编制施工组织设计时应注意下列几个问题:

(1)编制时,必须对与施工有关的技术经济条件进行广泛和充分的调查研究,收集各方面的原始资料,必须广泛地征求有关单位群众的意见。主持编制的单位应先召开交底会,组织基层单位或分包单位参加,请建设单位、设计单位进行建设条件和设计交底;然后根据提供的条件和要求,广泛吸收技术人员的意见。

(2)施工单位中标后,必须编制具有实际指导意义的标后施工组织设计。当建设工程实行总包和分包时,应由总包单位负责编制施工组织设计或分阶段施工组织设计。分包单位在总包单位的总体布署下,负责编制分包工程的施工组织设计。施工组织设计应根据合同工期及有关的规定进行编制,并且一定要广泛征求各协议施工单位的意见。

(3)对结构复杂、施工难度大以及采用新工艺和新技术的工程项目,要进行专业性的研究,必要时组织专门会议,邀请有经验的专业工程技术人员参加,挖掘群众的智慧,以便为施工组织设计的编制和实施打下坚实的群众基础。

(4)在施工组织设计的编制过程中,要充分发挥各职能部门的作用,吸收他们参加施工组织设计的编制和审定;充分利用施工企业的技术力量和管理能力、统筹安排、扬长避短，发挥施工企业的优势和水平，合理安排各工序间的立体交叉以配合施工顺序。

(5)当施工组织设计的初稿完成后，要组织参加编制的人员及单位进行讨论，经逐项逐条地研究修改，最终形成正式文件，送主管部门审批。

(五)施工组织设计的贯彻、检查和调整

1. 施工组织设计的贯彻

编制施工组织设计，是为了给实施过程提供一个指导性文件，但如何将图纸上的施工意图变为客观实践，且施工组织设计的经济效果如何，也必须通过实践验证。为了更好地指导施工实践活动，必须重视施工组织设计的贯彻与执行。在贯彻中要做好以下几个方面的工作。

1)做好施工组织设计的技术交底

经过批准的施工组织设计，在开工前，一定要召开各级的生产、技术会议并逐级执行交底，详细地讲解其意图、内容、要求、目标和施工的关键与保证措施，组织群众广泛讨论，拟定完成任务的技术组织措施，作出相应的决策。同时，责成计划部门，制定出切实可行和严密的施工计划；责成技术部门，拟定科学合理的具体技术实施细则，保证施工组织设计的贯彻执行。

2)制定各项管理制度

施工组织设计能否顺利贯彻，还取决于施工企业的技术水平和管理水平。企业管理水平的标志体现在企业各项管理制度健全与否。施工实践证明，只有施工企业有了科学的、健全的管理制度，企业的正常生产秩序才能顺利开展，才能保证工程质量，提高劳动生产率，防止可能出现的漏洞或事故。因此，为了保证施工组织设计能够顺利贯彻执行，必须建立和健全各项管理规章制度。

3)实行技术经济承包责任制

技术经济承包责任制是用经济的手段和方法明确承发包双方的责任。它便于加强监督和相互促进，是保证承包目标实施的重要手段。为了更好地贯彻施工组织设计，应该推行技术经济承包责任制度，开展劳动竞赛，把施工过程中的技术经济责任同职工的物质利益结合起来。如开展评比先进，推行全国工程综合奖、节约材料奖、提前工期奖和技术进步奖等。

4)搞好施工的统筹安排和综合平衡，组织连续施工

在贯彻施工组织设计时，一定要搞好人力、财力、材料、机械、施工方法、时间和空间等方面的统筹兼顾、合理安排，综合平衡各方面因素，优化施工计划，对施工中出现的不平衡因素应及时分析和研究，进一步完善施工组织设计，保证施工的节奏性、均衡性和连续性。

5)切实做好施工准备工作

施工准备工作是保证均衡和连续施工的重要前提，也是顺利地贯彻施工组织设计的重要保证。“不打无准备之仗”，不搞无准备之工程。开工之前不仅要做好一切人力、物力、财力和现场的准备，而且在施工过程中的不同阶段也要做好相应的施工准备工作。

2. 施工组织设计的检查

施工组织设计应着重进行以下几个方面的检查：

(1)任务落实及准备工作情况的检查。工程开工及各阶段施工之前，应检查任务落

实、交底情况，各项准备工作情况，技术措施保证情况，以免影响工程进度和质量。

(2)完成各项主要指标情况的检查。跟踪检查各施工单位及队组完成各项主要技术经济指标的情况，并与计划指标相对照，及时发现问题和偏差，为分析原因和制定调整措施提供依据。检查的主要内容包括工程进度、工程质量、材料消耗、机械使用、安全措施和成本费用等。

(3)施工现场布置合理性的检查。施工现场必须按施工(总)平面图的规划进行布置，必须按规定建造临时设施、堆放建筑材料和构配件，敷设管网和运输道路，安置施工机具等。施工现场要符合文明施工的要求；施工的每个阶段都要有相应的施工(总)平面图，其改变必须经有关部门批准。

3.施工组织设计的调整

施工组织设计的调整就是针对检查中发现的问题，通过分析其原因，拟定其改进措施或修定方案，对于实际进度偏离计划进度的情况，在分析其影响工期和后续工作的基础上，调整原计划以保证工期；对施工(总)平面图中的不合理地方进行修改。通过调整，使施工组织设计更切合实际，更趋合理，以实现在新的施工条件下，达到施工组织设计的目标。

应当指出，施工组织设计的贯彻、检查和调整既是贯穿工程施工全过程始终的经常性工作，又是全面完成施工任务的控制系统。

习题

1-1　土建工程施工程序有哪些？

1-2　施工组织研究的对象及任务分别是什么？

1-3　施工组织设计的概念和作用是什么？

1-4　施工组织设计的类型和基本内容有哪些？

1-5　施工组织设计编制程序及步骤有哪些？

第二章　流水施工原理

本章重点

1. 流水施工的基本概念。

2. 流水施工的参数。

3. 流水施工的分类。

4. 流水施工的组织方式。

本章教学要求

1. 掌握流水施工参数的计算。

2. 能运用流水施工的基本知识和组织方式，组织工程进行流水施工。

流水施工是一种科学的、有效的工程施工组织方法之一，它可以充分地利用工作时间和操作空间，减少非生产性劳动消耗，提高劳动生产率，保证工程施工连续、均衡、有节奏地进行，从而对提高工程质量、降低工程造价、缩短工期有着显著的作用。

第一节　基本概念

一、组织施工的方式

考虑工程项目的施工特点、工艺流程、资源利用、平面或空间布置等要求，其施工可以采用依次、平行、流水等组织方式。

(一)依次施工

依次施工方式是将拟建工程项目中的每一个施工对象分解为若干个施工过程，按施工工艺要求依次完成每一个施工过程，当一个施工对象完成后，再按同样的顺序完成下一个施工对象，依次类推，直至完成所有施工对象。这种施工方式的特点是：

(1)没有充分地利用工作面进行施工，工期长；

(2)如果按专业成立工作队，则各专业队不能连续作业，有时间间歇，劳动力及施工机具等资源无法均衡使用；

(3)如果由一个工作队完成全部施工任务，则不能实现专业化施工，不利于提高劳动生产率和工程质量；

(4)单位时间内投入的劳动力、施工机具、材料等资源量较少，有利于资源供应的组织；

(5)施工现场的组织、管理比较简单。

(二)平行施工

平行施工方式是组织几个劳动组织相同的工作队，在同一时间、不同空间，按施工工艺要求完成各施工对象。这种施工方式的特点是：

(1)充分地利用工作面进行施工,工期短;

(2)如果每一个施工对象均按专业成立工作队,则各专业队不能连续作业,劳动力及施工机具等资源无法均衡使用;

(3)如果由一个工作队完成一个施工对象的全部施工任务,则不能实现专业化施工,不利于提高劳动生产率和工程质量;

(4)单位时间内投入的劳动力、施工机具、材料等资源量成倍地增加,不利于资源供应的组织;

(5)施工现场的组织、管理比较复杂。

(三)流水施工

流水施工方式是将拟建工程项目中的每一个施工对象分解为若干个施工过程,并按照施工过程成立相应的专业工作队,各专业工作队按照施工顺序依次完成各个施工对象的施工,同时保证施工在时间和空间上连续、均衡和有节奏地进行,使相邻两专业工作队能最大限度地搭接作业。这种施工方式的特点是:

(1)尽可能地利用工作面进行施工,工期比较短;

(2)各专业工作队实现了专业化施工,有利于提高技术水平和劳动生产率,也有利于提高工程质量;

(3)专业工作队能够连续施工,同时使相邻专业工作队的开工时间能最大限度地搭接;

(4)单位时间内投入的劳动力、施工机具、材料等资源量较为均衡,有利于资源供应的组织;

(5)为施工现场的文明施工和科学管理创造了有利条件。

二、流水施工的表达方式

流水施工的表达方式除网络图外,主要还有横道图和垂直图两种。下面介绍横道图及垂直图的表示方法。

(一)流水施工的横道图表示法

某基础工程流水施工的横道图表示法如图 2-1 所示。图中的横坐标表示流水施工的持续时间;纵坐标表示施工过程的名称和编号。n 条带有编号的水平线段表示 n 个施工过程或专业工作队的施工进度安排,其编号①、②,…表示不同的施工段。

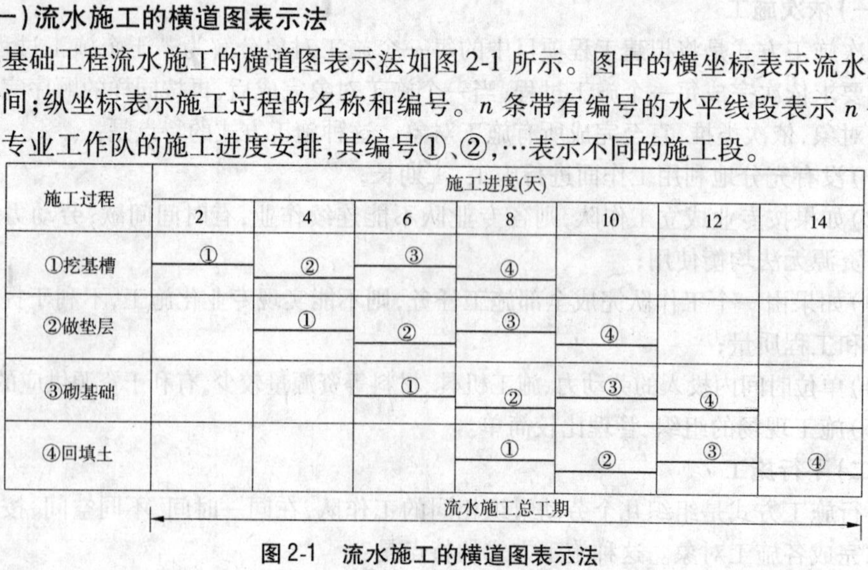

图 2-1　流水施工的横道图表示法

（二）流水施工的垂直图表示法

某基础工程流水施工的垂直图表示法如图 2-2 所示。图中的横坐标表示流水施工的持续时间；纵坐标表示流水施工所处的空间位置，即施工段的编号。n 条斜向线段表示 n 个施工过程或专业工作队的施工进度。

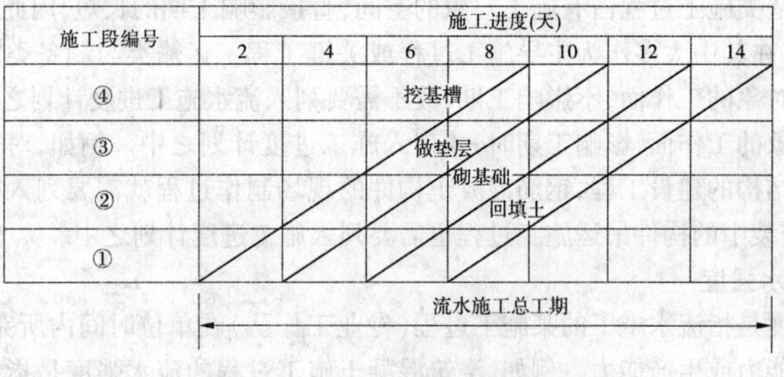

图 2-2　流水施工的垂直图表示法

第二节　流水施工参数

为了说明组织流水施工时，各施工过程在时间和空间上的开展情况及相互依存关系，这里引入一些描述工艺流程、空间布置和时间安排等方面的状态参数——流水施工参数，其包括工艺参数、空间参数和时间参数。

一、工艺参数

工艺参数主要是指在组织流水施工时，用以表达流水施工在施工工艺方面进展状态的参数，通常包括施工过程和流水强度两个参数。

（一）施工过程

组织建设工程流水施工时，根据施工组织及计划安排需要而将计划任务划分成的子项称为施工过程。施工过程划分的粗细程度由实际需要而定，当编制控制性施工进度计划时，组织流水施工的施工过程可以划分得粗一些，施工过程可以是单位工程，也可以是分部工程。当编制实施性施工进度计划时，施工过程可以划分得细一些，施工过程可以是分项工程，甚至是将分项工程按照专业工种不同分解而成的施工工序。

施工过程的数目一般用 n 表示，它是流水施工的主要参数之一。根据其性质和特点不同，施工过程一般分为三类，即建造类施工过程、运输类施工过程和制备类施工过程。

1. 建造类施工过程

建造类施工过程是指在施工对象的空间上直接进行砌筑、安装与加工，最终形成建筑产品的施工过程。它是在建设工程施工中占有主导地位的施工过程，如建筑物或构筑物的地下工程、主体结构工程、装饰工程等。

2. 运输类施工过程

运输类施工过程是指将建筑材料、各类构配件、成品、制品和设备等运到工地仓库或施工现场使用地点的施工过程。

3. 制备类施工过程

制备类施工过程是指为了提高建筑产品生产的工厂化、机械化程度和生产能力而形成的施工过程。如砂浆、混凝土、各类制品、门窗等的制备过程和混凝土构件的预制过程。

由于建造类施工过程占有施工对象的空间,直接影响工期的长短,因此必须列入施工进度计划,并在其中大多作为主导施工过程或关键工程。运输类与制备类施工过程一般不占有施工对象的工作面,不影响工期,故不需要列入流水施工进度计划之中。只有当其占有施工对象的工作面,影响工期时,才列入施工进度计划之中。例如,对于采用装配式钢筋混凝土结构的建设工程,钢筋混凝土构件的现场制作过程就需要列入施工进度计划之中,结构安装中的构件吊运施工过程也需要列入施工进度计划之中。

(二)流水强度

流水强度是指流水施工的某施工过程(专业工作队)在单位时间内所完成的工程量,也称为流水能力或生产能力。例如,浇筑混凝土施工过程的流水强度是指每工作班浇筑的混凝土立方数。流水强度可用下式计算:

$$V = \sum_{i=1}^{X} R_i S_i \tag{2-1}$$

式中 V——某施工过程(队)的流水强度;

R_i——投入该施工过程中的第 i 种资源量(施工机械台数或工人数);

S_i——投入该施工过程中第 i 种资源的产量定额;

X——投入该施工过程中的资源种类数。

二、空间参数

空间参数是指在组织流水施工时,用以表达流水施工在空间布置上开展状态的参数,通常包括工作面和施工段。

(一)工作面

工作面是指供某专业工种的工人或某种施工机械进行施工的活动空间。工作面的大小,表明能安排施工人数或机械台数的多少。每个作业的工人或每台施工机械所需工作面的大小,取决于单位时间内其完成的工程量和安全施工的要求。工作面确定的合理与否,直接影响专业工作队的生产效率。因此,必须合理确定工作面。

(二)施工段

将施工对象在平面或空间上划分成若干个劳动量大致相等的施工段落,称为施工段或流水段。施工段的数目一般用 m 表示,它是流水施工的主要参数之一。

由于施工段内的施工任务由专业工作队依次完成,因而在两个施工段之间容易形成一个施工缝。同时,施工段数量的多少将直接影响流水施工的效果,为使施工段划分的合理,一般应遵循下列原则:

(1)同一专业工作队在各个施工段上的劳动量应大致相等,相差幅度不宜超过10%~15%。

(2)每个施工段内要有足够的工作面,以保证相应数量的工人、主导施工机械的生产效率，满足合理劳动组织的要求。

(3)施工段的界限应尽可能与结构界限(如沉降缝、伸缩缝等)相吻合，或设在对建筑结构整体性影响小的部位，以保证建筑结构的整体性。

(4)施工段的数目要满足合理组织流水施工的要求。施工段数目过多，会降低施工速度，延长工期；施工段过少，不利于充分利用工作面，可能造成窝工。

(5)对于多层建筑物、构筑物或需要分层施工的工程，应既分施工段，又分施工层，各专业工作队依次完成第一施工层中各施工段任务后，再转入第二施工层的施工段上作业，依此类推，以确保相应专业队在施工段与施工层之间能组织连续、均衡、有节奏的流水施工。

三、时间参数

时间参数是指在组织流水施工时，用以表达流水施工在时间安排上所处状态的参数，主要包括流水节拍、流水步距和流水施工工期等。

(一)流水节拍

流水节拍是指在组织流水施工时，某个专业工作队在一个施工段上的施工时间。第 j 个专业工作队在第 i 个施工段的流水节拍一般用 $t_{j,i}$ 来表示($j=1,2,\cdots,n;i=1,2,\cdots,m$)。

流水节拍是流水施工的主要参数之一，它表明流水施工的速度和节奏性。流水节拍小，其流水速度快，节奏感强；反之则相反。流水节拍决定着单位时间的资源供应量，同时，流水节拍也是区别流水施工组织方式的特征参数。

同一施工过程的流水节拍，主要由所采用的施工方法、施工机械以及在工作面允许的前提下投入施工的工人数、机械台数和采用的工作班次等因素确定。有时，为了均衡施工和减少转移施工段时消耗的工时，可以适当调整流水节拍，其数值最好为半个班的整数倍。

流水节拍可分别按以下两种方法确定。

1.定额计算法

如果已有定额标准，可按式(2-2)或式(2-3)确定流水节拍：

$$t_{j,i}=\frac{Q_{j,i}}{S_jR_jN_j}=\frac{P_{j,i}}{R_jN_j} \tag{2-2}$$

或

$$t_{j,i}=\frac{Q_{j,i}H_j}{R_jN_j}=\frac{P_{j,i}}{R_jN_j} \tag{2-3}$$

式中 $t_{j,i}$——第 j 个专业工作队在第 i 个施工段的流水节拍；

$Q_{j,i}$——第 j 个专业工作队在第 i 个施工段要完成的工程量或工作量；

S_j——第 j 个专业工作队的计划产量定额；

H_j——第 j 个专业工作队的计划时间定额；

$P_{j,i}$——第 j 个专业工作队在第 i 个施工段需要的劳动量或机械台班数量；

R_j——第 j 个专业工作队所投入的人工数或机械台数；

N_j——第 j 个专业工作队的工作班次。

如果根据工期要求采用倒排进度的方法确定流水节拍,可用上式反算出所需要的工人数或机械台班数。但在此时,必须检查劳动力、材料和施工机械供应的可能性,以及工作面是否足够等。

2. 经验估算法

对于采用新结构、新工艺、新方法和新材料等没有定额可循的工程项目,可以根据以往的施工经验估算流水节拍。

(二)流水步距

流水步距是指组织流水施工时,相邻两个施工过程(或专业工作队)相继开始施工的最小间隔时间。流水步距一般用 $K_{j,j+1}$ 来表示,其中 $j(j=1,2,\cdots,n-1)$ 为专业工作队或施工过程的编号。它是流水施工的主要参数之一。

流水步距的数目取决于参加流水的施工过程数。如果施工过程数为 n 个,则流水步距的总数为 $n-1$ 个。

流水步距的大小取决于相邻两个施工过程(或专业工作队)在各个施工段上的流水节拍及流水施工的组织方式。确定流水步距时,一般应满足以下基本要求:

(1)各施工过程按各自流水速度施工,始终保持工艺先后顺序;

(2)各施工过程的专业工作队投入施工后尽可能保持连续作业;

(3)相邻两个施工过程(或专业工作队)在满足连续施工的条件下,能最大限度地实现合理搭接。

根据以上基本要求,在不同的流水施工组织形式中,可以采用不同的方法确定流水步距。

(三)流水施工工期

流水施工工期是指从第一个专业工作队投入流水施工开始,到最后一个专业工作队完成流水施工为止的整个持续时间。由于一项建设工程往往包含有许多流水组,故流水施工工期一般均不是整个工程的总工期。

第三节 流水施工

一、流水施工的组织方式

流水施工中,由于流水节拍的规律不同,决定了流水步距、流水施工工期的计算方法等也不同,甚至影响到各个施工过程的专业工作队数目。流水施工的组织方式可分为有节奏流水施工和非节奏流水施工。

(一)有节奏流水施工

有节奏流水施工是指在组织流水施工时,每一个施工过程在各个施工段上的流水节拍都各自相等的流水施工,它分为等节奏流水施工和异节奏流水施工。

1. 等节奏流水施工

等节奏流水施工是指在有节奏流水施工中,各施工过程的流水节拍都相等的流水施工,也称为固定节拍流水施工或全等节拍流水施工。

2. 异节奏流水施工

异节奏流水施工是指在有节奏流水施工中，各施工过程的流水节拍各自相等而不同施工过程之间的流水节拍不尽相等的流水施工。在组织异节奏流水施工时，又可以采用等步距和异步距两种方式。

1）等步距异节奏流水施工

等步距异节奏流水施工是指在组织异节奏流水施工时，按每个施工过程流水节拍之间的比例关系，成立相应数量的专业工作队而进行的流水施工，也称为加快的成倍节拍流水施工。

2）异步距异节奏流水施工

异步距异节奏流水施工是指在组织异节奏流水施工时，每个施工过程成立一个专业工作队，由其完成各施工段任务的流水施工，也称为一般的成倍节拍流水施工。

（二）非节奏流水施工

非节奏流水施工是指在组织流水施工时，全部或部分施工过程在各个施工段上的流水节拍不相等的流水施工。这种施工是流水施工中最常见的一种。

二、有节奏流水施工

（一）固定节拍流水施工

1. 固定节拍流水施工的特点

固定节拍流水施工是一种最理想的流水施工方式，其特点如下：

（1）所有施工过程在各个施工段上的流水节拍均相等；

（2）相邻施工过程的流水步距相等，且等于流水节拍；

（3）专业工作队数等于施工过程数，即每一个施工过程成立一个专业工作队，由该队完成相应施工过程所有施工段上的任务；

（4）各个专业工作队在各施工段上能够连续作业，施工段之间没有空闲时间。

2. 固定节拍流水施工工期

1）有间歇时间的固定节拍流水施工

所谓间歇时间，是指相邻两个施工过程之间由于工艺或组织安排需要而增加的额外等待时间，包括工艺间歇时间（$G_{j,j+1}$）和组织间歇时间（$Z_{j,j+1}$）。对于有间歇时间的固定节拍流水施工，其流水施工工期 T 可按式(2-4)计算：

$$T = (n-1)t + \sum G + \sum Z + mt = (m+n-1)t + \sum G + \sum Z \qquad (2\text{-}4)$$

式中符号含义如前所述。

例如，某分部工程有间歇时间的固定节拍流水施工计划如图 2-3 所示。

在该计划中，施工过程数目 $n=4$；施工段数目 $m=4$；流水节拍 $t=2$ 天；流水步距 $K_{\mathrm{I,II}}=K_{\mathrm{II,III}}=K_{\mathrm{III,IV}}=t=2$ 天；组织间歇 $Z_{\mathrm{I,II}}=Z_{\mathrm{II,III}}=Z_{\mathrm{III,IV}}=0$；工艺间歇 $G_{\mathrm{I,II}}=G_{\mathrm{II,III}}=G_{\mathrm{III,IV}}=1$ 天。因此，其流水施工工期为：

$$\begin{aligned} T &= (m+n-1)t + \sum G + \sum Z \\ &= (4+4-1)\times 2 + 1 + 0 \\ &= 15(\text{天}) \end{aligned}$$

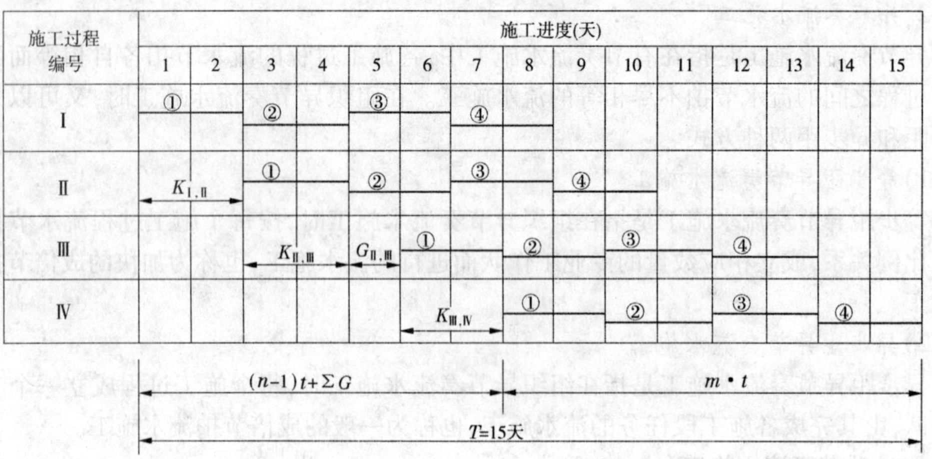

图 2-3　有间歇时间的固定节拍流水施工进度计划

2）有提前插入时间的固定节拍流水施工

所谓提前插入时间，是指相邻两个专业工作队在同一施工段上共同作业的时间。在工作面允许和资源有保证的前提下，专业工作队提前插入施工，可以缩短流水施工工期。对于有提前插入时间的固定节拍流水施工，其流水施工工期 T 可按式(2-5)计算：

$$T = (n-1)t + \sum G + \sum Z - \sum C + mt$$
$$= (m+n-1)t + \sum G + \sum Z - \sum C \tag{2-5}$$

式中　C——提前插入时间；

其余符号含义如前所述。

【例 2-1】　某分部工程流水施工计划如图 2-4 所示。

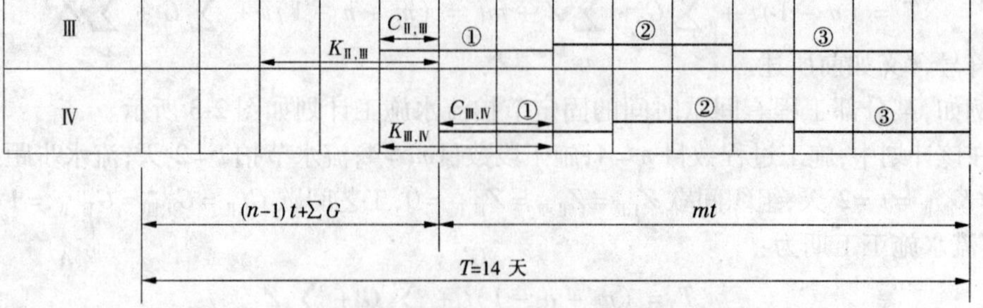

图 2-4　有提前插入时间的固定节拍流水施工进度计划

解：在该计划中，施工过程数目 $n=4$，施工段数目 $m=3$，流水节拍 $t=3$ 天，流水步距

$K_{\text{I},\text{II}} = K_{\text{II},\text{III}} = K_{\text{III},\text{IV}} = t = 3$ 天，组织间歇 $Z_{\text{I},\text{II}} = Z_{\text{II},\text{III}} = Z_{\text{III},\text{IV}} = 0$，工艺间歇 $G_{\text{I},\text{II}} = G_{\text{II},\text{III}} = G_{\text{III},\text{IV}} = 0$，提前插入时间 $C_{\text{I},\text{II}} = C_{\text{II},\text{III}} = 1$，$C_{\text{III},\text{IV}} = 2$ 天。因此，其流水施工工期为：

$$\begin{aligned} T &= (n-1)t + \sum G + \sum Z - \sum C + mt \\ &= (4-1) \times 3 + 0 + 0 - (1+1+2) + 3 \times 3 \\ &= 14\ (\text{天}) \end{aligned}$$

(二)成倍节拍流水施工

在通常情况下，组织固定节拍的流水施工是比较困难的。因为在任一施工段上，不同的施工过程，其复杂程度不同，影响流水节拍的因素也各不相同，很难使得各个施工过程的流水节拍都彼此相等。但是，如果施工段划分得合适，保持同一施工过程各施工段的流水节拍相等是不难实现的。使某些施工过程的流水节拍成为其他施工过程流水节拍的倍数，即形成成倍节拍流水施工。成倍节拍流水施工包括一般的成倍节拍流水施工和加快的成倍节拍流水施工。为了缩短流水施工工期，一般均采用加快的成倍节拍流水施工方式。

1. 加快的成倍节拍流水施工的特点

加快的成倍节拍流水施工的特点如下：

(1)同一施工过程在其各个施工段上的流水节拍均相等，不同施工过程的流水节拍不等，但其值为倍数关系；

(2)相邻专业工作队的流水步距相等，且等于流水节拍的最大公约数(K)；

(3)专业工作队数大于施工过程数，即有的施工过程只成立一个专业工作队，而对于流水节拍大的施工过程，可按其倍数增加相应的专业工作队数目；

(4)各个专业工作队在施工段上能够连续作业，施工段之间没有空闲时间。

2. 加快的成倍节拍流水施工工期

加快的成倍节拍流水施工工期 T 可按式(2-6)计算：

$$\begin{aligned} T &= (n'-1)K + \sum G + \sum Z - \sum C + mK \\ &= (m + n' - 1)K + \sum G + \sum Z - \sum C \qquad (2\text{-}6) \end{aligned}$$

式中 n'——专业工作队数目；

其余符号含义如前所述。

【例 2-2】 某分部工程流水施工计划如图 2-5 所示。

解：在该计划中，施工过程数目 $n=3$，专业工作队数目 $n'=6$，施工段数目 $m=6$，流水步距 $K=1$，组织间歇 $Z=0$，工艺间歇 $G=0$，提前插入时间 $C=0$。因此，其流水施工工期为：

$$\begin{aligned} T &= (n'-1)K + \sum G + \sum Z - \sum C + mK \\ &= (6+6-1) \times 1 + 0 + 0 - 0 \\ &= 11(\text{天}) \end{aligned}$$

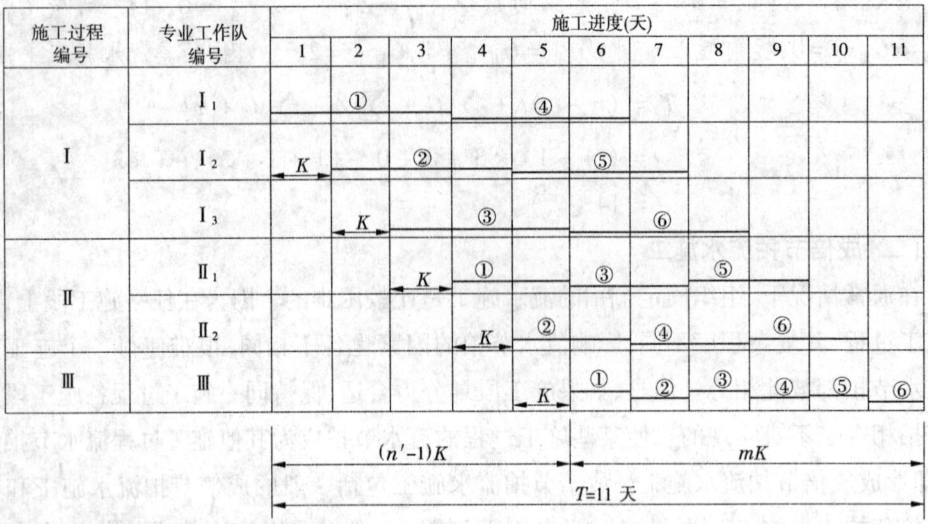

图 2-5 加快的成倍节拍流水施工进度计划

3. 成倍节拍流水施工示例

某建设工程由四幢大板结构楼房组成，每幢楼房为一个施工段，施工过程划分为基础工程、结构安装、室内装修和室外工程 4 项，其一般的成倍节拍流水施工进度计划如图 2-6 所示。

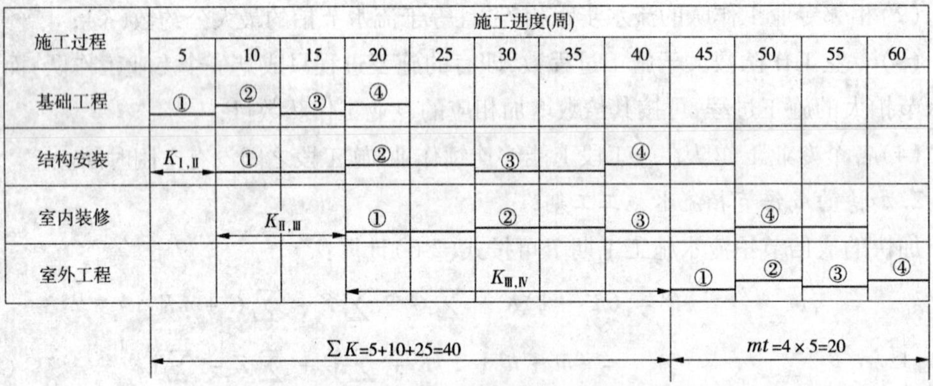

图 2-6 大板结构楼房一般的成倍节拍流水施工进度计划

由图 2-6 可知，如果按 4 个施工过程成立 4 个专业工作队组织流水施工，其总工期为：

$$T_0=(5+10+25)+4\times5=60(周)$$

为加快施工进度，增加专业工作队，组织加快的成倍节拍流水施工。

(1)计算流水步距。

流水步距等于流水节拍的最大公约数，即：

$$K=\min[5,10,10,5]=5$$

(2)确定专业工作队数目。

每个施工过程成立的专业工作队数目可按式(2-7)计算：

$$b_j = \frac{t_j}{K} \tag{2-7}$$

式中 b_j——第 j 个施工过程的专业工作队数目；

t_j——第 j 个施工过程的流水节拍；

K——流水步距。

在本例中，各施工过程的专业工作队数目分别为：

Ⅰ——基础工程：$b_{\text{Ⅰ}} = t_{\text{Ⅰ}}/K = 5/5 = 1$；

Ⅱ——结构安装：$b_{\text{Ⅱ}} = t_{\text{Ⅱ}}/K = 10/5 = 2$；

Ⅲ——室内装修：$b_{\text{Ⅲ}} = t_{\text{Ⅲ}}/K = 10/5 = 2$；

Ⅳ——室外工程：$b_{\text{Ⅳ}} = t_{\text{Ⅳ}}/K = 5/5 = 1$。

于是，参与该工程流水施工的专业工作队总数 n' 为：

$$n' = \sum b_j = (1 + 2 + 2 + 1) = 6$$

(3)绘制加快的成倍节拍流水施工进度计划图。

在加快的成倍节拍流水施工进度计划图中，除标明施工过程的编号或名称外，还应标明专业工作队的编号。在标明各施工段的编号时，一定要注意有多个专业工作队的施工过程。各专业工作队连续作业的施工段编号不应该是连续的，否则，无法组织合理的流水施工。

根据图 2-6 施工进度计划编制的加快的成倍节拍流水施工进度计划如图 2-7 所示。

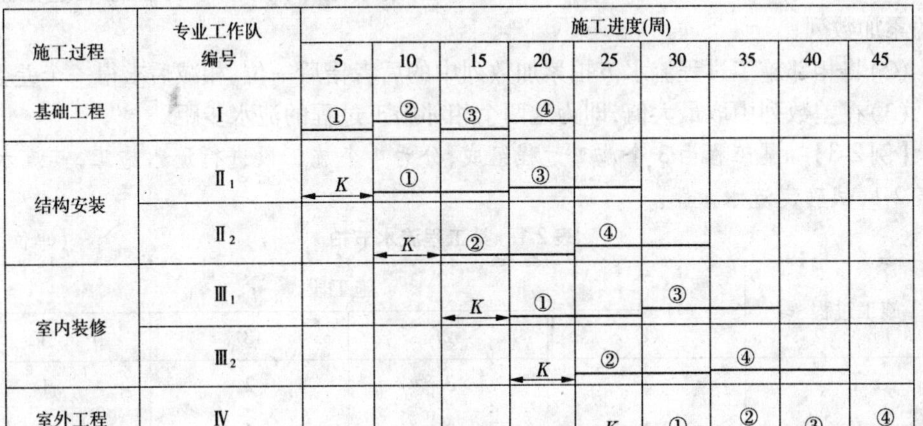

图 2-7 大板结构楼房加快的成倍节拍流水施工进度计划

(4)确定流水施工工期。

由图 2-7 可知，本计划中没有组织间歇、工艺间歇及提前插入，故根据式(2-6)算得流水施工工期为：

$$T=(m+n'-1)K=(4+6-1)\times5=45(\text{周})$$

可以看出，该工程组织加快的成倍节拍流水施工使得总工期缩短了15周。

三、非节奏流水施工

在组织流水施工时，经常由于工程结构形式、施工条件不同等原因，使得各施工过程在各施工段上的工程量有较大差异，或因专业工作队的生产效率相差较大，导致各施工过程的流水节拍随施工段的不同而不同，且不同施工过程之间的流水节拍又有很大差异。这时，流水节拍虽无任何规律，但仍可利用流水施工原理组织流水施工，使各专业工作队在满足连续施工的条件下，实现最大搭接。这种非节奏流水施工是建设工程流水施工普遍采用的方式。

（一）非节奏流水施工的特点

非节奏流水施工具有以下特点：

(1)各施工过程在各施工段的流水节拍不全相等；

(2)相邻施工过程的流水步距不尽相等；

(3)专业工作队数等于施工过程数；

(4)各专业工作队能够在施工段上连续作业，但有的施工段之间可能有空闲时间。

（二）流水步距的确定

在非节奏流水施工中，通常采用累加数列错位相减取大差法计算流水步距。基本步骤如下：

(1)对每一个施工过程在各施工段上的流水节拍依次累加，求得各施工过程流水节拍的累加数列；

(2)将相邻施工过程流水节拍累加数列中的后者错后一位，相减后求得一个差数列；

(3)在差数列中取最大值，即为这两个相邻施工过程的流水步距。

【例2-3】 某工程由3个施工过程组成，分为4个施工段进行流水施工，其流水节拍见表2-1，试确定流水步距。

表2-1 某工程流水节拍 （单位：天）

施工过程	施工段			
	①	②	③	④
Ⅰ	2	3	2	1
Ⅱ	3	2	4	2
Ⅲ	3	4	2	2

解：(1)求各施工过程流水节拍的累加数列：

施工过程Ⅰ:2,5,7,8

施工过程Ⅱ:3,5,9,11

施工过程Ⅲ:3,7,9,11

(2)错位相减求得差数列：

Ⅰ与Ⅱ：2,2,2，-1，-11

Ⅱ与Ⅲ：3,2,2，2，-11

(3)在差数列中取最大值求得流水步距：

施工过程Ⅰ与Ⅱ之间的流水步距：$K_{Ⅰ,Ⅱ} = \max(2,2,2,-1,-11) = 2$(天)

施工过程Ⅱ与Ⅲ之间的流水步距：$K_{Ⅱ,Ⅲ} = \max(3,2,2,2,-11) = 3$(天)

(三)流水施工工期的确定

流水施工工期可按式(2-8)计算：

$$T = \sum K + \sum t_n + \sum Z + \sum G - \sum C \tag{2-8}$$

式中 T—— 流水施工工期；

$\sum K$—— 各施工过程(或专业工作队)之间流水步距之和；

$\sum t_n$—— 最后一个施工过程(或专业工作队)在各施工段流水节拍之和；

$\sum Z$—— 组织间歇时间之和；

$\sum G$ —— 工艺间歇时间之和；

$\sum C$—— 提前插入时间之和。

【例2-4】 某工厂需要修建4台设备的基础工程，施工过程包括基础开挖、基础处理和浇筑混凝土。因设备型号与基础条件等不同，使得4台设备(施工段)的各施工过程有着不同的流水节拍，见表2-2。

表2-2 基础工程流水节拍 (单位：周)

施工过程	施工段			
	设备A	设备B	设备C	设备D
基础开挖	2	3	2	2
基础处理	4	4	2	3
浇筑混凝土	2	3	2	3

解：从流水节拍的特点可以看出，本工程应按非节奏流水施工方式组织施工。

(1)确定施工流向由设备A→B→C→D，施工段数 $m = 4$。

(2)确定施工过程数 $n = 3$，包括基础开挖、基础处理和浇筑混凝土。

(3)采用"累加数列错位相减取大差法"求流水步距：

$K_{Ⅰ,Ⅱ} = \max(2,1,-1,-1,-13) = 2$(周)

$K_{Ⅱ,Ⅲ} = \max(4,6,5,6,-10) = 6$(周)

(4)计算流水施工工期：

$$T = \sum K + \sum t_3 = (2+6) + (2+3+2+3) = 18(周)$$

(5)绘制非节奏流水施工进度计划，如图2-8所示。

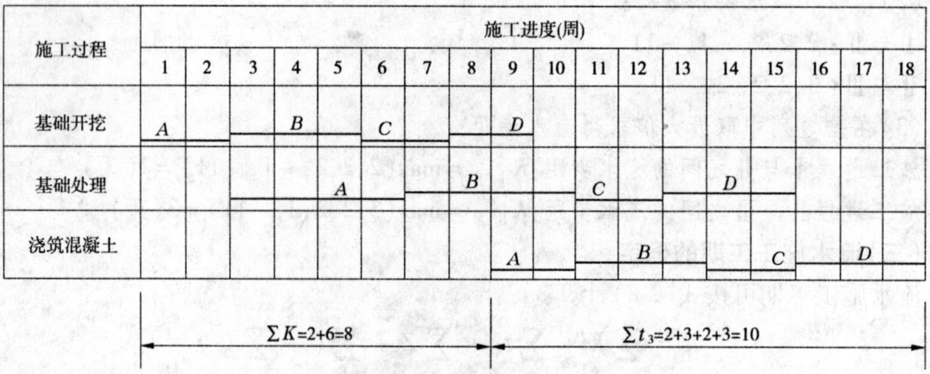

图 2-8　设备基础工程流水施工进度计划

习　题

2-1　简述流水施工的基本概念。

2-2　流水施工都有哪些参数？各参数表示什么意思？

2-3　某工程由支模板、绑扎钢筋和浇筑混凝土 3 个分项工程组成，它在平面上划分为 6 个施工段；上述 3 个分项工程在各个施工段上的流水节拍依次为 6 天、4 天和 2 天。试编制工期最短的流水施工方案。

第三章 网络计划技术

本章重点

1. 双代号网络计划技术。
2. 单代号网络计划技术。
3. 时标网络计划技术。
4. 网络计划的优化。

本章教学要求

1. 掌握双代号网络图绘制和参数计算。
2. 掌握单代号网络图绘制和参数计算。
3. 掌握时标网络图的绘制方法。
4. 学会进行网络计划优化。

第一节 网络计划技术的基本概念

一、网络计划技术及其特点

网络计划技术是一种科学的计划管理方法。其基本原理是利用网络图来表达计划任务的各项工作(施工过程、工序)之间的相互依赖、相互制约的关系及进度安排。它使计划中各项工作与整体计划的关系得以明确表示,并在此基础上进行网络分析计算,从错综复杂的施工环节中找出控制施工计划的关键线路,并利用时差,不断地改善网络计划,求得工期、资源和成本的优化方案。在计划实施过程中,通过信息反馈进行不断地调整和控制,保证以最低的消耗取得最佳的经济效果。这种方法得到了世界各国的公认,广泛应用于工业、农业、国防以及科研计划与管理中。

网络计划技术的基本模型是网络图。所谓网络图,是指"由箭线和节点组成的,用来表示工作流程的有向、有序网状图形"。所谓网络计划,是用网络图表达任务构成、工作顺序,并加注工作时间参数的进度计划。

网络计划具有以下优点:

(1)网络图把施工过程中的各有关工作组成了一个有机的整体,能全面而明确地表达出各项工作开展的先后顺序和反映出各项工作之间的相互制约和相互依赖的关系;

(2)能进行各种时间参数的计算;

(3)在名目繁多、错综复杂的计划中找出决定工程进度的关键工作,便于计划管理者集中力量抓主要矛盾,确保工期,避免盲目施工;

(4)能够从许多可行方案中选出最优方案;

(5)在计划的执行过程中,某一工作由于某种原因推迟或者提前完成时,可以预见到它对整个计划的影响程度，而且能根据变化的情况，迅速进行调整，保证自始至终对计划进行有效的控制与监督；

(6)利用网络计划中反映出的各项工作的时间储备，可以更好地调配人力、物力，以达到降低成本的目的；

(7)更重要的是，它的出现与发展使现代化的计算工具——计算机在建筑施工计划管理中得以应用。

网络计划技术可以为施工管理提供许多信息，有利于加强施工管理，既是一种编制计划的方法，又是一种科学的管理方法。它有助于管理人员全面了解、重点掌握、灵活安排、合理组织、多快好省地完成计划任务，不断提高管理水平。

二、网络计划的类型

(一)按代号的不同区分

1. 双代号网络计划

双代号网络计划是用双代号网络图表示的网络计划。双代号网络图是以箭线及其两端节点的编号表示工作，以节点衔接工作之间逻辑关系的网络图。

2. 单代号网络计划

单代号网络计划是以单代号网络图表示的网络计划。单代号网络图是以节点及其编号表示工作，以箭线表示工作之间逻辑关系的网络图。

(二)按目标的多少区分

1. 单目标网络计划

网络计划所用的网络图只有一个终点节点的网络计划称为单目标网络计划。

2. 多目标网络计划

网络计划所用的网络图有多个终点节点的网络计划称为多目标网络计划。

以上所称终点节点，是指网络图最后一个节点，表示一项任务的完成。终点节点的特征是没有外向箭线，即没有从该节点引出的箭线。

单目标网络图和多目标网络图都只有一个起点节点，即网络图的第一个节点，其表示任务的开始。起点节点没有内向箭线，即没有指向该节点的箭线。

(三)时标网络计划

时标网络计划是以时间坐标为尺度编制的网络计划。它的特点是箭线长度根据时间的多少绘制。

(四)搭接网络计划

搭接网络计划是前后工作之间有多种逻辑关系的网络计划。

(五)按肯定与否进行区分

1. 肯定型网络计划

肯定型网络计划指子项目(工作)、工作之间的逻辑关系及各工作的持续时间都肯定的网络计划。本书只涉及肯定型网络计划。

2. 非肯定型网络计划

非肯定型网络计划指计划子项目(工作)、工作之间的逻辑关系及各工作的持续时间三者之中有一项以上不肯定的网络计划。

(六)按网络计划包含的范围区分

1. 局部网络计划

局部网络计划是指以一个建筑物或构筑物中的一部分,或以一个施工段为对象编制的网络计划。

2. 单位工程网络计划

单位工程网络计划是指以一个单位工程或单体工程为对象编制的网络计划。

3. 综合网络计划

综合网络计划是指以一个单项工程或以一个建设项目为对象编制的网络计划。

三、网络计划的表达方法

网络图是由箭线和节点组成,用来表示工作流程的有向、有序网状图形。一个网络图表示一项计划任务。网络图中的工作是计划任务按需要粗细程度划分而成的,消耗时间或同时也消耗资源的一个子项目或子任务。工作可以是单位工程,也可以是分部工程、分项工程,一个施工过程也可以作为一项工作。一般情况下,完成一项工作既需要消耗时间,也需要消耗劳动力、原材料、施工机具等资源;但也有一些工作只消耗时间而不消耗资源,如混凝土浇筑后的养护过程和墙面抹灰后的干燥过程等。

网络图有双代号网络图和单代号网络图两种。双代号网络图又称箭线式网络图,它是以箭线及其两端节点的编号表示工作;同时,节点表示工作的开始或结束以及工作之间的连接状态。单代号网络图又称节点式网络图,它是以节点及其编号表示工作,箭线表示工作之间的逻辑关系。网络图中工作的表示方法如图 3-1 和图 3-2 所示。

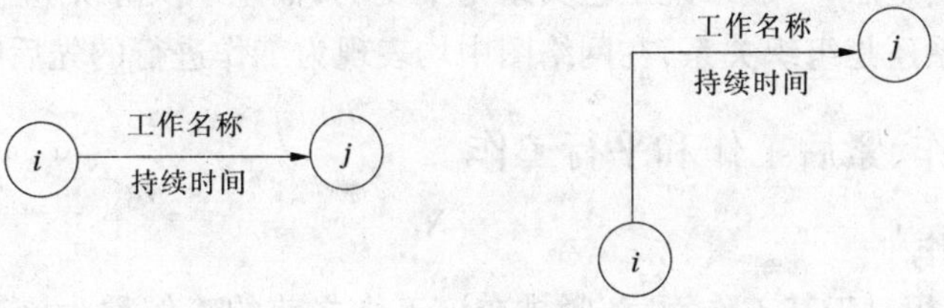

(a) (b)

图 3-1 双代号网络图中工作的表示方法

(a) (b)

图 3-2 单代号网络图中工作的表示方法

网络图中的节点都必须有编号，其编号不能重复，并应使每一条箭线上箭尾节点编号小于箭头节点编号。

在双代号网络图中，一项工作必须有唯一的一条箭线和相应的一对不重复出现的箭尾、箭头节点编号。因此，一项工作的名称可以用其箭尾和箭头节点编号来表示。而在单代号网络图中，一项工作必须有唯一的一个节点及相应的一个代号，该工作的名称可以用其节点编号来表示。

在双代号网络图中，有时存在虚箭线，虚箭线不代表实际工作，我们称之为虚工作。虚工作既不消耗时间，也不消耗资源。虚工作主要用来表示相邻两项工作之间的逻辑关系；有时为了避免两项同时开始、同时进行的工作具有相同的开始节点和完成节点，也需要用虚工作加以区分。

在单代号网络图中，虚工作只能出现在网络图的起点节点或终点节点处。

四、逻辑关系

工艺关系和组织关系是工作之间先后顺序关系——逻辑关系的组成部分。

（一）工艺关系

生产性工作之间由工艺过程决定的、非生产性工作之间由工作程序决定的先后顺序关系称为工艺关系。例如，建筑施工时，先做基础，后做结构，就是一种工艺关系。

（二）组织关系

工作之间由于组织安排需要或资源（劳动力、原材料、施工机具等）调配需要而规定的先后顺序关系称为组织关系。例如，某桥梁桥墩开工的先后、一栋建筑中各施工段间的施工顺序等，就是组织关系。

在施工方案确定后，一般来说工艺关系是不变的，而组织关系则应优化，即它是可变的。无论工艺关系还是组织关系，在网络图中均表现为工作进行的先后顺序。

五、紧前工作、紧后工作和平行工作

（一）紧前工作

在网络图中，相对于某工作而言，紧排在该工作之前的工作称为该工作的紧前工作。在双代号网络图中，工作与其紧前工作之间可能有虚工作存在。

（二）紧后工作

在网络图中，相对于某工作而言，紧排在该工作之后的工作称为该工作的紧后工作。在双代号网络图中，工作与其紧后工作之间也可能有虚工作存在。

（三）平行工作

在网络图中，相对于某工作而言，可以与该工作同时进行的工作即为该工作的平行工作。

紧前工作、紧后工作及平行工作是工作之间逻辑关系的具体表现，只要能根据工作之间的工艺关系和组织关系明确其紧前或紧后关系，即可据此绘出网络图。它是正确绘制网络图的前提条件。

六、先行工作和后续工作

(一)先行工作

相对于某工作而言,从网络图的第一个节点(起点节点)开始,顺箭头方向经过一系列箭线与节点到达该工作为止的各条通路上的所有工作,都称为该工作的先行工作。

(二)后续工作

相对于某工作而言,从该工作之后开始,顺箭头方向经过一系列箭线与节点到网络图最后一个节点(终点节点)的各条通路上的所有工作,都称为该工作的后续工作。

在建设工程进度控制中,后续工作是一个非常重要的概念。因为在工程网络计划的实施过程中,如果发现某项工作进度出现拖延,则受到影响的工作必然是该工作的后续工作。

七、线路、关键线路和关键工作

(一)线路

网络图中从起点节点开始,沿箭头方向顺序通过一系列箭线与节点,最后到达终点节点的通路称为线路。线路既可依次用该线路上的节点编号来表示,也可依次用该线路上的工作名称来表示。

(二)关键线路和关键工作

在关键线路法(CPM)中,线路上所有工作的持续时间总和称为该线路的总持续时间。总持续时间最长的线路称为关键线路,关键线路的长度就是网络计划的总工期。

在网络计划中,关键线路可能不止一条,而且在网络计划执行过程中,关键线路还会发生转移。

关键线路上的工作称为关键工作。在网络计划的实施过程中,关键工作的实际进度提前或拖后,均会对总工期产生影响。因此,关键工作的实际进度是建设工程进度控制工作中的重点。

八、网络计划时间参数

所谓时间参数,是指网络计划、工作及节点所具有的各种时间值。

(一)工作持续时间和工期

1. 工作持续时间

工作持续时间是指一项工作从开始到完成的时间。在双代号网络计划中,工作 i—j 的持续时间用 D_{i-j} 表示;在单代号网络计划中,工作 i 的持续时间用 D_i 表示。

2. 工期

工期泛指完成一项任务所需要的时间。在网络计划中,工期一般有以下三种:

(1)计算工期。计算工期是根据网络计划时间参数计算而得到的工期,用 T_c 表示。

(2)要求工期。要求工期是任务委托人所提出的指令性工期,用 T_r 表示。

(3)计划工期。计划工期是指根据要求工期和计算工期所确定的作为实施目标的工期,用 T_p 表示。

（二）工作的六个时间参数

1. 最早开始时间和最早完成时间

工作的最早开始时间是指在其所有紧前工作全部完成后，本工作有可能开始的最早时刻。工作的最早完成时间是指在其所有紧前工作全部完成后，本工作有可能完成的最早时刻。

在双代号网络计划中，工作 $i—j$ 的最早开始时间和最早完成时间分别用 ES_{i-j} 和 EF_{i-j} 表示；在单代号网络计划中，工作 i 的最早开始时间和最早完成时间分别用 ES_i 和 EF_i 表示。

2. 最迟完成时间和最迟开始时间

工作的最迟完成时间是指在不影响整个任务按期完成的前提下，本工作必须完成的最迟时刻。工作的最迟开始时间是指在不影响整个任务按期完成的前提下，本工作必须开始的最迟时刻。

在双代号网络计划中，工作 $i—j$ 的最迟完成时间和最迟开始时间分别用 LF_{i-j} 和 LS_{i-j} 表示；在单代号网络计划中，工作 i 的最迟完成时间和最迟开始时间分别用 LF_i 和 LS_i 表示。

3. 总时差和自由时差

工作的总时差是指在不影响总工期的前提下，本工作可以利用的机动时间。在双代号网络计划中，工作 $i—j$ 的总时差用 TF_{i-j} 表示；在单代号网络计划中，工作 i 的总时差用 TF_i 表示。

工作的自由时差是指在不影响其紧后工作最早开始时间的前提下，本工作可以利用的机动时间。在双代号网络计划中，工作 $i—j$ 的自由时差用 FF_{i-j} 表示；在单代号网络计划中，工作 i 的自由时差用 FF_i 表示。

从总时差和自由时差的定义可知，对于同一项工作而言，自由时差不会超过总时差。当工作的总时差为零时，其自由时差必然为零。

（三）节点最早时间和最迟时间

1. 节点最早时间

节点最早时间是指在双代号网络计划中，以该节点为开始节点的各项工作的最早开始时间。节点 i 的最早时间用 ET_i 表示。

2. 节点最迟时间

节点最迟时间是指在双代号网络计划中，以该节点为完成节点的各项工作的最迟完成时间。节点 j 的最迟时间用 LT_j 表示。

（四）相邻两项工作之间的时间间隔

相邻两项工作之间的时间间隔是指本工作的最早完成时间与其紧后工作最早开始时间之间可能存在的差值。工作 i 与工作 j 之间的时间间隔用 LAG_{i-j} 表示。

第二节　双代号网络计划的编制

一、双代号网络图

双代号网络图如图 3-3 所示。图中的每一条箭线表示一项工作。箭线的箭尾节点表示该工作的开始，箭线的箭头节点表示该工作的结束。在非时标网络图中，箭线的长度不直接反映该工作所占的时间长短。箭线应画成水平直线、折线或斜线，而以水平直线为主，其水平投影的方向应自左向右，表示工作的进行方向。

双代号网络图的基本符号是圆圈、箭线及编号，如图 3-4 所示。图中的圆圈表示节点，圆圈内的数字表示节点编号，节点表示某项工作开始或结束的瞬间，箭线表示一项工作。所谓"工作"，是指计划任务按需要粗细程度划分而成的、消耗时间或同时也消耗资源的一个子项目或子任务。箭线之下用数字表示工作的持续时间，箭线之上用符号或文字表示工作的名称（有时可以不标注，而用箭线两端的编号表示工作名称）。箭尾节点的编号在前，箭头节点的编号在后，前小后大，因此在编号时，凡箭尾节点未编号，箭头节点不能编号。

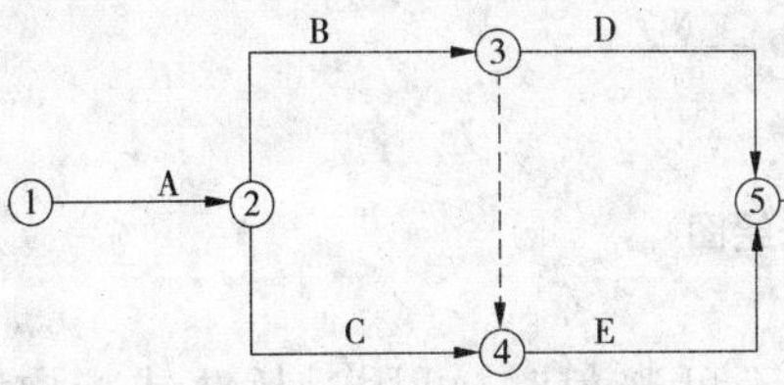

图 3-3　双代号网络图

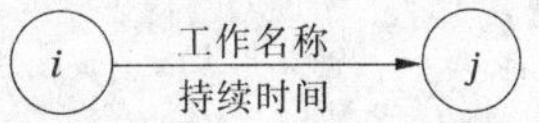

图 3-4　双代号网络图工作的表示方法

在图 3-3 中，含有一条虚箭线③⇢④。该箭线表示一项虚工作。虚箭线的唯一功能是用以正确表达相关工作的逻辑关系。它不消耗资源，持续时间为 0。虚工作可垂直向上、向下，也可以水平方向向右。图 3-5 中的三个图表示了虚箭线的作用：图(a)用虚箭线将节点①到节点④的三项工作从开始节点区分开来；图(b)用虚箭线将节点①到节点④的三项工作从结束节点区分开来；图(c)表示 A 工作完成后进行 C，A、B 完成后进行 D，A、D 两项工作就是用虚箭线相联的，由于箭头向下，证明 B、C 工作被隔断，并无联系。

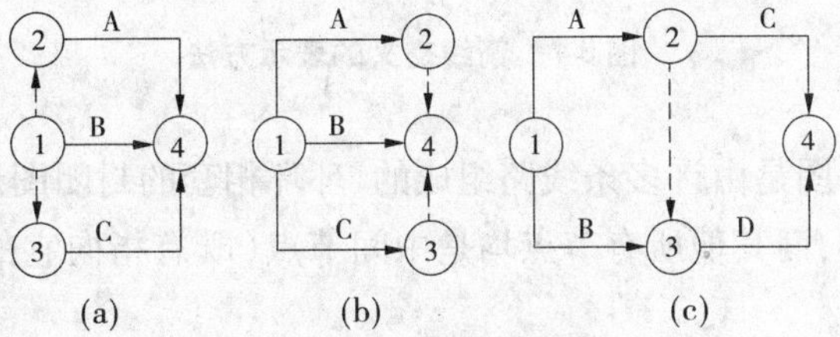

图 3-5　虚箭线的作用

二、双代号网络图的绘制

（一）绘图规则

《工程网络计划技术规程》确定了网络图绘制的如下七条规则：

(1)双代号网络图必须正确表达已定的逻辑关系。

(2)双代号网络图中，严禁出现循环回路。

(3)双代号网络图中，在节点之间严禁出现带双向箭头或无箭头的连线。

(4)双代号网络图中，严禁出现没有箭头节点或箭尾节点的箭线。

(5)当双代号网络图的某些节点有多条外向箭线或多条内向箭线时，在保证一项工作有唯一的一条箭线和对应的一对节点编号的前提下，允许使用母线法绘图。箭线线型不同，可在从母线上引出的支线上标出，如图 3-6 所示。

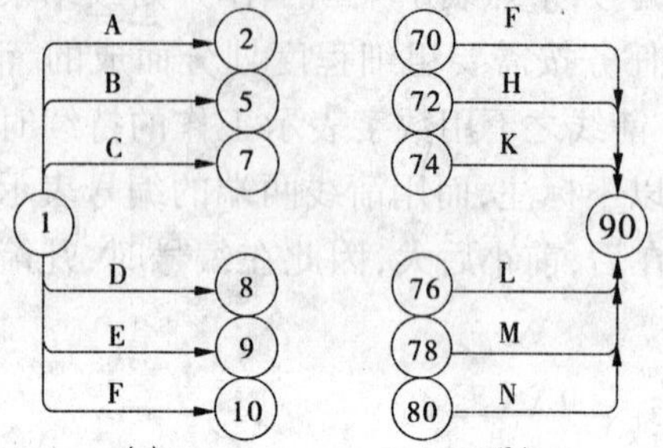

(a) (b)

图 3-6 母线法绘图

(6)绘制网络图时，箭线不宜交叉，当交叉不可避免时，可用过桥法或指向法，见图 3-7。

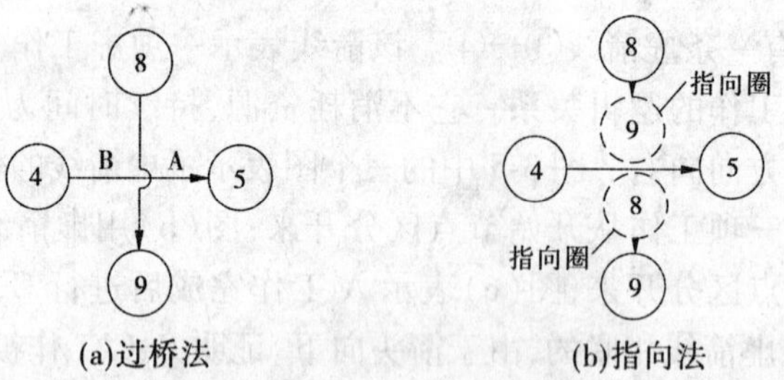

图 3-7 箭线交叉的表示方法

(7)双代号网络图是由许多条线路组成的、环环相套的封闭图形，只允许有一个起点节点和一个终点节点，而其他所有节点均是中间节点(既有指向它的箭线，又有背离它的箭线)。

(二)网络图的绘制

绘制双代号网络图的关键有以下两条:

第一条是要正确运用虚箭线，正确反映工作之间的既定关系，使有关系的工作一定要表达准确，且不要漏画“关系”，使没有关系的工作一定不要扯上“关系”。

第二条是严格按上述七条绘图规则绘图。

双代号网络图逻辑关系的表达见表 3-1。

为了说明网络图的绘制方法，下面举出表 3-2 的逻辑关系，根据这个逻辑关系绘制的双代号网络图如图 3-8 所示。

表 3-1　双代号网络图中各工作逻辑关系表示方法

序号	工作之间的逻辑关系	网络图中表示方法	说明
1	有 A、B 两项工作，按照集资施工方式进行	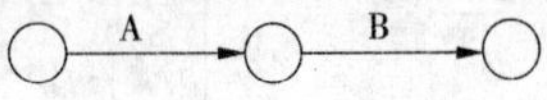	B 工作依赖着 A 工作，A 工作约束着 B 工作的开始
2	有 A、B、C 三项工作同时开始	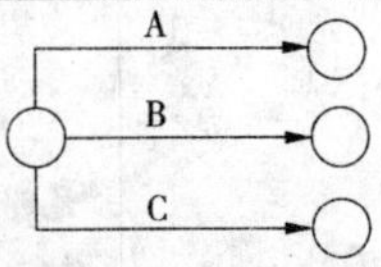	A、B、C 三项工作称为平行工作
3	有 A、B、C 三项工作同时结束	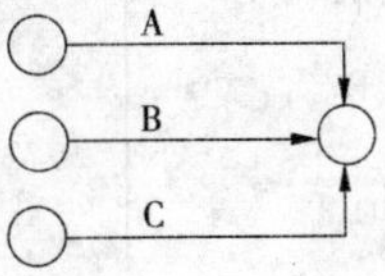	A、B、C 三项工作称为平行工作
4	有 A、B、C 三项工作，只有在 A 完成后，B、C 才能开始	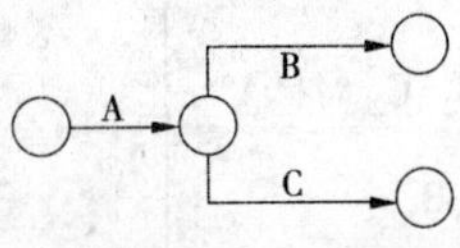	A 工作制约着 B、C 工作的开始，B、C 为平行工作
5	有 A、B、C 三项工作，C 工作只有在 A、B 完成后才能开始	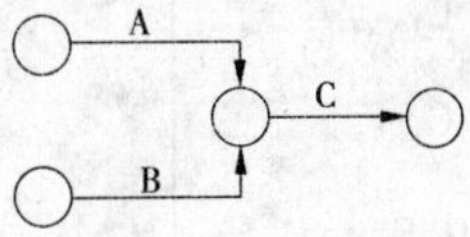	C 工作依赖着 A、B 工作，A、B 为平行工作
6	有 A、B、C、D 四项工作，只有当 A、B 完成后 C、D 才能开始	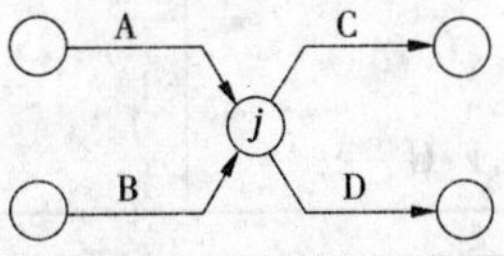	通过中间事件 *j* 正确地表达了 A、B、C、D 之间的关系
7	有 A、B、C、D 四项工作，A 完成后，C 才能开始，A、B 完成后 D 才开始	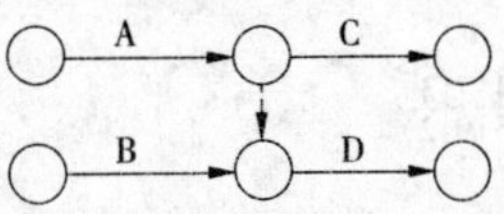	D 与 A 之间引入了逻辑连接（虚工作），只有这样才能正确表达它们之间的约束关系
8	有 A、B、C、D、E 五项工作，A、B 完成后 C 开始，B、D 完成后 E 开始	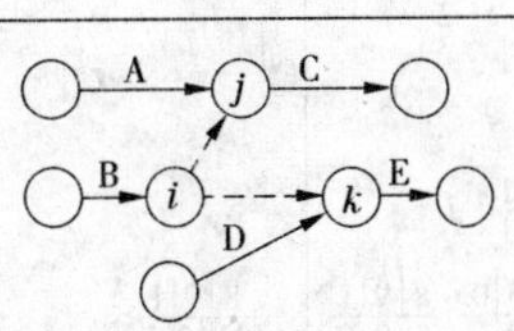	虚工作 *i*—*j* 反映出 C 工作受到 B 工作的约束；虚工作 *i*—*k* 反映出 E 工作受到 B 工作的约束
9	有 A、B、C、D、E 五项工作，A、B、C 完成后 D 才能开始，B、C 完成后 E 才能开始	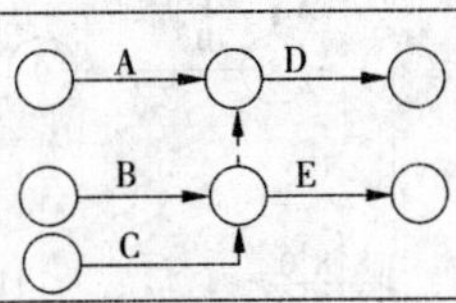	这是前面序号 1、5 情况通过虚工作连接起来的，虚工作表示 D 工作受到 B、C 工作制约
10	A、B 两项工作分三个施工段，平行施工	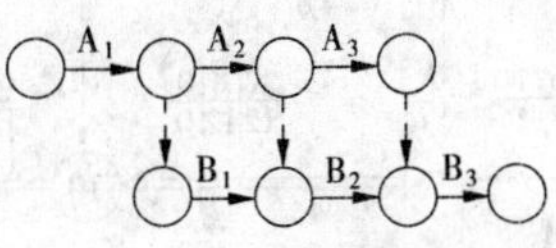	每个工种工程建立专业工作队，在每个施工段上进行流水作业，不同工程之间用逻辑搭接关系表示

表 3-2　某网络计划工作逻辑关系及持续时间

工作	紧前工作	紧后工作	持续时间(天)
A_1	—	A_2、B_1	2
A_2	A_1	A_3、B_2	2
A_3	A_2	B_3	2
B_1	A_1	B_2、C_1	3
B_2	A_2、B_1	B_3、C_2	3
B_3	A_3、B_2	D、C_3	3
C_1	B_1	C_2	2
C_2	B_2、C_1	C_3	4
C_3	B_3、C_2	E、F	2
D	B_3	G	2
E	C_3	G	1
F	C_3	I	2
G	D、E	H、I	4
H	G	—	3
I	F、G	—	3

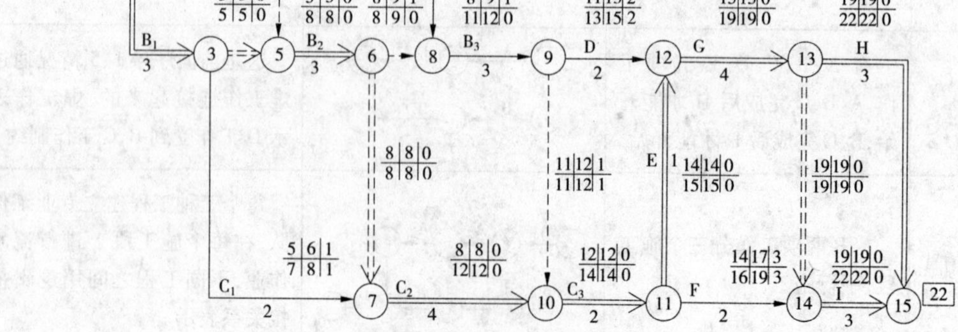

图 3-8　按工作计算法示例

三、时间参数计算

(一)按工作计算法计算时间参数

1. 几点说明

(1)按工作计算法计算时间参数,应在确定各项工作的持续时间之后进行。各项工作的持续时间的确定方法如下:

一是定额计算法,其计算公式是:

$$D_{i-j}=\frac{Q_{i-j}}{RS} \tag{3-1}$$

式中 D_{i-j}——i—j 工作持续时间;

Q_{i-j}——i—j 工作的工程量;

R——人数;

S——劳动定额(产量定额)。

二是当工作持续时间不能用定额计算法计算时,便可采用三时估计法,其计算公式是:

$$D_{i-j}=\frac{A+4C+B}{6} \tag{3-2}$$

式中 D_{i-j}——i—j 工作的持续时间;

A——工作的乐观(最短)持续时间估计值;

B——工作的悲观(最长)持续时间估计值;

C——工作的最可能持续时间估计值。

(2)虚工作必须视同工作进行计算,其持续时间为零。

(3)按工作计算法计算时间参数,其计算结果应标注在箭线之上,如图 3-9 所示。

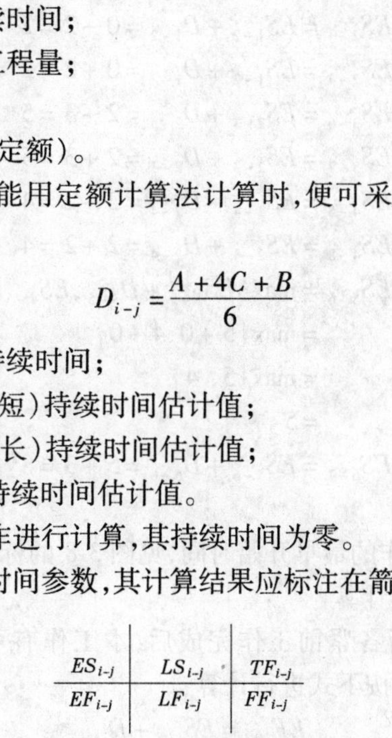

图 3-9 按工作计算法的标注内容

2. 工作最早时间的计算

现以图 3-8 为模型进行网络计划时间参数的计算。

1)工作最早开始时间的计算

工作的最早开始时间指各紧前工作(紧排在本工作之前的工作)全部完成后,本工作有可能开始的最早时刻。工作 i—j 最早开始时间 ES_{i-j}的计算应符合下列规定:

(1)工作 i—j 的最早开始时间 ES_{i-j}应从网络计划的起点节点开始,顺着箭线方向依次逐项计算。

(2)以起点节点 i 为箭尾节点的工作 i—j,当未规定其最早开始时间 ES_{i-j}时,其值应等于零,即:

$$ES_{i-j}=0(i=1) \tag{3-3}$$

因此,图 3-8 中,$ES_{1-2}=0$。

(3)当工作 $i—j$ 只有一项紧前工作 $h—i$ 时,其最早开始时间 ES_{i-j}应为:

$$ES_{i-j}=ES_{h-i}+D_{h-i} \tag{3-4}$$

式中 ES_{h-i}——工作 $i—j$ 的紧前工作的最早开始时间;

D_{h-i}——工作 $i—j$ 的紧前工作 $h—i$ 的持续时间。

(4)当工作 $i—j$ 有多个紧前工作时,其最早开始时间 ES_{i-j}应为:

$$ES_{i-j}=\max\{ES_{h-i}+D_{h-i}\} \tag{3-5}$$

按式(3-4)和式(3-5)计算图 3-8 中其他各项工作的最早开始时间,其计算结果如下:

$$ES_{2-3}=ES_{1-2}+D_{1-2}=0+2=2$$
$$ES_{2-4}=ES_{1-2}+D_{1-2}=0+2=2$$
$$ES_{3-6}=ES_{2-3}+D_{2-3}=2+3=5$$
$$ES_{3-7}=ES_{2-3}+D_{2-3}=2+3=5$$
$$ES_{4-5}=ES_{2-4}+D_{2-4}=2+2=4$$
$$ES_{4-8}=ES_{2-4}+D_{2-4}=2+2=4$$
$$\begin{aligned}ES_{5-6}&=\max\{ES_{3-5}+D_{3-5},ES_{4-5}+D_{4-5}\}\\&=\max\{5+0,4+0\}\\&=\max\{5,4\}\\&=5\end{aligned}$$
$$ES_{6-7}=ES_{5-6}+D_{5-6}=5+3=8$$
$$\vdots$$

依次类推,算出其他工作的最早开始时间,见图 3-8 的标注。

2)工作最早完成时间的计算

工作最早完成时间是指各紧前工作完成后,本工作有可能完成的最早时刻。工作 $i—j$的最早完成时间 EF_{i-j}应按下式进行计算:

$$EF_{i-j}=ES_{i-j}+D_{i-j} \tag{3-6}$$

按式(3-6)计算图 3-8 的各项工作,结果如下:

$$EF_{1-2}=ES_{1-2}+D_{1-2}=0+2=2$$
$$EF_{2-3}=ES_{2-3}+D_{2-3}=2+3=5$$
$$EF_{2-4}=ES_{2-4}+D_{2-4}=2+2=4$$
$$EF_{3-5}=ES_{3-5}+D_{3-5}=5+0=5$$
$$EF_{3-7}=ES_{3-7}+D_{3-7}=5+2=7$$
$$EF_{4-5}=ES_{4-5}+D_{4-5}=4+0=4$$
$$EF_{4-8}=ES_{4-8}+D_{4-8}=4+2=6$$
$$EF_{5-6}=ES_{5-6}+D_{5-6}=5+3=8$$
$$EF_{6-7}=ES_{6-7}+D_{6-7}=8+0=8$$
$$\vdots$$

依次类推,算出其他工作的最早开始时间,见图 3-8 的标注。

3. 网络计划工期的计算

1）网络计划的计算工期的计算

（1）网络计划的计算工期 T_c 指根据时间参数计算得到的工期，按下式计算：

$$T_c = \max\{EF_{i-n}\} \tag{3-7}$$

式中　EF_{i-n}——以终点节点（$j=n$）为箭头节点的工作 i—n 的最早完成时间。

按式（3-7）计算，图 3-8 的计算工期为：

$$\begin{aligned} T_c &= \max\{EF_{13-15}, EF_{16-15}\} \\ &= \max\{22, 22\} = 22 \end{aligned}$$

此数用方框标于图 3-8 的终点节点⑮之右。

2）网络计划的计划工期的计算

网络计划的计划工期是指按要求工期和计算工期确定的作为实施目标的工期。其计算应按下述规定：

（1）当已规定了要求工期 T_r：

$$T_p \leqslant T_r \tag{3-8}$$

（2）当未规定要求工期时：

$$T_p = T_c \tag{3-9}$$

由于图 3-8 未规定要求工期，故其计划工期取其计算工期，即：

$$T_p = T_c = 22$$

此工期标注在终点节点⑮之右侧，并用方框框起来。

4. 工作最迟时间的计算

1）工作最迟完成时间的计算

工作最迟完成时间是指在不影响整个任务按期完成的前提下，工作必须完成的最迟时刻。

（1）工作 i—j 的最迟完成时间 LF_{i-j} 应从网络计划的终点节点开始，逆着箭线方向依次逐项计算。

（2）以终点节点（$j=n$）为箭头节点的工作的最迟完成时间 LF_{i-n} 应按网络计划的计划工期 T_p 确定，即：

$$LF_{i-n} = T_p \tag{3-10}$$

（3）其他工作 i—j 的最迟完成时间 LF_{i-j} 应按下式计算：

$$LF_{i-j} = \min\{LF_{j-k} - D_{j-k}\} \tag{3-11}$$

式中　LF_{j-k}——工作 i—j 的各项紧后工作 j—k 的最迟完成时间；

D_{j-k}——工作 j 的各项紧后工作（紧排在本工作之后的工作）的持续时间。

按式（3-10），网络计划以终点节点⑮为结束节点的工作的最迟完成时间计算如下：

$$LF_{13-15} = T_p = 22$$

$$LF_{14-15} = T_p = 22$$

按式（3-11），网络计划其他工作最迟完成时间计算如下：

$$LF_{13-14} = \min\{LF_{14-15} - D_{14-15}\} = 22 - 3 = 19$$

$$LF_{12-13} = \min\{LF_{13-15} - D_{13-15}, LF_{13-14} - D_{13-14}\}$$

$$= \min\{22-3, 19-0\} = 19$$

$$LF_{11-14} = \min\{LF_{14-15} - D_{14-15}\} = 22-3 = 19$$

$$LF_{11-12} = \min\{LF_{12-13} - D_{12-13}\} = 19-4 = 15$$

$$LF_{10-11} = \min\{LF_{11-12} - D_{11-12}, LF_{11-14} - D_{11-14}\}$$

$$= \min\{15-1, 19-2\} = 14$$

$$LF_{9-12} = \min\{LF_{12-13} - D_{12-13}\} = 19-4 = 15$$

$$LF_{9-10} = \min\{LF_{10-11} - D_{10-11}\} = 14-2 = 12$$

$$LF_{8-9} = \min\{LF_{9-12} - D_{9-12}, LF_{9-10} - D_{9-10}\}$$

$$= \min\{15-2, 12-0\} = 12$$

$$LF_{7-10} = \min\{LF_{10-11} - D_{10-11}\} = 14-2 = 12$$

$$\vdots$$

依次类推,算出其他工作的最迟完成时间,见图 3-8 的相应标注。

2)工作最迟开始时间的计算

工作的最迟开始时间是指在不影响整个任务按期完成的前提下,工作必须开始的最迟时刻。

工作 $i—j$ 的最迟开始时间应按下式计算:

$$LS_{i-j} = LF_{i-j} - D_{i-j} \tag{3-12}$$

按式(3-12)计算,网络计划图 3-8 的各项工作的最迟开始时间计算如下:

$$LS_{14-15} = LF_{14-15} - D_{14-15} = 22-3 = 19$$

$$LS_{13-15} = LF_{13-15} - D_{13-15} = 22-3 = 19$$

$$LS_{12-13} = LF_{12-13} - D_{12-13} = 19-4 = 15$$

$$LS_{13-14} = LF_{13-14} - D_{13-14} = 19-0 = 19$$

$$LS_{11-14} = LF_{11-14} - D_{11-14} = 19-2 = 17$$

$$LS_{11-12} = LF_{11-12} - D_{11-12} = 15-1 = 14$$

$$LS_{10-11} = LF_{10-11} - D_{10-11} = 14-2 = 12$$

$$LS_{9-12} = LF_{9-12} - D_{9-12} = 15-2 = 13$$

$$LS_{9-10} = LF_{9-10} - D_{9-10} = 12-0 = 12$$

$$LS_{7-10} = LF_{7-10} - D_{7-10} = 12-4 = 8$$

$$\vdots$$

依次类推,算出其他工作的最迟开始时间,见图 3-8 的相应标注。

5. 工作总时差的计算

工作总时差是指在不影响总工期的前提下,本工作可以利用的机动时间。该时间应按下式计算:

$$TF_{i-j} = LS_{i-j} - ES_{i-j} \tag{3-13}$$

或

$$TF_{i-j} = LF_{i-j} - EF_{i-j} \tag{3-14}$$

按式(3-13)和式 (3-14)计算,图 3-9 各项工作的总时差 TF_{i-j}计算结果如下:

$$TF_{1-2} = LS_{1-2} - ES_{1-2} = 0-0 = 0$$

$$TF_{2-3} = LS_{2-3} - ES_{2-3} = 2-2 = 0$$

$$TF_{2-4}=LS_{2-4}-ES_{2-4}=3-2=1$$
$$TF_{4-5}=LS_{4-5}-ES_{4-5}=5-4=1$$
$$TF_{3-5}=LS_{3-5}-ES_{3-5}=5-5=0$$
$$TF_{3-7}=LS_{3-7}-ES_{3-7}=6-5=1$$
$$TF_{4-8}=LS_{4-8}-ES_{4-8}=7-4=3$$
$$TF_{5-6}=LS_{5-6}-ES_{5-6}=5-5=0$$
$$TF_{6-7}=LS_{6-7}-ES_{6-7}=8-8=0$$
$$TF_{6-8}=LS_{6-8}-ES_{6-8}=9-8=1$$
$$TF_{7-10}=LS_{7-10}-ES_{7-10}=8-8=0$$
$$TF_{8-9}=LS_{8-9}-ES_{8-9}=9-8=1$$
$$\vdots$$

依次类推,算出其他工作的总时差,见图 3-8 上相应的标注。

6. 工作自由时差的计算

工作自由时差是指在不影响其紧后工作最早开始时间的前提下,本工作可以利用的机动时间,工作 $i—j$ 的自由时差 FF_{i-j} 的计算应符合下列规定。

(1)当工作 $i—j$ 有紧后工作 $j—k$ 时,其自由时差应为:

$$FF_{i-j}=ES_{j-k}-ES_{i-j}-D_{i-j} \tag{3-15}$$

或

$$FF_{i-j}=ES_{j-k}-EF_{i-j} \tag{3-16}$$

式中 ES_{j-k}——工作 $i—j$ 的紧后工作 $j—k$ 的最早开始时间。

(2)终点节点($j=n$)为箭头节点的工作,其自由时差 FF_{i-j} 应按网络计划的计划工期 T_p 确定,即:

$$FF_{i-n}=T_p-ES_{i-n}-D_{i-n} \tag{3-17}$$

或

$$FF_{i-n}=T_p-EF_{i-n} \tag{3-18}$$

网络计划图 3-8 的各项工作的自由时差 FF_{i-j} 按式(3-16)计算结果如下:

$$FF_{1-2}=ES_{2-3}-EF_{1-2}=2-2=0$$
$$FF_{2-3}=ES_{3-5}-EF_{2-3}=5-5=0$$
$$FF_{2-4}=ES_{4-5}-EF_{2-4}=4-4=0$$
$$FF_{4-5}=ES_{5-6}-EF_{4-5}=5-4=1$$
$$FF_{3-5}=ES_{5-6}-EF_{3-5}=5-5=0$$
$$FF_{3-7}=ES_{7-10}-EF_{3-7}=8-7=1$$
$$FF_{4-8}=ES_{8-9}-EF_{4-8}=8-6=2$$
$$FF_{5-6}=ES_{6-8}-EF_{5-6}=8-8=0$$
$$FF_{6-7}=ES_{7-10}-EF_{6-7}=8-8=0$$
$$FF_{6-8}=ES_{8-9}-EF_{6-8}=8-8=0$$
$$FF_{7-10}=ES_{10-11}-EF_{7-10}=12-12=0$$
$$FF_{8-9}=ES_{9-12}-EF_{8-9}=11-11=0$$
$$\vdots$$

依次类推,算出其他工作的自由时差,见图 3-8 的相应标注。

图中虚箭线中的自由时差归其紧前工作所有。

图 3-8 的结束工作 i—j 的自由时差按式(3-18)计算如下：

$$FF_{13-15} = T_p - EF_{13-15} = 22 - 22 = 0$$

$$FF_{14-15} = T_p - EF_{14-15} = 22 - 22 = 0$$

见图 3-8 的相应标注。

(二)按节点法计算时间参数

1. 几点说明

(1)按节点法计算时间参数也应在确定各项工作的持续时间之后进行。

(2)按节点法计算时间参数，其计算结果应标注在节点之上，如图 3-10 所示。

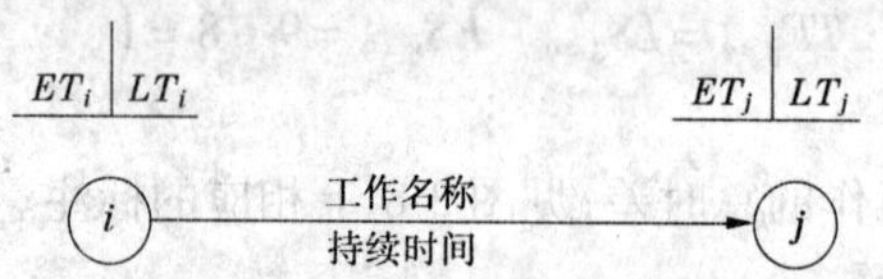

图 3-10　按节点计算法的标注内容

(3)以下以图 3-11 为例进行节点法计算时间参数。

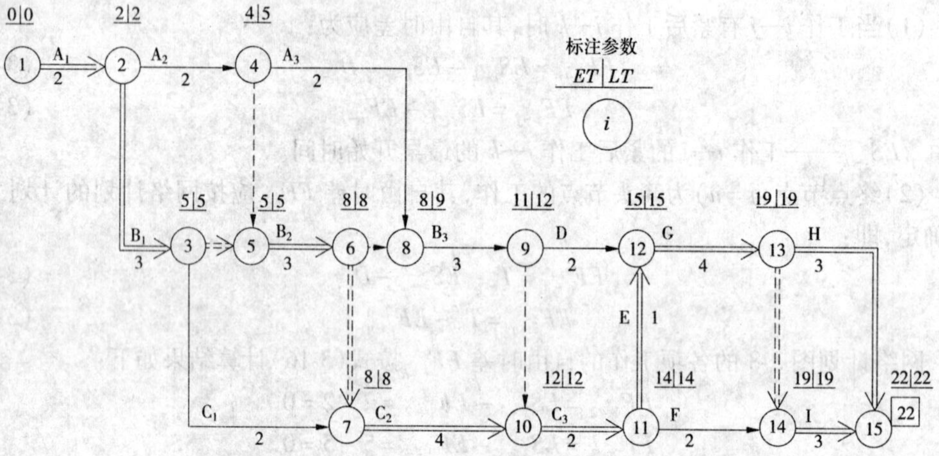

图 3-11　节点计算法示例

2. 节点最早时间的计算

节点最早时间是指双代号网络计划中，以该节点为开始节点的各项工作的最早开始时间。

节点 i 的最早时间 ET_i 应从网络计划的起点节点开始，顺着箭线方向，依次逐项计算，并符合下列规定：

(1)起点节点 i 如未规定最早时间 ET_i 时，其值应等于零，即：

$$ET_i = 0 \quad (i = 1) \tag{3-19}$$

因此，图 3-11 中，$ET_1 = 0$。

(2)当节点 j 只有一条内向箭线时，其最早时间：

$$ET_j = ET_i + D_{i-j} \tag{3-20}$$

(3)当节点 j 有多条内向箭线时，其最早时间 ET_j 应为：

$$ET_j = \max\{ET_i + D_{i-j}\} \tag{3-21}$$

按式(3-20)和式(3-21)计算图 3-11 的各项工作时,结果如下:

$$ET_2 = ET_1 + D_{1-2} = 0 + 2 = 2$$

$$ET_3 = ET_2 + D_{2-3} = 2 + 3 = 5$$

$$ET_4 = ET_2 + D_{2-4} = 2 + 2 = 4$$

节点 5 有两条内向箭线,其最早时间 ET_j 应按式(3-21)计算:

$$\begin{aligned} ET_5 &= \max\{ET_3 + D_{3-5}, ET_4 + D_{4-5}\} \\ &= \max\{5, 4\} \\ &= 5 \\ &\vdots \end{aligned}$$

依次类推,算出全部节点的最早时间,见图 3-11 相应的标注。

3. 网络计划计算工期的计算

网络计划计算工期 T_c 应按下式计算:

$$T_c = ET_n \tag{3-22}$$

式中　ET_n——终点节点 n 的最早时间。

因此,图 3-11 的计算工期为:

$$T_c = ET_{15} = 22$$

4. 节点最迟时间的计算

节点最迟时间是指双代号网络计划中,以该节点为完成节点的各项工作的最迟完成时间。其计算应符合下述规定:

(1)节点 i 的最迟时间 LT_i 应从网络计划的终点节点开始,逆着箭线方向依次逐项计算,当部分工作分期完成时,有关节点的最迟时间必须从分期完成节点开始逆向逐项计算。

(2)终点节点 n 的最迟时间 LT_n 应按网络计划的计划工期 T_p 确定,即:

$$LT_n = T_p \tag{3-23}$$

分期完成节点的最迟时间应等于该节点规定的分期完成时间。因此,图 3-11 的终点节点的最迟时间是:

$$LT_{15} = T_p = 22$$

(3)其他节点 i 的最迟时间 LT_i 应为:

$$LT_i = \min\{LT_j - D_{i-j}\} \tag{3-24}$$

式中　LT_j——工作 i—j 的箭头节点 j 的最迟时间。

按式(3-24)计算,各项工作的最迟时间如下:

$$LT_{14} = LT_{15} - D_{14-15} = 22 - 3 = 19$$

$$\begin{aligned} LT_{13} &= \min\{LT_{14} - D_{13-14}, LT_{15} - D_{13-15}\} \\ &= \min\{19 - 0, 22 - 3\} \\ &= \min\{19, 19\} = 19 \end{aligned}$$

$$LT_{12} = LT_{13} - D_{12-13} = 19 - 4 = 15$$

$$\begin{aligned} LT_{11} &= \min\{LT_{14} - D_{11-14}, LT_{12} - D_{11-12}\} \\ &= \min\{19 - 2, 15 - 1\} \end{aligned}$$

$$= \min\{17,14\} = 14$$

$$\vdots$$

依次类推,算出节点 10 至节点 1 的最早时间,见图 3-11 中相应的标注。

5. 工作 i—j 的最早开始时间 ES_{i-j} 的计算

工作 i—j 的最早开始时间 ES_{i-j} 按下式计算

$$ES_{i-j} = ET_i \tag{3-25}$$

按式(3-25)计算,图 3-11 的各项工作的最早开始时间计算如下:

$$ES_{1-2} = ET_1 = 0$$
$$ES_{2-3} = ET_2 = 2$$
$$ES_{2-4} = ET_2 = 2$$
$$ES_{3-5} = ET_3 = 5$$
$$ES_{3-7} = ET_3 = 5$$
$$ES_{4-5} = ET_4 = 4$$
$$\vdots$$

依次类推,算出其他工作的最早时间,与图 3-8 的标注相同。

6. 工作 i—j 的最早完成时间 EF_{i-j} 的计算

工作 i—j 的最早完成时间按下式计算:

$$EF_{i-j} = ET_i + D_{i-j} \tag{3-26}$$

按式(3-26)计算,图 3-11 中各项工作的最早完成时间计算如下:

$$EF_{1-2} = ET_1 + D_{1-2} = 0 + 2 = 2$$
$$EF_{2-3} = ET_2 + D_{2-3} = 2 + 3 = 5$$
$$EF_{2-4} = ET_2 + D_{2-4} = 2 + 2 = 4$$
$$EF_{3-5} = ET_3 + D_{3-5} = 5 + 0 = 5$$
$$EF_{3-7} = ET_3 + D_{3-7} = 5 + 2 = 7$$
$$EF_{4-5} = ET_4 + D_{4-5} = 4 + 0 = 4$$
$$\vdots$$

依次类推,算出其他工作的最早完成时间,与图 3-8 的相应标注相同。

7. 工作 i—j 最迟完成时间的计算

工作 i—j 的最迟完成时间 LF_{i-j} 的计算如下:

$$LF_{i-j} = LT_j \tag{3-27}$$

按式(3-27)计算,图 3-11 中各项工作的最迟完成时间计算如下:

$$LF_{1-2} = LT_2 = 2$$
$$LF_{2-3} = LT_3 = 5$$
$$LF_{2-4} = LT_4 = 5$$
$$LF_{3-5} = LT_5 = 5$$
$$LF_{3-7} = LT_7 = 8$$
$$LF_{4-5} = LT_5 = 5$$
$$\vdots$$

依次类推,算出其他工作的最迟完成时间,与图 3-8 的相应标注相同。

8. 工作最迟开始时间的计算

工作 i—j 的最迟开始时间 LS_{i-j}的计算按下式：

$$LS_{i-j} = LT_j - D_{i-j} \tag{3-28}$$

按式(3-28)计算，图 3-11 中各项工作的最迟开始时间如下：

$$LS_{1-2} = LT_2 - D_{1-2} = 2 - 2 = 0$$
$$LS_{2-3} = LT_3 - D_{2-3} = 5 - 3 = 2$$
$$LS_{2-4} = LT_4 - D_{2-4} = 5 - 2 = 3$$
$$LS_{3-5} = LT_5 - D_{3-5} = 5 - 0 = 5$$
$$LS_{3-7} = LT_7 - D_{3-7} = 8 - 2 = 6$$
$$LS_{4-5} = LT_5 - D_{4-5} = 5 - 0 = 5$$
$$\vdots$$

依次类推，算出其他工作的最迟开始时间，与图 3-8 的相应标注相同。

9. 工作总时差

工作 i—j 的总时差 TF_{i-j}应按下式计算：

$$TF_{i-j} = LT_j - ET_i - D_{i-j} \tag{3-29}$$

按式(3-29)计算，图 3-11 各项工作的总时差为：

$$TF_{1-2} = LT_2 - ET_1 - D_{1-2} = 2 - 0 - 2 = 0$$
$$TF_{2-3} = LT_3 - ET_2 - D_{2-3} = 5 - 2 - 3 = 0$$
$$TF_{2-4} = LT_4 - ET_2 - D_{2-4} = 5 - 2 - 2 = 1$$
$$TF_{3-5} = LT_5 - ET_3 - D_{3-5} = 5 - 5 - 0 = 0$$
$$TF_{3-7} = LT_7 - ET_3 - D_{3-7} = 8 - 5 - 2 = 1$$
$$TF_{4-5} = LT_5 - ET_4 - D_{4-5} = 5 - 4 - 0 = 1$$
$$\vdots$$

依次类推，算出其他工作的总时差，其结果与图 3-8 的标注相同。

10. 工作自由时差的计算

工作 i—j 的自由时差 FF_{i-j}应按下式计算：

$$FF_{i-j} = ET_j - ET_i - D_{i-j} \tag{3-30}$$

按式(3-30)进行计算，结果如下：

$$FF_{1-2} = ET_2 - ET_1 - D_{1-2} = 2 - 0 - 2 = 0$$
$$FF_{2-3} = ET_3 - ET_2 - D_{2-3} = 5 - 2 - 3 = 0$$
$$FF_{2-4} = ET_4 - ET_2 - D_{2-4} = 4 - 2 - 2 = 0$$
$$FF_{3-5} = ET_5 - ET_3 - D_{3-5} = 5 - 5 - 0 = 0$$
$$FF_{3-7} = ET_7 - ET_3 - D_{3-7} = 8 - 5 - 2 = 1$$
$$FF_{4-5} = ET_5 - ET_4 - D_{4-5} = 5 - 4 - 0 = 1$$
$$\vdots$$

依次类推，算出其他工作的自由时差，与图 3-8 的各项相应标注相同。

四、关键工作和关键线路的确定

（一）关键工作的确定

1. 关键工作的概念

关键工作是指网络计划中总时差最小的工作。

2. 关键工作的确定

根据上述关键工作的定义，图 3-8 的最小总时差为零，故关键工作为 1—2、2—3、3—5、5—6、6—7、7—10、10—11、11—12、12—13、13—14、13—15、14—15，共 12 项。

（二）关键线路的确定

1. 关键线路的概念

关键线路是指线路上总的工作持续时间为最长的线路。

2. 关键线路的确定

双代号网络计划的关键线路是将关键工作自左而右依次首尾相连而形成的线路。因此，图 3-8 的关键线路是 1—2—3—5—6—7—10—11—12—13—14—15 及 1—2—3—5—6—7—10—11—12—13—15 两条。

（三）关键线路的标注

关键工作和关键线路在网络图上应当用粗线或双线或彩色线进行标注。

第三节　单代号网络计划的编制

一、单代号网络图

单代号网络图如图 3-12 所示。

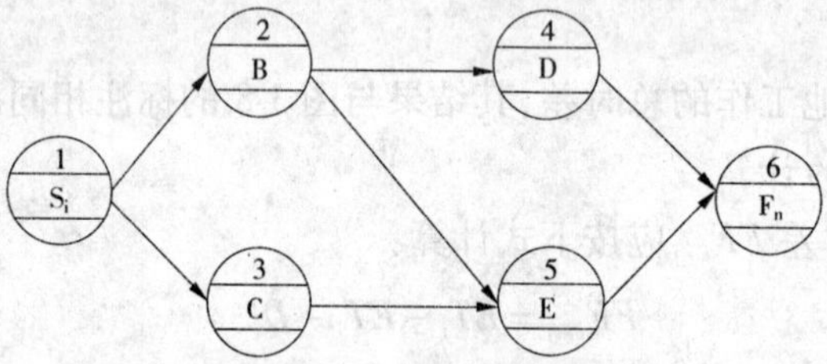

图 3-12　单代号网络图

单代号网络图的基本符号如下所述。

（一）节点

在单代号网络图中，节点表示一项工作，宜用圆圈或方框表示，见图 3-13。

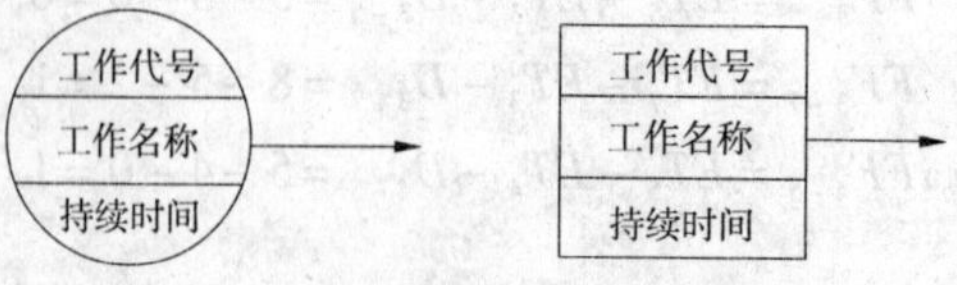

图 3-13　单代号网络图中节点的表示方法

（二）编号

单代号网络图中的节点必须编号，编号标注在节点内，其号码可间断，但严禁重复。一项工作必须有唯一的一个节点及相应的一个编号。

（三）箭线

单代号网络图中的箭线表示紧邻工作之间的逻辑关系。箭线应画成水平直线、折线或斜线。箭线水平投影的方向应自左向右，表示工作的进行方向。

二、单代号网络图绘制

（一）绘图规则

（1）单代号网络图必须正确表述已定的逻辑关系。

（2）单代号网络图中严禁出现循环回路。

（3）单代号网络图中，严禁出现双向箭头或无箭头的连线。

（4）单代号网络图中，严禁出现没有箭尾节点的箭线和没有箭头节点的箭线。

（5）绘制网络图时，箭线不宜交叉。当交叉不可避免时，可采用过桥法或指向法绘制（过桥法及指向法绘图与双代号网络计划中的图 3-7 相同）。

（6）单代号网络图中，只应有一个起点节点和一个终点节点。当网络图中出现多项无内向箭线的工作或多项无外向箭线的工作时，应在网络图的左端或右端分设一项虚工作，作为该网络图的起点节点（S_i）与终点节点（F_n）。

（二）单代号网络图绘制方法

单代号网络图的绘制较双代号网络图的绘制容易，也不易出错，关键是要处理好箭线交叉，使图形规则，以便容易读图。

单代号网络图工作关系表示方法见表 3-3。

表 3-3　单代号网络图逻辑关系表示方法

描述	图示
A 工作完成后进行 B 工作	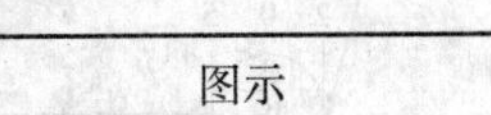
B、C 工作完成后进行 D 工作	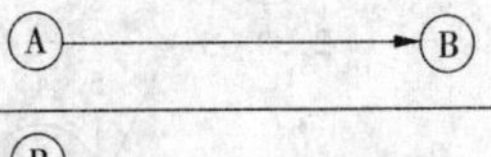
B 工作完成后，D、C 工作可以同时开始	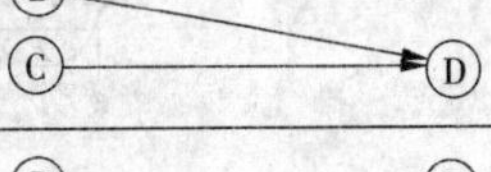
A 工作完成后进行 C 工作，B 工作完成后同时进行 C、D 工作	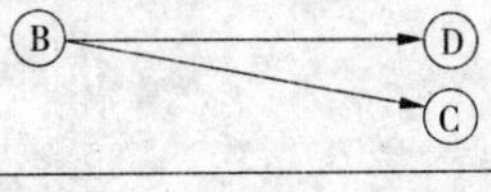

仍用表 3-2 的逻辑关系绘制单代号网络图。绘出的图形见图 3-15。

绘图时，要从左向右，逐个处理表中所给的关系。只有紧前工作都绘制完成后，才能绘制本工作，并使本工作与紧前工作用箭线相连。当出现多个"起点节点"或多个"终点节点"时，增加虚拟起点节点或终点节点，并使之与多个"起点节点"或"终点节点"相连，形成符合绘图规则的完整图形。绘制完成后要认真检查,看图中的逻辑关系是否与表中一致,是否符合绘图规则。如有问题,及时修正。

三、时间参数的计算

(一)几点说明

(1)单代号网络计划时间参数的计算应在确定各项工作持续时间之后进行。计算方法也使用式(3-1)或式(3-2)。

(2)单代号网络计划时间参数的标注方法见图3-14。

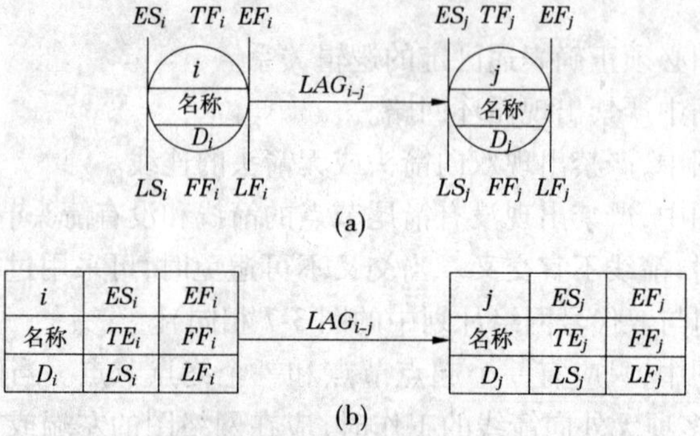

图3-14 单代号网络计划时间参数的标注形式

(3)工作时间参数的计算根据图3-15的示例进行。

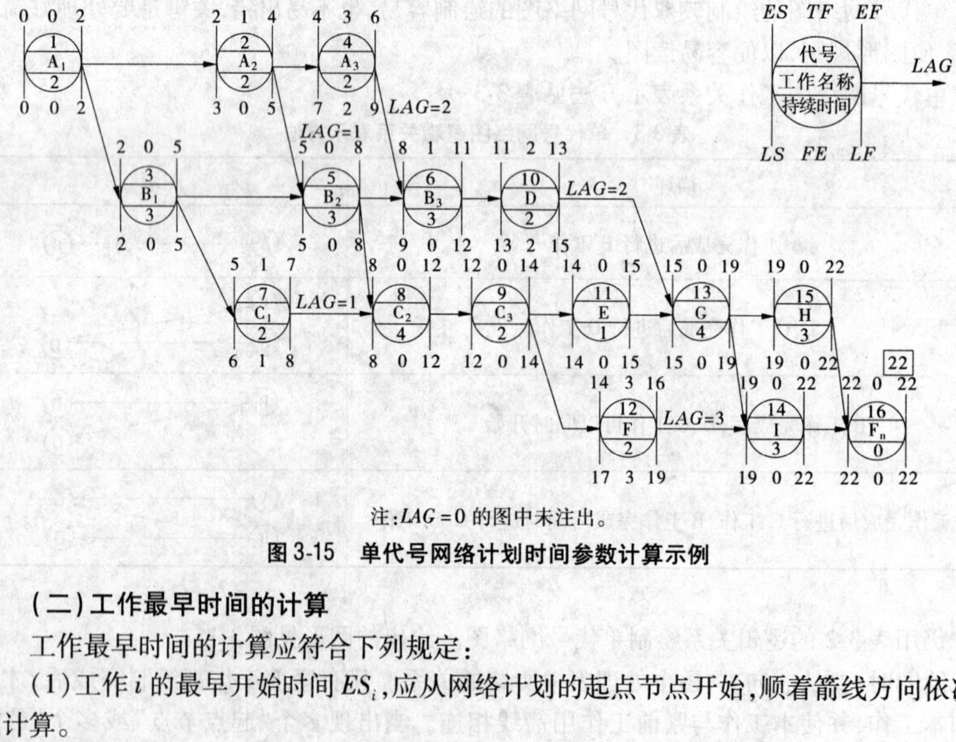

注:$LAG=0$的图中未注出。

图3-15 单代号网络计划时间参数计算示例

(二)工作最早时间的计算

工作最早时间的计算应符合下列规定:

(1)工作i的最早开始时间ES_i,应从网络计划的起点节点开始,顺着箭线方向依次逐项计算。

(2)起点节点i的最早开始时间ES_i如无规定,其值应等于零,即:

$$ES_i = 0(i = 1) \tag{3-31}$$

故图 3-15 中，$ES_1 = 0$

(3)其他工作的最早开始时间为：

$$ES_i = \max\{ES_h + D_h\} \tag{3-32}$$

式中 ES_h——工作 i 的紧前工作 h 的最早开始时间；

D_h——工作 i 的紧前工作 h 的持续时间。

(4)各项工作的最早完成时间的计算公式：

$$EF_i = ES_i + D_i \tag{3-33}$$

根据式(3-32)和式(3-33)，图 3-15 各项工作的时间参数计算如下：

$$
\begin{aligned}
&EF_1 = 0 + 2 = 2\\
&ES_2 = EF_1 = 2\\
&EF_2 = ES_2 + D_2 = 2 + 2 = 4\\
&ES_3 = EF_1 = 2\\
&EF_3 = ES_3 + D_3 = 2 + 3 = 5\\
&ES_4 = EF_2 = 4\\
&\vdots\\
&ES_5 = \max\{EF_2, EF_3\} = \max\{4,5\} = 5\\
&\vdots\\
&ES_{12} = EF_9 = 14\\
&EF_{12} = ES_{12} + D_{12} = 14 + 2 = 16\\
&ES_{13} = \max\{EF_{10}, EF_{11}\} = \max\{13,15\} = 15\\
&EF_{13} = ES_{13} + D_{13} = 15 + 4 = 19\\
&ES_{14} = \max\{EF_{12}, EF_{13}\} = \max\{16,19\} = 19\\
&EF_{14} = ES_{14} + D_{14} = 19 + 3 = 22\\
&ES_{15} = EF_{13} = 19\\
&EF_{15} = 19 + 3 = 22\\
&ES_{16} = \max\{EF_{14}, EF_{15}\} = \max\{22,22\} = 22\\
&EF_{16} = ES_{16} + D_{16} = 22 + 0 = 22
\end{aligned}
$$

计算结果标注于图 3-15 中。

(三)网络计划计算工期和计划工期的计算

1. 网络计划计算工期的计算

网络计划计算工期的规定与双代号网络计划相同，利用式(3-7)得：

$$T_c = EF_{16} = 22$$

2. 网络计划计划工期的计算

网络计划计划工期的确定亦与双代号网络计划相同，故由于未规定要求工期，其计划工期等于计算工期，即：

$$T_p = T_c = 22$$

（四）相邻两项工作之间时间间隔的计算

相邻两项工作之间存在着时间间隔，i 工作与 j 工作的时间间隔记为 LAG_{i-j}。时间间隔是指相邻两项工作之间，后项工作的最早开始时间与前项工作的最早完成时间之差，其计算公式为：

$$LAG_{i-j}=ES_j-EF_i \tag{3-34}$$

终点节点与其前项工作的时间间隔为：

$$LAG_{i-n}=T_p-EF_i \tag{3-35}$$

式中　n——终点节点，也可以是虚拟的终点节点。

按式(3-34)和式(3-35)进行计算，图3-15的间隔时间如下所述。

按式(3-35)计算，得出：

$$LAG_{15-16}=T_p-EF_{15}=22-22=0$$

$$LAG_{14-16}=T_p-EF_{14}=22-22=0$$

按式(3-34)计算，得出：

$$LAG_{13-15}=ES_{15}-EF_{13}=19-19=0$$

$$LAG_{13-14}=ES_{14}-EF_{13}=19-19=0$$

$$LAG_{12-14}=ES_{14}-EF_{12}=19-16=3$$

$$\vdots$$

计算结果标注在两节点之间的箭线之上。图3-15中，$LAG_{i-j}=0$ 的未予标出。

（五）工作总时差的计算

工作总时差的计算应符合下列规定：

(1)工作 i 的总时差 TF_i 应从网络计划的终点节点开始，逆着箭线方向依次逐项计算。当部分工作分期完成时，有关工作的总时差必须从完成节点开始逆向逐项计算。

(2)终点节点所代表的工作 n 的总时差 TF_n 值应为：

$$TF_n=T_p-EF_n \tag{3-36}$$

其他工作 i 的总时差 TF_i 应为：

$$TF_i=\min\{TF_j+LAG_{i-j}\} \tag{3-37}$$

按式(3-36)和式(3-37)进行计算，图3-15的计算结果如下：

$$TF_{15}=TF_{16}+LAG_{15-16}=0+0=0$$

$$TF_{14}=TF_{16}+LAG_{14-16}=0+0=0$$

$$TF_{13}=\min\{TF_{15}+LAG_{13-15},TF_{14}+LAG_{13-14}\}$$

$$=\min\{0+0,0+0\}=0$$

$$TF_{12}=TF_{14}+LAG_{12-14}=0+3=3$$

$$\vdots$$

依此类推，计算的结果标注于节点的下部。

（六）工作最迟完成时间的计算

工作最迟完成时间的计算应符合下列规定：

(1)工作 i 的最迟完成时间 LF_i 应从网络计划的终点节点开始，逆着箭线方向依次逐项计算。当部分工作分期完成时，有关工作的最迟完成时间应从分期完成的节点开始，逆项逐项计算。

(2)终点节点所代表的工作 n 的最迟完成时间 LF_n，应按网络计划的计划工期 T_p 确定，即：

$$LF_n = T_p \tag{3-38}$$

(3)其他工作 i 的最迟完成时间 LF_i 应为

$$LF_i = \min\{LS_j\} \tag{3-39}$$

或

$$LF_i = EF_i + TF_i \tag{3-40}$$

根据式(3-38)和式(3-40)计算图 3-15 的最迟完成时间，结果如下：

$$LF_{16} = T_p = 22$$
$$LF_{15} = EF_{15} + TF_{15} = 22 + 0 = 22$$
$$LF_{14} = EF_{14} + TF_{14} = 22 + 0 = 22$$
$$LF_{13} = EF_{13} + TF_{13} = 19 + 0 = 19$$
$$LF_{12} = EF_{12} + TF_{12} = 16 + 3 = 19$$
$$LF_{11} = EF_{11} + TF_{11} = 15 + 0 = 15$$
$$\vdots$$

依此类推，计算的结果标注在图 3-15 中相应的位置。

(七)工作最迟开始时间的计算

工作最迟开始时间的计算按下式进行：

$$LS_i = LF_i - D_i \tag{3-41}$$

按式(3-41)计算 LS_i 得：

$$LS_{16} = LF_{16} - D_{16} = 22 - 0 = 22$$
$$LS_{15} = LF_{15} - D_{15} = 22 - 3 = 19$$
$$LS_{14} = LF_{14} - D_{14} = 22 - 3 = 19$$
$$LS_{13} = LF_{13} - D_{13} = 19 - 4 = 15$$
$$LS_{12} = LF_{12} - D_{12} = 19 - 2 = 17$$
$$LS_{11} = LF_{11} - D_{11} = 15 - 1 = 14$$
$$\vdots$$

依此类推，计算的结果标注于图 3-15 相应位置。

以上各项时间参数的计算先后顺序是：

$$ES_i—EF_i—T_c—T_p—LAG_{i-j}—TF_i—FF_i—LF_i—LS_i$$

另外，也可以按以下顺序计算：

$$ES_i—EF_i—T_c—T_p—LF_i—LS_i—LAG_{i-j}—TF_i—FF_i$$

其道理是一样的，不再举例说明。

四、单代号网络计划关键工作和关键线路的确定

单代号网络计划关键工作的确定与双代号网络计划相同。

单代号网络计划关键线路应符合该线路从起点节点开始到终点节点均为关键工作，且关键线路上所有工作间的时间间隔均为 0 的规定。

根据以上原理,图 3-15 的关键线路为 1—3—5—8—9—11—13—14—16 和 1—3—5—8—9—11—13—15—16 两条。

关键线路的标注方法与双代号网络计划的标注方法相同。

第四节　双代号时标网络计划

一、双代号时标网络计划的概念、特点及适用范围

(一)双代号时标网络计划的概念

双代号时标网络计划是以时间坐标为尺度编制的双代号网络计划。

(二)双代号时标网络计划的特点

双标代号时标网络计划具有如下特点:

(1)它兼有网络计划与横道计划两者的优点,能够清楚地表明计划的时间进程;

(2)时标网络计划能在图上直接显示各项工作的开始与完成时间、工作自由时差及关键线路;

(3)时标网络计划在绘制中受到时间坐标的限制,因此不易产生循环回路之类的逻辑错误;

(4)可以利用时标网络计划图直接统计资源的需要量,以便进行资源优化和调整;

(5)因为箭线受时标的约束,故绘图不易,修改也较困难,往往要重新绘图,不过在使用计算机以后,这一问题已较易解决。

(三)双代号时标网络计划的适用范围

双代号时标网络计划适用于以下几种情况:

(1)工作项目较少、工艺过程比较简单的工程;

(2)局部网络计划;

(3)作业性网络计划;

(4)使用实际进度前锋线进行进度控制的网络计划。

由于单代号网络计划绘制成时标网络计划以后会使图形变得与双代号网络计划近似,故《工程网络计划技术规程》没有提及,实际上是不予提倡的;并且由于按最迟时间绘制时标网络计划会使时差利用产生困难,故也不主张使用。这里只涉及按最早时间绘制的双代号时标网络计划。

二、双代号时标网络计划的绘制方法

以图 3-8 为例,把它绘制成双代号时标网络计划,则如图 3-16 所示。其绘制方法表述如下。

(一)先计算网络计划参数,再绘制时标网络计划的方法

该方法的步骤如下:

(1)按表 3-2 的逻辑关系绘制双代号网络计划草图,如图 3-8 所示。

(2)计算工作最早时间。

(3)绘制时标表。时标表如图 3-16 所示。该表的时标既可标注在顶部,亦可标注在底部或上下均标注,时标的长度单位必须注明,必要时可在顶部时标之上或底部时标之下加注日历的对应时间。中部的竖向刻度线宜为细线,为使图面清楚,竖线可少画或不画。

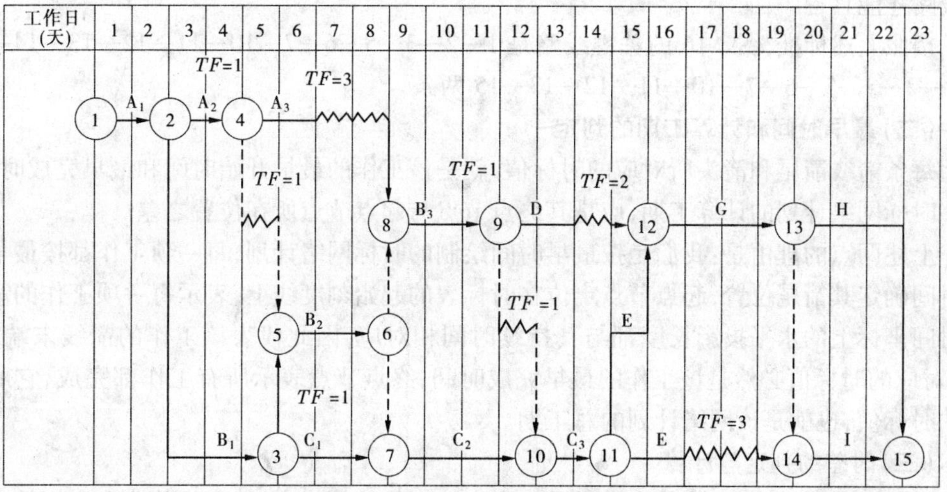

图 3-16 双代号时标网络计划示例

(4)在时标表上,按最早开始时间确定每项工作的开始节点位置(图形尽量与草图一致)。

(5)按各工作的时间长度绘制相应工作的实线部分,使其在时间坐标上的水平投影长度等于工作时间;虚工作因为不占时间,故只能以垂直虚线表示。

(6)用波形线把实线部分与其紧后工作的开始节点连接起来,以表示自由时差。

完成后的时标网络计划见图 3-16。

(二)直接按草图绘制双代号时标网络计划的步骤

该方法的步骤如下:

(1)按表 3-2 的逻辑关系绘制双代号网络计划草图,见图 3-8。

(2)绘制空白时标表。

(3)将起点节点①定位在时标表的起始刻度线上。

(4)按工作的持续时间绘制①节点的外向箭线①→②。

(5)自左至右依次确定其余各节点的位置,如②、③、④、⑥、⑨、⑪、⑬节点之前只有一条内向箭线,则在其内向箭线绘制完成后即可在其末端将上述节点绘出;⑤、⑦、⑧、⑩、⑫、⑭、⑮节点则必须待其前面的两条内向箭线都绘制完成后才能定位在这些内向箭线中最晚完成的时刻处,其中,⑤、⑧、⑩、⑫、⑭各节点均有长度不足以达到该节点的内向实箭线,故用波形线补足。

(6)⑮节点定位后,该时标网络计划即绘制完成。

三、关键线路和时间参数的确定

(一)关键线路的判定

双代号时标网络计划中,自终点节点向起点节点观察,凡自始至终不出现自由时差

(波形线)的通路,就是关键线路。这是因为,如果某条线路自始至终都没有波形线,这条线路就不存在自由时差,也不存在总时差,它没有机动余地,当然就是关键线路。或者说,这条线路上的各工作的最迟开始时间与最早开始时间是相等的,这样的线路特征只有关键线路才能具备。

按照上述标准,图 3-16 的关键线路是 1—2—3—5—6—7—10—11—12—13—14—15 和 1—2—3—5—6—7—10—11—12—13—15 两条。

(二)最早时间和计算工期的判定

每条箭线箭尾和箭头所对应的时标值,就是该工作的最早开始时间和最早完成时间。

时标网络计划的计算工期,应是其终点节点与起点节点所在位置之差。

上述两点的理由是:我们是按最早时间绘制的时标网络计划,每一项工作都按最早开始时间确定其箭尾位置,起点节点定位在时标表的起始刻度线上,表示每一项工作的箭线在时间坐标上的水平投影长度都与其持续时间相对应,因此代表该工作的箭线末端(箭头)对应的时标值必然是该工作的最早完成时间,终点节点表示所有工作都完成,它所对应的时标值,也就是该网络计划的总工期。

(三)时差的判定与计算

时标网络计划中,工作的自由时差表示在该工作的箭线中,波形线部分在坐标轴上的水平投影长度。这是因为双代号时标网络计划的波形线的后面节点所对应的时标值是波形线所在工作的紧后工作的最早开始时间,波形线的起点对应的时标值是本工作的最早完成时间。因此,按照自由时差的定义,紧后工作的最早开始时间与本工作的最早完成时间的差(即波形线在坐标轴上的水平投影长度)就是本工作的自由时差。

总时差不能从图上直接识别,需要进行计算。计算应自右向左进行,且符合下列规定:

(1)以终点节点($j = n$)为箭头节点的工作的总时差 TF_{i-j} 应按网络计划的计划工期 T_p 计算确定,公式为:

$$TF_{i-n} = T_p - EF_{i-n} \tag{3-42}$$

(2)其他工作的总时差的计算公式是:

$$TF_{i-j} = \min\{TF_{j-k} + FF_{i-j}\} \tag{3-43}$$

式中 TF_{j-k}——i—j 工作的紧后工作 j—k 的总时差。

之所以自右向左计算,是因为总时差受总工期制约,故只有在其紧后工作的总时差确定后才能计算。

总时差值等于其诸紧后工作总时差的最小值与本工作的自由时差之和,是因为总时差是某线路段上各项工作共有的时差,其值大于或等于其中任一工作的自由时差。因此,某工作的总时差除本工作独用的自由时差必然是其中一部分之外,还必然包含其紧后工作的总时差。如果本工作有多项紧后工作,只有取诸紧后工作总时差的最小值才不会影响总工期。如果一项工作没有紧后工作,其总时差除包含其自由时差之外,就不会有其他的机动时间可用,这样的工作其实只能是计划中的最后工作。

如图 3-16 中:

$$TF_{14-15} = T_p - EF_{14-15} = 22 - 22 = 0$$

$$TF_{13-15} = T_p - EF_{13-15} = 22 - 22 = 0$$

$$TF_{13-14}=\min\{TF_{14-15}+FF_{13-14}\}=\min\{0+0\}=0$$

$$TF_{12-13}=\min\{TF_{13-15}+FF_{13-15},TF_{13-14}+FF_{13-14}\}$$
$$=\min\{0+0,0+0\}=0$$

$$TF_{11-14}=\min\{TF_{14-15}+FF_{11-14}\}=0+3=3$$

$$TF_{11-12}=\min\{TF_{12-13}+FF_{11-12}\}=\min\{0+0\}=0$$

$$TF_{10-11}=\min\{TF_{11-14}+FF_{10-11},TF_{11-12}+FF_{10-11}\}$$
$$=\min\{3+0,0+0\}=0$$

$$TF_{9-12}=\min\{TF_{12-13}+FF_{9-12}\}=\min\{0+2\}=2$$

$$TF_{9-10}=\min\{TF_{10-11}+FF_{9-10}\}=\min\{0+1\}=1$$

$$TF_{8-9}=\min\{TF_{9-12}+FF_{8-9},TF_{9-10}+FF_{8-9}\}$$
$$=\min\{2+0,1+0\}=1$$

$$\vdots$$

依此类推，算出其他工作的总时差，可标注于相应箭线之上。

(四)双代号网络计划最迟时间的计算

由于最早时间与总时差已知，故最迟时间可用下列公式计算：

$$LS_{i-j}=ES_{i-j}+TF_{i-j} \tag{3-44}$$

$$LF_{i-j}=EF_{i-j}+TF_{i-j} \tag{3-45}$$

仍以图 3-16 为例进行计算：

$$LS_{1-2}=ES_{1-2}+TF_{1-2}=0+0=0$$

$$LF_{1-2}=EF_{1-2}+TF_{1-2}=2+0=2$$

$$LS_{2-4}=ES_{2-4}+TF_{2-4}=2+1=3$$

$$LF_{2-4}=EF_{2-4}+TF_{2-4}=4+1=5$$

$$LS_{4-8}=ES_{4-8}+TF_{4-8}=4+3=7$$

$$LF_{4-8}=EF_{4-8}+TF_{4-8}=6+3=9$$

$$\vdots$$

依此类推，可将各工作的最迟时间算出，可列表记录。

第五节　网络计划优化

网络计划的优化是指在时间、人力、物力、财力等指标要求下对初始方案进行调整，使之在既定条件下达到最佳状态，以取得最大经济效益。

网络计划的优化可分为工期优化、费用优化和资源优化。

一、工期优化

(一)计划工期与规定工期的关系

初始网络计划的总工期不符合规定的工期时，有两种情况。

1. 关键线路长度小于规定工期

(1)当其关键路线长度小于规定工期时，意味着原计划中过多地增大了时差，从而使所需要的资源强度也增大了。在这种情况下，就应首先考虑适当地延长某些关键项目的持续时间（在不超过规定工期的限界内），从而减少单位时间内资源需要量的强度。

2. 关键线路长度超过规定工期

在关键路线长度超过规定的工期情况下，可以采用下述措施来缩短原计划的工期。

（1）缩短关键项目的工作历时。这种方法不改变原网络逻辑关系，只是对某些关键项目通过一定的措施（如一班制改两班制、增加设备），使其工作历时缩短，使计划的总工期缩短到符合要求为止，所以常被优先考虑采用。

（2）改变网络逻辑。如果缩短关键项目工作历时后，还不能满足工期的要求，便采用改变网络逻辑关系的方法，（如采用不同的施工方法或设备，采用新的工艺或新的施工顺序关系，将依次完成的工作采用平行流水作业的方式等），从而达到缩短工期的目的。

（二）《工程网络计划技术规程》关于工期优化的规定

（1）当计算工期不满足要求时，可通过压缩关键工作的持续时间满足工期要求。

（2）工期优化的计算，应按下述规定步骤进行：①计算并找出初始网络计划的计算工期、关键线路及关键工作；②按要求工期计算应缩短的持续时间；③确定各关键工作能缩短的持续时间；④选择关键工作，压缩其持续时间，并重新计算网络计划的计算工期；⑤若计算工期仍超过要求工期，则重复以上步骤，直到满足工期要求或工期已不能再缩短为止；⑥当所有关键工作的持续时间都已达到其能缩短的极限而工期仍不能满足要求时，应对计划的原技术、组织方案进行调整或对要求工期重新审定。

（3）选择应缩短持续时间的关键工作时宜考虑下列因素：①缩短持续时间对质量和安全影响不大的工作；②缩短有充足备用资源的工作；③缩短持续时间所需增加的费用最少的工作。

（三）工期优化举例

1. 优化对象

某网络计划如图 3-17 所示。图中箭线上面括号外数字为工作正常持续时间，括号内数字为工作最短持续时间，假定上级指令性工期为 100 天。

2. 优化过程

（1）第一步，用工作正常持续时间计算图 3-17 的节点最早时间和最迟时间，并找出关键线路，见图 3-18。其关键线路为 1—3—4—6；关键工作为 1—3，3—4，4—6。

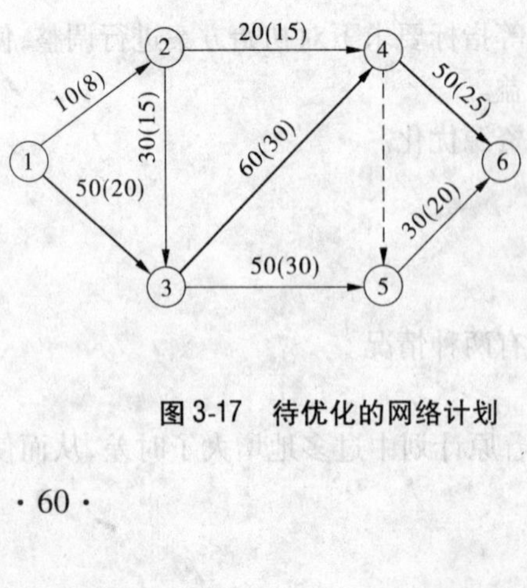

图 3-17　待优化的网络计划

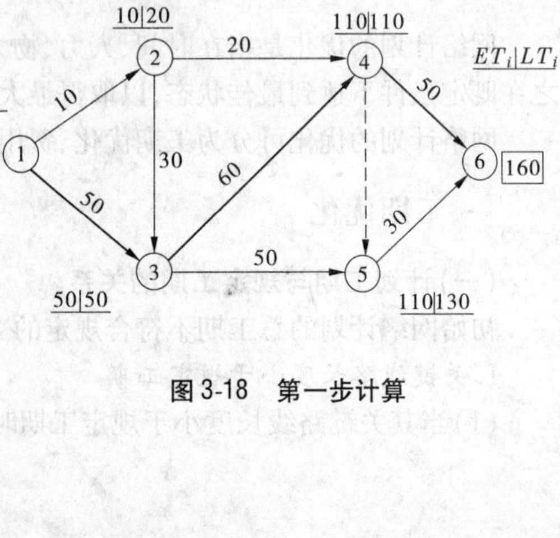

图 3-18　第一步计算

(2)第二步，计算需缩短的工期。根据图 3-18 为 160 天，要达到 100 天的指令工期，需要缩短时间 60 天。根据图 3-17 中数据，关键工作 1—3 可缩短 20 天、3—4 可缩短 30 天、4—6 可缩短 25 天，共计可缩短 75 天，考虑《工程网络计划技术规程》第(3)条中的选择因素，缩短工作 4—6，增加劳动力较多，故仅缩短工作 1—3 和 3—4，用最短持续时间代替正常工作时间，重新计算网络计划工期，如图 3-19 所示，其中关键线路为 1—2—3—4—6 和 1—2—3—5—6，工期为 120 天，与上级指令性工期比较，尚差 20 天。

(3)第三步，继续压缩。根据《工程网络计划技术规程》第(3)条要求，选择工作 3—5 和 4—6 压缩较宜，用最短持续时间置换 3—5 的正常持续时间(即 50 天压缩为 30 天)，工作 4—6 缩短 20 天(即 50 天压缩成 30 天)。重新计算，结果如图 3-20 所示。结果，工期达到 100 天，满足了指令工期要求，优化结束。

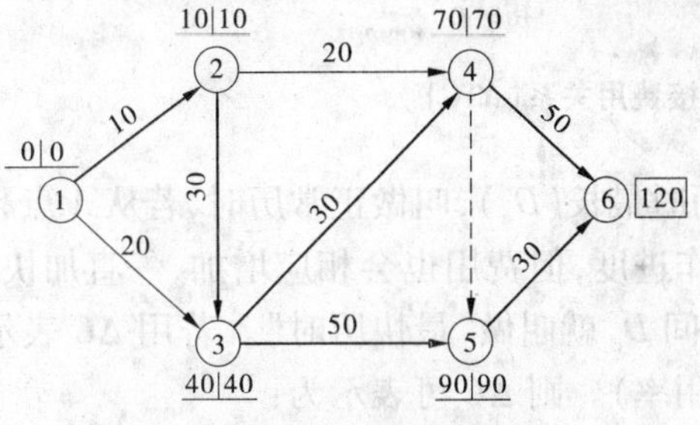

图 3-19　第二步计算

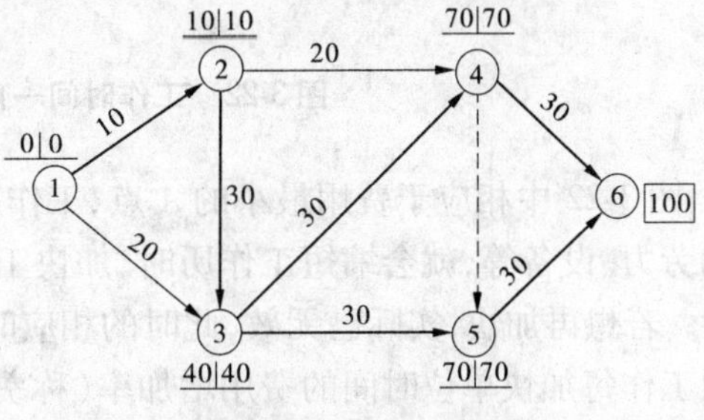

图 3-20　第三步计算

二、费用优化

费用优化的主要目的是要寻求相应于工程成本最低的最优工期，或者是当原计划超过规定工期时，确定缩短哪些工作项目的历时最经济。

(一)工期—费用关系

一项工程的成本是由直接费用和间接费用组成的，它们与工期之间的关系如图 3-21 所示。

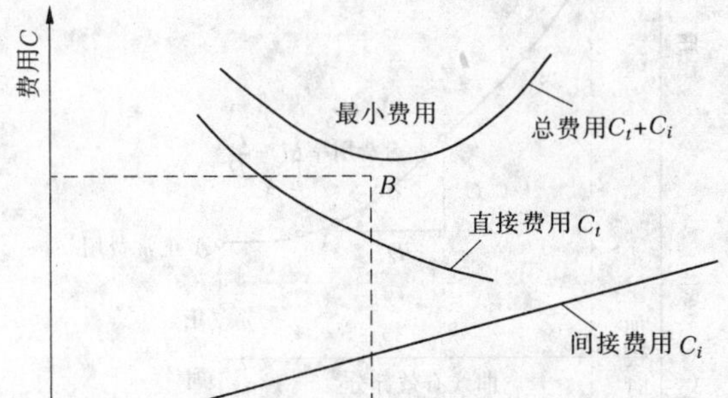

图 3-21　工期—费用关系曲线

任一工程都是由若干工作组成的，整个工程的直接费用也就是完成各项工作所需的直接费用的总和。工程的工期也与某些工作项目的完成时间有关，就任何一项工作而言，如果采用不同的施工方法或不同的历时，即可得到该工作的直接费用与历时的关系曲线，称为 ATC 图，如图 3-22 所示。它们是网络时间—费用优化的基本实用数据。

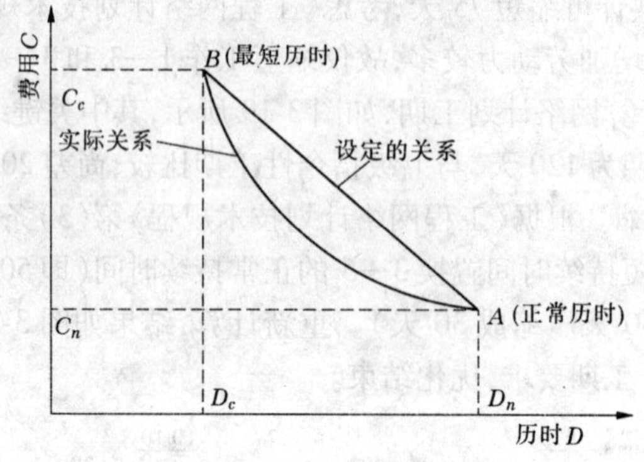

图 3-22 工作时间—直接费用关系(ATC)

图 3-22 中相应于费用最小的 A 点，工作历时最长(D_n)，叫做正常历时，若从 A 点起，增加劳力、设备等，就会缩短工作历时，加快工作进度，但费用也会相应增加，一直加快到 B 点。若想再加快，实际已无效，此时的相应时间 D_c 就叫做"最快历时"。若用 ΔC 表示，某项工作每加快单位时间的费用增加率(称费用率)。则 ΔC 可表示为：

$$\Delta C = (C_c - C_n)/(D_n - D_c)$$

不同的工作，ΔC 值不同。所以，要缩短工程的工期。应优先缩短 ΔC 值最小的关键工作的历时。在一般情况下，若缩短非关键项目的历时，就会使工程费用增加，而工期不会缩短。

根据有关工作的一些 ATC 图资料，对某工程的网络计划进行缩短工期的费用计算，可以得出该工程的工期—费用关系图或 PTC 图(见图 3-23)。该曲线上的各点，是通过依次选择某些工作，有效地压缩工作历时而得到的。

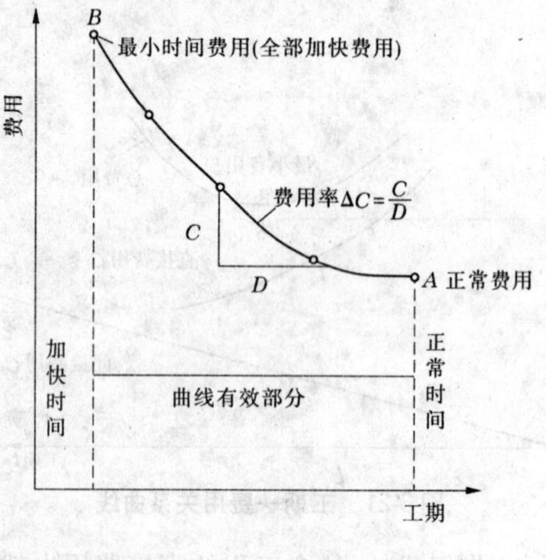

图 3-23 工程工期—费用关系(PTC)

对于一项工程的优化计算，通常是以最小费用解（图 3-23 中点 A）及最短时间解（图 3-23 中点 B）为两个极端。点 A 是每项工作都以费用最小的正常历时完成工程得到的直接费用和工期；点 B 是能够完成该项工程的最短时间，而且在此时间内相应的费用最小。如果整个工程中每项工作都以最快时间去完成，工期虽与最短时间解相同，但是总费用却大得多，显然其中有一些工作缩短历时是多余而无效的。

（二）《工程网络计划技术规程》对费用优化的规定

进行费用优化，应首先求出不同工期下最低直接费用，然后考虑相应间接费用的影响和工期变化带来的其他损益，包括效益增量和资金的时间价值等，最后再通过叠加求出最低工程总成本。

费用优化应按下列规定步骤进行：

（1）按工作正常持续时间找出关键工作及关键线路。

（2）按下列规定计算各项工作的费用率。

对双代号网络计划：

$$\Delta C_{i-j}=\frac{CC_{i-j}-CN_{i-j}}{DN_{i-j}-DC_{i-j}} \tag{3-46}$$

式中 ΔC_{i-j}——工作 i—j 的费用率；

CC_{i-j}——将工作 i—j 持续时间缩短为最短持续时间后，完成该工作所需的直接费用；

CN_{i-j}——在正常条件下完成工作 i—j 所需的直接费用；

DN_{i-j}——工作 i—j 的正常持续时间；

DC_{i-j}——工作 i—j 的最短持续时间。

对单代号网络计划：

$$\Delta C_i=\frac{CC_i-CN_i}{DN_i-DC_i} \tag{3-47}$$

式中 ΔC_i——工作 i 的费用率；

CC_i——将工作 i 持续时间缩短为最短持续时间后，完成该工作所需的直接费用；

CN_i——在正常条件下完成工作 i 所需的直接费用；

DN_i——工作 i 的正常持续时间；

DC_i——工作 i 的最短持续时间。

（3）在网络计划中找出费用率（或组合费用率）最低的一项关键工作或一组关键工作，作为缩短持续时间的对象。

（4）缩短找出的工作或一组工作的持续时间，其缩短值必须符合不能压缩成非关键工作和缩短后其持续时间不小于最短持续时间的原则。

（5）计算相应的费用增加值。

（6）考虑工期变化带来的间接费及其他损益，在此基础上计算总费用。

（7）重复上述（3）~（6）步骤，直到总费用至最低为止。

（三）费用优化实例

1. 优化对象

已知网络计划如图 3-24 所示，试求出费用最少的工期。图中箭线上方为工作的正常费用和最短时间的费用(以千元为单位),箭线下方为工作的正常持续时间和最短的持续时间。已知间接费率为 120 元/天。

2. 优化过程

(1)第一步,简化网络图。简化网络图的目的是在缩短工期过程中,删去那些不能变成关键工作的非关键工作,使网络图简化,减少计算工作量。

首先按持续时间计算,找出关键线路及关键工作,如图 3-25 所示。

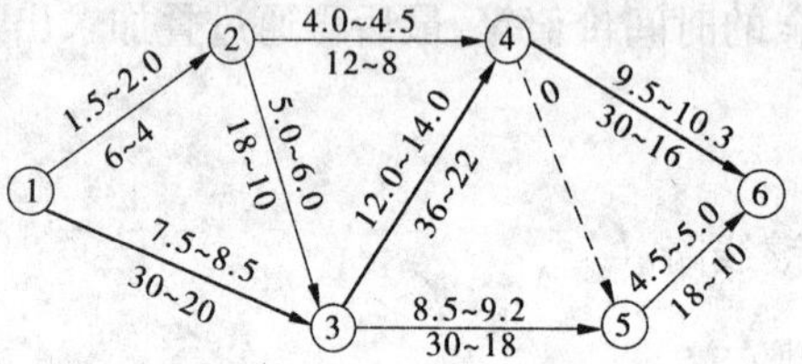

图 3-24　待优化网络计划

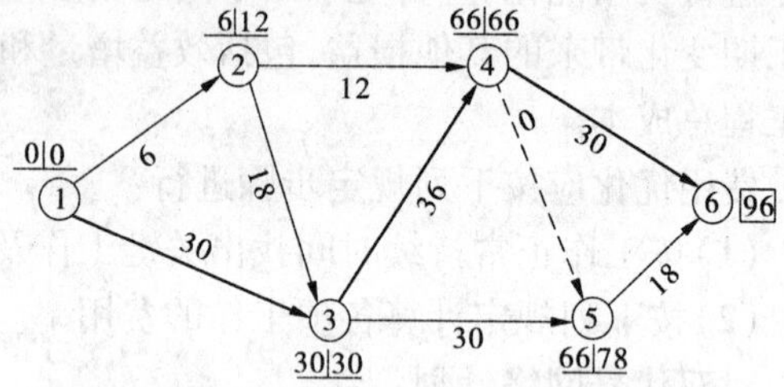

图 3-25　按正常持续时间计算的网络计划

其次,从图 3-25 中看,关键线路为 1—3—4—6,关键工作为 1—3、3—4、4—6。用最短的持续时间置换那些关键工作的正常持续时间,重新计算,找出关键线路及关键工作。重复本步骤,直至不能增加新的关键线路为止。

经计算,图 3-25 中的工作 2—4 不能转变为关键工作,故删去它,重新整理成新的网络计划,如图 3-26 所示。

(2)第二步,计算各工作费用率。按式(3-46)计算工作 1—2 的费用率 ΔC_{1-2} 为:

$$\Delta C_{1-2} = \frac{CC_{1-2} - CN_{1-2}}{DN_{1-2} - DC_{1-2}} = \frac{2\,000 - 1\,500}{6 - 4} = 250(\text{元/天})$$

其他工作费用率均按式(3-46)计算,将它们标注在图 3-26 中的箭线上方。

(3)第三步,找出关键线路上工作费用率最低的关键工作。在图 3-27 中,关键线路为 1—3—4—6,工作费用率最低的关键工作是 4—6。

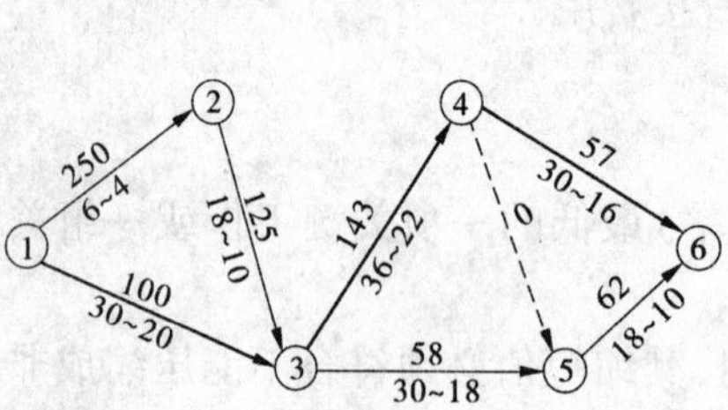

图 3-26　新的网络计划

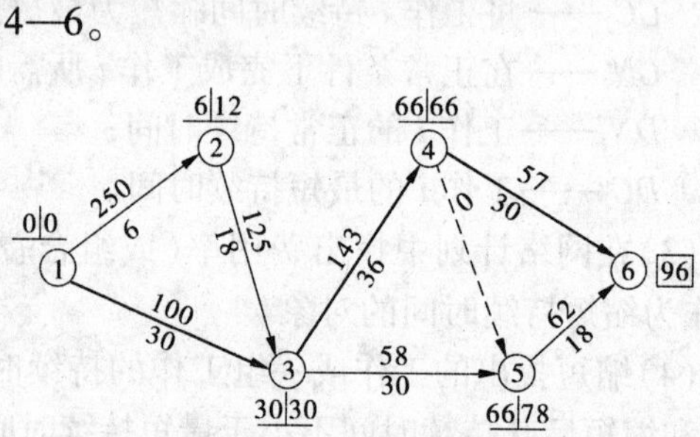

图 3-27　按新的网络计划确定的关键线路

(4)第四步,确定缩短时间大小的原则是原关键线路不能变为非关键线路。

已知关键工作 4—6 的持续时间可缩短 14 天,由于工作 5—6 的总时差只有 12 天($96 - 18 - 66 = 12$(天))。因此,第一次缩短只能是 12 天,工作 4—6 的持续时间应改为 18 天,见图 3-28。计算第一次缩短工期后增加费用 C_1 为:

$$C_1 = 57 \times 12 = 684(\text{元})$$

通过第一次缩短后，在图 3-28 中关键线路变成两条，即 1—3—4—6 和 1—3—4—5—6。如果使该图的工期再缩短，必须同时缩短两关键线路上的时间。为了减少计算次数，关键工作 1—3、4—6 及 5—6 都缩短时间，工作 5—6 持续时间只能允许再缩短 2 天，故工作 4—6 的持续时间缩短 2 天。工作 1—3 持续时间可允许缩短 10 天，但考虑工作 1—2 和 2—3 的总时差有 6 天（12 - 0 - 6 = 6（天）或 30 - 18 - 6 = 6（天）），因此工作 1—3 持续时间缩短 6 天，共计缩短 8 天，计算第二次缩短工期后增加的费用 C_2 为：

$$C_2 = C_1 + 100 \times 6 + (57 + 62) \times 2 = 684 + 600 + 238 = 1\,522(\text{元})$$

第三次缩短。从图 3-29 上看，工作 4—6 不能再缩，工作费用率用 ∞ 表示，关键工作 3—4 的持续时间缩短 6 天，因工作 3—5 的总时差为 6 天（60 - 30 - 24 = 6（天）），计算第三次缩短工期后，增加的费用 C_3 为：

$$C_3 = C_2 + 143 \times 6 = 1\,522 + 858 = 2\,380(\text{元})$$

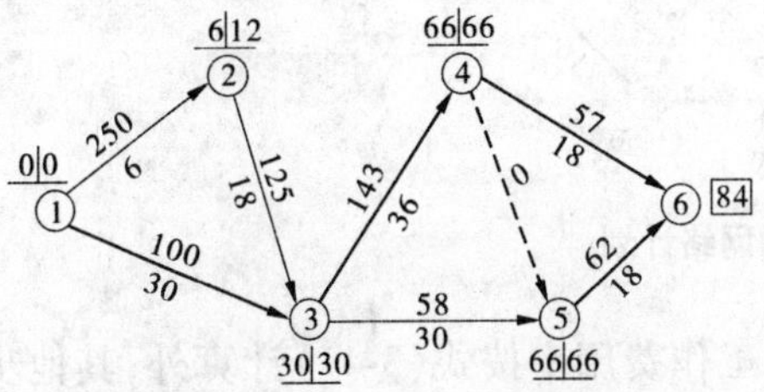

图 3-28　第一次工期缩短的网络计划

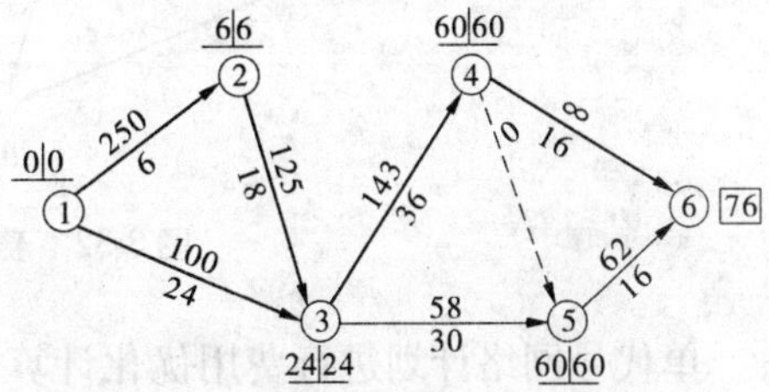

图 3-29　第二次工期缩短的网络计划

第四次缩短。从图 3-30 上看，因为工作 3—4 最短的持续时间为 22 天，缩短工作 3—4 和 3—5 持续时间 8 天，第四次缩短工期后增加的费用 C_4 为：

$$C_4 = C_3 + (143 + 58) \times 8 = 2\,380 + 201 \times 8 = 3\,988(\text{元})$$

第五次缩短。从图 3-31 上看，关键线路有 4 条，只能在关键工作 1—2、1—3、2—3 中选择，只有缩短工作 1—3 和 2—3（工作费用率为 125 + 100）持续时间 4 天。此时，工作 1—3 的持续时间已达到最短，不能再缩短，第五次缩短工期后共增加费用 C_5 为：

$$C_5 = C_4 + (125 + 100) \times 4 = 3\,988 + 900 = 4\,888(\text{元})$$

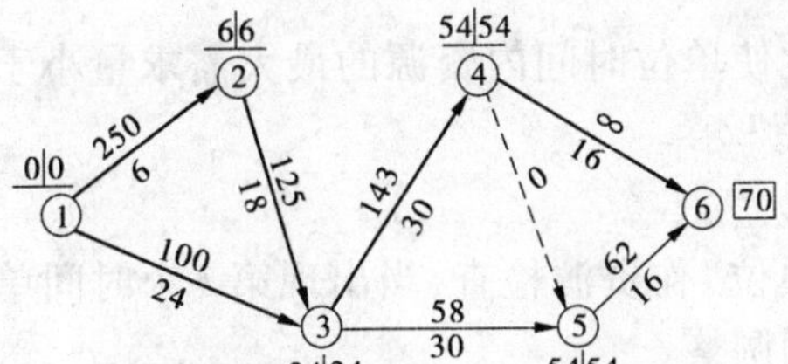

图 3-30　第三次工期缩短的网络计划

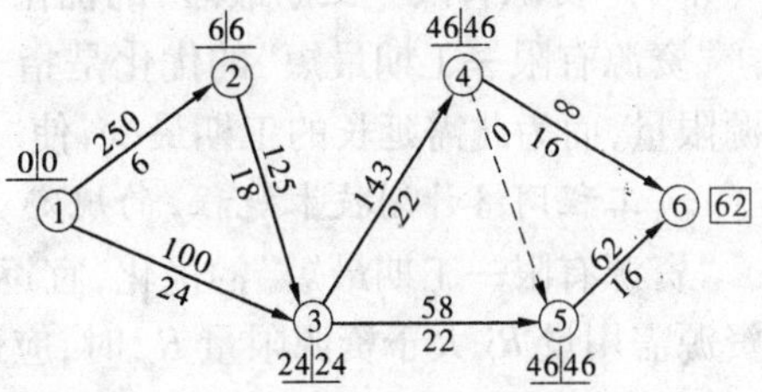

图 3-31　第四次工期缩短的网络计划

考虑不同工期增加费用及间接费用影响，见表 3-4，选择其中组合费用最低的工期作最佳方案。

表 3-4　不同工期组合费用表

不同工期	96	84	76	70	62	58
增加直接费用	0	684	1 522	2 380	3 988	4 888
间接费用	11 520	10 080	9 120	8 400	7 440	6 960
合计费用	11 520	10 764	10 642	10 780	11 428	11 848

从表 3-4 中看，工期 76 天所增加费用最少，为 10 642 元。费用最低方案如图 3-32 所示。

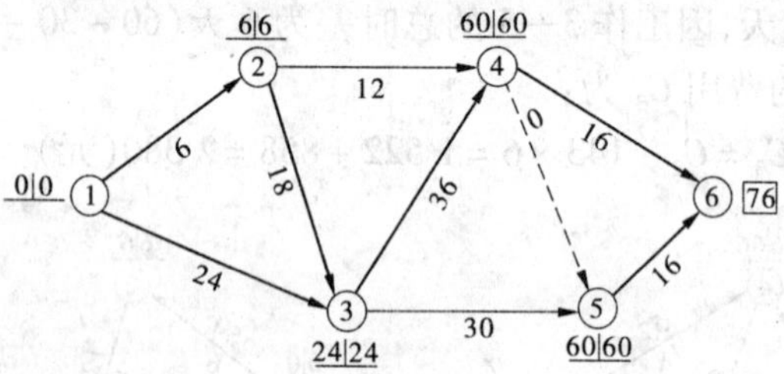

图 3-32　费用最低的网络计划

单代号网络计划进行费用优化计算时，除各工作费用率按式（3-47）计算外，其他步骤与双代号网络计划一样。

三、资源优化

“资源”是完成任务所需的人力、材料、机械设备、资金等的统称。

资源优化问题可归结为两种类型：一是资源有限，寻求最短工期；二是规定工期，寻求资源消耗均衡。无论是哪一类的资源优化问题，都是通过重新调整、安排某些工作项目，使网络计划的工期和资源分配情况得到改善，调整与安排的途径一般有三种：①利用时差，推迟某些工作的开始时间；②在条件允许的情况下，可以使某些工作项目在资源紧张的时段内暂时中断，以减少某种资源的需要量；③改变某些工作的历时。

（一）“资源有限—工期最短”的优化

“资源有限—工期最短”的优化是指通过优化使单位时间内资源的最大需求量小于资源限量，而为此需延长的工期最少，使“工期最短”。

1.《工程网络计划技术规程》的规定

“资源有限—工期最短”的优化，宜逐“时间单位”作资源检查，当出现第 t 个时间单位资源需用量 R_t 大于资源限量 R_a 时，应进行计划调整。

调整计划时，就对资源冲突的诸工作作新的顺序安排。顺序安排的选择标准是“工期延长时间最短”，其值的计算应按下列公式计算。

（1）对双代号网络计划：

$$\Delta D_{m'-n',i'-j'} = \min\{\Delta D_{m-n,i-j}\} \tag{3-48}$$

$$\Delta D_{m-n,i-j} = EF_{m-n} - LS_{i-j} \tag{3-49}$$

式中 $\Delta D_{m'-n',i'-j'}$——在各种顺序安排中，最佳顺序安排所对应的工期延长时间的最小值，它要求将 LS_{i-j} 最大的工作 $i'—j'$ 安排在 $EF_{m'-n'}$ 最小的工作 $m'—n'$之后进行；

$\Delta D_{m-n,i-j}$——在资源冲突的诸工作中，工作 $i—j$ 安排在工作 $m—n$ 之后进行，工期所延长的时间。

(2)对单代号网络计划：

$$\Delta D_{m',i'} = \min\{\Delta D_{m,i}\} \tag{3-50}$$

$$\Delta D_{m,i} = EF_m - LS_i \tag{3-51}$$

式中 $\Delta_{m',i'}$——在各种顺序安排中，最佳顺序安排所对应的工期延长时间的最小值；

$\Delta D_{m,i}$——在资源冲突的诸工作中，工作 i 安排在工作 m 之后进行，工期所延长的时间。

"资源有限—工期最短"的优化，应按下述规定步骤调整工作的最早开始时间：

(1)计算网络计划每"时间单位"的资源需用量。

(2)从计划开始日期起，逐个检查每个时间单位资源需用量是否超过资源限量，如果在整个工期内每个"时间单位"均能满足资源限量的要求，可行优化方案就编制完成了。否则，必须进行计划调整。

(3)分析超过资源限量的时段(每"时间单位"资源需用量相同的时间区段)，按式(3-48)计算$\Delta D_{m'-n',i'-j'}$或按式(3-50)计算 $\Delta D_{m',i'}$值，依据它确定新的安排顺序。

(4)若最早完成时间 $EF_{m'-n'}$ 或 $EF_{m'}$ 的最小值和最迟开始时间 $LS_{i'-j'}$ 或 $LS_{i'}$ 的最大值同属一个工作，应找出最早完成时间 $EF_{m'-n'}$或 $EF_{m'}$ 值为次小，最迟开始时间 $LS_{i'-j'}$ 或 $LS_{i'}$ 为次大的工作，分别组成两个顺序方案，再从中选取较小者进行调整。

(5)绘制调整后的网络计划，重复上述(1)~(4)的步骤，直到满足要求。

2."资源有限—工期最短"优化举例

1)优化对象

某网络计划如图 3-33 所示，图中箭线上的数为工作持续时间，箭线下的数为工作资源强度，假定每天只有 9 个工人可供使用，如何安排各工作最早开始时间使工期达到最短？

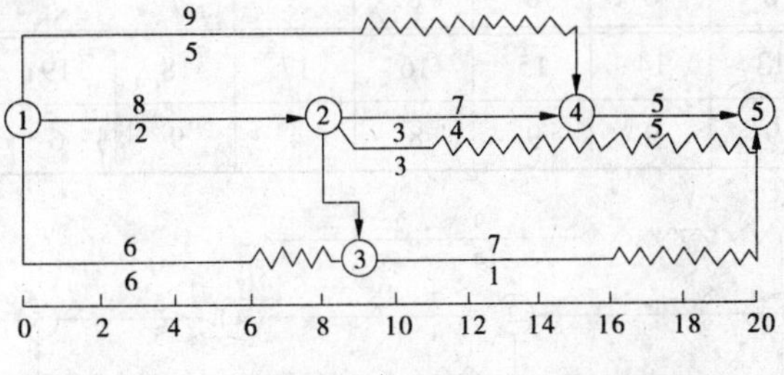

图 3-33 "资源有限—工期最短"的优化对象

2)优化步骤

(1)第一步，计算每日资源需用量，见表 3-5。

表 3-5　每日资源数量表

工作日	1	2	3	4	5	6	7	8	9	10	11	12	13	14	15	16	17	18	19	20
资源数量	13	13	13	13	13	13	7	7	13	8	8	5	5	5	5	6	5	5	5	5

(2)第二步,逐日检查是否满足要求。在表 3-5 中看到第一天资源需用量就超过可供资源量(9 人)要求,必须进行工作最早开始时间调整。

(3)第三步,分析资源超限的时段。在第 1 ~ 6 天,有工作 1—4、1—2、1—3,分别计算 EF_{i-j}、LS_{i-j},确定调整工作最早开始时间方案,见表 3-6。

表 3-6　超过资源限量的时段的工作时间参数表

工作代号 $i—j$	EF_{i-j}(天)	LS_{i-j}(天)
1—4	9	6
1—2	8	0
1—3	6	7

根据式(3-48)及式(3-49)确定 $\Delta D_{m'-n',i'-j'}$ 最小值,$\min\{EF_{m-n}\}$ 和 $\max\{LS_{i-j}\}$ 属于同一工作 1—3,找出 EF_{m-n} 的次小值及 LS_{i-j} 的次大值是 8 和 6,组成两组方案。

$$\Delta D_{1-3,1-4}=6-6=0$$

$$\Delta D_{1-2,1-3}=8-7=1$$

选择工作 1—4 安排在工作 1—3 之后进行,工期不增加,每天资源需用量从 13 人减少到 8 人,满足要求。如果有多个平行作业工作,当调整一项工作的最早开始时间后仍不能满足要求,就应继续调整。

重复以上计算方法与步骤,可行优化方案见表 3-7 及图 3-34 所示。单代号网络计划计算方法及步骤与双代号网络计划的计算方法及步骤一样。

表 3-7　优化方案的每日资源数量表

工作日	1	2	3	4	5	6	7	8	9	10	11
资源数量	8	8	8	8	8	8	7	7	5	9	9
工作日	12	13	14	15	16	17	18	19	20	21	22
资源数量	9	9	9	9	8	4	9	6	6	6	6

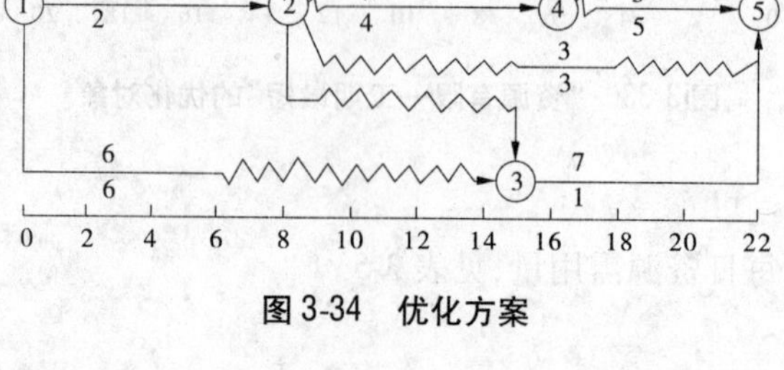

图 3-34　优化方案

(二)"工期固定—资源均衡"的优化

1.《工程网络计划技术规程》的规定

"工期固定—资源均衡"优化,即工期不变,通过调整使资源均衡。"工期固定—资源均衡"优化可用削高峰法(利用时差降低资源高峰值),获得资源消耗量尽可能均衡的优化方案。

削高峰法应按下述规定步骤进行:

(1)计算网络计划每时间单位资源需用量。

(2)确定削峰目标,其值等于每时间单位资源需用量的最大值减一个单位量。

(3)找出高峰时段的最后时间点 T_h 及有关工作的最早开始时间 ES_{i-j}(或 ES_i)和总时差 TF_{i-j}(或 TF_i)。

(4)按下列规定计算有关工作的时间差值 ΔT_{i-j}或 ΔT_i。

对双代号网络计划:

$$\Delta T_{i-j} = TF_{i-j} - (T_h - ES_{i-j}) \tag{3-52}$$

对单代号网络计划:

$$\Delta T_i = TF_i - (T_h - ES_i) \tag{3-53}$$

优先以时间差值最大的工作 i'—j'或工作 i'为调整对象,令

$$ES_{i'-j'} = T_h \text{ 或 } ES_{i'} = T_h$$

(5)若峰值不能再减少,即求得均衡优化方案。否则,重复以上步骤。

2."工期固定—资源均衡"优化举例

1)优化对象

某时标网络计划如图 3-35 所示,箭线上的数字为工作持续时间,箭线下的数字表示工作资源强度,要求通过优化,使工期固定,资源均衡。

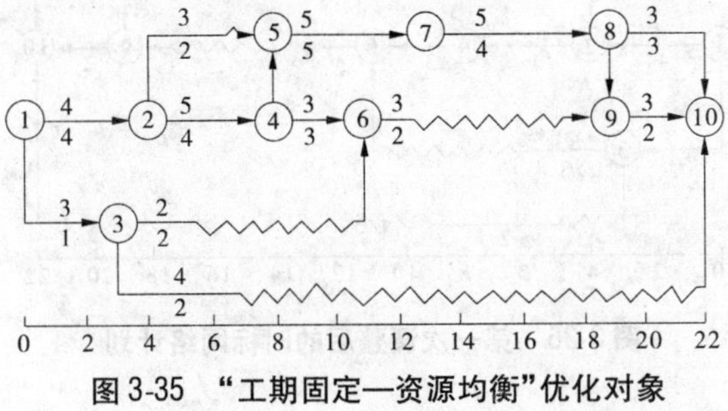

图 3-35 "工期固定—资源均衡"优化对象

2)优化步骤

(1)第一步,计算每日所需资源数量,见表 3-8。

表 3-8 每日资源数量表

工作日	1	2	3	4	5	6	7	8	9	10	11
资源数量	5	5	5	9	11	8	8	4	4	8	8
工作日	12	13	14	15	16	17	18	19	20	21	22
资源数量	8	7	7	4	4	4	4	4	5	5	5

(2)第二步,确定削峰目标。削峰目标就是表3-8中资源数量中最大值减去它的一个单位量。削峰目标定为10(11－1)。

(3)第三步,找出下界时间点 T_h 及有关工作 i—j 的 ES_{i-j},TF_{i-j}。$T_h=5$,在第5天有2—5、2—4、3—6、3—10四个工作,相应的 TF_{i-j} 和 ES_{i-j} 分别为2、4,0、4,12、3,15、3。

(4)第四步,按式(3-52)计算 ΔT_{i-j} 值:

$$\Delta T_{2-5}=2-(5-4)=1$$

$$\Delta T_{2-4}=0-(5-4)=-1$$

$$\Delta T_{3-6}=12-(5-3)=10$$

$$\Delta T_{3-10}=15-(5-3)=13$$

其中工作3—10的 ΔT_{3-10} 值最大,故优先将该工作向右移动2天(即第5天以后开始),然后计算每日资源数量,看峰值是否小于或等于削峰目标(＝10)。如果由于工作3—10最早开始时间改变,在其他时段中出现超过削峰目标的情况,则重复(3)、(4)步骤,直至不超过削峰目标为止。本例工作3—10调整后,其他时间里没有再出现超过削峰目标现象,见表3-9及图3-36。

表3-9　第一次调整后的每日资源数量表

工作日	1	2	3	4	5	6	7	8	9	10	11
资源数量	5	5	5	7	9	8	6	6	10	8	8
工作日	12	13	14	15	16	17	18	19	20	21	22
资源数量	7	7	4	4	4	4	4	4	5	5	5

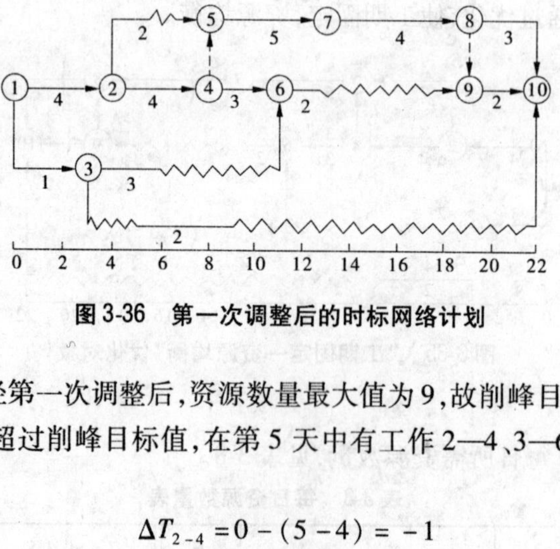

图3-36　第一次调整后的时标网络计划

从表3-9得知,经第一次调整后,资源数量最大值为9,故削峰目标定为8。逐日检查至第5天,资源数量超过削峰目标值,在第5天中有工作2—4、3—6、2—5,计算各 ΔT_{i-j} 值:

$$\Delta T_{2-4}=0-(5-4)=-1$$

$$\Delta T_{3-6}=12-(5-3)=10$$

$$\Delta T_{2-5}=2-(5-4)=1$$

其中工作 ΔT_{3-6} 值为最大,故优先调整工作3—6,将其向右移动2天,资源数量变化见表3-10。

表 3-10 第二次调整后的每日资源数量表

工作日	1	2	3	4	5	6	7	8	9	10	11
资源数量	5	5	5	4	6	11	11	6	6	8	8
工作日	12	13	14	15	16	17	18	19	20	21	22
资源数量	8	7	7	4	4	4	4	4	5	5	5

由表 3-10 可知在第 6、7 两天资源数量又超过 8。在这一时段中有工作 2—5、2—4、3—6、3—10，再计算 ΔT_{i-j} 值：

$$\Delta T_{2-5} = 2-(7-4) = -1$$
$$\Delta T_{2-4} = 0-(7-4) = -3$$
$$\Delta T_{3-6} = 10-(7-5) = 8$$
$$\Delta T_{3-10} = 12-(7-5) = 10$$

按理应选择 ΔT_{i-j} 值最大的工作 3—10，但因为它的资源强度为 2，调整它仍然不能达到削峰目标，故选择工作 3—6（它的资源强度为 3），满足削峰目标，将使之向右移动 2 天。

通过重复上述计算步骤，最后削峰目标定为 7，不能再减少了，优化计算结果见表 3-11 及图 3-37。

表 3-11 资源调整后的每日资源数量表

工作日	1	2	3	4	5	6	7	8	9	10	11
资源数量	5	5	5	4	6	6	6	7	7	5	7
工作日	12	13	14	15	16	17	18	19	20	21	22
资源数量	7	7	7	7	7	7	7	6	5	5	5

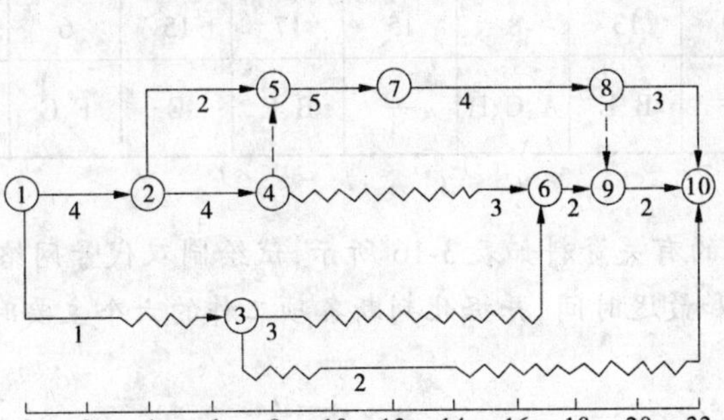

图 3-37 资源调整完成的时标网络计划

削高峰法的单代号网络计划的计算方法和步骤参看本例方法与步骤。ΔT_{i-j} 值相当于工作总时差，当 $\Delta T_{i-j} < 0$ 时，表示调整该工作最早开始时间后延长工期，因此只能选择 $\Delta T_{i-j} > 0$ 的工作进行最早开始时间调整。

习 题

3-1 什么是网络图？何谓工作？工作和虚工作有何不同？

3-2 何谓工艺关系和组织关系？试举例说明。

3-3 已知工作之间的逻辑关系如表 3-12～表 3-14 所示，试分别绘制双代号网络图和单代号网络图。

表 3-12

工作	A	B	C	D	E	G	H
紧前工作	C、D	E、H	—	—	—	D、H	—

表 3-13

工作	A	B	C	D	E	G
紧前工作	—	—	—	—	B、C、D	A、B、C

表 3-14

工作	A	B	C	D	E	G	H	I	J
紧前工作	E	H、A	J、G	H、I、J	—	H、A	—	—	E

3-4 某网络计划的有关资料如表 3-15 所示，试绘制双代号网络图计划，并在图中标出各项工作的六个参数，最后用双箭线标明关键线路。

表 3-15

工作	A	B	C	D	E	F	G	H	I	J	K
持续时间	22	10	13	8	15	17	15	6	11	12	20
紧前工作	—	—	B、E	A、C、H	—	B、E	E	F、G	F、G	A、C、I、H	F、G

3-5 某网络计划的有关资料如表 3-16 所示，试绘制双代号网络图计划，在图中标出各个节点的最早时间和最迟时间，并据此判断各项工作的六个主要时间参数。最后，用双箭线标明关键线路。

表 3-16

工作	A	B	C	D	E	G	H	I	J	K
持续时间	2	3	4	5	6	3	4	7	2	3
紧前工作	—	A	A	A	B	C、D	D	B	E、H、G	G

3-6　某网络计划的有关资料如表3-17所示，试绘制单代号网络图计划，并在图中标出各项工作的六个主要时间参数及相邻两项工作之间的时间间隔。最后，用双箭线标明关键线路。

表3-17

工作	A	B	C	D	E	G
持续时间	12	10	5	7	6	4
紧前工作	—	—	—	B	B	C、D

3-7　某网络计划的有关资料如表3-18所示，试绘制双代号时标网络图计划，并判断各项工作的六个时间参数和关键线路。

表3-18

工作	A	B	C	D	E	G	H	I	J	K
持续时间	2	3	5	2	3	3	2	3	6	2
紧前工作	—	A	A	B	B	D	G	E、G	C、E、G	H、I

3-8　已知网络计划如图3-38所示，箭线下方括号外数字为工作的正常持续时间，括号内数字为工作的最短持续时间；箭线上方括号内的数字为优选系数。要求工期为12，试对其进行工期优化。

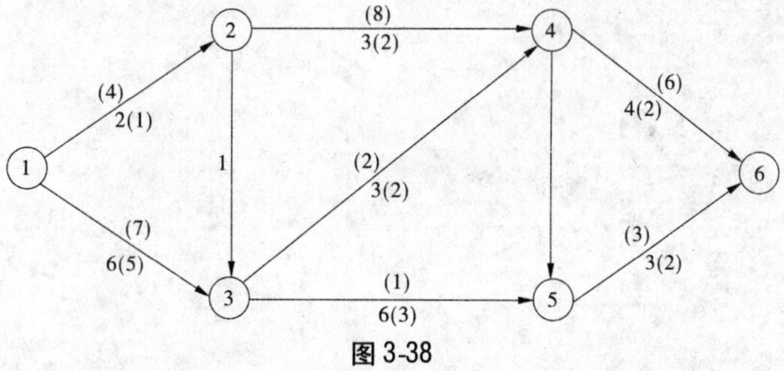

图3-38

3-9　已知网络计划如图3-39所示，箭线下方括号外数字为工作的正常持续时间，括号内数字为工作的最短持续时间；箭线上方括号外的数字为正常持续时间时的直接费，括号内数字为最短持续时间时的直接费，费用单位为千元，时间单位为天。如果工程间接费率为0.8千元/天，则最低工程费用时的工期为多少天？

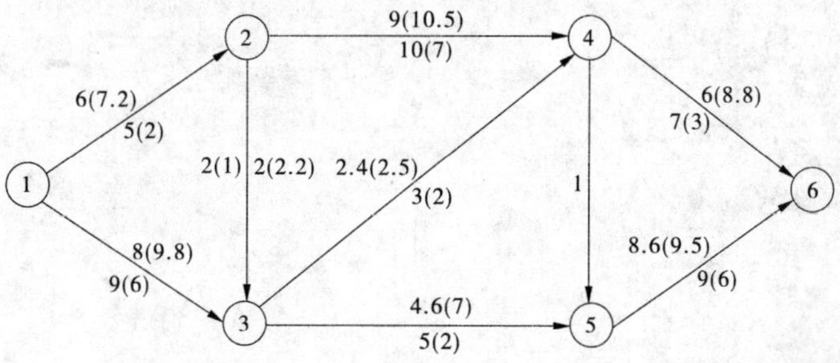

图3-39

3-10 已知网络图如图 3-40 所示，图中箭线上方的数字为工作的资源强度，箭线下方的数字为工作的持续时间，假定资源限量为 12。试对其进行“资源有限—工期最短”的优化。

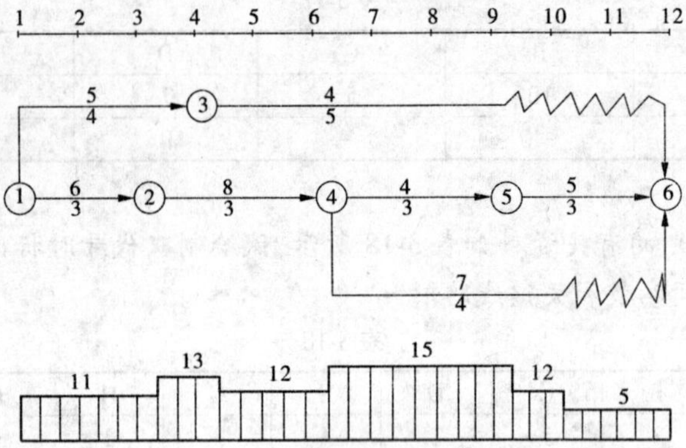

图 3-40

第四章　施工部署

本章重点

1. 施工程序、施工流向的确定。

2. 施工方案的确定。

3. 施工方法和施工机械的选择。

4. 技术组织措施的制订。

本章教学要求

1. 掌握施工方案、施工流向确定。

2. 能根据实际工程资料，编制指导工程施工的切实可行的施工方案。

施工部署是通过全面考虑拟建工程的各种施工条件，拟定合理的施工方案，确定施工顺序、施工方法、劳动组织和技术经济组织措施，合理地统筹安排人力、材料消耗、机械使用及工程进度计划，保证建设工程按质、按期交付使用。它为拟建工程设计方案在经济合理性、技术先进性和实施可行性三个方面的论证提供依据；为建设单位编制基本建设计划，拟定初步设计概算提供依据；并为施工企业提供依据，使其提前掌握人力、材料和机械设备使用的先后顺序，全面合理安排材料的供应与消耗。

第一节　施工程序和施工流向的确定

一、施工程序的确定

（一）调查研究与收集资料

1. 原始资料的调查

原始资料的调查工作应有计划、有目的地进行，事先要拟订明确详细的调查提纲。调查的范围、内容、要求等应根据拟建工程的规模、性质、复杂程度、工期以及对当地熟悉、了解程度而定。到新的地区施工，调查及收集资料工作应全面、细致一些。

首先应向建设单位、勘察设计单位收集工程资料。例如：工程设计任务书，工程地质、水文勘察资料；地形测量图、初步设计或扩大初步设计以及工程规划资料；工程规模、性质、建筑面积、投资等资料；还要向当地气象台（站）调查有关气象资料；向当地有关部门、单位收集当地政府的有关规定及对建设工程的指示以及有关协议书，了解社会劳动力、运输能力和地方建筑材料的生产能力。通过原始资料的调查，做到心中有数，为编制施工组织设计提供充分的资料和依据。

原始资料的调查包括技术经济资料的调查、建设场地的勘察和社会资料的调查。

1)技术经济资料的调查

技术经济资料的调查主要包括建设地区的能源、交通、材料、半成品及成品货源、价格等内容,作为选择施工方法和确定费用的依据。

(1)建设地区的能源调查:能源一般指水源、电源、气源等。能源资料可向当地城建、电力及建设单位等进行调查,其主要用做选择施工用临时供水、供电和供气的方式,是提供经济分析比较的依据。

(2)建设地区的交通调查:交通运输方式一般有铁路、公路、水路、航空等。交通资料可向当地铁路、交通运输和民航等管理局的业务部门进行调查。其主要用做组织施工运输业务,选择运输方式,是提供经济分析比较的依据。

(3)主要材料等的调查:其调查的内容包括三大材料(钢材、木材和水泥)、特殊材料及主要设备。这些资料一般向当地工程造价管理站及有关材料、设备供应部门进行调查,作为确定材料供应、贮存和设备订货、租赁的依据。

(4)半成品及成品的调查:这项调查的内容包括地方资源和建筑企业的情况。这些资料一般向当地计划、经济及建筑等管理部门进行调查,可用做确定材料、构配件、制品等货源的加工供应方式、运输计划和规划临时设施。

2)建设场地的勘察

建设场地的勘察主要是了解建设地点的地形、地貌、水文、气象以及场地周围环境和障碍物情况等,可作为确定施工方法和技术措施的依据。

(1)地形、地貌的调查。调查内容包括工程的建设规划图,区域地形图,工程位置地形图,水准点、控制桩的位置,现场地形、地貌特征,勘察高程及高差等。对地形简单的施工现场,一般采用目测和步测;对场地地形复杂的施工现场,可用测量仪器进行观测,也可向规划部门、建设单位、勘察单位等进行调查。这些资料可作为设计施工平面图的依据。

(2)工程地质及水文地质的调查。工程地质包括地层构造、土层的类别与厚度以及土的性质、承载力和地震级别等。水文地质包括地下水的质量、含水层的厚度以及地下水的流向、流量、流速、最高和最低水位等。对这些内容的调查,主要是采取观察的方法,如直接观察附近的土坑、沟道的断层、附近建筑物的地基情况、地面排水方向和地下水的汇集情况;钻孔观察地层构造、土的性质及类别、地下水的最高和最低水位。另外,还可向建设单位、设计单位、勘察单位等进行调查,作为选择基础施工方法的依据。

(3)气象资料的调查。气象资料主要指气温(包括全年、各月平均温度,最高与最低温度,5 ℃及0 ℃以下天数、日期)、雨情(包括雨期起止时间,年、月降水量,日最大降水量等)和风情(包括全年主导风向频率、大于8级风的天数及日期)等资料。向当地气象部门进行调查,可作为确定冬、雨期施工的依据。

(4)周围环境及障碍物的调查。调查内容包括施工区域现有建筑物、构筑物、沟渠、水井、树木、土堆、电力架空线路、地下沟道、人防工程、上下水管道、埋地电缆、煤气及天然气管道、地下杂填垒积坑、枯井等。这些资料要通过实地踏勘,并向建设单位、设计单位等调查取得,可作为布置现场施工平面的依据。

3)社会资料调查

社会资料调查主要包括建设地区的政治、经济、文化、科技、风土、民俗等内容。其中,社会劳动力和生活设施、参加施工各单位情况的调查资料可作为安排劳动力、布置临时设施和确定施工力量的依据。

2. 参考资料的收集

在编制施工组织设计时,为弥补原始资料的不足,还要借助一些相关的参考资料作为编制依据。这些参考资料可利用现有的施工定额、施工手册、建筑施工常用数据手册、施工组织设计实例或平时施工的实践经验获得。

(二)熟悉施工图纸,研究施工条件

熟悉施工图纸是施工方案设计的基础工作,其目的是熟悉工程概况,领会设计意图,明确工作内容,分析工程特点,提出存在问题,为确定施工方案打下良好基础。在熟悉施工图纸时,一般应注意以下几个方面:

(1)核对施工图纸目录清单,检查施工图纸是否齐全、完备。

(2)图纸设计是否符合国家有关技术规范,且要符合经济合理、美观适用的原则。

(3)地下与地上、土建与安装、结构与装饰是否有矛盾,各种设备管道的布置对土建施工是否有影响。

(4)核对设计计算的假定和采用的计算方法是否符合实际情况,施工时是否有足够的稳定性,是否有利于安全施工。

(5)核对设计是否符合施工条件,若需要特殊施工方法和特定技术措施,技术和设备上有无困难。

(6)核对生产工艺和使用上对建筑安装有哪些技术要求,施工是否能满足设计规定的质量标准。

(7)核对施工图纸与设计说明有无矛盾,设计意图与实际设计是否一致,规定是否明确。

(8)图纸及说明是否完整、齐全、清楚,图中的尺寸、位置、标高是否准确,图纸之间是否有矛盾。

(9)核对施工图中材料有无特殊要求,其品种、规格、数量等能否满足。

在有关施工技术人员充分熟悉施工图纸的基础上,会同设计单位、建设单位、监理单位、科研单位等有关人员进行图纸会审。首先,由设计人员向施工单位进行技术交底,讲清设计意图和施工中的主要要求;然后,施工技术人员对施工图纸和工程中的有关问题提出询问或建议,并详细记录解答,作为今后施工的依据;最后,对于会审中提出的问题和建议进行研讨,并取得一致意见,如需变更设计或作补充设计,应办理设计变更签证手续。但未经设计单位同意,施工单位无权随意修改设计。

在熟悉施工图纸后,还必须充分研究施工条件和有关工程资料。如施工现场的“三通一平”条件;劳动力、主要建筑材料、构件、加工品的供应条件;施工机具和模具的供应条件;施工现场的水文地质与工程地质勘察资料;现行的施工规范、定额等资料;施工组织总设计;上级主管部门对该单位工程的指示等。

(三)确定施工程序

单位工程的施工程序一般为接受施工任务阶段、开工前准备阶段、全面施工阶段、交工验收阶段。每一个阶段都必须完成规定的内容,并为下一阶段的工作创造良好条件。

1. 接受施工任务阶段

接受施工任务阶段是其他各个阶段的前提条件，施工单位在这个阶段的主要任务是承接施工任务，签订工程承包合同，明确拟建的单位工程。根据我国的国情，施工企业接受施工任务的形式，主要有以下三种：

(1)上级主管部门直接下达任务；

(2)接受建设单位的邀请接受任务；

(3)通过工程招标投标，在中标后承接任务。

2. 开工前准备阶段

开工前准备阶段是继接受任务阶段之后，为单位工程顺利开工创造必要条件的阶段。工程实践经验证明，一般单位工程开工必须具备以下条件：

(1)施工执照已办理；

(2)施工图纸已经会审，施工预算已编制；

(3)施工组织设计已被批准；

(4)场地平整、障碍物清除、场内外交通道路已基本完成；

(5)供水、供电、排水系统均满足施工需要；

(6)永久性或半永久性坐标和水准点已设置；

(7)材料、成品、半成品能陆续进场，并能保证连续施工；

(8)施工机械已进入施工现场；

(9)临时设施和附属加工企业已基本满足生产和生活的需要；

(10)劳动计划已落实，已经通过必要的安全防火教育。

单位工程具备以上开工条件后，由施工企业写出书面开工申请报告，报有关部门审批后才可正式开工。

3. 全面施工阶段

全面施工阶段是建设过程中历时最长、资源消耗最大、工作难度最大的阶段。此阶段主要是全面控制工程质量、进度和投资，以最好的工程质量、最快的施工速度和最低的工程投资科学合理地进行施工组织。

4. 交工验收阶段

交工验收工作一般按单位工程进行，即按照设计文件所规定的内容，按照交工验收的依据和标准，对工程进行全面评价，并评定出质量等级。建筑安装企业在单位工程交工前，应首先自己进行预验收，并收集、整理好各项交工验收资料，做好交工验收的各项准备工作，待合乎竣工验收的标准时，可由建设单位负责，施工企业、设计单位等参加，对整个项目进行验收。验收合格后，双方签订交工验收证书，由建设单位报请上级主管部门批准交付使用。

二、施工流向的确定

施工流向是解决单个建筑物在空间上的合理施工顺序的问题。施工流向涉及一系列施工活动的开展和进程，这是施工组织的重要一环。

在确定单位工程的施工流向时，应考虑以下几个主要方面：

(1)建筑物的生产工艺或使用要求,往往是确定施工流向的重要因素;

(2)平面上各部分施工的繁简程度,如地下工程的深浅及地质复杂程度、设备安装工程的技术复杂程度等;

(3)当有高、低层或高、低层并列时,应先从并列处开始;

(4)施工技术和施工组织的要求。

(一)确定施工顺序

施工顺序是指单位工程中各分部工程、各专业工程施工的先后次序,它们之间是一种客观规律或一种制约关系。

1.单位工程的施工顺序

单位工程的施工顺序,应遵照“先地下、后地上”、“先主体、后围护”、“先土建、后设备安装”的顺序。

(1)先地下、后地上:主要是指应先完成基础工程、土方工程等地下部分,然后再进行地面结构施工;即使单纯的地下工程也应执行先深后浅的程序。

(2)先主体、后围护:是指先对主体框架进行施工,再施工围护结构。

(3)先土建、后设备安装:是指先对土建部分进行施工,再进行机电金属结构设备等安装的施工。

2.设备安装与土建的施工顺序

为使工程早日投产,应合理安排土建工程与设备安装的施工顺序,使其最大限度地同时进行。设备安装与土建的施工顺序,一般有以下三种情况:

(1)“封闭式”施工顺序:是指当土建主体结构工程完成之后,再进行设备安装。

(2)“敞开式”施工顺序:是指先安装工艺设备,再建造结构工程。

(3)“同建式”施工顺序:是指设备安装和结构工程一起进行。

(二)确定施工顺序的原则

科学的施工顺序是为了按照施工客观规律组织施工,解决工作之间在时间上的搭接问题,在保证质量与安全施工的前提下,以期做到充分利用空间和时间,实现缩短工期的目的。因此,在确定施工顺序时,必须注意以下原则。

1.施工顺序必须符合施工工艺的要求

建筑物在各个施工过程之间,都存在着一定的工艺顺序关系,这种顺序关系随着建筑功能和结构特点的不同而不同。在确定施工顺序时,应注意分析该建筑物各施工过程的工艺要求和工艺关系,施工顺序不能违背这种关系。

2.必须遵从合理组织施工过程的基本原则

遵从合理组织施工过程应符合施工过程的连续性、协调性、均衡性、经济性原则。

3.施工顺序应当与采用的施工方法、施工机械协调一致

工程采用的施工方法和施工机械不同,其施工顺序也不一样。如在装配式单层工业厂房的施工中,如果采用分件吊装法,施工顺序应该是先吊柱,后吊梁,最后吊装屋架和屋面板;如果采用综合吊装法,施工顺序则变为将一个节间的全部结构构件吊装完毕后,再依次吊装另外的节间。

4. 施工顺序必须考虑施工组织的要求

当工程的施工顺序有几种方案时，就应从施工组织的角度进行综合分析和反复比较，选出最经济合理、有利于施工和开展工作的施工顺序。

5. 施工顺序必须考虑施工质量的要求

在安排施工顺序时，必须以确保工程质量为前提，当施工顺序影响工程质量时，必须调整或重新安排原来的施工顺序。

6. 施工顺序必须考虑当地的水文、地质、气候条件

安排施工顺序时，必须充分考虑洪水、雨季、冬季、季风、不良地质地段等因素的影响。建设地区的气候条件是影响工程质量的重要因素，也是决定施工顺序的重要条件。如在严寒地区施工时，土方开挖、外装修和混凝土浇筑尽量不要安排在负温情况下；在福建、海南等地区施工，气候影响则比较小。

7. 施工顺序必须考虑安全技术的要求

安全施工是保证工程质量、施工进度的基础，任何施工顺序都必须符合安全技术的要求，这也是对施工组织的最基本要求。如不允许在同一个施工段上，一面进行吊装施工，一面又进行其他作业。

8. 工期最短

应能使工期最短。

第二节　施工方案的确定

施工方案是对整个建设项目全局做出统筹规划和全面安排，其主要是解决影响建设项目全局的重大战略问题。它是施工组织设计的中心环节，是对整个建设项目带有全局性的总体规划。

由于建设项目的性质、规模、客观条件不同，施工方案的内容和侧重点也各不相同。因此，在进行施工方案设计时，应对具体情况进行具体分析，按总工期、合同工期的要求，事先制定出必须遵循的原则，做出切实可行的施工方案。

一、施工方案的编制依据

施工方案编制的依据主要是施工图纸，施工现场勘察调查的资料和信息，施工验收规范，质量检查验收标准，安全与技术操作规程，施工机械性能手册，新技术、新设备、新工艺等的资料。

二、施工方案的制定原则

（一）在保证工期要求的前提下，尽量实行分期分批施工

为了充分发挥工程建设投资的效果，对于大中型、总工期较长的工程建设项目，一般应当在保证总工期的前提下，尽量实行分期分批建设，既可使各具体项目迅速建成，及早发挥工程效益，又可在全局上实现施工的连续性和均衡性，减少临时工程数量，降低工程成本。

至于如何进行分期分批施工，则要根据生产工艺要求、工程规模大小、施工难易程度、建设单位要求、资金和技术资源情况等，由建设单位、监理单位和施工单位共同研究确定。

（二）统筹安排各项工程施工

统筹安排应既要保证重点，又要兼顾其他，在安排施工项目先后顺序时，应按照各工程项目的重要程度，优先安排如下工程：

(1)先期投入生产或起主导性作用的工程项目。

(2)工程量大、施工难度大、施工工期长的工程项目。

(3)生产需先期使用的机修、车床、办公楼及部分宿舍等。

(4)供施工使用的项目。如钢筋加工厂、木材加工厂、各种预制构件加工厂、混凝土搅拌站、采砂（石）场等附属企业及其他为施工服务的临时设施。

（三）注意施工顺序的安排

施工顺序是指互相制约的工序在施工组织上必须加以明确、而又不可调整的安排。建筑施工活动由于建筑产品的固定性，必须在同一场地上进行，如果没有前一阶段的工作，后一阶段就不能进行。在施工过程中，即使工作之间交错搭接地进行，也必须遵守一定的顺序。

施工过程应满足施工工艺的要求，不能违背各施工顺序间存在的工艺顺序关系。例如，渠堤衬砌工程的施工顺序为：渠堤坡面平整、碾压→垫层铺设→土工膜铺设→护坡块的砌筑。

考虑施工组织的要求，有的施工顺序可能有多种方式，此时必须按照对施工组织有利和方便的原则确定。例如，管道安装的施工，管道接头处的检查井基础较深，而相邻结构基础相对较浅，则应根据施工组织的要求，先施工检查井处基础，再施工相邻的浅基础。

考虑施工质量的要求。例如，现浇混凝土的拆模，必须等到混凝土强度达到一定要求后，方可拆模。

（四）注意施工季节的影响

不同季节对施工有很大影响，它不仅影响施工进度，而且还影响工程质量和投资效益，在确定工程开展程序时，应特别注意。例如，在多雨地区施工，就必须考虑先土方工程，再进行其他工程的施工；大规模的土方工程和深基础工程施工，最好不要安排在雨季；寒冷地区的工程施工和设备安装，最好在入冬时转入室内作业。

三、施工方案的评价

施工方案的评价工作是对施工方案进行技术经济评价重要的一环，任何一个分部分项工程都会有多种施工方案，施工方案评价的目的在于对单位工程各可行的施工方案进行比较，选择出工期短、质量好、成本低的最佳方案。评价施工方案的方法主要有以下两种。

（一）定量分析评价

定量分析评价是通过计算各方案的一些主要技术经济指标，进行综合比较分析，从中选出综合指标较佳方案的一种方法。其主要技术经济指标包括工期指标、劳动量指标、主要材料消耗指标和成本指标。

（二）定性分析评价

定性分析评价是指结合施工经验，对多个施工方案的优、缺点进行分析比较，如技术上是否先进可行、施工操作上的难易程度、施工安全可靠性如何、劳动力和施工机械能否满足、保证工程质量措施是否完善可靠、是否能充分发挥施工机械的作用、为后续工程提供有利施工的可能性、能否为现场文明施工创造有利条件及对冬、雨季施工带来的困难等。最后，选定较优方案的评价方法。

城市水利工程施工方案的编制工作非常复杂，而作用又十分突出，因此要求在编制施工方案时，既要敢于创新，又不能盲目冒进，只有编制出切合实际的施工方案，才能保证工程建设的有序、顺利进行。

第三节　施工方法和施工机械的选择

正确地拟定施工方法和选择施工机械，是合理组织施工的重要内容，也是施工方案中的关键问题，它直接影响着工程的施工进度、工程质量、工程成本和施工安全。因此，在编制施工方案时，必须根据工程的结构特点、抗震烈度、工程量大小、工期长短、资源供应情况、施工现场条件、周围环境等，制定出可行方案，并进行技术经济比较，确定施工方法和施工机械的最优方案。

对施工方法的确定，要兼顾技术工艺的先进性和经济的合理性；对施工工艺流程的确定，要符合施工的技术规律；对施工机械的选择，应使主要施工机械的性能满足工程的需要，辅助配套机械的性能应与主导施工机械相适应，并能充分发挥主导施工机械的工作效率。

一、施工方法的确定

各个施工过程均可以采用各种不同的方法进行施工，而每一种方法都有其各自的优点和缺点，我们的任务在于从若干能实行的施工方法中，选择适合本工程的最先进、最合理、最经济的施工方法，从而达到降低工程成本和提高劳动生产率的预期效果。

确定施工方法时，应着重考虑影响整个单位工程施工的分部分项工程的施工方法。在进行此项工作时，要注意突出重点，凡采用新技术、新工艺和对本工程的施工质量起关键作用的项目，或技术较为复杂、工人操作不够熟练的工序，在施工方案中均应详细说明施工方法和技术措施，必要时单独编制施工作业设计；对于常见的一般结构形式和工人已熟练掌握的常规做法，则可不必详述。

在拟定施工方法的同时，还应明确指出该施工项目的质量标准及确保质量与安全的措施。

施工方法的确定取决于工程特点、工期要求、施工条件等因素，所以各种不同类型工程的施工方法有很大差异。对于同一种工程，其作业方法也有多种可供选择，但是不管采用何种方法，都将对施工方案产生巨大影响。

二、施工机械的选择

在现代化施工条件下，施工方法与施工机械关系极为密切，一旦确定了施工方法，施工机械也就随之而定。施工方法的选择随工程工种的不同而不同，例如，土石方工程中，确定土石方开挖方法或爆破方法；钢筋混凝土工程中，确定模板类型及支撑方法，选择混凝土的搅拌、运输和浇筑方法等。所选择的机械化施工总方案，不仅在技术上要先进、适用，而且在经济上应是合理的。

机械化施工是当今的发展趋势，是改变建筑业落后面貌的基础，是施工方法选择的中心环节。在选择施工机械时，应着重考虑以下几个方面：

(1)施工机械的选择应考虑充分发挥施工单位现有施工机械的能力，并争取实现综合配套。在保证工程质量和工期的前提下，最好充分发挥施工单位现有机械的作用，以降低工程造价，在不能满足时，再根据实际情况，采取购买或租赁方式。

(2)结合工程特点和其他条件，确定最合适的主导工程施工机械。

(3)确保主要机械发挥作用。主要机械是指在机械化生产线中起主导作用的机械，充分发挥它的生产效率，有利于加快施工进度、降低工程成本。如土方工程机械化施工中，施工机械组合为：挖掘机、自卸汽车、推土机、振动碾；挖掘机为主要机械，其他为配套机械，挖掘机如出现故障或工效降低，会导致停产或施工强度下降。在土方工程施工中，用自卸汽车运输配合单斗式挖掘机挖土时，自卸汽车的数量必须保证挖土机能连续不断地工作，不致因等车停歇。同时，汽车的容量也必须与挖土机斗容量相匹配，以保证充分发挥挖掘机的效力。

(4)根据机械工作特点进行配套组合。连续式开挖机械和连续式运输机械配合；循环式开挖机械和循环式运输机械配合，形成连续生产线。否则，需要增加中间过渡设备。各种辅助机械或运输工具应与主导施工机械的生产能力协调一致，使主导施工机械的生产能力得到充分发挥。例如，在土方工程开挖施工中，若采用自卸汽车运土，汽车的容量一般应是挖掘机铲斗容量的整数倍，汽车的数量应保证挖掘机能连续工作。

(5)充分发挥配套机械的作用。选择配套机械时，确定配套机械的型号、规格和数量时，其生产能力要略大于主要机械的生产能力，以保证主要机械的生产能力。

(6)便于机械使用维修管理。选择配套机械时，尽量选择一机多能型，减少衔接环节。同一种机械力求型号单一，以便于维修管理。

(7)在同一建筑工地上，尽量使选择的施工机械的种类较少，以利于管理和维修。因此，在工程较大、适宜专业化大生产的情况下，应该采用专业机械；在工程量较小且又分散时，尽量采用一机多能的施工机械，使一种施工机械能满足不同分部工程施工的需要。

(8)合理布置、加强保养、提高工效。严格执行机械保养制度，使机械处于最佳状态，合理布置工作面和运输道路。

三、施工机械的选型与配套

(一)施工选型配套的一般原则

从各种机械中，针对各种工程的不同需要选用合适的机械是个灵活多变的问题。但是把施工条件及经济性都考虑进来,则可以大大缩小选择的范围。机械的选型配套是一种复杂细致的工作,需要进行科学分析和决策,要把功能上的先进性和工程使用中的合理性结合起来,把技术标准与经济方案统一起来,切实从实际条件出发,认真做好施工机械选型配套工作。

施工机械的选型与配套应遵循以下原则:

(1)机械的选型应能与工地的土质、地形相适应;

(2)可以满足工程质量标准;

(3)不会损坏施工现场周围已建好的建筑设施;

(4)能高效地完成既定的工程量;

(5)机械使用费用尽量减少,施工成本降低;

(6)更容易操作、方便维修、提高可靠性;

(7)可以实现自动化或节省劳动力;

(8)安全性能好,对环境不会造成污染和破坏;

(9)安装调试简便,转场运输容易。

(二)机械配套必须满足的条件

机械配套必须满足以下条件:

(1)各机械的技术规格必须满足既定工程的技术标准;

(2)在工艺允许的条件下,尽可能采用重型机械并保证为其安排足够的工作量;

(3)机械必须具有良好的性能;

(4)机械必须具有良好的可靠性。

(三)主导机械及其相关注意事项

根据工程施工的特殊要求,需要选购专用机械设备时,除了选型与配套的要求外,还应该注意主导机械及其相关的注意事项:

(1)正确选用主导机械。一套机械设备中的主导机械决定着施工方式、方法、工程的质量和进度,并且在很大程度上决定着整套机械生产效率的发挥。

(2)合理搭配机械的数量。同一条件下,配套机械的数量相对越多,整套机械的工作效率就越低,这对于单机工作效率低的机械进行配套更加突出。如 A、B 两台机械的工作效率均为 0.9,配套使用后总的工作效率为 $0.9\times0.9=0.81$。如果配套机械中有一台机械发生故障,则整个工程就可能停工,而配套机械相对增加,只能增加停工的机会。

(3)配套机械施工的施工段之间要保持相对平衡。工作效率、工作饱满程度、工程量大小等要保持均匀性,才能保证生产流水线的顺利进行。比如,在挖土运输作业中,要使自卸汽车的运输能力与挖掘机的挖土能力相适应,才能保证作业高效进行。

(4)配套机械作业时,要合理安排闲置台班备用。如果配套机械中一台机械突然出现故障而使生产线停工,在没有备用机械台班的情况下,可能造成全面停工,这在施工现场是不允许的。

(5)机械选型配套遇到困难时,可否找到其他的选型配套方案。

(6)大型专用机械设备的购置与租赁,在配套选型中要合理处理,不能造成不必要的浪费。

第四节　施工技术组织措施

一、施工质量保证措施

工程质量的好坏，直接关系到国民经济全局，关系到人民的生活，关系到国家的信誉，关系到现代化建设。因此，在施工中必须特别注意工程质量，牢固地树立“百年大计，质量第一”的思想，做到“好中求快、好中求省”。

在建筑施工中，质量与速度的关系是经常遇到的问题，它们既是对立的，又是统一的，必须处理好速度、产值和质量之间的关系。在施工管理中，必须认识到速度与质量的矛盾，质量是主要方面，那种只顾追求速度、追求产值而不顾质量的做法是同企业的社会主义性质不相容的。因此，在施工组织管理中，必须把质量放在第一位。

虽然在施工方案中考虑了选择施工方法、施工工艺来确保质量，但还是远远不够的，也是不全面的。因此，要提出以下提高工程质量的技术组织措施加以补充。

(一)加强教育，提高项目全员的综合素质

(1)进场前、上岗前进行培训。培训内容包括主要技术交底、施工规范及操作规范、安全施工规范、质量验收标准，其目的是要让参加施工的每个成员，明确自己的工作岗位应遵循的标准，规范施工行为。

(2)进行全项目成员的质量教育，强化质量意识，提高质量觉悟，使参加施工的每个成员都知道自己的工作直接影响工序质量和施工成本。

(3)对项目全员进行技术培训。特别是对没有施工经验的项目或者新工艺，项目全员必须经过技术培训，持证上岗。

(二)建立健全规章制度

(1)质量责任制。实行定人、定点、定岗挂牌施工的制度，工序验收制度，按质论价、奖优罚劣的经济责任制度等。

(2)隐蔽工程检查签证制、不经现场监理工程师复核签证不得进行下道工序施工的制度。

(3)建立健全质量保证体系和现场施工质量信息系统，对施工过程质量进行控制，将质量事故苗头消灭在施工过程中，确保工程质量。

(4)坚持专业检查和群众性检查相结合，贯彻工班自检、工序互检、质量人员专业检查制度。

(5)项目部组织旬、月、季、年度质量大检查，找出存在的问题，制定改正措施，达到随时发现问题，随时解决。

(三)做好施工现场准备

施工现场配足测量、试验仪器和设备及其相关专业技术人员。

(四)做好试验检查

建立健全试验机构，充实试验人员，认真做好原材料、半成品、构件和设备的检验工作。进场原材料及半成品、预制构件必须有出厂合格证、质检证书、试验单，砂石料必须具有含水量、含泥量及颗粒级配试验报告，合格者方可使用。

（五）推行新技术、新工艺

采用新技术、新工艺往往是提高工程质量的最有利措施。

（六）成立 QC 小组

技术、质量要求比较高，施工难度大的工作，应成立科技质量攻关小组即全面质量管理体系中 QC 小组攻关，确保工程质量。

（七）及时填报各种报表

及时填报各项工程验收报表，特别是隐蔽工程的验收签证、施工日志等，建立技术档案，保存原始资料。

（八）贯彻 ISO9000 标准

各项目必须在开工前有施工作业指导书，施工中有检查，施工完成有总结。保证工序质量和工作质量。

二、施工安全措施

安全技术措施是根据不同的工程和具体的工作条件，在施工方法、平面布置、材料设备上提出的保证安全生产的措施、必须遵守和注意的事项。

（一）制定安全制度

安全制度是统一组织施工人员进行生产活动的准则，是保证正常生产的有力工具。

1. 安全生产制度

必须建立和认真贯彻安全生产责任制，做到分级负责、分片负责、事事有人负责、时时有人负责，把安全生产方针贯彻到日常生产的各个环节中，把安全和生产真正地统一起来。

2. 安全教育制度

各级组织应经常利用各种有效形式，广泛开展安全生产宣传活动，组织职工学习有关安全生产的政策、法令，教育职工树立安全和生产统一的思想，自觉遵守安全生产规章制度。

3. 安全技术措施制度

安全技术措施是施工设计的重要组成部分，是指导安全生产的技术文件，也是进行安全生产交底的重要依据，因此没有编制安全技术措施的工程一律不准施工。

4. 安全交底制度

安全交底是具体贯彻安全技术措施的主要方法，是一项经常性的工作，也是最实际、最深刻的安全教育。各级领导在布置生产任务时，对施工安全要提出明确的要求，把施工技术和安全技术同时交底，并组织工人讨论，订立保证安全措施的制度，使人人心中有数，个个做到安全。

5. 安全检查制度

为了及时发现和消除不安全因素，应加强经常性的安全检查，并根据施工和季节变化的特点，每年定期进行二至四次群众性安全检查。

6. 事故分析制度

各施工单位应严肃认真地贯彻执行国务院发布的《工人职员伤亡事故报告规程》,发生工伤事故后,应组织实地调查,找出事故原因,掌握事故发生的规律,采取预防措施。

(二)安全技术措施

1. 开展安全生产教育

广泛开展安全生产的宣传教育是安全生产管理工作的前提,不重视安全是最大的事故隐患。安全生产教育主要包括以下几方面:

(1)新工人入厂(场)(包括合同工、临时工、学徒工)必须接受公司、工程处、工地入厂(场)三级安全教育。教育的内容为安全技术知识、设备性能、操作规程、安全制度和严禁事项,经考试合格后,方可进入操作岗位。工地(工段或班组)的安全生产教育主要是针对性工种安全技术、操作规程和岗位教育。

(2)特殊工种(电工、焊工、架子工、起重机工、机械工、司炉工、爆破工、打压工和各种机动车辆司机等特殊工人)除进行一般安全教育外,还要对本工种的安全技术进行教育,经考核合格后持证方准独立操作,每年还要进行复审。对从事有尘、毒危害的作业人员,要进行尘、毒危害和防治知识教育。

对所采用的特殊专业安全技术措施或采用的新技术、新工艺、新设备,要对操作人员进行特殊专业的和新技术的安全操作教育;对调换新岗位的工人要进行新岗位安全技术教育,未经教育不得上岗操作。

(3)坚持日常安全教育,组织工人班组坚持每周安全日活动和班前安全讲话,向班组长介绍工地安全生产情况,传达上级关于安全生产的要求和文件,表扬坚持安全生产的先进人物和事迹,并开展其他切实有效的安全宣传活动。

2. 安全生产检查

安全生产检查是企业搞好安全生产的重要措施,工地应每周组织一次检查,边检查边整改,促进安全生产。

1)安全生产检查的形式和内容

安全生产检查的形式分为普遍检查、专业检查和季节性检查。检查内容分为资料检查、现场检查两部分。安全生产资料包括工地的安全规章制度、新工人三级安全教育合格证、特殊工种岗位合格证、施工组织设计的安全技术措施、季节性施工的安全技术措施、向班组签发的安全交底、安全活动记录等。现场检查包括现场检查安全帽、安全带、安全网是否坚持正确使用;检查各类洞口的防护和其他防护措施是否符合规定要求;架子、井字架、提升架等的搭设和使用是否符合规定;检查中小型机械、塔吊等性能是否良好、安全装置是否齐全有效;检查临时用电的线路架设、闸箱、接零和接地、漏电保护装置是否符合有关规定;检查化工和有毒易燃物质是否妥善堆放和保管,明火管理是否符合规定,防火工具和设施是否齐全;检查总、分包之间交叉施工和工种间配合施工是否存在安全问题。对检查中发现的问题及隐患,均须立项限期整改,使施工现场有良好的安全作业环境。

2)安全生产检查的方法

除上级定期检查外,施工员必须做到每日巡回检查施工作业面,发现问题及时解决。

对于重要的安全技术设施和机电设备要进行试运转和检验(包括荷载试验),经有关人员共同鉴定合格后,方准投入试用。

3.施工安全组织措施

(1)施工平面图布置的施工现场,要保证道路畅通,布置安全稳妥。

(2)在高压线下10 m范围内,不准堆放物料,不准塔设临时设施,不准停放机械设备。在高压线或其他架空线一侧进行起重吊装时,要按劳动部颁发的《起重机械安全管理规程》的规定执行。

(3)施工现场要按平面布置图设置消火栓和充足的灭火器材,在消火栓周围3 m范围内不准堆放物料。严禁在现场吸烟,吸烟者要进入吸烟室。

(4)现场设围墙及保卫人员,以便防火、防盗、防人为破坏机电设备及其他现场设施。

(5)现场应有足够的宣传设施和标语,提醒职工随时注意安全生产。

(6)现场人员均要服从总包单位的统一指挥,遵守各项安全生产管理制度,正确使用个人防护用品,戴好安全帽。高空作业时要系好安全带。作业时不穿拖鞋、不赤脚、不穿高跟鞋。

(7)参加施工人员都要接受入场安全教育和岗位操作安全技术教育,上岗前由班组长提出安全要求,各类机械操作工、电工、架子工、起重信号工、焊工等特殊工程要持证上岗操作,并严禁酒后操作。

(8)在高度2 m以上的工程上操作,均要采取有效的防护措施。脚手架、安全网的架设必须符合标准要求。在深坑、深槽施工时,边坡要按规定放坡、支护、加固。坑槽深在3 m以上时,要为坑内操作的人员设防坠落设施。

(9)现场内的各种防护设施和安全标语等,均不准擅自拆除或移动,需要拆除或移动时须经工地负责人和安全技术部门批准。

(10)大型工地要设立现场安全生产小组,对安全生产进行统一部署,开展安全活动,处理和解决生产中有关的安全问题和隐患,小组成员包括参加施工各单位的负责人以及安全部门、消防部门的代表。

(11)施工现场防火。

4.一般工程的安全技术措施

(1)土方工程。根据基坑、基槽、地下室等挖土深度和土的种类,选择开挖方法,确定边坡的坡度或采取哪种护坡支撑和护地桩,以防土方塌方。

(2)脚手架、吊篮、工具式脚手架等选用及设计搭设方案和安全防护措施。

(3)高处作业的上下安全通道。

(4)安全网(平网、立网)的架设要求、范围(保护区域)、层次以及段落。

(5)对施工用的电梯、井架(龙门架)等垂直运输设备的位置搭设要求以及稳定性、安全装置等的要求和措施。

(6)场内交通运输道路的布置。

(7)防火、防毒、防爆、防雷等安全措施。

5. 季节性施工安全措施

1) 夏季施工安全措施

夏季气候炎热,高温时间持续较长,主要是做好防暑降温工作。

(1) 采用多种形式,对职工进行防暑降温知识的宣传教育,使职工知道中暑症状,学会对中暑病人采取应急措施。

(2) 合理调整作息时间,避开中午高温时间工作,严格控制工人加班加点,高处作业工人的工作时间要适当缩短。

(3) 对在容器内和高温条件下的作业场所,要采取通风和降温措施。

(4) 对高温、高处作业的工人,需经常进行健康检查。发现有作业禁忌症者,应及时调离高温和高处作业岗位。

(5) 要经常组织医护人员深入工地进行巡回医疗和预防工作。重视年老体弱、患过中暑症者和血压较高的工人身体情况的变化。

2) 雨季施工安全措施

雨季进行作业,主要是做好防触电、防雷击、防坍塌和防台风的工作。

(1) 防触电。电源线不得使用裸导线和塑料线,不得沿地面敷设;配电箱必须防雨、防水,电器布置符合规定,电器元件不得破损;机电设备的金属外壳,必须采取可靠的接地或接零保护;手持电动工具和机械设备使用时,必须安装合格的漏电保护器;特别潮湿场所、金属管道和容器内的照明灯,电压不超过 12 V;电气作业人员,应穿绝缘鞋、戴绝缘手套。

(2) 防雷击。高出建筑物的塔吊、井字架、龙门架、脚手架等应安装避雷装置。

(3) 防坍塌。搞好脚手架、井字架、龙门架的排水工作,防止沉陷倾斜。坑、槽、沟两边要放足边坡,危险部位另外加支撑。

(4) 防台风。沿海地区还应防止汛期台风的侵袭,现场各类机械设备、电气装置、库房等,应注意防止进水受潮;大型施工机械在风力达到 6 级时,要采取各种措施(如放下臂杆、固定行走装置等),避免发生各类事故。

3) 冬季施工安全措施

冬季进行施工作业,主要应做好防风、防火、防滑、防煤气中毒等工作。

(1) 凡参加冬季施工作业的工人,都应进行冬季施工安全教育,并进行安全交底。

(2) 6 级以上大风或大雪,应停止高处作业和吊装作业。

(3) 搞好防滑措施。通道防滑条损坏的要及时修补,对斜道、通行道、爬梯等作业面上的霜冻、冰块、积雪要及时清除。

(4) 用热电法施工,要加强检查和维修,防止触电和火灾。

(5) 现场脚手架、安全网、暂设电气工程、土方、机械设备的安全防护,必须按有关规定执行。

(6) 必须正确使用个人防护用品。

三、降低工程成本的措施

降低工程成本的措施一般包括以下几个方面:

(1)加强施工生产管理,合理组织施工生产,正确选择施工方案,进行现场施工成本控制,降低工程成本。

(2)提高劳动生产率。

(3)提高机械设备利用率和降低机械使用费。

(4)加强技术质量管理,积极推行新技术、新结构、新材料、新工艺。

(5)实行责任成本管理,从项目经理、职能人员、管理人员到第一线施工的全体职工,建立与成本挂钩的经济责任制。

(6)项目经理部要编制项目的成本目标体系,作为对项目施工过程成本管理的依据和控制的标准。

(7)实行项目成本核算和成本分析。阶段性(如每旬、月、季、年)进行一次成本核算和成本分析,找出盈亏的原因,及时采取措施纠正成本偏差。保证在施工过程中施工成本始终处于控制之中。

(8)建立健全成本管理的各项制度。①原材料的领退料制,按定额领发原材料;②编制项目、施工队、班(组)的责任成本;③实行经济责任承包制,责任预算分解,明确各个不同层次的责任预算,作为承包责任成本,控制实际成本的超支;④建立奖罚制度,没有超过承包责任成本的单位、个人有奖,超过的则应处罚,从而使全员都关心成本,控制成本,形成一个增产节约、降低消耗的风尚;⑤项目各个管理层次的管理人员,一专多能,减少管理人员,控制项目的非生产支出。

四、文明施工与环境保护措施

(1)遵守国家法律法规,按照国家对文明施工中的有关规定和《建设工地文明施工环境管理暂行办法》组织施工。建立现场管理制度和现场管理体系,使施工现场规范清洁,使管理层次分明、有条例。

(2)成立文明施工领导小组,委派专人负责文明施工管理工作。

(3)保持施工现场整洁有序,对材料堆放、机具停放、工作安排应做到规范、标准、程序化。

(4)工作面施工结束后,及时清理,摒弃废物、杂物,做到完工清场。

(5)施工现场整洁有序、管理妥善,生活用水有专门管道,生活垃圾、废物、杂物派专人负责处理,并排放到指定位置。

(6)在施工现场附近树立公司良好的外部形象。在项目经理部大门口竖立"企业名称牌"、"工程概况牌"、"门卫制度牌"、"安全措施牌"、"安全宣传牌和现场平面图",各施工工区外竖立"分部工程概况牌"、"安全作业警示牌"等。

(7)严格"施工平面"管理,按监理或业主批准的平面图进行现场布置。

(8)加强职工劳动保护,切实改善职工生活,协调内部的各种关系;加强与地方政府和当地居民的联系,协调和处理好与地方政府及居民的关系。

(9)注重职工劳逸结合,提高职工生活。加强卫生管理,注重职工劳逸结合,对职工衣食住行认真负责,确保职工有一个良好的生活作息环境,保证工程快速、优质、高效完成。

(10)密切配合监理、设计方面的工作,处理好与周边群众的关系,并与当地公安机关联手,做好治安保卫工作。

(11)扬尘控制。对运输道路要加强维修、养护,当晴天道路灰尘过多时,则配备专门的洒水车,以防尘土飞扬;对易于引起尘害的细料堆,采用遮盖或适当洒水等方法抑制扬尘。

(12)噪音控制。各种施工机具、设备和车辆要定期维护和保养,除确保外观清洁、无污垢和积尘外,噪音还要控制在国家规定的范围内,同时尽量避免夜间施工,以免施工机械噪音影响周围居民生活。

(13)车辆出场前清洗,并派专人进行检查、清扫,保证道路整洁。

(14)场地清理:主体工程完工后,拆除一切该拆的临时设施,拆除后的现场应彻底清理,切实做好施工区的环境保护工作。

第五节　施工部署实例

一、工程概况

新县潢河橡胶坝工程位于信阳市新县城区内潢河上,1#橡胶坝位于城区内潢河三桥向上游约 300 m(5#堰上游 19 m)处。橡胶坝全长 182.4 m(包括中墩厚),由两中墩将橡胶坝分为三孔,每孔 60 m,中墩厚 1.2 m,侧橡胶坝高均为 3.0 m。在坝体上游设长 10 m、厚 0.9 ~ 1.0 m 黏土铺盖,其上设 0.3 m 厚浆砌石护面,前设浆砌石防冲齿槽。坝身段底板顺水流方向长 12 m、厚 1.2 m,底板高程 79.40 m。消力池段长 13 m,池深 1.0 m,底板厚 0.7 m,为钢筋混凝土结构,下设 0.2 m 厚粗砂垫层。二级消力池段长 6 m,池深 0.6 m。海漫段长 20 m,厚 0.3 m,为浆砌石结构。在右岸设置钢筋混凝土控制室,控制室室外高程 83.4 m,下层设充水设备,上一层为八角亭,内设电气控制设施,上两层为正方形。橡胶坝充水利用水泵从坝前集水井中抽水。排水有自排和抽排两种方式。集水井位于坝前河道右侧,为大口井型式。

1#橡胶坝工程包括上游铺盖段、坝身段、消力池段、海漫段及抛石防冲槽段等。该处场地狭窄,不便于临时工程设施布置。左右岸紧邻滨河路,下游约 300 m 是潢河三桥,施工交通较为便利。

二、工程施工条件

本工程位于信阳市新县县城潢河 4 + 219 处,该工程紧邻京九铁路区段,顺 106 国道向西到新县县城约 50 km。工程左右岸紧邻城区滨河公路,施工交通条件便利。

工程施工期为枯水期,可将橡胶坝下游潢河内滩地平整、加高,作为工地仓库、料场和职工办公生活区。场地附近有高压输电线路,工地可安装专用变压器一台,以满足施工和生活用电。场区地下水位较高,可打简易水井供生活用水,也可接城市自来水管网供水。

新县县城四面环山,石料丰富,岩性为花岗岩、黑云母花岗岩。运距 5 ~ 25 km,石料场通有简易公路,交通运输比较方便。拌制砂浆、混凝土所需的砂子、卵(砾)石可在潢河开采、筛选,其分布遍及河床,质地良好。堤身填筑所需砂砾料可采用原砾料(经试验符合质量标准)。

水泥、钢材、木材等建筑材料可在城区市场采购。

三、下游消力池底混凝土施工部署

主体混凝土工程左岸和右岸两部分坝段先后分期施工,混凝土工程项目主要有坝底板混凝土、下游消力池底板混凝土、中墩和边墩挡土墙混凝土,总工程量约 8 607.2 m^3。混凝土施工流程一、二期相同,根据设计分缝,从岸边向中间跳仓浇筑,先浇坝基混凝土,再浇下游消力池混凝土。

(一)混凝土拌制

拌制混凝土所用骨料的采购及堆放均满足有关技术规范要求,中粗砂采用潢河的砂。水泥和碎石由新县就近采运。拌和系统(见图 4-1)布置在下游的混凝土搅拌站内,每套系统由一台 PL800 电脑自动配料机和两台 750 型强制式搅拌机组成,系统班产量为 45 m^3,完全可以满足最大浇筑强度的要求。配合比由试验室通过试验报监理工程师审批后严格执行。

下游消力池混凝土施工的顺序为先施工水平段再施工斜坡段。

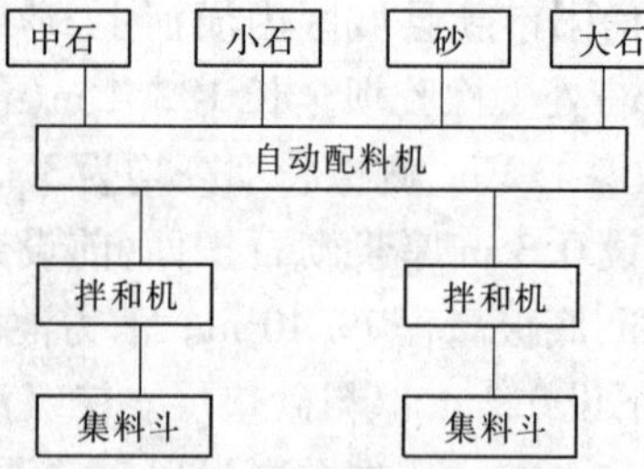

图 4-1 拌和系统布置

(二)混凝土运输

根据橡胶坝工程工期要求,以及混凝土工程施工强度,为了减少混凝土浇筑过程中浇筑面脚手架的布置数量,缩短施工工期,混凝土运输采用 5 m^3 混凝土搅拌车水平运输至施工区,然后由混凝土输送泵泵送至浇筑仓面,进行混凝土浇筑。

(三)下游消力池底部混凝土浇筑

1. 下游消力池水平段混凝土施工

消力池水平段混凝土施工工艺流程:基础开挖平整→反滤土工布铺设→粗砂铺设→钢筋制作安装→模板安装→排水管安装→混凝土浇筑→拆模养护。

土工布铺设和粗砂铺设同时进行,基础用人工平整,按有关技术要求铺设搭接土工布,人工铺设 20 cm 厚粗砂,最大卵石直径不超过 6 cm, 平整后拍平。

模板安装采用组合钢模板拼装,排水孔采用 ϕ100 的塑料管,按设计位置用Φ6 的钢筋连接稳固,混凝土浇筑用输送泵输送,人工平仓,插入式振捣器振捣后采用平板振动器拉平,人工用铁抹收面压光。混凝土浇筑时,先用木塞堵排水孔上口,以免混凝土堵塞。在混凝土即将初凝时,人工转动塑料管,以便混凝土初凝后抽出塑料管,下次重新利用。

2. 下游消力池斜坡段混凝土施工

消力池斜坡段混凝土施工工艺流程:基础开挖平整→反滤土工布铺设→混凝土垫层→钢筋制安→模板安装→混凝土浇筑→拆模养护。

混凝土施工浇筑时,由低处向高处施工,其他施工方法同消力池水平段混凝土浇筑施工。

习　题

4-1　什么是施工方案? 确定施工方案时应该注意哪些问题?

4-2　施工程序的编制步骤是什么?

4-3　确定施工程序时需要收集和调查的资料有哪些?

4-4　简述施工流向的含义及其确定的注意事项。

4-5　施工方案的编制原则是什么? 施工方案的评价方法是什么?

4-6　施工方法的选择要领是什么?

4-7　怎样根据既定的施工方法确定施工机械?

4-8　施工技术组织措施有哪些?

第五章　施工进度计划的编制

本章重点

1. 施工进度计划的定义、类型与作用。
2. 施工进度计划的编制程序和编制步骤。
3. 施工进度保证措施。

本章教学要求

1. 掌握施工进度计划的类型和作用。
2. 能够熟练掌握施工总进度计划的编制程序以及编制步骤。

第一节　施工进度计划的概述

施工进度计划是工程项目施工的时间规划，是在施工方案已经确定的基础上，对工程项目各组成部分的施工起止时间、施工顺序、衔接关系和总工期等作出的安排。它突出的是时间因素，是工程在时间上的安排。所以，施工进度计划是控制工期的有效工具，同时，它也是施工准备工作的基本依据，是施工组织设计的重要内容之一。

一、工期的概念

（一）建设工期

建设工期是指建设项目从正式开工到全部建成投产或交付使用所经历的时间。建设工期应按日历工月数计算，并在总进度计划中明确建设的起止年限。

建设工期是建设单位根据工期定额和每个项目的具体情况，在系统、合理地编制进度计划的基础上，按项目的隶属关系经主管部门审批，并由建设计划部门根据投资、物资供应条件、配套项目的安排及工程的缓急程度，经综合平衡确定的。建设项目正式列入计划后，建设工期应严格执行，不准随意变动。如在工程建设过程中遇到特殊情况需要推迟建设工期时，应正式办理变更工期的手续，明确推迟建设的期限，并相应地改变有关的建设部署和进度安排。

明确规定建设工期，可作为具体安排建设计划的依据，是分配年度投资和物资供应、签订施工合同、设计合同、供货合同的依据。建设项目开工后，应按照进度计划分阶段、分年度检查建设进度，严格控制建设工期，避免工期拖延，影响项目按期投产。参加建设的各方应严格履行合同，确保工程项目在满足质量好、投资省的前提下，按期或提前完工。

（二）合同工期

合同工期是按照业主与承包商签订的合同中确定的承包商完成所承包项目的工期。FIDIC 编《土木工程施工合同条件》规定：工程师应在中标函颁发日期之后，于投标书附件中规定的期限内发出开工通知。承包商接到监理工程师发出的开工通知书的日期即为开工日期。合同工期是指从开工日期到合同规定的竣工日期所用的时间,再加上以下情况的工期延长:①额外或附加工作的数量或性质;②本合同条件中提到的任何误期原因;③异常恶劣的气候条件;④由雇主造成的任何延误、干扰或阻碍;⑤除去承包商不履行合同或违约或由其负责的以外,其他可能发生的特殊情况。

我国建设实践中有关部门编制的施工合同文本,如《建设工程施工合同示范文本》(GF-91-0201)对合同工期、开工日期、竣工日期作了规定。

二、影响建设工程施工进度的因素

由于建设工程具有规模庞大、工程结构与工艺技术复杂、建设周期长及相关单位多等特点,决定了建设工程进度将受到许多因素的影响,归纳起来,主要有以下几个方面。

(一)业主因素

如业主使用要求改变而进行设计变更;应提供的施工场地条件不能及时提供或所提供的场地不能满足工程正常需要;不能及时向施工承包单位或材料供应商付款等。

(二)勘察设计因素

如勘察资料不准确,特别是地质资料错误或遗漏;设计内容不完善,规范应用不恰当,设计有缺陷或错误;设计对施工的可能性未考虑或考虑不周;施工图纸供应不及时、不配套,或出现重大差错等。

(三)施工技术因素

如施工工艺错误;不合理的施工方案;施工安全措施不当;不可靠技术的应用等。

(四)自然环境因素

如复杂的工程地质条件;不明的水文气象条件;地下埋藏文物的保护、处理;洪水、地震、台风等不可抗力等。

(五)社会环境因素

如外单位临近工程施工干扰;节假日交通、市容整顿的限制;临时停水、停电、断路;以及在国外常见的法律及制度变化、经济制裁、战争、骚乱、罢工、企业倒闭等。

(六)组织管理因素

如向有关部门提出各种申请审批手续的延误;合同签订时遗漏条款或表达失当;计划安排不周密,组织协调不力,导致停工待料、相关作业脱节;领导不力,指挥失当,使参加工程建设的各个单位、各个专业、各个施工过程之间交接、配合上发生矛盾等。

(七)材料、设备因素

如材料、构配件、机具设备供应环节的差错,品种、规格、质量、数量、时间不能满足工程的需要,特殊材料及新材料的不合理使用,施工设备不配套,选型失当,安装失误,有故障等。

(八)资金因素

如有关方拖欠资金,资金不到位,资金短缺,汇率浮动和通货膨胀等。

正是由于上述因素的影响,才使得施工阶段的进度控制显得非常重要。因此,在施工过程中,承包商在严格执行计划进度的基础上,还必须充分发挥监理的协调作用,保证工程的按期完工。对于那些无法进行协调控制的进度关系,在进度计划的安排中应留有足够的机动时间。

三、施工进度计划

（一）施工进度计划的任务

施工进度计划的任务就是分析工程所在地区的自然条件、社会经济资源、工程施工特性和可能的施工进度方案，研究确定关键性工程的施工分期和施工程序，协调平衡地安排其他单项工程的施工进度，使整个工程施工前后兼顾，互相衔接，减少干扰，均衡生产，最大限度地合理使用建设资金、劳动力、机械设备和建筑材料，在保证工程质量和施工安全的前提下，按时或以较短工期建成投产，发挥效益，满足国民经济发展的需要。

（二）施工进度计划的作用

施工进度计划是控制工程施工进度和工程竣工期限等各项活动的依据，施工组织工作中的其他有关问题都要服从进度计划的要求，如计划部门提出月、旬作业计划，平衡劳动力计划；材料部门的调配材料、构件；设备部门安排施工机具的调度；财务部门的用款计划等均须以施工进度为基础。

施工进度计划反映了工程的全部施工过程；反映了工程建筑与安装的配合关系、各分部工程与工序之间的衔接关系。所以，施工进度计划有助于领导部门抓住关键，统筹全局，合理布置人力、物力，正确指导施工生产活动的顺利进行；有利于工人群众明确目标，更好地发挥主动精神；有利于施工企业内部及时配合、协同作战。其作用如下：

(1)控制工程的施工进度，使之按期或提前竣工，并交付使用或投入运转；

(2)通过施工进度计划的安排，加强工程施工的计划性，使施工能均衡、连续、有节奏地进行；

(3)从施工顺序和施工速度等组织措施上保证工程质量和施工安全；

(4)合理使用建设资金、劳动力、材料和机械设备，达到多快好省地进行工程建设的目的；

(5)确定各施工时段所需的各类资源的数量，为施工准备提供依据；

(6)施工进度计划是编制更细一层进度计划（如月、旬作业计划）的基础。

（三）施工进度计划的类型

施工单位的进度计划类型有施工准备工作计划、施工总进度计划、单位工程施工进度计划及分部分项工程进度计划。

1. 施工准备工作计划

施工准备工作的主要任务是为建设工程的施工创造必要的技术和物资条件，统筹安排施工力量和施工现场。施工准备的工作内容通常包括技术准备、物资准备、劳动组织准备、施工现场准备和施工场外准备，为落实各项施工准备工作，加强检查和监督，应根据各项施工准备工作的内容、时间和人员，编制施工准备工作计划。其格式见表 5-1。

2. 施工总进度计划

施工总进度计划是根据施工部署中施工方案和工程项目的开展程序，对全工地所有单位工程作出时间上的安排。其目的在于确定各单位工程及全工地性工程的施工期限及开竣工日期，进而确定施工现场劳动力、材料、成品、半成品、施工机械的需要数量和调配情况，以及现场临时设施的数量、水电供应量和能源、交通需求量。因此，科学合理地编制施工总进度计划，是保证整个建设工程按期交付使用，充分发挥投资效益，降低建设成本的重要条件。

表 5-1　施工准备工作计划

序号	施工准备项目	简要内容	负责单位	负责人	开始日期	完成日期	备 注

3. 单位工程施工进度计划

单位工程施工进度计划是在既定施工方案的基础上，根据规定的工期和各种物资供应条件，遵循各施工过程的合理施工顺序，对单位工程中的各施工过程作出时间和空间上的安排，并以此为依据，确定施工作业所必需的劳动力、施工机具和材料供应计划。因此，合理安排单位工程施工进度，是保证在规定工期内完成符合质量要求的工程任务的重要前提。同时，为编制各种资源需要量计划和施工准备工作计划提供依据。

4. 分部分项工程进度计划

分部分项工程进度计划是针对工程量较大或施工技术比较复杂的分部分项工程，在依据工程具体情况所制定的施工方案基础上，对其各施工过程所作出的时间安排。如：大型基础土方工程、复杂的基础加固工程、大体积混凝土工程、大型桩基工程、大面积预制构件吊装工程等，均应编制详细的进度计划，以保证单位工程施工进度计划的顺利实施。

此外，为了有效地控制建设工程施工进度，施工单位还应编制年度施工计划、季度施工计划和月（旬）作业计划，将施工进度计划逐层细化，形成一个旬保月、月保季、季保年的计划体系。

第二节　建设工程进度计划的表示方法

建设工程进度计划的表示方法有多种，常用的有横道图和网络图两种。

一、横道图

横道图也称甘特图，是美国人甘特（Gantt）在 20 世纪 20 年代提出的。由于其形象、直观，且易于编制和理解，因而长期以来被广泛应用于建设工程进度控制之中。

用横道图表示的建设工程进度计划，一般包括两个基本部分，即左侧的工作名称及工作的持续时间等基本数据部分和右侧的横道线部分。图 5-1 所示即为用横道图表示的某桥梁工程施工进度计划。该计划明确地表示出各项工作的划分、工作的开始时间和完成时间、工作的持续时间、工作之间的相互搭接关系，以及整个工程项目的开工时间、完工时间和总工期。

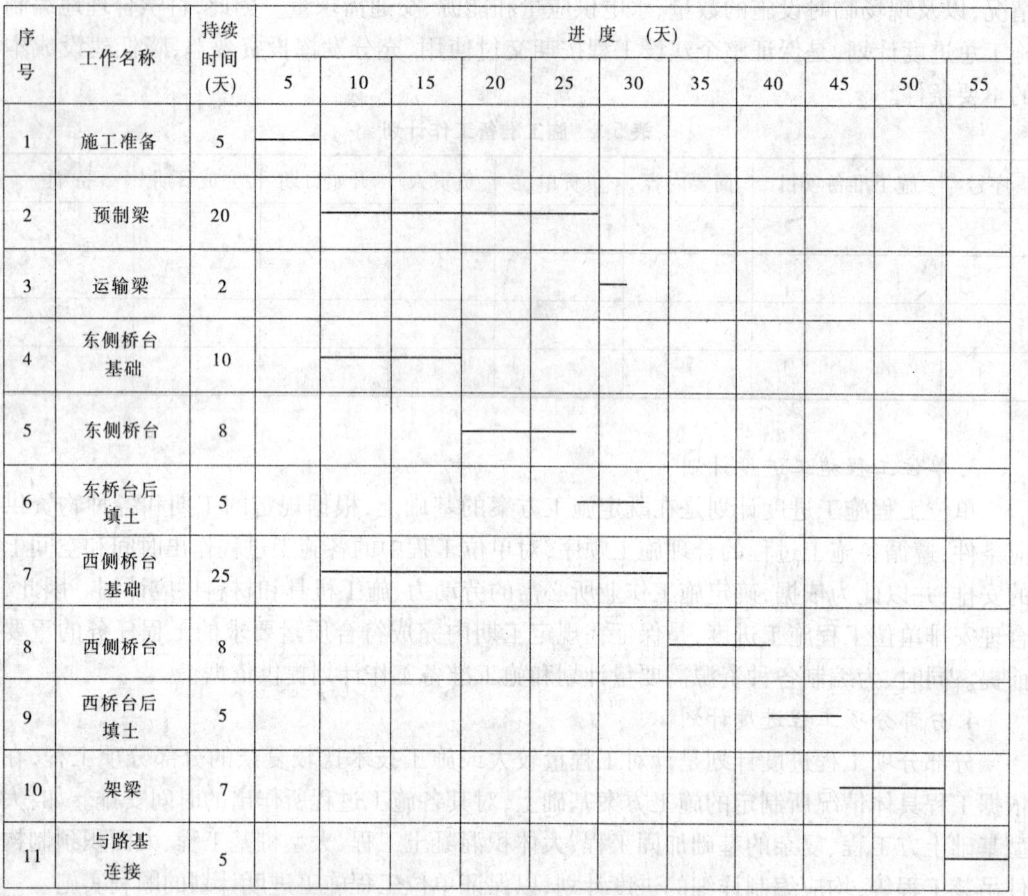

图 5-1 某桥梁工程施工进度计划横道图

利用横道图表示工程进度计划,存在下列缺点:

(1)不能明确地反映出各项工作之间错综复杂的相互关系,因而在计划执行过程中,当某些工作的进度由于某种原因提前或拖延时,不便于分析其对其他工作及总工期的影响程度,不利于建设工程进度的动态控制。

(2)不能明确地反映出影响工期的关键工作和关键线路,也就无法反映出整个工程项目的关键所在,因而不便于进度控制人员抓住主要矛盾。

(3)不能反映出工作所具有的机动时间,看不到计划的潜力所在,无法进行最合理的组织和指挥。

(4)不能反映工程费用与工期之间的关系,因而不便于缩短工期和降低工程成本。

由于利用横道图表示工程进度计划存在上述不足,给建设工程进度控制工作带来很大不便。即使进度控制人员在编制计划时已充分考虑了各方面的问题,在横道图上也不能全面地反映出来,特别是当工程项目规模大、工艺关系复杂时,横道图就很难充分暴露矛盾;而且在利用横道图表示工程进度计划的执行过程中,对其进行调整也是十分烦琐和费时的。由此可见,利用横道图表示工程进度计划的方法来控制建设工程进度有较大的局限性。

二、网络图

建设工程施工进度计划用网络图来表示可以使工程进度得到有效控制。国内外实践证明,网络计划技术是用于控制建设工程施工进度的最有效工具。其种类有双代号网络计划、单代号网络计划、时标网络计划、搭接网络计划、有时限的网络计划、多级网络计划,此外,还有流水网络计划和多目标网络计划等。

网络计划的特点是:

(1)网络计划能够明确表达各项工作之间的逻辑关系;

(2)通过网络计划时间参数的计算,可以找出关键线路和关键工作,明确施工中的工作重点,这对按期完工具有非常重要的意义;

(3)通过网络计划时间参数的计算,可以明确各项工作的机动时间,这种富裕时间可视为一种"潜力",既可以用来支援关键工作,也可以用来优化网络计划,降低单位时间资源需求量;

(4)网络计划可以利用电子计算机进行计算、优化和调整。

当然,网络计划也有其不足之处,比如不像横道计划那么直观明了等,但这可以通过绘制时标网络计划得到弥补。

第三节 施工进度计划的编制方法

一、施工总进度计划的编制

施工总进度计划一般是建设工程项目的施工进度计划。它是用来确定建设工程项目中所包含的各单位工程的施工顺序、施工时间及相互衔接关系的计划。编制施工总进度计划的依据有施工总方案、资源供应条件、各类定额资料、合同文件、工程项目建设总进度计划、工程动用时间目标、建设地区自然条件及有关技术经济资料等。

施工总进度计划的编制步骤和方法如下所述。

(一)计算工程量

根据批准的工程项目一览表,按单位工程分别计算其主要实物工程量,不仅是为了编制施工总进度计划,而且还为了编制施工方案和选择施工、运输机械,初步规划主要施工过程的流水施工,以及计算人工、施工机械及建筑材料的需要量。因此,工程量只需粗略地计算即可。

工程量的计算可按初步设计(或扩大初步设计)图纸和有关定额手册或资料进行。常用的定额或资料有:

(1)每万元或每10万元投资工程量、劳动量及材料消耗扩大指标。

(2)概算指标和扩大结构定额。

(3)已建成的类似建筑物、构筑物的资料。

对于工业建设工程来说,计算出的工程量应填入工程量汇总表。

(二)确定各单位工程的施工期限

各单位工程的施工期限应根据合同工期确定,同时还要考虑建筑类型、结构特征、施工方法、施工管理水平、施工机械化程度及施工现场条件等因素。如果在编制施工总进度计划时没有合同工期,则应保证计划工期不超过工期定额。

(三)确定各单位工程的开竣工时间和相互搭接关系

确定各单位工程的开竣工时间和相互搭接关系时主要应考虑以下几点:

(1)同一时期施工的项目不宜过多,以避免人力、物力过于分散。

(2)尽量做到均衡施工,以使劳动力、施工机械和主要材料的供应在整个工期范围内达到均衡。

(3)尽量提前建设可供工程施工使用的永久性工程,以节省临时工程费用。

(4)急需和关键的工程先施工,以保证工程项目如期交工。对于某些技术复杂、施工周期较长、施工困难较多的工程,亦应安排提前施工,以利于整个工程项目按期交付使用。

(5)施工顺序必须与主要生产系统投入生产的先后次序相吻合,同时还要安排好配套工程的施工时间,以保证建成的工程能迅速投入生产或交付使用。

(6)应注意季节对施工顺序的影响,使施工季节不导致工期拖延,不影响工程质量。

(7)安排一部分附属工程或零星项目作为后备项目,用以调整主要项目的施工进度。

(8)注意主要工种和主要施工机械能连续施工。

(四)编制初步的施工总进度计划

施工总进度计划应安排全工地性的流水作业,全工地性的流水作业安排应以工程量大、工期长的单位工程为主导,组织若干条流水线,并以此带动其他工程。

施工总进度计划既可以用横道图表示,也可以用网络图表示,如果用横道图表示,则常用的格式见表5-2。由于采用网络计划技术控制工程进度更加有效,所以人们更多地开始采用网络图来表示施工总进度计划,特别是电子计算机的广泛应用,为网络计划技术的推广和普及创造了更加有利的条件。

表5-2　施工总进度计划表

序号	单位工程名称	建筑面积(m^2)	结构类型	工程造价(万元)	施工时间(月)	施工进度计划											
						第一年				第二年				第三年			
						Ⅰ	Ⅱ	Ⅲ	Ⅳ	Ⅰ	Ⅱ	Ⅲ	Ⅳ	Ⅰ	Ⅱ	Ⅲ	Ⅳ

(五)编制正式的施工总进度计划

初步施工总进度计划编制完成后,要对其进行检查。主要是检查总工期是否符合要求,资源使用是否均衡且其供应是否能得到保证。如果出现问题,则应进行调整。调整的主要方法是改变某些工程的起止时间或调整主导工程的工期。如果是网络计划,则可以利用电子计算机分别进行工期优化、费用优化及资源优化。当初步施工总进度计划经过调整符合要求后,即可编制正式的施工总进度计划。

正式的施工总进度计划确定后,应据以编制劳动力、材料、大型施工机械等资源的需用量计划,以便组织供应,保证施工总进度计划的实现。

二、单位工程施工进度计划的编制

单位工程施工进度计划是在既定施工方案的基础上,根据规定的工期和各种资源供应条件,对单位工程中的各分部分项工程的施工顺序、施工起止时间及衔接关系进行合理安排的计划。其编制的主要依据有:施工总进度计划、单位工程施工方案、合同工期或定额工期、施工定额、施工图和施工预算、施工现场条件、资源供应条件、气象资料等。

(一)单位工程施工进度计划的编制程序

单位工程施工进度计划的编制程序如图 5-2 所示。

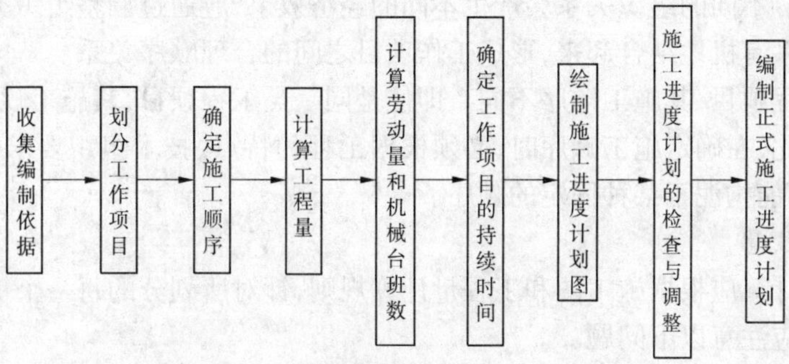

图 5-2　单位工程施工进度计划编制程序

(二)单位工程施工进度计划的编制方法

1. 划分工作项目

工作项目是包括一定工作内容的施工过程,它是施工进度计划的基本组成单元。工作项目内容的多少、划分的粗细程度,应该根据计划的需要来决定。对于编制控制性施工进度计划,此时工作项目可以划分得粗一些,一般只明确到分部工程即可。例如,在装配式单层厂房控制性施工进度计划中,只列出土方工程、基础工程、预制工程、安装工程等各分部工程项目。如果编制实施性施工进度计划,工作项目就应划分得细一些。在一般情况下,单位工程施工进度计划中的工作项目应明确到分项工程或更具体,以满足指导施工作业、控制施工进度的要求。例如,在装配式单层厂房实施性施工进度计划中,应将基础工程进一步划分为挖基础、做垫层、砌基础、回填土等分项工程。

由于单位工程中的工作项目较多,应在熟悉施工图纸的基础上,根据建筑结构特点及已确定的施工方案,按施工顺序逐项列出,以防止漏项或重项。凡是与工程对象施工直接有关的内容均应列入计划,而不属于直接施工的辅助性项目和服务性项目则不必列入。例如,在多层混合结构住宅建筑工程施工进度计划中,应将主体工程中的搭脚手架,砌砖墙,现浇圈梁、大梁及板混凝土,安装预制楼板和灌缝等施工过程列入。而完成主体工程中的运转砂浆及混凝土,搅拌混凝土和砂浆,以及楼板的预制和运输等项目,既不在建筑物上直接完成,也不占用工期,则不必列入计划之中。

另外,有些分项工程在施工顺序上和时间安排上是相互穿插进行的,或者是由同一专业施工队完成的,为了简化进度计划的内容,应尽量将这些项目合并,以突出重点。

2. 确定施工顺序

确定施工顺序是为了按照施工的技术规律和合理的组织关系，解决各工作项目之间在时间上的先后和搭接问题，以达到保证质量、安全施工、充分利用空间、争取时间、实现合理安排工期的目的。

一般来说，施工顺序受施工工艺和施工组织两方面的制约。当施工方案确定之后，工作项目之间的工艺关系也就随之确定。如果违背这种关系，将不可能施工，或者导致工程质量事故和安全事故的出现，或者造成返工浪费。

工作项目之间的组织关系是由于劳动力、施工机械、材料和构配件等资源的组织和安排需要而形成的，它不是由工程本身决定的，而是一种人为的关系。组织方式不同，组织关系也就不同。不同的组织关系会产生不同的经济效果，应通过调整组织关系，并将工艺关系和组织关系有机地结合起来，形成工作项目之间的合理顺序关系。

不同的工程项目，其施工顺序不同。即使是同一类工程项目，其施工顺序也难以做到完全相同。因此，在确定施工顺序时，必须根据工程的特点、技术组织要求以及施工方案等进行研究，不能拘泥于某种固定的顺序。

3. 计算工程量

工程量的计算应根据施工图和工程量计算规则，针对所划分的每一个工作项目进行。计算工程量时应注意以下问题：

(1)工程量的计算单位应与现行定额手册中所规定的计量单位相一致，以便计算劳动力、材料和机械数量时直接套用定额，而不必进行换算。

(2)要结合具体的施工方法和安全技术要求计算工程量。例如，计算柱基土方工程量时，应根据所采用的施工方法(单独基坑开挖、基槽开挖还是大开挖)和边坡稳定要求(放边坡还是加支撑)进行计算。

(3)应结合施工组织的要求，按已划分的施工段分层分段进行计算。

4. 计算劳动量和机械台班数

当某工作项目是由若干个分项工程合并而成时，则应分别根据各分项工程的时间定额(或产量定额)及工程量，按式(5-1)计算出合并后的综合时间定额(或综合产量定额)。

$$H = \frac{Q_1H_1 + Q_2H_2 + \cdots + Q_iH_i + \cdots + Q_nH_n}{Q_1 + Q_2 + \cdots + Q_i + \cdots + Q_n} \tag{5-1}$$

式中 H——综合时间定额，工日/m^3、工日/m^2、工日/t、……；

Q_i——工作项目中第 i 个分项工程的工程量；

H_i——工作项目中第 i 个分项工程的时间定额。

根据工作项目的工程量和所采用的定额，即可按式(5-2)或式(5-3)计算出各工作项目所需要的劳动量和机械台班数。

$$P = QH \tag{5-2}$$

或

$$P = Q/S \tag{5-3}$$

式中 P——工作项目所需要的劳动量(工日)或机械台班数(台班)；

Q——工作项目的工程量，m^3、m^2、t、……；

S——工作项目所采用的人工产量定额(m^3/工日、m^2/工日、t/工日、……)或机械

台班产量定额(m^3/台班、m^2/台班、t/台班、……);

其他符号含义同前。

零星项目所需要的劳动量可结合实际情况,根据承包单位的经验进行估算。

5. 确定工作项目的持续时间

施工项目工作持续时间的计算方法有经验估计法、定额计算法和倒排计划法。

1)经验估计法

根据过去的经验进行估计,适用于新工艺、新技术、新结构、新材料等无定额可循的工程。为了提高准确程度,可采用"三时估计法",即先估计出完成该施工项目的最乐观时间 A、最悲观时间 B 和最可能时间 C 三种施工时间,然后按下式确定该施工项目的工作持续时间:

$$D = \frac{A + 4C + B}{6} \tag{5-4}$$

2)定额计算法

这种方法就是根据施工项目需要的劳动量或机械台班量,以及配备的劳动人数或机械台数来确定其工作持续时间。当施工项目所需劳动量或机械台班量确定后,按下式计算确定其完成施工任务的持续时间:

$$D = \frac{P}{RN} \tag{5-5}$$

式中 D——完成工作项目所需要的时间,即持续时间,天;

R——每班安排的工人数或施工机械台数;

N——每天工作班数;

其他符号含义同前。

在安排每班工人数和机械台数时,应综合考虑以下问题:

(1)要保证各个工作项目上工人班组中每一个工人拥有足够的工作面(不能少于最小工作面),以发挥高效率并保证施工安全。

(2)要使各个工作项目上的工人数量不低于正常施工时所必需的最低限度(不能小于最小劳动组合),以达到最高的劳动生产率。

由此可见,最小工作面限定了每班安排人数的上限,而最小劳动组合限定了每班安排人数的下限。对于施工机械台数的确定也是如此。

每天的工作班数应根据工作项目施工的技术要求和组织要求来确定。例如,浇筑大体积混凝土,要求不留施工缝连续浇筑时,就必须根据混凝土工程量决定采用双班制或三班制。

3)倒排计划法

以上是根据安排的工人数和配备的机械台班数来确定工作项目的持续时间,但有时根据组织要求(如组织流水施工时),需要采用倒排的方式来安排进度,即先确定各工作项目的持续时间,然后以此来确定所需要的工人数和机械台数。此时,需要把式(5-5)变换成式(5-6)。利用该公式即可确定各工作项目所需要的工人数和机械台数。

$$R = \frac{P}{DN} \tag{5-6}$$

如果根据式(5-6)求得的工人数或机械台数已超过承包单位现有的人力、物力,除了寻求其他途径增加人力、物力外,承包单位还应从技术上和施工组织上采取积极措施加以解决。

根据工作项目所需要的劳动量或机械台班数,以及该工作项目每天安排的工人数或配备的机械台数,即可按式(5-1)计算出各工作项目的持续时间。

6. 绘制施工进度计划图

绘制施工进度计划图,首先应选择施工进度计划的表达形式。目前,常用来表达建设工程施工进度计划的方法有横道图和网络图两种形式。横道图比较简单,而且非常直观,多年来被人们广泛地用于表达施工进度计划,并以此作为控制工程进度的主要依据。但是,采用横道图控制工程进度具有一定的局限性。随着计算机的广泛应用,网络计划技术日益受到人们的青睐。

7. 施工进度计划的检查与调整

当施工进度计划初始方案编制好后,需要对其进行检查与调整,以便使进度计划更加合理,进度计划检查的主要内容包括:

(1)各工作项目的施工顺序、平行搭接和技术间歇是否合理;

(2)总工期是否满足合同规定;

(3)主要工种的工人是否能满足连续、均衡施工的要求;

(4)主要机具、材料等的利用是否均衡和充分。

在上述四个方面中,首要的是前两个方面的检查,如果不满足要求,必须进行调整。只有在前两个方面均达到要求的前提下,才能进行后两个方面的检查与调整。前两个方面是解决可行与否的问题,而后两个方面则是优化的问题。

应当指出的是,施工进度计划并不是一成不变的,在执行过程中,往往由于人力、物资供应等情况的变化,改变了原来的计划。因此,在执行中应随时掌握施工动态,并不断地检查和调整施工进度计划。

第四节　施工进度保证措施

一、进度控制的主要方法

工程项目进度控制的方法主要有行政方法、经济方法和管理技术方法等。

(一)进度控制的行政方法

进度控制的行政方法是指通过发布进度指令进行指导、协调、考核;利用激励手段(奖、罚、表扬、批评等)进行监督、督促等方式来进行进度控制。

(二)进度控制的经济方法

进度控制的经济方法是指有关部门和单位用经济手段对进度控制进行影响和制约,主要有以下几种方式:投资部门通过投资投放速度控制工程项目的实施进度;在承包合同中写进有关工期和进度的条款;建设单位通过招标的进度优惠条件鼓励施工单位加快进度;建设单位通过工期提前奖励和工程延误罚款实施进度控制等。

(三)进度控制的管理技术方法

进度控制的管理技术方法主要有规划、控制和协调。所谓规划,就是确定项目的总进度目标和分进度目标;所谓控制,就是在项目进行的全过程中,进行计划进度与实际进度的比较,发现偏离,及时采取措施进行纠正;所谓协调,就是协调参加工程建设各单位之间的进度关系。

二、进度控制的措施

进度控制的措施包括组织措施、技术措施、合同措施、经济措施和信息管理措施等。

(一)组织措施

工程项目进度控制的组织措施主要有:

(1)落实进度控制部门人员、具体控制任务和管理职责分工。

(2)进行项目分解,如按项目结构分、按项目进展阶段分、按合同结构分,并建立编码体系。

(3)确定进度协调工作制度,包括协调会议举行的时间,协调会议的参加人员等。

(4)对影响进度目标实现的干扰和风险因素进行分析。风险分析要有依据,主要是根据多年统计资料的积累,对各种因素影响进度的概率及进度拖延的损失值进行计算和预测,并应考虑有关项目审批部门对进度的影响等。

(二)技术措施

工程项目进度控制的技术措施是指采用先进的施工工艺、方法等以加快施工进度。

(三)合同措施

工程项目进度控制的合同措施主要有分段发包,提前施工,以及合同的合同期与进度计划的协调等。

(四)经济措施

工程项目进度控制的经济措施是指保证资金供应的措施。

(五)信息管理措施

工程项目进度控制的信息管理措施主要是通过计划进度与实际进度的动态比较,收集有关进度的信息等。

第五节　资源需用量计划

根据施工进度计划编制的各种资源需用量计划,是做好各种资源的供应、调度、平衡、落实的依据,包括劳动力、施工机具、主要材料、预制构件等需用量计划。

一、劳动力需用量计划

这种计划是根据施工预算、劳动定额和进度计划编制的,主要反映工程施工所需各种技工、普工人数,它是控制劳动力平衡、调配的主要依据。其编制方法是将施工进度计划表上每天施工的项目所需工人按工种分别统计,得出每天所需工种及其人数,再按时间进度要求汇总。劳动力需用量计划的表格形式见表5-3。

表 5-3　劳动力需用量计划

序号	工程名称	需用总工日数	需用人数及时间									备注
			月			月			月			
			上	中	下	上	中	下	上	中	下	

二、施工机具需用量计划

这种计划是根据施工方案、施工方法及施工进度计划编制的，主要反映施工所需的各种机械和器具的名称、规格、型号、数量及使用时间，作为落实机具来源、组织机具进场的依据，其计划表格形式见表5-4。

表 5-4　施工机具需用量计划

序号	机具名称	规格	单位	需用数量	使用起止时间	备注

三、预制构件需用量计划

这种计划是根据施工图、施工方案、施工方法及施工进度计划要求编制的，主要反映施工中各种预制构件的需用量及供应日期，作为落实加工单位以及按所需规格、数量和使用时间组织构件加工和进场的依据。一般按钢构件、木构件、钢筋混凝土构件等不同种类分别编制，提出构件名称、规格、数量及使用时间等，计划表格形式见表5-5。

表 5-5　预制构件需用量计划

序号	构件、加工半成品名称	图号和型号	规格尺寸（mm）	单位	数量	要求供应起止日期	备注

四、主要材料需用量计划

这种计划是根据施工预算、材料消耗定额和施工进度计划编制的，主要反映施工中各种主要材料的需用量,作为备料供料和确定仓库、堆物面积及运输量的依据。编制时应提出材料的名称、规格、数量、使用时间等要求,计划表格形式见表 5-6。

表 5-6　主要材料需用量计划

序号	材料名称	规格	需用量		需用时间									备注
			单位	数量	月			月			月			
					上	中	下	上	中	下	上	中	下	

五、运输计划

如果由施工单位组织运输材料和构件,则应编制运输计划。它以施工进度计划及上述各种资源需用量计划为编制依据,见表 5-7。这种计划可作为组织运输力量、保证资源按时进场的依据。

表 5-7　工程运输计划

序号	需运项目	单位	数量	货源	运距(km)	运输量(t·km)	需用人数及时间			需用起止时间
							上	中	下	

第六节　P3 软件在施工进度计划编制中的应用简介

一、应用计算机进行建设项目进度控制的必要性

现代建设项目规模巨大,结构复杂,投资大,周期长,建设的自然、社会经济环境复杂,技术密集,建设成果功能综合,建成后对国民经济影响巨大。其建设过程是一项复杂的系统工程。

目前,计算机几乎渗透到人类科学技术、生产和生活的各个领域。建立完善的项目管理计算机系统早已引起了工程技术领域和工程研究领域的普遍重视,并取得了可喜的成果。

计算机是进度控制的有效工具。事实上,现代计划管理的理论与方法伴随着计算机技术的发展和普及不断地得到发展。早在 1956 年,网络计划技术的产生就是应用计算机进行计划编制和实施的产物。

目前,国内外已有许多成熟的项目管理软件在工程建设中得到推广应用。如美国的Project4.0、P3、Super project Expert、我国白思俊教授等开发的 CANA-2 等。下面介绍常用项目管理软件 P3 的主要功能。

二、P3 的主要功能与应用

(一)P3 的主要功能

P3 是一个功能很强的项目管理软件,其主要功能有:

(1)组织编排计划进度;

(2)分配任务的资源和成本;

(3)调整计划以满足条件限制;

(4)监视实际执行情况;

(5)重新修订计划以满足可能发生的变化;

(6)统计报表并按选定格式打印输出结果。

(二)P3 的应用

P3 在进度控制中的应用步骤说明如下。

1. 设置管理参数

(1)管理员登录;

(2)修改管理设置;

(3)定义管理类别;

(4)定义货币体系;

(5)设置当前用户参数。

2. 建立企业编码体系

(1)建立组织分解结构;

(2)建立企业项目结构;

(3)定义角色与资源;

(4)定义费用科目;

(5)创建日历;

(6)建立分类码体系;

(7)编制用户自定义字段。

3. 管理用户及权限

(1)创建全局/项目安全配置;

(2)创建用户并分配权限。

4. 编制总控制计划

(1)业主用户登录;

(2)建立总控制计划项目;

(3)建立总控制计划的 WBS 结构;

(4)编制总控制计划的作业。

5. 编制标段控制计划

(1)参建单位用户登录；

(2)建立标段控制计划项目；

(3)建立标段控制计划的 WBS 结构；

(4)编制标段控制计划的作业；

(5)编辑作业详细属性。

6. 编制详细施工计划

(1)admin 用户登录；

(2)从文件导入已编制好的标段计划；

(3)根据标段计划编制详细施工计划(略)；

(4)从文件导入已编制好的施工计划。

7. 管理资源

(1)给作业分配资源和角色；

(2)按角色分配资源；

(3)查看、分析资源负荷；

(4)使用资源曲线与延时。

8. 项目进展情况跟踪

(1)建立目标计划；

(2)更新项目进展情况；

(3)监控项目进展情况；

(4)跟踪、分析问题。

9. 项目进展情况分析

(1)项目进展情况与目标的对比；

(2)分析资源使用情况。

10. 项目信息的组织和发布

组织和发布项目信息。

习 题

5-1 什么是施工进度计划？施工进度计划的类型有哪些？

5-2 施工进度计划的成果表示方法有哪些？各有什么特点？横道图的制作步骤是什么？

5-3 施工总进度计划编制的依据和步骤是什么？

5-4 保证施工进度的措施有哪些？

5-5 编制施工进度计划的目的是什么？

5-6 简述施工进度计划与施工导流方案、施工方法、技术供应、施工总布置设计之间的关系。

5-7 水利水电枢纽施工总进度有哪些重要的控制环节？在安排进度时各起什么控

制作用？

5-8　某水库溢洪道工程施工，各分部工程的工程量及进度要求见表5-8。试安排此单项工程混凝土施工进度（横道图）。

表5-8　各分部工程的工程量及进度要求

项目	工程量(m^3)	进度要求
上游进口底板	3 000	等于或小于2个月
上游进口边墙	4 000	等于或小于3个月
溢流堰	36 000	第一年5月1日至第二年1月31日
陡坡段底板	16 000	等于或小于4个月
挑流鼻坎	12 000	第一年11月1日至第二年4月30日
下游边墙	18 000	等于或小于6个月
闸墩	6 000	第一年1月1日至第一年5月31日
工作桥	2 000	第二年2月1日至第二年2月7日
公路桥	2 000	第二年3月1日至第二年3月31日

第六章　施工平面布置

本章重点

1. 施工总平面布置的要领。
2. 施工平面布置的分区划分。
3. 各种施工临时设施的面积确定。
4. 施工平面布置的原则和步骤。

本章教学要求

1. 掌握施工总平面布置的分区划分要领。
2. 学会确定施工临时设施面积。
3. 能够根据施工现场的实际地形地貌合理进行现场布置。

第一节　施工总平面布置

施工平面布置分为施工总平面布置和单位工程施工平面布置。

施工总平面布置是对拟建工程项目施工现场的总体布置，表示全工地在施工期间所需各项设施和永久性建筑之间的合理布局。在施工组织总设计中，按照施工部署、施工方案和施工总进度的要求，对拟建的建筑物、施工用临时房屋建筑、临时加工预制厂、材料仓库与堆场、临时用水电管线、交通运输道路等，在施工现场上进行周密规划和布置。施工总平面图是一个具体指导现场施工部署的行动方案，对于指导现场进行有组织、有计划、文明施工具有重大意义。

建设项目的施工过程是一个动态的管理过程，现场上的实际情况随时会发生变化。对于大型建设项目，由于施工期限长或场地所限，必须多次周转使用场地，所以有时应按照几个阶段布置施工总平面图。对于新开辟地区，还应有建筑区域图，其主要内容包括地形地貌、建筑生产企业、地方材料产地、居民村落、临时生活区位置，以及铁路、公路、码头和全区域水电源干线位置等。

绘制施工总平面图的比例，一般常用1:1 000或1:2 000。

一、施工总平面布置设计的原则

施工总平面布置设计应在因地制宜、利于生产、方便生活、快速安全、经济可靠和易于管理的原则指导下进行。

施工总平面布置应注意以下几个方面：

(1)施工临时设施与水利水电工程永久性设施应相互结合、统一规划。

(2)确定施工临建设施项目及其规模时，应研究利用已有的当地企业(或附近地区和其他专业部门经营的设施)为水利水电工程施工服务的可能性与合理性。

(3)建设工程所在地区如果有国家批准的城镇建设规划,施工总布置设计应在满足工程施工需要和不增加(或增加很少)工程投资的前提下,尽可能结合城镇建设进行布置。

(4)主要施工设施和主要施工工厂的防洪标准应根据工程规模、工期长短、水文特性和损失大小,采用防御5~20年一遇的洪水。高于或低于上述标准,要进行论证。

(5)施工场内的交通规划,必须满足工程施工需要,适应施工程序、工艺流程,全面协调单项工程、施工企业、地区间交通运输的连接与配合,力求使交通联系简便、运输组织合理、节省工程投资、减少管理运营费用。

(6)施工总体布置应紧凑合理。节约用地,并尽量利用荒地、滩地、坡地,不占或少占良田。

(7)统筹规划堆土、弃渣场地,做好土石方量平衡设计。在不影响防洪的情况下,尽量利用山沟、荒地、河滩堆渣,并做必要的疏导、排水工程。做好水土保持方案,如有条件,可适当考虑利用弃渣改土造田或作他用。如太平驿电站利用弃渣堆填场地为搬迁的村民修建房屋。

(8)施工总平面布置除应遵循本部门其他有关专业规程、规范外,还应参照执行各有关专业部门颁布的规程、规范和规定。

(9)凡属下列特殊类别地区,不经论证,不得布置施工设施:①严重不良地质区域或滑坡体危害的地区;②受泥石流或雪崩危害的地区;③国家或地方政府保护的文物、古迹、名胜区或自然保护区;④对重要资源开发有干扰的地区;⑤空气、水质、噪音等环境污染较严重的地区;⑥受爆破或其他因素影响严重的地区。

二、施工总平面布置的内容区域划分

施工总平面布置应包括以下内容:一切原有的建筑物、构筑物(含地上、地下),一切拟建的建筑物、构筑物(含地上、地下),一切为拟建建筑物施工服务的临时建筑物和临时设施。该部分内容根据设计阶段不同,其深度不同。

(一)初步设计阶段的内容

(1)选择对外交通方式及具体线路,提出选定方案的线路标准(包括改建、新建标准),重大部件运输措施,转运站、桥涵、隧洞、渡口、码头、仓库和装卸设施的规划与布置,水陆联运及国家干线的连接方案,对外交通工程施工进度安排。

(2)选定场内主要交通线路的规划、布置和标准,提出场内交通运输线路、工程设施工程量,提出在工程筹建期为施工单位进场施工创造条件的场内主要交通干线、桥梁、码头、车站、转运站、仓库、货场及装卸设施等工程项目的施工进度安排和技术要求,选定施工期间过坝交通运输方案。在永久和临时交通干线相结合时,提出场内交通干线的规划设计及其使用条件。

(3)确定施工现场分区布置(包括生产生活设施和交通运输等布置、占地面积及土石方工程量),提出场地平整土石方工程量、出渣及土石方平衡利用规划,提出各类房屋分区布置一览表,提出总的施工总布置图。

(4)提出工程施工期和工程筹建期所需要的总的施工征地面积、范围,以及两者的衔接和协调,提出各施工分区及分期施工场地范围内的各类移民、征地和实物指标,计算施工征地面积,提出分区分期施工的征地计划,研究征地再利用的可能性。

(5)提出工程筹建期和施工准备工程项目在布置、进度、施工之间的衔接和协调,提出工程筹建期的施工总布置图。

(二)招标设计阶段的内容

(1)在初步设计确定的施工总布置方案的基础上,根据全工程合同的组合和划分情况,分别规划出各个合同的施工场地与合同责任区,并标出明显的分区标志。

(2)对于共用场地设施、道路等的使用、维护和管理等问题作出合理安排,明确各方的权利和义务。

(3)在初步设计施工交通规划的基础上,进一步落实和完善,并从合同实施的角度,确定场内外工程各合同的划分及其实施计划。原则上,对外交通和主要的场内交通干线、码头转运站等由业主组织建设;至各个作业场或工作面的支线由辖区承包商自行建设。

(4)在初步施工组织设计的基础上,根据技术设计提供的更为精确的土石方开挖量及土石料填筑量,进行全工程范围内的土石方平衡,最终确定土石料场、堆弃渣场的位置、数量与规模。

(5)对施工期施工现场的"三废"、料场、堆弃渣场以及露天开挖面等,均要按国家有关法律与规定作必要的环保设计。

施工总布置包括以下分区:①主体工程施工区;②施工工厂区;③当地建材开采区;④仓库、站场、码头等储运系统;⑤机电设备、金属结构和大型施工机械设备安装场地;⑥工程弃料堆放区;⑦施工管理中心及各施工工区;⑧生活福利区、施工单位营地。

三、施工总平面布置设计依据

(1)厂址位置图、区域规划图、厂区地形图、厂区测量报告、厂区总平面图、厂区竖向布置图、厂区主要地下设施布置图等。

(2)施工总进度计划、施工部署和主要建筑物的施工方案。

(3)各种建筑材料、半成品、预制构件和设备等的需要量计划,其供应情况及运输方式、施工机械及运输工具的数量。

(4)各种生产、生活用临时设施一览表。

四、施工总平面布置的步骤

(一)收集、分析、整理基本资料和设计条件

深入现场调查研究,收集地形、地质、水文、气象资料以及社会经济状况、工程设计导流方式和程序、天然建筑材料、对外交通运输条件、可供利用的住房情况、电力供应情况等资料。

(二)编制临建工程项目清单及其规模估算

在掌握基本资料的基础上,根据工程的施工条件,结合类似工程的施工经验,编制临时建筑物及设施的项目清单,并估算出它们的占地面积、工棚面积、建筑面积和布置要求。对于施工工厂项目,要提出服务对象、生产能力、班制、人员,以及风、水、电的需用量等。

编制项目清单时,应仔细研究工程的施工方法、施工程序,了解整个施工时期各阶段的施工需要,确定各临时建筑物的使用期限。

例如,以混凝土建筑物为主体的工程,一般包括下列一些项目:

(1)混凝土生产系统(拌和楼、净料堆场、水泥库、制冷楼)和运输系统。

(2)砂石加工系统,包括破碎筛分厂、毛料堆场、净料堆场。

(3)金属结构及机电加工拼装系统,包括金属结构加工厂、金属结构拼装场、钢管加工厂、钢管拼接场、制氧厂、机电拼装场、部件及装置性材料加工系统等。

(4)机械修配系统,包括机械修配厂、汽车修配厂、汽车停放保养场、船舶修配厂、机车修配厂。

(5)综合加工系统,包括木材、钢筋及混凝土预制。

(6)风、水、电、通信系统,包括空压站、水厂、变电站、通信总机房。

(7)基础处理系统,包括防渗墙施工设备及钻灌设备基地。

(8)仓库系统,包括基地仓库、工区仓库、现场仓库、专业仓库。

(9)交通运输系统,包括铁路车站、公路汽车站、码头港区、轮渡等。

(10)办公生活福利系统,包括办公房屋、管理设施、单身宿舍、公共福利房屋、招待所。

(11)水土保持与环境保护系统。

(三)轮廓规划

1. 区域划分

大中型水利水电工程,可划分为下列几个主要区域:①主体工程施工区;②施工工厂区;③建筑材料开采区;④仓库、站、场(厂)、码头等储运系统;⑤机电、金属结构和大型施工机械设备安装场地;⑥工程弃料堆放区;⑦施工管理中心;⑧生活福利区。

各区之间应以场内交通为纽带,按工艺流程和施工方案的要求,在布置上应做到协调统一、便于管理,成为一个有机的整体。

2. 区域规划方式

根据工程特点与施工场地地形、地质、交通条件,以及施工管理的组织形式等,施工总平面布置一般除建筑材料开采区、转运站和特种材料仓库外,还可分为集中式、分散式和混合式三种基本形式。

1)集中式布置

集中式布置的基本条件是工程中的永久建筑物集中在其轴线附近,工程附近两岸场地开阔,可基本上满足施工总布置的需要;交通条件比较方便,可就近与铁路或公路连接。因此,集中式布置又可分为一岸集中布置方式和两岸集中布置的方式,但其主要施工场地选择在对外交通线路引入的一岸。

2)分散式布置

分散式布置有两种情况。一种情况是工程中的永久建筑物集中布置在其轴线附近,工程附近地形比较狭窄,施工场地沿河一岸或两岸冲沟延伸。因此,常把施工临时设施根据现场施工直接影响程度分别排队,把密切相关的项目靠近轴线布置,其他项目依次远离轴线布置。另一种情况是因工程中的建筑物布置分散,常需在不同地段设置主要的施工工区，负责该地段的全面施工，采用分散式施工总平面布置。

3）混合式布置

由于工程特性和自然条件各异，施工总平面布置采取多种形式，统称混合式布置。混合式布置有较大的灵活性，能更好地利用现场地形（斜坡、滩地、冲沟等）和不同地段场地条件，因地制宜地选择内部施工区域划分，以各区的布置要求和工艺流程为主，协调内部各生产环节，就近安排职工生活区，使该区构成有机的整体。

（四）具体布置各工区、各项临时设施

在施工场地区域规划后，进行各项临时设施的具体布置。具体布置包括场内交通线路布置，施工辅助企业和其他施工辅助设施布置，风、水、电等系统布置，永久建筑物施工区的布置。

（五）场内交通规划

场内交通规划的任务是正确选择场内主要运输方式和辅助运输方式，合理布置路线，合理规划和组织场内运输。

（六）施工场地竖向布置

1. 竖向布置的任务

（1）选择各施工场地竖向布置和设计地面的连接方式。

（2）选择各施工场地中各系统的建筑物、构筑物的地坪标高，以及铁路、公路和排水构筑物的标高，并需相互协调。

（3）拟订场地排水措施，保证地面水的排除。

（4）尽量采用自然地形，减少土石方平整工程量。

（5）确定建筑物所必需的各种工程及排水构筑物。

（6）计算场地平整工程量。

2. 竖向布置的一般技术要求

（1）道路纵、横坡度的要求参见表6-1。

表6-1　道路纵、横坡度

铺砌层类型	纵坡（%）			横坡（%）	
	最小	最大	特殊	最大	最小
水泥混凝土及沥青混凝土路面	4	6	10	1.5	0.3
条石及红砖路面	4	6	10	2.0	0.3
用黑色结合材料处理的碎石矿渣路面	4	6	10	2.0	0.3
碎石路面及砾石路面		6	8	2.5	0.3
改善的土路		4	6	4.0	0.3

（2）特种道路（行驶自动搬运车、电动车等）纵坡一般以40‰以下为宜，最大不要超过60‰。

（3）厂内货物专卸铁路线应设计为平坡，在困难情况下，可设计为小于25‰的纵坡。

联络线的坡度不得大于20‰。

(4)铁路和公路如为水平交叉,交叉处在铁路中心线两边各10 m的范围内,道路路面标高须与铁路路轨标高相同。

(5)场地坡度应考虑排水,并防止雨水冲刷。

(七)调整、修正和完善施工总布置

各项施工临时设施的平面布置和竖向布置完成之后,对整个施工总布置进行协调、修正工作,检查施工临时设施和主体工程施工之间、各项临时建筑物之间,彼此有无干扰冲突,是否协调一致,生产和施工工艺间配合得如何,能否满足保安、防火和卫生方面的要求。对于不协调的布置进行调整,并注意对整个布置留有余地。最后编制总布置有关技术经济指标图表,完成施工总布置方案。

五、施工临时设施布置

(一)临时加工场地所需面积

工地临时加工场地所需的面积通常参照有关资料或根据施工单位的经验确定,也可按公式计算。

(1)钢筋混凝土构件预制厂、木工房、钢筋加工车间等的场地或建筑面积可用下式确定:

$$F = \frac{KQ}{TS\alpha} \tag{6-1}$$

式中 F——所需建筑面积,m^2;

Q——加工总量,m^3或t;

K——不均衡系数,取1.3~1.5;

T——加工总工期,月;

S——每平方米场地的月平均产量,m^3/(月·m^2)或t/(月·m^2);

α——场地或建筑面积利用系数,取0.6~0.7。

(2)水泥混凝土搅拌站面积用下式计算:

$$F = NA \tag{6-2}$$

$$N = \frac{QK}{TR} \tag{6-3}$$

式中 F——搅拌站面积,m^2;

A——每台搅拌机所需的面积,m^2;

N——搅拌机的台数;

Q——混凝土总需要量,m^3;

K——不均衡系数,取1.5;

T——混凝土工程施工总工日;

R——混凝土搅拌机台班产量。

(3)大型沥青混凝土拌和设备的场地面积,根据设备说明书的要求确定。

上述建筑场地的结构型式应根据当地条件和适用期限而定。使用年限短的用简易结构,如油毡或草屋面的竹结构;使用年限长的则可采用瓦屋的砖木结构或活动房屋。

(二)临时仓库所需面积

由于供应与使用之间的不协调,必须修建临时仓库进行一定的物料储备,以保证及时供应,仓库所需面积和大小应根据仓库的贮存量确定。仓库的贮存量应满足施工的要求。

仓库中某种物料的储量可按下式估算:

$$P = Qnk/T \tag{6-4}$$

式中 P——某种物料的贮存量,t 或 m^3;

Q——计算时段内该种物料的需要量,t 或 m^3;

n——物料贮存天数指标,参考表 6-2 选用;

k——物料使用的不均衡系数,取 1.2 ~ 1.5;

T——计算时段内的天数。

表 6-2 各种材料储备天数参考值

材料名称	储备时间（天）	备注	材料名称	储备时间（天）	备注
钢筋、钢材	120 ~ 180		电石、油漆、化工	20 ~ 30	
设备配件	180 ~ 270	根据同种配件的多少还要乘以 0.5 ~ 1.0 的修正系数	煤	30 ~ 90	
			电线、电缆	40 ~ 50	
水泥	7 ~ 15		钢丝绳	40 ~ 50	
炸药、雷管	60 ~ 90		地产房建材料	10 ~ 20	
油料	30 ~ 40		砂石料成品	10 ~ 20	
木材	30 ~ 90	在工地打捞、储放的木材,可按下一年用量储备	混凝土制品	10 ~ 15	
			劳保、生活用品	30 ~ 40	
五金、材料	20 ~ 30		土产杂品	30 ~ 40	
沥青、玻璃、油毡	20 ~ 30				

根据物料的贮存量,可由下式确定所需的仓库面积:

$$F = P/q\alpha \tag{6-5}$$

式中 F——仓库面积,包括通道及管理室,m^2;

P——某种物料的贮存量,t 或 m^3;

q——仓库单位有效面积的存放量,见表 6-3;

α——仓库有效面积利用系数,见表 6-3。

(三)施工机械停放场所需面积

施工机械停放场所需面积见表 6-4。

(四)行政、生活福利设施所需面积

在一般中型水利工程中常设的工地临时房屋包括:办公室、会议室等行政办公用房,

职工及家属宿舍等居住用房，俱乐部、图书室等文化娱乐用房，以及医院、商店、浴室、食堂、理发室等生活福利用房等。

表 6-3　仓库面积估算指标

材料名称	单位	堆高(m)	每 $1m^2$ 有效面积存放量 q	存放方式	仓库形式	仓库有效面积利用系数 α
水泥	t	1.5～1.6	1.3～1.5	堆垛	仓库、料棚	0.45～0.60
圆钢	t	1.2	3.1～4.2	堆垛	料棚、露天	0.66
方钢	t	1.2	3.2～4.3	堆垛	料棚、露天	0.68
扁钢、角钢	t	1.2	2.1～2.9	堆垛	料棚、露天	0.45
工字钢、槽钢	t	0.5	1.3～1.6	堆垛	料棚、露天	0.32～0.54
钢板	t	1.0	4.0	堆垛	仓库、料棚	0.57
钢管	t	1.2	0.8	堆垛	料棚、露天	0.11
铝线	t	2.2	0.4	堆垛	仓库	0.11
电缆	t	1.4	0.4	堆垛	仓库	0.35～0.40
炸药、雷管	t	1.5	0.66	堆垛、料架	仓库	0.45～0.60
油毡	卷	1～1.5	15～22	堆垛	仓库	0.35～0.45
石油沥青	t	2.0	2.2	堆垛	料棚	0.50～0.60
小五金	t	2.2	1.5～2.0	堆垛	仓库	0.35～0.40
石灰	t	1.5	0.85	堆垛	仓库、料棚	0.55
原木	m^3	2.0～3.0	1.3～2.0	堆垛	露天	0.40～0.50
锯材	m^3	2.0～3.0	1.2～1.8	堆垛	露天	0.40～0.50
砂石料	m^3	5.6～6.0	3.0～4.0	堆垛	露天(机械化)	0.60～0.70
砂石料	m^3	1.5～2.0	1.5～2.0	堆垛	露天(非机械化)	0.60～0.70

表 6-4　施工机械停放场所需面积参考指标

施工机械名称		停放场地面积(m^2/台)	存放方式
起重、土石方机械	塔式起重机	200～300	露天
	履带式起重机	100～125	露天
	履带式正铲或反铲、拖式铲运机、轮胎式起重机	75～100	露天
	推土机、拖拉机、压路机	25～35	露天
	汽车式起重机	20～30	露天或室内
	门式起重机(10～60 t)	300～400	解体、露天或室内
	缆式起重机(10～20 t)	400～500	解体、露天或室内
运输机械类	汽车(室内)	20～30	一般情况下室内不小于10%
	汽车(室外)	40～60	
	平板拖车	100～150	
其他机械类	搅拌机、卷扬机、电焊机、电动机、水泵、空压机、油泵等	4～6	一般情况下室内占30%，室外占70%

此类临时房屋的需要量取决于工程规模、工期长短及工程工地所在地区的条件。设计时可根据职工及家属的总人数,按国家规定的房屋面积定额,并参照工程所在地区的具体条件,计算出各类临时房屋的建筑面积。建筑面积按下式确定:

$$S = NP \tag{6-6}$$

式中 S——建筑面积,m^2;

N——工地人数;

P——建筑面积指标,m^2/人,参见表6-5 。

表6-5 临时房屋建筑面积指标 (单位:m^2/人)

序号	临时房屋名称	指标使用方法	参考指标
一	办公室	按使用人数	3~4
二	宿舍		
1	单层通铺	按高峰期(年)平均人数	2.5~3.0
2	双层铺	按在工地实有人数	2.0~2.5
3	单层床	按在工地实有人数	3.5~4.0
三	食堂	按高峰期平均人数	0.5~0.8
	食堂兼礼堂	按高峰期平均人数	0.6~0.9
四	其他合计	按高峰期平均人数	0.5~0.6
1	医务室	按高峰期平均人数	0.05~0.07
2	浴室	按高峰期平均人数	0.07~0.1
3	理发室	按高峰期平均人数	0.01~0.03
4	俱乐部	按高峰期平均人数	0.1
5	小卖部	按高峰期平均人数	0.03
6	招待所	按高峰期平均人数	0.06
7	其他公用	按高峰期平均人数	0.05~0.1
8	厕所	按工地平均人数	0.02~0.07

在作施工组织设计时,应尽量利用工地附近的现有建筑物,或提前修建要利用的永久房屋,不足部分修建临时建筑。

临时建筑应按节约、适用、装拆方便的原则设计,其结构型式按当地气候、材料来源和工期长短确定。临时建筑有帐篷、活动房屋和就地取材的简易工棚等。

(五)供水、供电、供热

1. 工地供水

工地供水主要是指生产、生活和消防用水。供水系统由取水工程、净水工程和输配水工程三部分组成。供水设计的主要任务是确定需水地点,根据水质和水量要求,选择水源,设计供水系统。

1)生产用水

生产用水(Q_1)是指土石方工程、混凝土工程等施工用水以及施工机械、动力设备和施工辅助企业用水等。生产用水的需水量可按下式计算:

$$Q_1 = 1.2[\sum kq/(8 \times 3\ 600)] \tag{6-7}$$

式中 Q_1——生产用水的需水量,L/s;

q——生产用水项目每班(8 h)平均用水量,L,查施工生产用水定额;

k——用水不均匀系数,见表 6-6。

表 6-6 用水不均匀系数

用水对象	k 值	用水对象	k 值
土建工程施工	1.5	施工现场用水	2.7
建筑运输机械	2.0	居住区的生活用水	2.0
施工辅助企业	1.25		

2)生活用水

生活用水(Q_2)包括生活区和现场生活用水。其计算公式为:

$$Q_2 = k_2 k_4 n_3 q_3/(24 \times 3\ 600) + k'_2 k_4 n'_3 q'_3/(8 \times 3\ 600) \tag{6-8}$$

式中 Q_2——生活用水量,L/s;

n_3——施工高峰工地居住的最多人数;

q_3——每人每天生活用水量定额(综合定额参考表 6-7);

k_2——一天生活用水不均衡系数,见表 6-8;

k_4——未计及的用水系数,可取 1.1;

n'_3——在同一班次内现场和施工生产企业内工作的最多人数;

q'_3——每人每班在现场生活用水量定额,见表 6-7;

k'_2——现场生活用水不均衡系数,见表 6-8。

表 6-7 生活用水量定额

用水项目	单位	用水量定额	用水项目	单位	用水量定额
全部综合生活用水	L/(人·天)	100~120	幼儿园	L/(人·天)	75~90
饮用与盥洗	L/(人·天)	25~30	医院	L/(人·天)	100~150
食堂	L/(人·天)	15~20	道路绿化洒水	L/(人·天)	20~30
浴室	L/(人·天)	50~60	现场生活	L/(人·班)	10~20
洗衣	L/(人·天)	30~35	现场淋浴	L/(人·班)	25~30
理发师	L/(人·天)	15	现场道路洒水	L/(人·班)	10~15
小学校	L/(人·天)	12~15			

表 6-8 现场生活用水不均衡系数

项目	类别	不均衡系数
施工、生产用水	工程施工用水	1.50
	辅助企业生产用水	1.25
	施工机械用水	2.00
	动力设备用水	1.05~1.10
生活用水 k_2、k'_2	居住区生活用水	2.00~2.50
	现场生活用水	1.30~1.50

3）消防用水

消防用水（Q_3）按工地范围及居住人数计算，见表6-9。

施工供水量应满足不同时期日高峰生产用水和生活用水的需要，并按消防用水量进行校核。即 $Q = Q_1 + Q_2$，但不得小于 Q_3。

供水系统可分为集中供水和分区供水两种方式，一般包括水泵站、净水建筑物、蓄水池或水塔、输水管网等。生活用水和生产用水共用水源时，管网应分别设置。

表6-9 消防用水量定额

用水项目	按火灾同时发生次数计（次）	耗水量（L/s）	用水项目	按火灾同时发生次数计（次）	耗水量（L/s）
1.居住区消防用水			2.施工现场消防用水		
5 000 人以内	1	10	现场面积在25 hm^2 以内	2	10～15
10 000 人以内	2	10～15	每增加25 hm^2 递增		5
25 000 人以内	3	15～20			

2.工地供电

工地供电主要是指施工动力用电和照明用电。其设计工作包括确定用电量、选定电源和设计供电系统。

工地的用电量应根据施工阶段分别确定。供电系统应保证生产、生活用电高峰负荷需要。电源选择一般优先考虑电网供电，施工单位自发电作备用电源和用电高峰时使用。估算水利工地所需临时发电站或变电站的设备容量时，可用下式求得：

$$P = 1.1(k_m \sum k_c P_y / \cos\psi_0 + \sum k_c P_z) \tag{6-9}$$

式中 P——工地所需的电站设备容量，kW；

k_m——动力用电的同时负荷系数，可采用0.75～0.85；

$\cos\psi_0$——功率因数的平均计算值，可采用0.5～0.6；

k_c——容量利用系数（需电系数），见表6-10；

P_y——动力用电的铭牌功率，kW；

P_z——照明用电量，kW。

表6-10 容量利用系数 k_c

负荷特征	k_c	负荷特征	k_c
电动挖掘机1～3台	0.5	水泵、鼓风机、空压机	0.6
电动挖掘机3台以上	0.4	电焊变压器	0.3
塔式和门式起重机1～3台	0.3	单个电焊机	0.35
塔式和门式起重机2台以上	0.2	混凝土工厂电力设备	0.6
连续式运输机械	0.5	木工厂电力设备	0.5
移动式机械	0.1		

工地供电系统由电网供电时，应在工地附近设总变电所，将高压电变为中压电(3 300 V或6 600 V)，输送到用电地点附近时，再通过变电站变为低压电(380/220 V)，由变电站送至用户。生产用电与生活用电的配电所应尽可能分开，若混合供电，应在380/220 V侧的出线回路上分开。

3.工地供热

工地供热的主要对象是临时房屋冬季采暖、冬季施工供热等。

建筑物内部采暖耗热量，按有关建筑设计手册计算。

临时供热的热源一般都设立临时性的锅炉或个别分散设备，如有条件，也可利用当地的现有热力管网。

临时供热的蒸汽用量按下式计算：

$$W = \frac{Q}{IH} \tag{6-10}$$

式中 W——蒸汽用量，kg/h；

Q——所需总热量，按建筑设计采暖手册计算，J/h；

I——在一定压力下蒸汽的含热量(查有关热工手册)，J/kg；

H——有效利用系数，一般为0.4～0.5。

蒸汽压力根据供热距离确定。供热距离在300 m以内时，蒸汽压力为30～50 kPa即可，在1 000 m以内时，则需要200 kPa。

确定了蒸汽压力后，根据式(6-10)计算得蒸汽用量，即可查阅锅炉手册选定锅炉型号。

第二节　单位工程施工平面布置

单位工程施工平面图是对建筑工程施工现场的平面规划和空间布置，是在施工现场布置仓库、施工机械、临时设施、交通道路、构件材料堆放等的依据，是实现文明施工的先决条件，是施工组织设计中的重要组成部分。它是根据工程规模、特点和施工现场的条件，按照一定的设计原则，来正确解决施工期间各项工程和暂设设施之间的合理关系。

工程实践证明，贯彻和执行合理施工平面布置图，会使施工现场井然有序，施工顺利进行，保证施工进度，提高生产效率，确保施工质量，获得较好的经济效益。

单位工程施工平面图的绘制比例一般为1:200～1:500。

一、单位工程施工平面图的设计原则

单位工程施工平面图的设计应遵循下列原则：

(1)在保证施工顺利进行的前提下，现场布置尽量紧凑，尽可能减少施工用地。

(2)在满足施工要求的条件下，尽可能地减少临时设施，减少施工用的管线，尽可能地利用原有的建筑物或构筑物，降低临时设施费用。

(3)合理布置施工现场的运输道路及各种材料堆场、仓库位置、各类加工厂和各种机具的位置，尽量缩短运距，从而减少或避免二次搬运。

(4)各种临时设施的布置应尽量便利工人的生产和生活,即办公用房应靠近施工现场,福利设施应设在生活区范围内,生活区设在施工现场附近的安静处。

(5)平面布置要符合劳动保护、环境保护、施工安全和防火的要求。

二、单位工程施工平面图的设计内容

单位工程施工平面图的设计有如下内容:

(1)建筑平面上已建和拟建的地上、地下的一切房屋、构筑物以及其他设施(道路和各种管线等)的位置和尺寸。

(2)选用的自行式起重机械的开行路线、轨道布置,或选用的固定式垂直运输设备的位置、数量。

(3)为施工服务的一切临时设施的布置,如材料仓库和堆场、预制构件堆场、现场预制构件施工场地布置、钢筋加工棚、木工房、工具房、修理站、化灰池、沥青锅、生活及办公用房等。

(4)临时道路、可利用的永久性或原有道路,临时水电气管网、变电站、加压泵房、消防设施、临时排水沟管,围墙、传达室等。

(5)场内外交通布置。包括施工场地内道路的布置,引入的铁路、公路和航道的位置,场内外交通连接方式。

(6)施工现场周围的环境。如施工现场邻近的机关单位、道路、河流等情况。

(7)一切安全及防火设施的位置。

三、单位工程施工平面图设计依据

在进行施工平面图设计前,首先应认真研究施工方案,并对施工现场作深入细致的调查分析,而后对施工平面图设计所需要的原始资料认真收集,使设计与施工现场的实际情况相符,从而使其确实起到指导施工现场空间布置的作用。单位工程施工平面图设计所依据的主要资料如下所述。

(一)有关拟建工程的当地原始材料

(1)自然条件调查资料:如气象、地形、水文及工程地质资料。其主要用于布置地表水和地下水的排水沟,确定易燃、易爆及妨碍人体健康设施的布置,安排冬、雨季施工期间所需设施的地点。

(2)技术经济调查资料:如交通运输、水源、电源、物资资源、生活和生产基地情况。这些技术经济资料,对布置水、电管线,道路及其他临时设施等,具有十分重要的作用。

(二)建筑设计资料

(1)施工组织总设计中的建筑总平面图。图上包括一切地上、地下拟建和已建的房屋和构筑物,它是正确确定临时房屋和其他设施位置,以及修建工地交通运输道路和解决排水等所需的资料。

(2)一切已有和拟建的地下、地上管道位置,在设计平面图时,应根据工地实际情况,是利用这些管道还是提前拆除或迁移,并需注意不得在拟建的管道位置上修建临时建筑物或构筑物。

(3)建筑区域的竖向设计和土方平衡图。它们是布置水、电管线和临时设施的依据，也是安排土方的挖填、取土或弃土地点的依据。

(三)施工技术资料

(1)单位工程施工进度计划。从中可比较详细地了解各个施工阶段的划分情况，以便分阶段布置施工现场。

(2)单位工程施工方案。据此可以确定垂直运输机械的行走路线，确定其他施工工具的位置，以便进行施工现场的总体规划。

(3)各种材料、构件、半成品等需要量计划，以便确定仓库和堆场的面积、形式和位置。

四、单位工程施工平面图的设计步骤

单位工程施工平面图设计的一般步骤如图 6-1 所示。

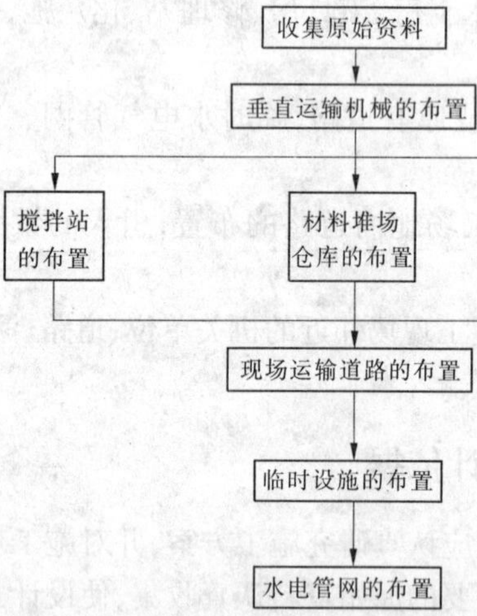

图 6-1　单位工程施工平面图设计步骤

(一)确定垂直运输机械的位置

垂直运输机械的位置，直接影响着仓库、混凝土搅拌站、材料堆场、预制构件堆放位置，以及场内道路、水电线路的布置等，因此垂直运输机械的布置是施工平面布置的核心，必须首先考虑。

由于各种起重机械的性能不同，其机械的布置位置也不相同。总体来讲，起重机械的布置主要根据机械性能、建筑物的平面形状和大小、施工段划分情况、材料来向、运输道路、吊装工艺等而定。

1. 有轨式起重机(塔吊)的布置

有轨式起重机是集起重、垂直提升、水平运输三种功能为一身的起重机械设备。一般沿建筑物的长度方向布置，其位置尺寸取决于建筑物的平面尺寸和形状、构件重量、起重机的性能及四周的施工场地条件等。通常轨道的布置方式有单侧布置、双侧或环形布置、跨内单行布置和跨内环形布置四种方案。

2. 自行无轨式起重机

自行无轨式起重机一般常分为履带式、轮胎式和汽车式三种起重机。这类起重机一般不作垂直提升运输和水平运输之用。其吊装的开行路线及停机位置，主要取决于建筑物的平面布置、构件重量、吊装高度和吊装方法等。

3. 固定式垂直运输机械

固定式垂直运输机械（如井架、龙门架、塔机等）的布置，主要根据机械性能、建筑物的形状、施工段划分等情况而定。

（二）确定搅拌站、仓库、材料和构件以及加工厂的位置

搅拌站、仓库、材料和构件的布置，应尽量靠近使用地点或在起重机的服务范围以内，并考虑到运输和装卸料的方便；各类加工厂的布置，应根据施工现场的实际确定，并考虑到施工要求及安全要求。

根据起重机械的类型，材料、构件堆场位置的布置有以下几种；

（1）当起重机械的位置确定后，再确定材料、构件堆放及搅拌站的位置。材料、构件的堆放，应在固定式起重机械的服务范围内，避免产生二次搬运。

（2）当多种材料和构件同时布置时，对于大宗的、重量大的和先期使用的材料，应尽可能靠近使用地点或起重机械附近布置，而对于少量的、重量轻的和后期使用的材料，可布置的离使用地点或起重机械稍远一点。如混凝土和砂浆搅拌机应尽量靠近垂直运输机械。

（3）当采用自行式有轨起重机械时，材料和构件堆场位置及搅拌站的出料口位置，应布置在自行式有轨起重机械的有效服务范围内。

（4）当采用自行式无轨起重机械时，材料和构件堆场位置及搅拌站的位置，应沿着起重机的开行路线布置，且其所在位置应在起重臂的最大起重半径范围内。

（5）在任何情况下，搅拌机应有后台上料的场地，所有搅拌站所用的水泥、砂、石等材料都应布置在搅拌机后台附近。当基础混凝土浇筑量较大时，混凝土搅拌站可以直接布置在基坑边缘附近，待基础混凝土浇筑完毕后，再转移搅拌站，以减少混凝土的运输距离。

（6）混凝土搅拌机需要的面积，冬季施工时为 50 m^2/台，其他时间为 25 m^2/台；砂浆搅拌机需要的面积，冬季施工时为 30 m^2/台，其他时间为 15 m^2/台。

（7）预制构件的堆放位置，要考虑到其吊装顺序，尽量做到送来即吊，避免二次搬运。

（三）现场运输道路的布置

现场主要运输道路应尽可能利用永久性道路，或预先修建好规划的永久性道路的路基，施工道路应按材料和构件运输的需要，沿其仓库和堆场进行布置，使之畅通无阻。施工现场道路的最小宽度和最小转弯半径分别见表 6-11、表 6-12。

表 6-11　施工现场道路最小宽度

序号	车辆类型及要求	道路最小宽度（m）
1	汽车单行道	3.0
2	汽车双行道	6.0
3	平板拖车单行道	4.0
4	平板拖车双行道	8.0

表6-12 施工现场道路最小转弯半径

车辆类型	路面内侧的最小曲线半径(m)		
	无拖车	有一辆拖车	有两辆拖车
小客车、三轮汽车	6		
一般二轴载重汽车	单车道9、双车道7	12	15
三轴载重汽车、重型载重汽车	12	15	18
起重型载重汽车	15	18	21

(四)临时设施的布置

临时设施分为生产性临时设施(如钢筋加工棚、木工棚、水泵房、维修站等)和生活性临时设施(如办公室、食堂、浴室、开水房、厕所等)两大类。临时设施的布置,主要应考虑使用方便、有利施工、合并搭建、符合安全的原则。

临时设施应尽可能采用活动式、装拆式结构,或就地取材设置。如生产性临时设施的位置,宜布置在建筑物四周稍远的地方,且有一定的材料、成品的堆放场地;工地办公室应靠近施工现场,设在工地入口处;工人休息室应设在工厂作业区;宿舍应布置在安全、安静的地方;收发室宜布置在入口处等。

临时宿舍、文化福利、行政管理房屋面积参见表6-5。

(五)水电管网的布置

水电管网的布置主要包括施工水网的布置和施工供电的布置。

1.施工水网的布置

(1)施工用临时给水管:一般由建设单位的干管或自行设置的干管接到用水地区,布置时力求管网的总长度最短,管径的大小和水龙头的数量应根据工程规模的大小和实际需要经计算确定。水网管道可埋置于地下,也可铺设于地面上,应当视当时的气温条件和使用期限的长短而确定。施工水网的布置形式有环形、枝形和混合式三种。

(2)供水管网应按防火要求布置室外消防栓,消防栓应沿道路设置,距道路应不大于2 m,距建筑物外墙应不小于5 m,也不得大于25 m,消防栓的间距不得超过120 m,工地消防栓应设有明显的标志,且周围3 m以内不准堆放建筑材料和其他物品。

(3)为了保持在干燥环境中施工,提高生产效率,缩短施工工期,应及时排除地面水和地下水,修建永久性下水道,并结合施工现场地形情况,在建筑物周围设置排泄地面水和地下水的沟渠。

2.施工用电的布置

施工用电的布置关系到施工机械化程度的提高、工程质量的高低和施工安全程度,必须根据需要、符合规范、总体规划、使用经济,认真进行设计。

(1)为了维修方便,施工现场一般应采用架空配电线路。架空配电线路与施工建筑物的水平距离不小于10 m,线与地面距离不小于6 m,跨越建筑物或临时设施时,垂直距离不小于2.5 m。

(2)现场供电线路应尽量架设在道路的一侧,以便线路维修;架设的线路尽量保持水平,以避免电杆和电线受力不均;在低压线路中,电杆的间距一般为 25 ~ 40 m;分支线及引入线均应由电杆处接出,不得从两杆之间的线上接线。

(3)单位工程的施工用电应按全工地性施工总平面图进行布置。一般情况下,计算出施工期间的用电总量,提供给建设单位解决,不另设变压器。

独立的单位工程施工时,应当根据计算出的施工用电总量,选择适宜的变压器。变压器应设置于远离交通要道口处,布置在施工现场边缘距高压线最近的接入处,四周用铁丝网住,以避免发生危险。

必须指出,工程施工是一个多变、复杂、动态的生产过程,各种施工机械、材料、构件等,随着工程的进展而逐渐进场,又随着工程的进展而不断消耗、变动。因此,在工程的整个施工过程中,工地现场的平面布置也是随时在变化的。为此,对于大型建筑工程、建筑工地狭窄的工程和施工期限较长的工程,需要按施工阶段来进行施工平面图设计,以便更有效地指导不同施工阶段的平面布置。

第三节　施工平面图的绘制

在分别确定了施工现场平面布置的相关内容的基础上,结合具体工程的特点和各项条件,全面考虑、统筹安排,正确处理各项设计内容的相互联系和相互制约关系,初步确定施工平面图的布置方案。然后,对布置方案进行技术经济的优化分析,以确定出最佳布置方案。必要时用草图设计多个不同的布置方案,进行多方案的平面布置分析,以选择布置合理、施工费用较低的平面布置方案,作为正式施工平面图方案,依据该布置方案,绘制施工平面布置图。

绘制施工平面布置图的基本要求是:表达内容完整,比例准确,图例规范,线条粗细分明、标准,字迹端正,图面整洁、美观。绘制施工平面布置图的一般步骤为:

(1)确定图幅大小和绘图比例。图幅大小和绘图比例应根据工地大小及布置的内容多少来确定。图幅一般可选用 1 号图纸或 2 号图纸,比例一般采用 1∶200 ~ 1∶500。

(2)合理地规划和设计图面。绘制施工平面图,应以拟建单位工程为中心,突出其位置,其他各项设施围绕拟建工程设置。同时,应表达现场周边的环境与现状(例如,原有的道路、建筑物、构筑物等),并要留出一定的图面绘制指北针、图例和标注文字说明等的位置。为此,对整个图面应统一规划设计。

(3)绘制建筑总平面图中的有关内容。依据拟建工程的施工总平面图,将现场测量的方格网,现场内外原有的和拟建的建筑物、构筑物和运输道路等其他设施按比例准确地绘制在图面上。

(4)绘制为施工服务的各种临时设施。根据施工平面布置要求和面积计算的结果,将所确定的施工道路、仓库、堆场、加工厂、施工机械、搅拌站等的位置、尺寸和水电管网的布置按比例准确地绘制在施工平面图上。

(5)绘制其他辅助性内容。按规范规定的线型、线条、图例等对草图进行加工,标上图例、比例、指北针等,并作必要的文字说明,即成为正式的施工总平面图。

施工平面图中常用图例见表 6-13。

表 6-13　施工平面图常用图例

序号	名称	图例	序号	名称	图例
1	水准点	点号 高程	28	屋面板存放场	
2	原有房屋		29	一般构件存放场	
3	拟建正式房屋		30	矿渣、灰渣堆	
4	施工期间利用的拟建正式房屋		31	废料堆场	
5	将来拟建正式房屋		32	脚手、横板堆场	
6	临时房屋:密闭式 敞棚式		33	原有的上水管线	
7	拟建的各种材料围墙		34	临时给水管线	—S——S—
8	临时围墙		35	给水阀门（水嘴）	
9	建筑工地界线		36	支管接管位置	S
10	烟囱		37	消防栓（原有）	
11	水塔		38	消防栓（临时）	L
12	房角坐标	x=1 530 y=2 156	39	原有化粪池	
13	室内地面水平标高	105.10	40	拟建化粪池	
14	现有永久公路		41	水源	水
15	施工用临时道路		42	电源	
16	临时露天堆场		43	总降压变电站	
17	施工期间利用的永久堆场		44	发电站	
18	土堆		45	变电站	
19	砂堆		46	变压器	
20	砾石、碎石堆		47	投光灯	
21	块石堆		48	电杆	
22	砖堆		49	现有高压6 kV线路	—WW6—WW6—
23	钢筋堆场		50	施工期间利用的永久高压6 kV线路	—LWW6—LWW6—
24	型钢堆场		51	塔轨	
25	铁管堆场		52	塔吊	
26	钢筋成品场		53	井架	
27	钢结构场				

续表 6-13

序号	名称	图例	序号	名称	图例
54	门架	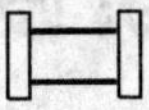	61	推土机	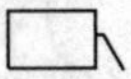
			62	铲运机	
55	卷扬机	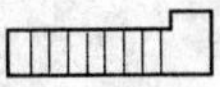	63	混凝土搅拌机	
			64	灰浆搅拌机	
56	履带式起重机	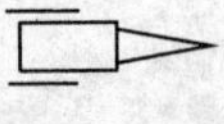	65	洗石机	
			66	打桩机	
57	汽车式起重机	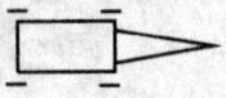	67	脚手架	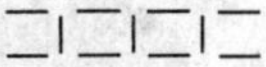
58	缆式起重机	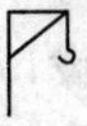	68	淋灰池	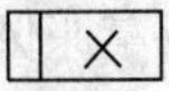
59	铁路式起重机	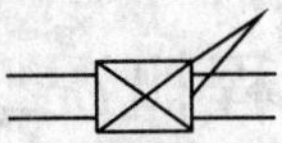	69	沥青锅	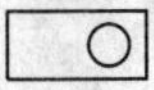
60	多斗挖土机		70	避雷针	

习　题

6-1　施工平面图设计的意义是什么？

6-2　施工平面图设计的依据和内容有哪些？

6-3　施工平面图设计的步骤主要包含哪些方面？

6-4　如何确定临时设施的面积？

6-5　如何绘制施工平面图？

第七章　施工组织设计实例

本章重点

1. 施工组织设计的内容。

2. 施工组织设计的过程。

本章教学目标

通过对工程施工组织设计实例的研读和学习，使学生掌握施工组织设计编制内容和过程，能初步编制施工组织设计。

本章实例为××河道整治工程2标段施工组织设计。

第一节　工程概况

××河是××地区排涝干流，源于××，自西向东贯穿××市，在××入境，于××出境，境内河道长109.9 km。本标段工程为××市××河道整治水利工程，主要是对××河流域的涵闸、渠道进行整治。

本工程位于××市××镇。

一、主要建设内容

本工程主要建设内容包括：整修1号闸、2号闸、××泵站，5号闸、4号闸、6号闸，对51+000~52+000河道疏挖及护砌硬化。

主要工程量为：土方挖填8.13万m^3，混凝土1.148万m^3，钢筋4.1 t。

二、工程施工条件

（一）水文气象与工程地质

项目区涵闸位于第四系全新统冲积黏土层之上，允许承载力110 kPa以上，可满足各类闸室地基应力要求。闸室渗透性较小，局部闸基位于淤泥质土层上，对浅层软土可采用换填土法，进行夯实碾压，对深层软土，采用砂石桩法处理。

项目区属北亚热带季风性湿润气候，具有春夏秋冬四季分明、光照充足、雨水充沛的特点。多年平均气温16.3 ℃左右，全年无霜期240天左右，年平均日照时数为2 021 h。区内降水主要受季风影响，一般由大气环流所控制，多年平均降水量为1 200 mm，年内降水分配不均，全年雨量集中在7~8月份，占全年降雨量的50%，具有明显的季节性。

（二）交通条件

项目区交通较为便利，××国道穿境而过，乡镇公路、村级公路较为完善，工程所需机械设备、主要材料可直接运至工程区。

（三）建筑材料

工程场区土料丰富，石料主要来源于××采石厂，砂料在××地采购，水泥从××水泥厂购买，钢筋在城区建材市场采购。

（四）水电供应

工程区水源充足，可用于施工但不能饮用，生活用水接村级自来水。

施工用电接当地电网电源，自备发电机组1台30 kW备用。

三、工程施工特点

本工程包括5个涵闸整修及1 km河道疏挖硬化、工程区域较大，且工期较紧，要求在2007年3月底以前完成所有工程的施工任务，必须合理组织安排人员、材料及设备，采取分段流水作业。

第二节 施工平面总布置

根据工程项目分布特点，拟将项目部设置在××镇，在每一个涵闸设置一个施工营地。

一、项目部设置

项目部设置主要管理机构、主要管理人员生活住房、试验室、综合仓库等。

二、各工区施工营地

在5个涵闸及渠道疏挖硬化区域各设置一个施工营地，每一个施工营地设置搅拌站、加工厂、材料仓库、砂石料场、施工人员住房、机械设备停置场等生产生活设施。

三、施工道路

对外交通可利用××国道，自××国道到各涵闸施工地现有乡村路直抵各工区，施工营地至仓面修筑碎石道路，宽3 m，为保证道路通畅，各工区配备一台推土机维修施工道路。

四、水电

（1）供水：生产用水使用潜水泵直接抽取河水，生活用水接村民自来水。

（2）供电：接村级网电，自备30 kW发电机组发电。

五、通信

项目经理部配一部固定电话，主要负责人配备1部手机，以利于各工区之间联络。

六、施工临时用地计划表

施工临时用地计划见表7-1。

表 7-1　施工临时用地计划

项目	建筑面积(m^2)	占地面积(m^2)	结构型式
一、项目经理部	580	580	
办公室	20×5	100	租用民房
管理人员宿舍	200	200	租用民房
食堂	30	30	租用民房
试验室	50	50	租用民房
综合仓库	200	200	租用民房
二、各工区施工营房	4 280	4 280	
1. 生产设施	2 750	4 550	
砂石料场	200×5	1 000	露天
综合仓库	200	200	简易工棚
混凝土拌和站	15×6	90	简易工棚
水泥仓库	20×6	120	简易工棚
机械停车场	100×6	600	露天
发电房	20×6	120	简易工棚
加工厂	50×6	300	露天
维修站	30×6	180	砖混
小型仓库	20×6	120	简易工棚
2. 生活设施	1 350	1 350	
办公室	20×6	120	简易工棚
施工人员宿舍	150×6	900	简易工棚
职工食堂	40×6	240	简易工棚
保卫室	15×6	90	简易工棚
合计	4 860	4 860	

第三节　施工进度计划

一、施工总进度计划

招标文件要求本工程在 2007 年 3 月 31 日前完成全部工程施工任务。

根据这一要求,制定本工程施工总进度计划为: 2006 年 11 月 1 日开工,2007 年 3 月 31 日完工,总工期为 151 日历天。

二、施工控制计划

根据招标文件要求,结合工程特点,考虑水位影响,2007 年 1 月 10 日前必须完成所有土方开挖,2007 年 3 月 31 日前完成全部工程施工任务。

三、施工进度安排

由于本工程工期紧、工程量较大，拟安排6个施工队同时进场施工，流水作业。

5号闸：2006年11月1日开工，2006年11月20日完成土方开挖，2007年2月28日完工。

1号闸：2006年11月21日开工，2006年12月10日完成土方开挖，2007年3月10日完成建筑物工程，2007年3月20日完工。

2号闸：2006年12月1日开工，2006年12月31日完成土方开挖，2007年3月20日完成建筑物工程，2007年3月31日完工。

3号闸：2006年11月1日开工，2006年11月30日完成土方开挖，2007年3月10日完成建筑物工程，2007年3月20日完工。

××泵站：2006年12月1日开工，2006年12月31日完成土方开挖，2007年3月20日完成建筑物工程，2007年3月31日完工。

河道疏挖硬化：2006年11月1日开工，2006年12月31日完成土方工程，2007年3月31日完工。

施工进度计划横道图和网络图分别见图7-1、图7-2。

四、保证进度的措施

为保证工程按期完成，应建立完善的进度保证体系，合理安排好人员、设备及材料供应。

（一）组织保证

组建高效精干的项目经理部，合理配备后勤保障系统。

（二）技术保证措施

(1)编制具有严密性、可预见性、经济合理、安全可靠的施工进度计划及技术方案。在确保质量和工程安全的前提下，统筹兼顾、合理安排，考虑施工现场可能对工期造成延误的各种因素，编制合理的周作业计划及月作业计划，并根据实际进度情况，及时调整，实行动态管理。如出现工期滞后现象要及时分析原因，做到“以日保周，以周保月”。

根据总进度目标和施工进度、施工难度、环境等特点，提前预测一些可能发生的工序间交叉配合不到位的现象。采取有效措施、抓住重点、优化配置资源、合理调配劳动力和机械设备，关键做好调度工作，及时、灵活、准确、果断地协调各方的配合，及时排除施工中出现的各种矛盾，克服薄弱环节，实现动态平衡。

(2)成立技术攻关小组，现场建立以总工为核心，施工科、质检科为指导，技术员为主体的三级管理体系，组织、监督、指导现场施工技术。

(3)针对本工程特点，抓好新技术、新工艺的推广使用，及时解决施工中出现的各种科学技术问题。

(4)设置咨询专家组和技术顾问，对工程中出现的重大技术问题进行研究和指导。

（三）实行项目经理例会制度

(1)严格执行工地计划会制度，工地每周召开一次进度会，项目经理主持，落实每周

工程项目		工程量	年-月	2006-11			2006-12			2007-01			2007-02			2007-03		
			旬	上旬	中旬	下旬	上旬	中旬	下旬	上旬	中旬	下旬	上旬	中旬	下旬	上旬	中旬	下旬
			天	10	20	30	40	50	61	71	81	92	102	112	120	130	140	151
1号闸	土方开挖	8 060 m^3	20															
	土方回填	2 340 m^3	90															
	建筑物	2 584 m^3	90															
	金属结构	3.5 t	10															
5号闸	土方开挖	8 850 m^3	20															
	土方回填	3 820 m^3	100															
	建筑物	1 131 m^3	100															
2号闸	土方开挖	7 280 m^3	20															
	土方回填	3 950 m^3	89															
	建筑物	1 372 m^3	89															
	金属结构	4.5 t	10															
3号闸	土方开挖	10 660 m^3	30															
	土方回填	3 250 m^3	100															
	建筑物	1 672 m^3	100															
	金属结构	1.4 t	10															
××泵站	土方工程	10 200 m^3	30															
	土方回填	4 453 m^3	79															
	建筑物	492 m^3	79															
	机电金属结构	9 t	10															
河道硬化	土方工程	15 500 m^3	61															
	护坡	4 231 m^3	90															

本工程计划于2006年11月1日开工,2007年3月31日完工,总工期151天

图 7-1　施工进度横道图(2 标)

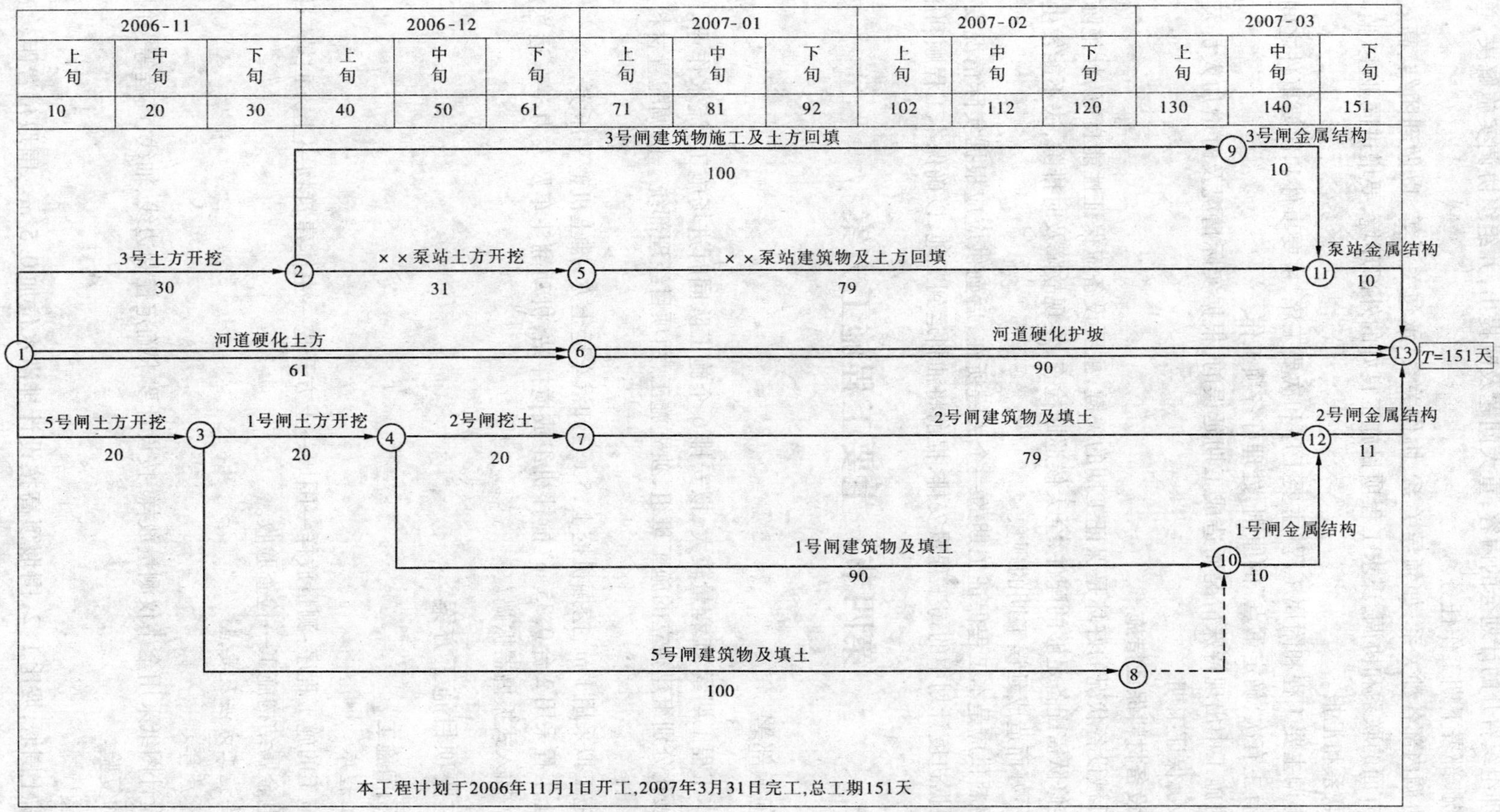

图 7-2　施工进度网络图(2 标)

由项目经理组织召开的计划会的内容，重大问题及时提出，并组织协调实施解决，总结本期工作情况，部署下期工作任务。

(2)协调内部各种关系，如领导关系、协作关系、承包关系等，以做到团结、高效。加强同相关方面的联系和协调，谋求工程项目施工良好的外部环境，要增进同业主、监理、设计单位的联系和汇报。

(3)协调主要工程和附属工程、主要工序和次要工序、主要事件和次要事件之间的关系，本着“有主有次、确定重点”的原则，处理好各项工作。

(4)对施工中出现特殊情况而造成工期延误的，根据实际情况及时增加人员及施工设备的投入，保证工期。

(四)设备材料保证措施

(1)机械设备状况的好坏是保证工期的关键，主要设备应保证性能良好，杜绝陈旧设备进场，维修队需配备足够的配件，全天候巡回检查，发现故障及时排除，决不能发生因设备不足或不好而造成延误工期的现象。

(2)材料供应是本工程保证工期的一个关键所在，后勤供应应根据实际情况安排材料进场，根据进度计划中的旬工程量安排，提前将油料运到工地，以确保本工程顺利施工。

第四节　主要工程施工方案

一、施工部署

由于本工程工期紧、工程量较大，拟安排 6 个施工队同时进场施工，流水作业。5 个闸及河道硬化分别组建独立的施工班组，独立施工，由项目经理部统一协调配置材料及机械设备。

土方施工拟采用 1 m^3 挖掘机挖土，5 t 自卸汽车运土方，推土机整平压实。

混凝土工程采用 2 台 0.35 m^3 搅拌机组成搅拌站，机动翻斗车及人力斗车运送混凝土，1.1 kW 插入式振捣器振捣。

二、主要项目施工方案

(一)涵闸施工

1. 施工程序

涵闸施工的施工程序：测量放样→围堰→土方开挖→主体建筑物→土方回填→护底护坡→机电金属结构施工→检查验收。

2. 主要施工方法及要点

1)测量放样

根据设计图纸采用全站仪测量放样，按设计要求确定控制边线、轴线、高程等，并报请监理工程师复验。

2)围堰

采用黏土围堰，坡比 1:2，围堰顶高按设计排涝水位加 0.5 m。围堰位置距建筑物

50 m。

围堰工艺流程:定位放线→植被清理→取土→运土→摊铺→碾压。

围堰采用1台挖掘机挖土,推土机压实,就近取土。

3)土方开挖

土方开挖工艺流程:定位放线→植被清理→基坑排水→清淤→挖土→修底。

土方开挖各工艺施工方式如下:

(1)植被清理采用1台74 kW推土机推土。

(2)基坑排水:前期投入2台22 kW的抽水机抽除大面积积水,土方开挖后改用2台2.2 kW潜水泵排水,排水时,注意控制水面下降速度,以防围堰滑坡。

(3)清淤:投入2套离心泥浆泵,配合高压水枪冲刷、淘洗,将泥浆水抽出围堰外。

(4)土方开挖:采用挖掘机开挖,自卸汽车运输,辅以人工修底。

土方开挖要点:

(1)土方开挖前要先做好排水措施,保持开挖面干燥。

(2)开挖时自上而下分层分段依次开挖,严禁自下而上或采取倒悬的开挖方法,施工过程中随时做成一定的坡势,以利排水,在开挖区周围开挖排水沟及集水坑,阻止场外积水流入施工场地,并有效排除积水,同时采取有效措施避免边坡稳定范围内形成积水。

(3)临建基面时预留30 cm厚的保护层采用人工开挖,用人工运至基础面外。

(4)开挖出的基础面经检查合格后,及时报请监理工程师验收,尽早进行下道工序的施工,以防基础面受破坏。

(5)开挖土方期间,如遇雨天,要做好开挖面的保护措施,防止水土流失。

(6)开挖坡面附近堆土不宜过高,且高坡度至少在3 m以外。

(7)采取合适的加固支护措施,防止塌方和滑坡。

4)模板工程

采用人工制作、安装。

模板工程施工工艺:放样→制作→安装→加固→细部处理→校正→验收→拆除。

模板工程施工方法如下所述。

制作:采用木模板,半成品木料到木工棚后,用圆锯盘对木板进行整边,用木械刨床对木板的一面进行刨光,然后人工拼接成模板,最后用刨子对模板表面进行人工刨光。

安装:人工安装。施工工艺为:测量放线→搭脚手架→挂线立模→钢管加固→细部处理→校正→验收。

底模安装:木模直接支撑在地上,模板的上下及中部用木围囹支撑,用抓钉与模板抓牢,沿围木均匀地布设一些圆木进行加固,圆木的上端钉在围木上,下端固定在地上的木桩上,同时为防止模板在混凝土浇筑过程中移位,用铁丝将模板与钢筋网拉紧。

墙身模板安装:用ϕ12钢筋拉杆、蝴蝶扣件、圆木等固定。模板的上口、下口和中间段每隔1 m设双排钢管用拉杆和蝴蝶扣件进行对拉,模板的外侧用钢管进行加固,ϕ12钢筋拉杆拉结。

护底护坡模板:用槽钢作模板,钢钎固定。

细部处理:模板大面积工作完成后,检查结构的完整性,对边、脚部位进行补缝加固处理,补缝采用木夹板。

校正:立模完毕,对所有支撑件检查,按照规范和设计要求检查校正。

拆模:在混凝土强度达到70%以后进行,混凝土表面及棱角不因拆模而损坏,对于承重模板,待混凝土强度达到规定强度后方可拆除。

模板质量控制应注意以下几点:

(1)模板有足够的强度、刚度和稳定性。

(2)模板表面保持光洁、严密。

(3)立模时支承在坚实的地基上,并有足够的支承面积与可靠的防滑措施。

(4)混凝土浇筑过程中经常派人检查模板支撑情况,发现情况及时校正。

5)钢筋工程

施工工序:拉伸、调直→除锈→下料→制作→安装。

施工方法:使用电焊机、切割机、弯曲机等制作钢筋,人工将钢筋运到施工仓面,然后进行安装。

拉伸、调直:圆盘钢筋先用卷扬机拉伸,然后进行调直。

除锈:钢筋调直后,对其表面已生锈的部分用钢刷或风水枪进行除锈。

下料、制作:钢筋制作在现场钢筋厂内进行,首先由技术人员根据设计图纸和各部位的结构形式,拟定配料单,然后根据配料单下料,在拟定配料单前,应先调查现场钢筋材料,若需作钢筋代换,应符合水工钢筋混凝土结构设计的规定,并报经设计单位同意。

钢筋制作时,接头采用闪光对焊,φ12 以上钢筋采用弯曲机进行弯曲加工,φ12 以下钢筋可以采用手工弯曲,已加工好的钢筋,分类归堆,并挂上标示牌。

钢筋质量控制应注意以下要点:

(1)按照规范和项目监理要求,提交钢筋的出厂和复验证书。

(2)贮存钢筋时应防止由灰尘、严重锈蚀、松散的鳞片、油漆、油脂或其他异物造成的影响和污染,导致其锚固力受损和降低。

(3)不得以任何方式将钢筋拉直或重新弯曲。

(4)不得使用由于不恰当的使用或贮存引起弯折或弯曲的钢筋。

6)混凝土工程

施工工艺:配料→拌制→运输→浇筑→振捣→收面→养护。

施工方法:在每一个建筑物处设 2 台拌和机,配小型装载机上砂石料,机动翻斗车运输,转人力斗车到仓内浇筑,采用插入式振捣器振捣混凝土,混凝土浇筑过程中,遵循均衡、对称施工的原则,保证混凝土浇筑的连续性,防止出现漏振、初凝现象。

配料:对各种原材料进行试验,并进行混凝土配合比试验,根据试验结果并结合施工现场具体条件,确定合适的混凝土配合比。使用小型装载机上砂石料,人工上水泥。潜水泵上水,电子计量系统计量。

混凝土拌制:严格按混凝土配合比进行计量配制,严禁擅自更改混凝土配合比;配料前,将所有的称量设备进行校准、测试;混凝土拌制时间要适中,采用强制式搅拌机时,拌制时间 60 ~ 90 s，采用自落式搅拌机时，拌和时间为 90 ~ 120 s。施工中一般搅拌至色泽均匀为止。

混凝土试块：浇筑时每个部位必须做试块一组，100 m^3 以上的混凝土做试块两组。

混凝土运输：应连续、均衡、及时地把拌和物输送到浇筑地点，防止出现离析现象，并保持初凝前有充分的时间进行浇筑；混凝土运输时间及周转次数尽可能少，减少混凝土运输过程中坍落度的变化；因故停放过久，已初凝的混凝土作废料处理。

混凝土浇筑：混凝土浇筑应连续、均衡、有层次地进行，不合格的混凝土料严禁入仓，同时严禁在仓内加水。在倾斜面上浇筑混凝土时，应从低处开始浇筑，浇筑面保持水平。

底板混凝土浇筑：为防止混凝土在浇筑过程中发生初凝，采用斜面分层浇筑的方法，由一端向另一端推进，振捣工作从浇筑层下端开始逐渐上移。

墙身混凝土浇筑：浇筑前将底板面凿毛并冲洗干净，然后在墙身底部铺 5 cm 厚的与混凝土成分相同的水泥砂浆。墙身浇筑时，采用全面分层的浇筑方法，为防止混凝土下落时发生离析，设置串桶下料。

振捣：插入式振捣器方向与混凝土面垂直，快插慢抽，振捣器的插点要均匀排列，防止出现漏振现象；混凝土振捣时间适中，一般以混凝土面不再显著下沉，不出现气泡并开始泛浆时为准。

养护：混凝土浇筑 12 ~ 18 h 及时养护，使混凝土面经常保持湿润状态，养护时间不得少于 21 ~ 28 天。

7）建筑物土方回填

施工工艺：测量放线→清基→挖运土→铺筑→碾压→人工补边夯→抽样检查→验收。

施工方法：使用挖掘机挖运土方，自卸汽车运输，推土机推平碾压，人工补边夯。

建筑周边回填土方，宜在建筑物强度达到设计强度的 50% ~ 70% 后进行。由于工程量较小，采取人工填土，蛙式打夯机夯实。

填土前，应用钢丝刷清除建筑物表面的乳皮、粉尘及油污等，对表面的外露铁件宜割除，对铁件残余露头用水泥砂浆覆盖保护。

开始填筑前应将建筑物表面洒水湿润，边涂泥浆、边铺土、边夯实，涂浆高度应与铺土厚度一致，涂层厚为 3 ~ 5 mm，并应与下层涂层衔接，严禁泥浆干涸后再铺土夯实。

制备泥浆采用塑性指数 I_p 大于 17 的黏土，泥浆的浓度 1:2.5 ~ 1:3（土水重量比）。

建筑物两侧填土，应保持均衡上升，贴边填筑宜用夯具夯实，铺土层的厚度宜为 150 ~ 200 mm。

8）金属结构

施工工艺：下料→部件拼装焊接→面板制作→总体拼装→总体施焊→附件拼装→整形→安装。

施工方法：主要电焊机焊接拼装，载重汽车运到现场，扒杆及手动葫芦安装。

（二）渠道疏挖与硬化

施工程序：测量放样→除杂→清淤→挖填土→浆砌镇脚→碎石垫层→混凝土搅拌、运输、浇筑→封顶→养生。

1. 土方挖填

基坑排水：前期投入 2 台 22 kW 的抽水机抽除大面积积水，土方开挖后改用 2 台 2.2 kW 潜水泵排水，排水时，注意控制水面下降速度，以防围堰滑坡。

清淤：投入 2 套离心泥浆泵，配合高压水枪冲刷、淘洗，将泥浆水抽出围堰外。

土方开挖：采用挖掘机开挖，自卸汽车运输，辅以人工修底。

土方回填：利用开挖后的土方来填土，推土机压实。

2. 渠道硬化

采用槽钢做模板，钢钎固定。

模板安装：现浇模板安装净距，沿渠道纵向的允许偏差值为 ±10 mm，沿宽度方向的允许偏差值为 ±30 mm，并在安装前烤涂石蜡。

拆除：模板的拆除，应不损伤混凝土表面及棱角。

混凝土拌制：0.35 m^3 混凝土搅拌机拌制混凝土。

混凝土的运输：混凝土出拌和机后，迅速用机动斗车，送至浇筑起点。

混凝土浇筑：混凝土开始浇筑前，先对浇筑部位的准备工作进行检查，合格后，进行混凝土浇筑。现场浇筑混凝土采用分块跳仓法，按照由下至上的顺序进行施工。进行本岸镇脚或护坡混凝土施工时，可在坡面上铺设铁板，将混凝土料倒在铁板上，由人工铺设，再用平板振捣器进行混凝土振捣。

浆砌块石施工程序：地基开挖→选石砌石→混凝土抹面→养护。

浆砌块石施工方法：人工铺浆法砌筑。

浆砌块石施工时应注意以下要点：

(1)选用合适的石料，洒水湿润，使其表面充分吸水。

(2)砌筑时先铺砂浆后砌块石，石块分层卧砌，上下铺缝，内外搭砌，砌完稳定。每层大体找平，分段位置尽量留在沉降缝或伸缩缝处。

(3)砌筑时，所有块石均在砂浆上，确保砂浆饱满，砌石表面偏差在 2 m 范围内不大于 30 mm。砌缝宽度：平缝 15 ~ 20 mm，竖缝 20 ~ 30 mm。

(4)砌筑完毕后，石块表面用混凝土护面，养护 20 天以上。

(5)砌筑完毕，适时养护，保持其表面湿润。

第五节　施工组织机构与管理

成立××河整治项目经理部，设置项目经理、技术负责人各一名，设工程科、质检科、财务科、安保科、办公室 5 个科室，下设 6 个施工队和试验室，如图 7-3 所示。配备工程师、经济师、会计师、质检员、材料员、施工员、安全员、预算员、机械师等施工人员，做到统一计划协调，统一组织指挥，统一物质供应，统一资金支付，统一对外联络。

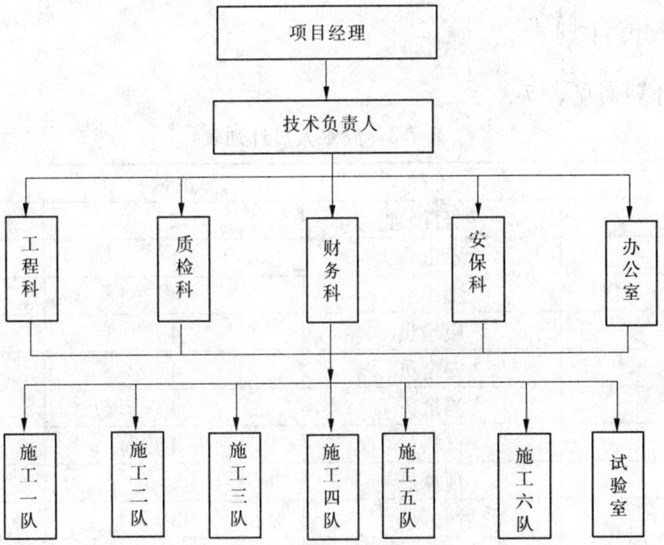

图 7-3　项目经理部组织机构

第六节　施工机械、人员及材料计划

一、主要施工机械设备计划表

主要施工机械设备计划表见表 7-2。

表 7-2　主要施工机械设备计划表

设备名称	型号及规格	数量	制造地名	购置年份	已使用台时数	现在何处	进场时间（年-月-日）
混凝土搅拌机	JS350	12	武汉	2005	545	仙桃	2006-12-01
插入振捣器	2.2 kW	24	武汉	2005	104	仙桃	2006-12-01
发电机组	30 kW	6	武汉	2005	300	仙桃	2006-11-01
灰浆搅拌机	200 L	6	武汉	2005	600	仙桃	2007-01-18
挖掘机	油动	4	成都	2005	255	仙桃	2006-11-01
机动翻斗车	1 t	12	武汉	2004	250	部分租赁	2006-12-01
自卸汽车	5 t	24	武汉	2005	600	部分租赁	2006-11-01
装载机	ZL30	6	厦门	2004	256	仙桃	2006-12-01
推土机	74 kW	6	洛阳	2003	357	仙桃	2006-11-01
钢筋切割机		6	武汉	2005	88	仙桃	2006-12-01
电焊机	30 kVA	2	武汉	2005	358	仙桃	2006-10-18
潜水泵	2.2 kW	12	宜昌	2004	198	仙桃	2006-11-01
蛙式打夯机	2.2 kW	6	武汉	2005	354	仙桃	2007-01-01
木工圆锯机		6	武汉	2005	423	仙桃	2006-12-01

二、施工人员计划表

施工人员计划表见表 7-3。

表 7-3　施工人员计划表

序号	工种	数量	备注
1	项目经理	2	
2	技术负责人	1	
3	施工员	4	
4	质检员	4	
5	安全员	4	
6	测量员	4	
7	材料员	4	
8	预算员	1	
9	后勤人员	3	
10	机械工	24	
11	钢筋工	30	
12	砌筑工	12	
13	木工	24	
14	混凝土工	36	
15	电焊工	12	
16	架子工	24	
17	驾驶员	52	
18	普工	65	
合计		306	

三、主要材料计划表

主要材料计划表见表 7-4。

表 7-4　主要材料计划表

序号	材料名称	规格	单位	数量	备注
1	水泥	32.5 级	t	3 105	
2	黄砂	中粗砂	m^3	6 888	
3	碎石	20 ~ 40 mm	m^3	13 957	
4	块石	30 ~ 50 mm	m^3	711	
5	钢筋		t	4.4	
6	汽油		t	18	
7	柴油		t	51	
8	水		m^3	167 866	
9	电		kWh	236 333	

第七节　质量保证措施

一、质量管理目标

质量管理目标为优良。

二、质量管理体系

ISO9002 质量管理体系标准。

质量保证体系见图 7-4。

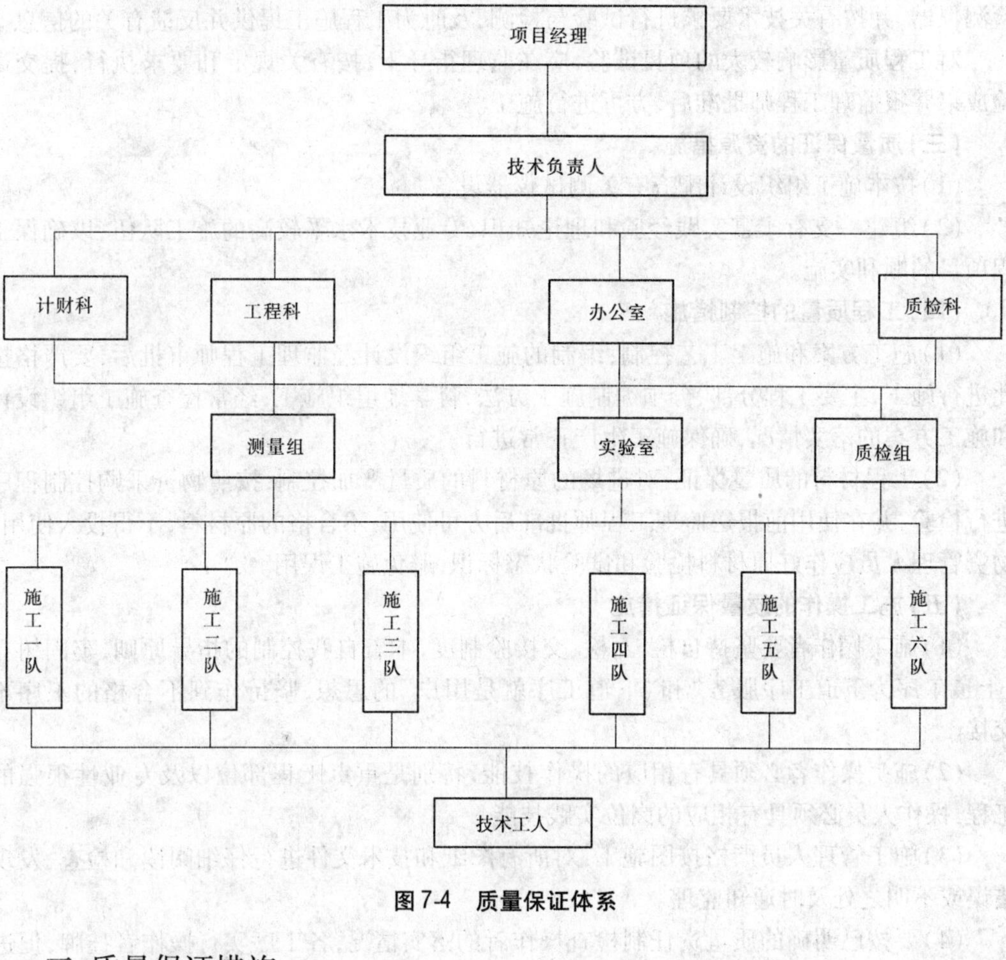

图 7-4　质量保证体系

三、质量保证措施

(一)组织措施

由项目经理负责成立工程创优工作领导小组,制定创优计划,实行创优目标管理,结合本合同段内的有关问题,分别交给 QC 小组进行攻关。

设置质检科,配置专职质检员及试验检测设施进行质量检测。

实行质量“三检制”，由项目经理全面负责，项目总工主抓，质检科负责全面查验的质量管理体系，各施工工序设专职质检员具体负责。

加强各职能部门的横向联系，质量部门对接口部位实行重点控制，对于重大或关键部位的施工以及新工艺、新技术、新材料的使用，提前制订出具体的施工方案和施工措施，并报请监理工程师审批。

（二）技术措施

严格执行图纸和施工方案的技术人员交底制度，使施工人员在按图施工过程中明确知道本工序的设计及规范要求和施工方法，了解工期、工程量、劳动组合、操作方法、质量标准及关键部位的质量保证措施，杜绝盲目、随意地施工。

编制有关试验操作细则，并将质量标准分发各施工单位组织学习。配备有关试验和检测仪器，并按有关技术要求进行试验与检测，及时为工程施工提供并反馈有关的信息。

对工程质量影响较大的项目试验，应在监理指导下，按有关规定和要求执行，提交试验成果并报监理工程师批准后，方可进行施工。

（三）质量保证的资源措施

（1）按本施工组织设计配齐有关测试仪器设备。

（2）组建一支有丰富实践经验和理论知识、专业技术水平较高的施工队伍，以确保工程项目的顺利实施。

（四）工程质量的控制措施

（1）施工方案和施工工艺控制：编制的施工组织设计经监理工程师审批后，要严格按此进行施工，主要工程分部、分项编制施工方法，科学地组织施工；经常检查施工组织设计和施工方案的落实情况，确保施工生产正常进行。

（2）工程材料的质量保证：对进场的原材料的质量严加控制，按照物资采购控制程序进行检验，并在使用前报送监理工程师批准后方可使用；不合格的原材料，不得投入使用；物资管理人员应作好原材料检验和试验状态标识，避免施工误用。

（五）施工操作的质量保证措施

（1）施工操作者要坚持自检、互检、交接验制度，本着自我控制的指导原则，牢固树立“上道工序为下道工序服务”和“下道工序就是用户”的思想，坚持作到不合格的工序不交接。

（2）施工操作者必须具有相应的操作技能，特别是重点工程部位以及专业性很强的工程，操作人员必须具有相应的岗位实践技能。

（3）施工管理人员严格按图施工，对所有图纸和技术文件进行仔细阅读和检查，发现错误或不明之处及时通知监理。

（4）要按已明确的质量责任制检查操作者的落实情况，各工序实行操作者挂牌，促进操作者提高质量控制的意识，作到任务明确、责任清楚。

（5）在整个施工操作过程中，要贯彻工前有交底、工中有检查、工后有验收的“一条龙”操作管理模式，作到施工操作程序化、标准化、规范化，确保工程质量。

（6）正确处理进度和质量的关系，进度与质量是对立的统一，没有质量就没有进度，主要坚持“进度必须服从质量”这个原则，坚持好中求快、好中求省，严格按标准、规范和设计要求组织、指导，确保工程质量。

（六）配置检测设备，加强原材料、中间产品及成品的检测

（略）

第八节　安全生产

一、安全目标

安全目标是实现三无，即无重大伤亡事故、无中毒、无倒塌。

二、安全生产保证体系

安全生产保证体系见图7-5。

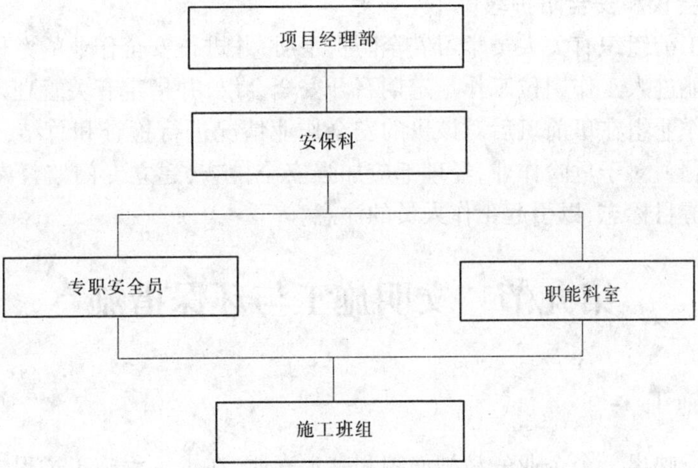

图7-5　安全生产保证体系

三、安全生产保证措施

（一）建立健全安全生产规章制度

设置专职安全员，定期检查，提前预防，分析原因，制定措施，对于安全事故的处理，必须严格执行“三不放过”的原则。

（二）制定安全防护制度

开工前做好安全交底工作；落实安全检查生产责任制，加强安全检查；作业人员和施工人员必须持证上岗；各类机械、各工种要遵守安全操作规程，注意相互间安全距离，施工机械不准碰火线、灯架、测量标志等；设立各种安全标志，严禁非施工人员进入施工现场，所有施工人员必须戴好安全帽；禁止使用裸露的或有破损的电线；对机械设备勤维修、勤保养、提高设备完好率、杜绝设备带病作业。

凡发现违反安全防护制度者，给予批评、警告并处以相应罚款。责任人未能认真履行管理责任，监督者应在对违规者处罚的同时，对责任人进行同等处罚。

(三)搞好安全防护措施

(1)劳动保护:根据作业种类的特点,按照国家的劳动保护法发给施工现场工作的人员相应的劳动用品,包括安全帽、水鞋、雨衣、工作服、手套,并按照有关的劳动保护规定发给工作人员劳动津贴和营养补贴。在施工现场的各施工区、道路及生活区设置足够的照明系统,以满足正常的施工及安全要求。

(2)防火:配置消防专职人员及适量的消防设备和器材。

(3)洪水和气象灾害的防护:建立水情、气象预报系统,设专人记录当天水情和气象预报,一旦发现有可能危及工程安全和人身财产的洪水或气象灾害的预兆,应立即采取有效的防洪和防止气象灾害的措施,以确保工程和人身财产的安全及保证工程按计划进行。

(四)安全防护规程

根据国家颁布的各种安全规程,结合本工程的实践编制通俗易懂、适合于本工程使用的安全防护规程手册,并将手册分发给全体职工及业主单位和监理单位的有关人员。

(五)安全会议和安全防护教育

在工程开工前组织有关人员学习安全防护手册,并进行安全作业的考核与笔试,考试合格的职工才能进入工作岗位工作。定期召开安全会议,并指定有关管理人员、工长和安全员参加。各作业组在班前班后对该班的安全作业情况进行检查和总结,并及时处理工作中存在的问题。对于危险作业,经理部应加强安全检查,建立专门监督岗,并在危险作业区附近设置醒目标志,以引起工作人员的注意。

第九节 文明施工与环保措施

一、文明施工

文明施工反映出一个企业的精神面貌和基本素质,在本工程施工过程中,要严格执行如下文明措施:

(1)把文明施工当做企业市场形象的重要部分,把文明施工的目标具体到各部门及施工队的经济责任制中。

(2)项目部定期和不定期地对工地进行综合检查,对于不符合文明施工要求的地方,应立即予以整改,杜绝野蛮施工行为。

(3)协调好与周边单位的关系,保持良好的施工环境,尽量减少对附近居民生活的干扰,以保证良好的施工秩序。

(4)抓好文明施工的宣传和落实工作,并按建设工程施工现场管理规范执行。施工现场按照文明施工的有关规定在明显的地方设置工程概况标牌、施工进度标牌、现场管理标牌、安全保卫标牌及施工总平面布置图。保持施工现场容貌的清洁、平整、施工道路畅通无阻、排水系统畅通。施工材料分类堆放整齐、施工机构停放有序。

(5)加强施工现场的安全保卫工作,完善现场的出入管理制度,严禁非施工人员擅自进入施工现场。

(6)遵守国家有关法令,对施工活动界限之外的树木以及其他植物及建筑物尽力维持原状。

(7)生活和生产用水应有组织地排走,疏通水流,做到无漫水、积水现象。

(8)工作时全部人员配戴上岗证,严禁追逐打闹,工作之余经常开展有益的文化、娱乐活动,严禁赌博、酗酒。

二、环境保护措施

(1)实行环境保护目标责任制,加强检查和监控,与文明施工一起检查、考核、奖惩。

(2)加强卫生管理。注重劳逸结合,改善职工生活环境,防止传染病的发生,加强卫生宣传。

(3)实现现场硬地化、厨房和厕所卫生化,宿舍和办公室规范化。废水设置脏水井集中处理,固体废物设置专门垃圾场排放,并定时运至就近垃圾处理场。

(4)作业人员不准随意抛掷材料、残土,不得扬尘,施工阶段定时对施工道路进行淋水降尘,以便减少粉尘对空气的污染。

(5)对施工区域之外的树木以及其他植物必须尽力维持现状。除非业主另有特别许可,不得使有害物质(如燃料、油料、弃渣等)污染土地、河流。施工中控制噪声,防止扰民,如因破坏环境而导致经济损失的赔偿,归本单位自己承担责任。

(6)采取有效的保护措施,防止对河床或河岸的冲刷,并防止由于工程施工而造成开挖料或其他废弃物在河流中的淤积,将废土运至业主指定弃渣场堆放。

(7)采取有效措施处理好施工弃渣:按业主指定地点堆放施工弃渣,其中对环境污染有影响的一律用土深埋,必要时进行焚烧处理,严禁往河流和农田中弃渣。

(8)全部工程完工后,拆除一切必须拆除的临时施工设施和临时生活设施,对拆除后的场地认真清理。

第八章　项目划分及费用构成

本章重点

1. 水利水电工程项目划分。
2. 水利水电工程建设项目费用构成。
3. 基本预备费、价差预备费计算方法。
4. 建设期融资利息计算方法。

本章教学要求

1. 掌握不同的基本建设程序阶段的工程造价文件。
2. 掌握水利水电工程项目划分。
3. 掌握水利水电工程建设项目费用构成及取费标准。
4. 掌握基本预备费、价差预备费、建设期融资利息的计算方法。

基本建设程序是基本建设全过程中各项工作的先后顺序和工作内容及要求,城市水利工程的建设也应该按基本建设程序办事。在不同的基本建设程序阶段,要求不同的工程造价文件。要编制工程造价文件首先要了解工程项目的划分及工程费用的构成。

第一节　工程造价文件的类型

水利基本建设程序一般分为项目建议书、可行性研究报告、初步设计、施工准备(包括招标设计)和设备订货、建设实施、生产准备、竣工验收、后评价等八个阶段。在基本建设程序的不同阶段,由于工作的深度不同、要求不同,基本建设各阶段要求分别编制相应的造价文件。造价文件的类型有以下几种。

一、投资估算

投资估算是指在项目建议书阶段、可行性研究阶段对建设工程造价的预测,应充分考虑各种可能的需要、风险、价格上涨等因素,要打足投资,不留缺口,适当留有余地。投资估算是可行性研究报告的重要组成部分;是项目投资决策和进行初步设计的重要依据;是项目主管部门审批项目建议书的依据之一,并对项目的规划、规模起参考作用;是项目资金筹措及制定建设贷款计划的依据;是核算建设项目固定资产投资需要额和编制固定资产投资计划的重要依据;是工程投资的最高限额,对工程设计概算起控制作用。

二、设计概算

设计概算是在初步设计阶段,设计单位为确定拟建基本建设项目从筹建到竣工验收过程中发生的全部费用或投资额而编制的工程造价文件。设计概算是初步设计报告的重要组成部分,是编制基本建设计划、实行基本建设投资大包干、控制基本建设拨款和贷款的依据;也是考核设计方案和建设成本是否经济合理的依据。设计单位在报批初步设计报告的同时,要报批设计概算。设计概算应按编制年的国家政策及价格水平进行编制。如工程未能按计划开工在两年以上,工程建设在中期或末期由于国家政策性调整、物价涨幅过大、不可抗拒自然灾害、设计有重大变化等原因造成工程总投资无法控制时,应对原概算进行重新编制,编写重编概算,或调整概算,或修改概算。重编概算、调整概算、修改概算均按基本建设程序报审批单位审批。调整概算仅仅是在价格水平和有关政策方面的调整,工程规模及工程量与初步设计均保持不变。

设计概算经过审批后,就成为国家控制该建设项目总投资的主要依据,不得任意突破。水利工程采用设计概算作为编制施工招标标底、利用外资概算和执行概算的依据。

三、业主预算

业主预算是在已经批准的初步设计概算基础上,对已经确定实行投资包干或招标承包制的大中型水利工程建设项目,根据工程管理与投资的支配权限,按照管理单位及分标项目的划分,进行投资的切块分配,以便于对工程投资进行管理与控制,并作为项目投资主管部门与建设单位签订工程总承包(或投资包干)合同的主要依据。它是为了满足业主控制和管理的需要,按照总量控制、合理调整的原则编制的内部预算,业主预算也称为执行概算。一般情况下,业主预算的价格水平与设计概算的人工、材料、机械等基础价格水平保持一致,以便与设计概算进行对比。

四、标底与报价

招标标底是建筑产品价格的表现形式之一,是业主对招标工程所需费用的预测和控制,是招标工程的期望价格,也是发包方定的价格底线。它由招标单位自行编制或委托具有编制标底资格和能力的代理机构编制。它是业主筹集建设资金的依据,也是业主及其上级主管部门核实建设规模的依据,是衡量投标单位投标报价的准绳,是评价的重要尺度。标底的主要作用是招标单位在一定浮动范围内合理控制工程造价,明确自己在发包工程上应承担的财务义务。

投标报价即报价,是施工企业(或厂家)对建筑工程施工产品(或机电、金属结构设备)的自主定价。它反映的是市场价格,体现了企业的经营管理、技术和装备水平。中标的报价是基本建设产品的成交价格。

五、施工图预算

施工图预算是由设计单位在施工图设计完成后,根据施工图设计图纸、现行预算定额、费用定额以及地区设备、材料、人工、施工机械台班等预算价格编制和确定的建筑安装工程造价的文件。它应在已批准的设计概算控制下进行编制。它是施工前组织物资、机具、劳动力,编制施工计划,统计完成工作量,办理工程价款结算,实行经济核算,考核工程成本,实行建筑工程包干和建设银行拨(贷)工程款的依据。它是施工图设计的组成部分,由设计单位负责编制的。它的主要作用是确定单位工程项目造价,是考核施工图设计经济合理性的依据。一般建筑工程以施工图预算作为编制施工招标标底的依据。

六、施工预算

施工预算是指在施工阶段,施工单位为了加强企业内部经济核算,节约人工和材料,合理使用机械,在施工图预算的控制下,通过工料分析,计算拟建工程人工、材料和机具等的需要量,并直接用于生产的技术经济文件。它是根据施工图的工程量、施工组织设计或施工方案和施工定额等资料进行编制的。

七、竣工结算

工程竣工结算是指施工单位按照合同规定的内容全部完成所承包的工程,经验收质量合格,并符合合同要求之后,向发包单位进行的最终工程款结算(施工过程中的结算属于中间结算)。竣工结算是一种动态的计算,是按照工程实际发生的量与定额来计算的。经审查的工程竣工结算是核定建设工程造价的依据,更是建设项目竣工验收后编制竣工决算和核定新增固定资产价值的依据,是建筑企业评价该工程经济效益的重要依据。

八、竣工决算

竣工决算是指建设项目全部完工后,在工程竣工验收阶段,由建设单位编制的从项目筹建到建成投产全部费用的技术经济文件,是正确核定新增固定资产的价值,考核计划和概预算的执行情况,分析投资效益的文件。它是竣工验收报告的重要组成部分;是建设投资管理的重要环节;是工程竣工验收、交付使用的重要依据;也是进行建设项目财务总结,银行对其实行监督的必要手段。

竣工结算与竣工决算是完全不同的两个概念,其主要区别在于:一是范围不同,竣工结算的范围只是承建工程项目,是基本建设的局部,而竣工决算的范围是基本建设的整体;二是成本不同,竣工结算只是承包合同范围内的预算成本,而竣工决算是完整的预算成本,它还要计入工程建设的其他费用、临时费用、建设期融资利息等工程成本和费用。由此可见,竣工结算是竣工决算的基础,只有先完成竣工结算才有条件编制竣工决算。

基本建设程序与各阶段的工程造价之间的关系如图 8-1 所示。

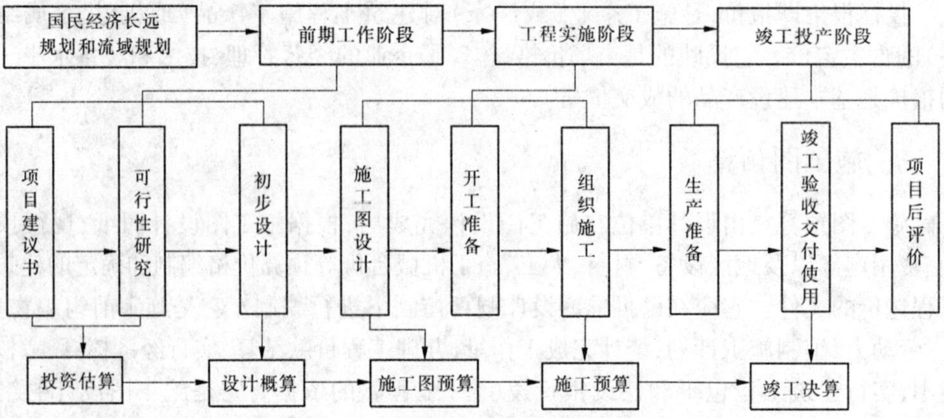

图 8-1 基本建设程序与工程造价之间的关系简图

水利基本建设程序中设计概算、施工图预算和竣工决算，通常简称为基本建设的“三算”，是建设项目概预算的重要内容，三者有机联系，缺一不可。设计要编制概算，施工要编制预算，竣工要编制决算。一般情况下，决算不能超过预算，预算不能超过概算，概算不能超过估算。此外，竣工结算、施工图预算和施工预算通常被称为施工企业内部所谓的“三算”，它是施工企业内部进行管理的依据。

第二节　工程造价项目划分

一、工程项目划分

水利工程的项目划分执行现行水利部水总[2002]116号文规定，其分类方法如下。

(一)按工程性质和功能划分

其按工程性质和功能可划分为以下两大类。

1.枢纽工程

枢纽工程是指水利枢纽建筑物(含引水工程中的水源工程)和其他大型独立建筑物，包括水库、水电站、其他大型独立的建筑物。一般为多目标开发的项目，建筑物种类比较多，布置相对集中，施工条件较复杂。

2.引水工程及河道工程

引水工程及河道工程包括城镇供水、灌溉、河湖整治、堤防修建与加固工程。建筑物种类相对较少，一般呈线形布置，施工条件相对简单。

以上两大类工程由于性质不同，在编制概(估)算时，应按水利部现行规定，人工预算单价和有关计费标准有所区别。

(二)按水利工程特点划分

水利工程概(估)算由工程部分、移民和环境部分两部分构成。

1.工程部分

工程部分可进一步划分为以下五部分：

第一部分　建筑工程；

第二部分　机电设备及安装工程；

第三部分　金属结构设备及安装工程；

第四部分　施工临时工程；

第五部分　独立费用。

第一至第三部分属永久工程，是指竣工投入运行后承担设计所确定的功能并发挥效益，是构成固定资产的一部分。凡永久与临时工程结合的项目列入相应永久工程项目内。

第四部分施工临时工程是指在工程筹备和建设阶段，为辅助永久建筑和安装工程正常施工而修建的临时性工程或采取的临时措施。

第五部分独立费用是指在工程总投资中支出但又不宜列入建筑工程费、安装工程费、设备费而需要独立列项的费用。

以上第四和第五部分的工程和费用，以适当的比例摊入各永久工程中，构成固定资产的一部分。

2. 移民和环境部分

移民和环境部分可进一步划分为以下三部分:

第一部分水库移民征地补偿。其包括农村移民安置费、集镇迁建费、城镇迁建费、工业企业迁建费、专业项目恢复改建费、防护工程费、库底清理费和其他费用八项。

第二部分水土保持工程。其包括工程措施、植物措施、设备及安装工程、水土保持临时工程和独立费用五项。

第三部分环境保护工程。其包括环境保护设施、环境监测设施、设备及安装工程、环境保护临时设施和独立费用五项。

(三)工程部分下设一级、二级、三级项目

1. 一级项目:具有独立功能的单项工程

1)第一部分　建筑工程

a. 枢纽工程

枢纽工程下设的一级项目一般包括挡水工程、泄洪工程、引水工程、发电厂工程、升压变电站工程、航运工程、鱼道工程、交通工程、房屋建筑工程和其他建筑工程。其中,挡水工程等前七项称为主体建筑工程。

(1)挡水工程。其包括挡水的各类坝(闸)工程。

(2)泄洪工程。其包括溢洪道、泄洪洞、冲沙洞(孔)、放空洞等工程。

(3)引水工程。其包括发电引水明渠、进(取)水口、引水隧洞、调压井、高压管道等工程。

(4)发电厂工程。其包括地面、地下各类发电厂工程。

(5)升压变电站工程。其包括升压变电站、开关站等工程。

(6)航运工程。其包括上下游引航道、船闸、升船机等工程。

(7)鱼道工程。根据枢纽建筑物布置情况,可独立列项,与拦河坝相结合的,也可作为拦河坝工程的组成部分。

(8)交通工程。其包括上坝、进厂、对外等场内外永久公路、桥梁、铁路、码头等交通工程。

(9)房屋建筑工程。其包括为生产运行服务的永久性辅助生产厂房、仓库、办公、生活及文化福利等房屋建筑和室外工程。

(10)其他建筑工程。其包括内外部观测工程,动力线路(厂坝区),照明线路,通信线路,厂坝区及生活区供水、供热、排水等公用设施工程,厂坝区环境建筑工程,水情自动测报系统工程及其他工程。

b. 引水工程及河道工程

引水工程及河道工程是指供水、灌溉、河湖整治、堤防修建与加固工程。其包括供水、灌溉渠(管)道、河湖整治与堤防工程,建筑物工程(水源工程除外),交通工程,房屋建筑工程,供电设施工程和其他建筑工程。

(1)供水、灌溉渠(管)道、河湖整治与堤防工程。其包括渠(管)道工程、清淤疏浚工程、堤防修建与加固工程等。

(2)建筑物工程。其包括泵站、水闸、隧洞、渡槽、倒虹吸、跌水、小水电站、排水沟(涵)、调蓄水库等工程。

(3)交通工程。其指永久性公路、铁路、桥梁、码头等工程。

(4)房屋建筑工程。其包括为生产运行服务的永久性辅助生产厂房、仓库、办公、生活及文化福利等房屋建筑和室外工程。

(5)供电设施工程。其指为工程生产运行供电需要而架设的输电线路及变配电设施工程。

(6)其他建筑工程。其包括内外部观测工程,照明线路,通信线路,厂坝(闸、泵站)区及生活区供水、供热、排水等公用设施工程,工程沿线或建筑物周围环境建设工程,水情自动测报系统工程及其他工程。

2)第二部分　机电设备及安装工程

a.枢纽工程

枢纽工程是指构成枢纽工程固定资产的全部机电设备及安装工程。本部分由发电设备及安装工程、升压变电设备及安装工程和公用设备及安装工程三项组成。

(1)发电设备及安装工程。其包括水轮机、发电机、主阀、起重机、水力机械辅助设备、电气设备等设备及安装工程。

(2)升压变电设备及安装工程。其包括主变压器、高压电气设备、一次拉线等设备及安装工程。

(3)公用设备及安装工程。其包括通信设备,通风采暖设备,机修设备,计算机监控系统,管理自动化系统,全厂接地及保护网,电梯,坝区馈电设备,厂坝区及生活区供水、排水、供热设备,水文、泥沙监测设备,水情自动测报系统设备,外部观测设备,消防设备,交通设备等设备及安装工程。

b.引水工程及河道工程

引水工程及河道工程是指构成该工程固定资产的全部机电设备及安装工程。本部分一般由泵站设备及安装工程、小水电站设备及安装工程、供变电工程和公用设备及安装工程四项组成。

(1)泵站设备及安装工程。其包括水泵、电动机、主阀、起重设备、水力机械辅助设备、电气设备等设备及安装工程。

(2)小水电站设备及安装工程。其组成内容可参照枢纽工程的发电设备及安装工程和升压变电设备及安装工程。

(3)供变电工程。其包括供电、变配电设备及安装工程。

(4)公用设备及安装工程。其包括通信设备,通风采暖设备,机修设备,计算机监控系统,管理自动化系统,全厂接地及保护网,坝(闸、泵站)区馈电设备,厂坝(闸、泵站)区供水、排水、供热设备,水文、泥沙监测设备,水情自动测报系统设备,外部观测设备,消防设备,交通设备等设备及安装工程。

3)第三部分　金属结构设备及安装工程

金属结构设备及安装工程是指构成枢纽工程和其他水利工程固定资产的全部金属结构设备及安装工程。其包括闸门、启闭机、拦污栅、升船机等设备及安装工程,压力钢管制作及安装工程和其他金属结构设备及安装工程。

金属结构设备及安装工程项目要与建筑工程项目相对应。

4)第四部分　施工临时工程

施工临时工程是指为辅助主体工程施工所必须修建的生产和生活用临时性工程。该部分组成内容如下:

(1)导流工程。其包括导流明渠、导流洞、施工围堰、蓄水期下游断流补偿设施、金属结构设备及安装工程等。

(2)施工交通工程。其包括施工现场内外为工程建设服务的临时交通工程,如公路、铁路、桥梁、施工支洞、码头、转运站等。

(3)施工场外供电工程。其包括从现有电网向施工现场供电的高压输电线路(枢纽工程:35 kV 及以上等级;引水工程及河道工程:10 kV 及以上等级)和施工变(配)电设施(场内除外)工程。

(4)施工房屋建筑工程。其指工程在建设过程中建造的临时房屋,包括施工仓库、办公及生活、文化福利建筑和所需的配套设施工程。

(5)其他施工临时工程。其指除施工导流、施工交通、施工场外供电、施工房屋建筑、缆机平台以外的施工临时工程。主要包括施工供水(大型泵房及干管)、砂石料系统、混凝土拌和浇筑系统、大型机械安装拆卸、防汛、防冰、施工排水、施工通信、施工临时支护设施(含隧洞临时钢支撑)等工程。

5)第五部分　独立费用

独立费用由建设管理费、生产准备费、科研勘测设计费、建设及施工场地征用费和其他五项组成。

(1)建设管理费。其包括项目建设管理费、工程建设监理费和联合试运转费。

(2)生产准备费。其包括生产及管理单位提前进厂费、生产职工培训费、管理用具购置费、备品备件购置费、工器具及生产家具购置费。

(3)科研勘测设计费。其包括工程科学研究试验费和工程勘测设计费。

(4)建设及施工场地征用费。其包括永久和临时征地所发生的费用。

(5)其他。其包括定额编制管理费、工程质量监督费、工程保险费和其他税费。

2.二级项目:具有独立施工条件的单位工程

如枢纽工程一级项目中的挡水工程,其二级项目划分为混凝土坝(闸)、土石坝等工程。引水工程及河道工程一级项目中的建筑物工程,其二级项目划分为泵站(扬水站、排灌站)、水闸、遂洞、渡槽、倒虹吸、小水电站、调蓄水库、其他建筑物等工程。

3.三级项目:相当于分部分项工程

二级项目中的三级项目为土方开挖、石方开挖、混凝土、模板、防渗墙、钢筋制作与安装、混凝土温控措施、细部结构工程等。

编制概(估)算时,二、三级项目应按照工程实际情况设项。

二、项目划分的注意事项

(1)现行的项目划分适用于估算、概算、施工图预算。对于招标文件和业主预算,要根据工程分标及合同管理的需要来调整项目划分。

(2)在《水利工程设计概(估)算编制规定》中,工程各部分下设的二、三级项目,仅列出了代表性子目。编制概算时,二、三级项目可根据水利工程初步设计编制规程的工作深度要求和工作情况增减或再划分,如对以下三级项目,宜作必要的再划分:

①土方开挖工程,应将土方开挖与砂砾石开挖分列;

②石方开挖工程,应将明挖与暗挖,平洞与斜井、竖井分列;

③土石方回填工程,应将土方回填与石方回填分列;

④混凝土工程,应将不同工程部位、不同等级的混凝土分列;

⑤模板工程,应将不同规格形状和材质的模板分列;

⑥砌石工程,应将干砌石、浆砌石、抛石、铅丝(钢筋)笼块石等分列;

⑦钻孔工程,应按使用不同钻孔机械及钻孔的不同用途分列;

⑧灌浆工程,应按不同灌浆种类分列;

⑨机电、金属结构设备及安装工程,应根据设计提供的设备清单,按分项要求在三级项目中逐一列出。

(3)建筑安装工程三级项目的设置除深度应满足《水利工程设计概(估)算编制规定》的规定外,还必须与采用的定额相适应。

(4)对有关部门提供的工程量和预算资料,应按项目划分和费用构成正确处理。如施工临时工程,按其规模、性质,有的应在第四部分施工临时工程一至四项中单独列项,有的包括在"其他施工临时工程"中,不单独列项,还有的包括在各个建筑安装工程直接工程费中的现场经费内。总之,要符合项目划分和费用构成的规定并避免遗漏或重复。

(5)注意设计单位的习惯与概算项目划分的差异。如施工导流用的闸门及启闭设备大多由金属结构设计人员提供,但应列在第四部分施工临时工程内,而不是第三部分金属结构内。

第三节　费用构成

建设项目费用是指工程项目从筹建到竣工验收、交付使用所需要的费用总和。水利建设项目费用包括工程部分、移民和环境部分两部分费用。工程部分的建设项目费用由工程费(包括建筑及安装工程费和设备费)、独立费用、预备费、建设期融资利息组成;移民和环境部分的费用包括水库移民征地补偿费、水土保持工程费、环境保护工程费。

水利水电工程建设项目费用构成如图 8-2 所示。

一、工程费

工程费由建筑安装工程费和设备费构成。

(一)建筑安装工程费用

建筑安装工程费由直接工程费、间接费、企业利润、税金四部分组成。

1.直接工程费

直接工程费是指建筑安装工程施工过程中直接消耗在工程项目上的活劳动和物化劳

- 工程部分的建设项目费用
  - 工程费
    - 建筑安装工程费
      - 直接工程费
        - 直接费
          - 人工费
          - 材料费
          - 施工机械使用费
        - 其他直接费
          - 冬、雨季施工增加费
          - 夜间施工增加费
          - 特殊地区施工增加费
          - 其他
        - 现场经费
          - 临时设施费
          - 现场管理费
      - 间接费
        - 企业管理费
        - 财务费用
        - 其他费用
      - 企业利润
      - 税金
        - 营业税
        - 城市维护建设费
        - 教育费附加
    - 设备费
      - 设备原价
      - 运杂费
      - 运输保险费
      - 采购及保管费
  - 独立费用
    - 建设管理费
    - 生产准备费
    - 科研勘测设计费
    - 建设及施工场地征用费
    - 其他
  - 预备费
    - 基本预备费
    - 价差预备费
  - 建设期融资利息

图 8-2　水利水电工程建设项目费用构成

动。由直接费、其他直接费、现场经费组成。

1)直接费

直接费包括人工费、材料费、施工机械使用费。

a.人工费

人工费是指列入概预算定额的直接从事建筑安装工程施工的生产工人开支的各项费用,其内容包括基本工资、辅助工资和工资附加费。

(1)基本工资:由岗位工资、年功工资以及年应工作天数内非作业天数的工资组成。

岗位工资:指按照职工所在岗位各项劳动要素测评结果确定的工资。

年功工资:指按照职工工作年限确定的工资,随工作年限增加而逐年增加。

生产工人年应工作天数内非作业天数的工资:包括职工开会学习、培训期间的工资,调动工作、探亲、休假期间的工资,因气候影响的停工工资,女工哺乳期间的工资,病假在6个月以内的工资及产、婚、丧假期的工资。

(2)辅助工资:指在基本工资之外,以其他形式支付给职工的工资性收入,主要是根据国家有关规定属于工资性质的各种津贴,包括地区津贴、施工津贴、夜餐津贴、节日加班津贴等。

(3)工资附加费:指按照国家规定提取的职工福利基金、工会经费、养老保险费、医疗保险费、工伤保险费、失业保险基金和住房公积金。

b.材料费

材料费指用于建筑安装工程项目上的消耗性材料费、装置性材料费和周转性材料摊销费。其包括定额工作内容规定应计入的未计价材料和计价材料费用。

材料预算价格一般包括材料原价、包装费、运杂费、运输保险费和采购及保管费五项。

(1)材料原价:指材料指定交货地点的价格。

(2)包装费:指材料在运输和保管过程中的包装费和包装材料的折旧摊销费。

(3)运杂费:指材料从指定交货地点至工地分仓库或相当于工地分仓库(材料堆放场)所发生的全部费用。其包括运输费、装卸费、调车费及其他杂费。

(4)运输保险费:指材料在运输途中的保险费。

(5)采购及保管费:指材料在采购、供应和保管过程中所发生的各项费用。主要包括材料的采购、供应和保管部门工作人员的基本工资、辅助工资、工资附加费、教育经费、办公费、差旅交通费及工具用具使用费,仓库、转运站等设施的检修费,固定资产折旧费,技术安全措施费和材料检验费,材料在运输、保管过程中发生的损耗等。

c.施工机械使用费

施工机械使用费是指消耗在建筑安装工程项目上的机械磨损、维修和动力燃料费用等。其包括折旧费、修理及替换设备费、安装拆卸费、机上人工费和动力燃料费等。

(1)折旧费:指施工机械在规定使用年限内回收原值的台时折旧摊销费用。

(2)修理及替换设备费。

修理费是指施工机械在使用过程中,为了使机械保持正常功能而进行修理所需的摊销费用和机械正常运转及日常保养所需的润滑油料、擦拭用品的费用,以及保管机械所需的费用。

替换设备费是指施工机械正常运转时所耗用的替换设备及随机使用的工具附具等摊销费用。

(3)安装拆卸费:指施工机械进出工地的安装、拆卸、试运转和场内转移及辅助设施的摊销费用。部分大型施工机械的安装拆卸费不在其施工机械使用费中计列,包含在其他临时工程中。

(4)机上人工费:指施工机械使用时机上操作人员人工费用。

(5)动力燃料费:指施工机械正常运转时所耗用的风、水、电、油和煤等费用。

2)其他直接费

其他直接费指直接费以外的在施工过程中直接发生的其他费用。包括冬、雨季施工增加费、夜间施工增加费、特殊地区施工增加费和其他。

a. 冬、雨季施工增加费

冬、雨季施工增加费是指在冬、雨季施工期间为保证工程质量和安全生产所需增加的费用。其包括增加施工工序,增设防雨、保温、排水等设施增耗的动力、燃料、材料以及因人工、机械效率降低而增加的费用。

b. 夜间施工增加费

夜间施工增加费是指施工场地和公用施工道路的照明费用。

一班制作业的工程,不计算此项费用。地下工程照明费已列入定额内;照明线路工程费用包括在"临时设施费"中;施工辅助企业系统、加工厂、车间的照明,列入相应的产品成本中,均不包括在本项费用之内。

c. 特殊地区施工增加费

特殊地区施工增加费是指在高海拔和原始森林等特殊地区施工而增加的费用。其中,高海拔地区的高程增加费按规定直接进入定额;其他特殊增加费(如酷热、风沙),应按工程所在地区规定的标准计算,地方没有规定的不得计算此项费用。

d. 其他

其包括施工工具用具使用费、检验试验费、工程定位复测、工程点交竣工场地清理、工程项目及设备仪表移交生产前的维护观察费等。其中,施工工具用具使用费是指施工生产所需,但不属于固定资产的生产工具、检验、试验用具等的购置、摊销和维护费。检验试验费是指对建筑材料、构件和建筑安装物进行一般鉴定、检查所发生的费用,包括自设试验室进行试验所耗用的材料和化学药品费用,以及技术革新和研究试验费,不包括新结构、新材料的试验费和建设单位要求对具有出厂合格证明的材料进行试验、对构件进行破坏性试验,以及其他特殊要求检验试验的费用。

3)现场经费

现场经费包括临时设施费和现场管理费。

a. 临时设施费

临时设施费是指施工企业为进行建筑安装工程施工所必需的但又未被划入施工临时工程的临时建筑物、构筑物和各种临时设施的建设、维修、拆除、摊销等费用。如供风、供水(支线)、供电(场内)、夜间照明、供热系统及通信支线,土石料场,简易砂石料加工系统,小型混凝土拌和浇筑系统,木工、钢筋、机修等辅助加工厂,混凝土预制构件厂,施工排水,场地平整,道路养护及其他小型临时设施。

b. 现场管理费

(1)现场管理人员的基本工资、辅助工资、工资附加费和劳动保护费。

(2)办公费:是指现场办公用具、印刷、邮电、书报、会议、水、电、烧水和集体取暖(包括现场临时宿舍取暖)用燃料等费用。

(3)差旅交通费:是指现场职工因公出差期间的差旅费、误餐补助费,职工探亲路费,劳动力招募费,职工离退休、退职一次性路费,工伤人员就医路费,工地转移费以及现场职工使用的交通工具、运行费、养路费及牌照费。

(4)固定资产使用费:是指现场管理使用的属于固定资产的设备、仪器等的折旧、大修理、维修费或租赁费等。

(5)工具用具使用费:是指现场管理使用的不属于固定资产的工具、器具、家具、交通工具和检验、试验、测绘、消防用具等的购置、维修和摊销费。

(6)保险费:是指施工管理用财产、车辆保险,高空、井下、洞内、水下、水上作业等特殊工种安全保险等。

(7)其他费用。如工程竣工交付使用后,在规定保修期以内的修理费(工程保修费)等。

2. 间接费

间接费是指施工企业为建筑安装工程施工而进行组织与管理所发生的各项费用,是构成建筑产品成本,但又不直接消耗在工程项目上的有关费用。

间接费由企业管理费、财务费用和其他费用组成。

1)企业管理费

企业管理费是指施工企业为组织施工生产经营活动所发生的管理费用。其包括以下内容:

(1)管理人员的基本工资、辅助工资、工资附加费和劳动保护费。

(2)差旅交通费:是指企业职工因公出差、工作调动的差旅费、误餐补助费,职工探亲路费,劳动招募费,离退休职工一次性路费及交通工具油料、燃料、牌照、养路费等。

(3)办公费:是指企业办公用文具、纸张、账表、印刷、邮电、书报、会议、水电、燃煤(气)等费用。

(4)固定资产折旧、修理费:是指企业属于固定资产的房屋、设备、仪器等折旧及维修等费用。

(5)工具用具使用费:是指企业管理使用不属于固定资产的工具、用具、家具、交通工具、检验、试验、消防等的摊销及维修费用。

(6)职工教育经费:是指企业为职工学习先进技术和提高文化水平按职工工资总额计提的费用。

(7)劳动保护费:是指企业按照国家有关部门规定标准发给职工的劳动保护用品的购置费、修理费、保健费、降温防暑费、高空作业及进洞津贴、技术安全措施以及洗澡用水、饮用水的燃料费等。

(8)保险费:是指企业财产保险、管理用车辆等保险费用。

(9)税金:是指企业按规定交纳的房产税、管理用车辆使用税、印花税等。

(10)其他:包括技术转让费、设计收费标准中未包括的应由施工企业承担的部分施工辅助工程设计费、投标报价费、工程图纸资料费及工程摄影费、技术开发费、业务招待费、绿化费、公证费、法律顾问费、审计费、咨询费等。

2)财务费用

财务费用是指企业为筹集资金而发生的各项费用,包括企业经营期间发生的短期融资利息净支出、汇兑净损失、金融机构手续费,企业筹集资金发生的其他财务费用,以及投标和承包工程发生的保函手续费等。

3)其他费用

其他费用是指企业定额测定费及施工企业进退场补贴费。

3. 企业利润

企业利润是指按规定应计入建筑安装工程费用中的利润。

4. 税金

税金是指国家对施工企业承担建筑、安装工程作业收入所征收的营业税、城市维护建设税和教育费附加。

(二)设备费

设备费是设备及安装工程的投资,其包括设备原价、运杂费、运输保险费和采购及保管费。

1. 设备原价

(1)国产设备以出厂价为原价,非定型和非标准产品(如闸门、拦污栅、压力钢管等)采用与厂家签订的合同价或询价。

(2)进口设备以到岸价和进口征收的税金、手续费、商检费及港口费等各项费用之和为原价。到岸价采用与厂家签订的合同价或询价计算,税金和手续费等按规定计算。

(3)大型机组拆卸分装运至工地后的拼装费用,应包括在设备原价内。

(4)可行性研究和初步设计阶段,非定型和非标准产品一般不可能与厂家签订价格合同,设计单位可按向厂家索取的报价资料和当年的价格水平,经认真分析论证后,确定设备价格。

2. 运杂费

运杂费是指设备由厂家运至工地安装现场所发生的一切运杂费用。主要包括运输费、调车费、装卸费、包装绑扎费、大型变压器充氮费以及其他可能发生的杂费。设备运杂费分主要设备运杂费和其他设备运杂费,均按占设备原价的百分率计算,即:

$$运杂费 = 设备原价 \times 运杂费率 \tag{8-1}$$

(1)主要设备运杂费率。设备由铁路直达或铁路、公路联运时,分别按里程求得费率后叠加计算;如果设备由公路直达,应按公路里程计算费率后,再加公路直达基本费率。

主要设备运杂费率标准见表8-1。

(2)其他设备运杂费率。工程地点距铁路线近者费率取小值,远者取大值。新疆、西藏两自治区的费率在表8-2中未包括,可视具体情况另行确定。

表 8-1　主要设备运杂费率表　（%）

设备分类		铁路		公路		公路直达基本费率
		基本运距 1 000 km	每增运 500 km	基本运距 50 km	每增运 10 km	
水轮发电机组		2.21	0.40	1.06	0.10	1.01
主阀、桥机		2.99	0.70	0.85	0.18	1.33
主变压器容量	≥120 000 kVA	3.50	0.56	2.80	0.25	1.20
	<20 000 kVA	2.97	0.56	0.92	0.10	1.20

表 8-2　其他设备运杂费率表

类别	适用地区	费率（%）
Ⅰ	北京、天津、上海、江苏、浙江、江西、安徽、湖北、湖南、河南、广东、山西、山东、河北、陕西、辽宁、吉林、黑龙江等省、直辖市	4～6
Ⅱ	甘肃、云南、贵州、广西、四川、重庆、福建、海南、宁夏、内蒙古、青海等省、自治区、直辖市	6～8

以上运杂费适用于国产设备运杂费，在编制概预算时，可根据设备来源地、运输方式、运输距离等逐项进行分析计算。

（3）进口设备国内段运杂费率。国产设备运杂费率乘以相应国产设备原价占进口设备原价的比例系数，即为进口设备国内段运杂费率。

3. 运输保险费

运输保险费是指设备在运输过程中的保险费用。国产设备的运输保险费可按工程所在省、自治区、直辖市的规定计算。进口设备的运输保险费按有关规定计算。一般可取 0.1%～0.4%。

$$运输保险费 = 设备原价 \times 运输保险费率 \tag{8-2}$$

4. 采购及保管费

采购及保管费是指建设单位和施工企业在负责设备的采购、保管过程中发生的各项费用。其主要包括：

（1）采购保管部门工作人员的基本工资、辅助工资、工资附加费、劳动保护费、教育经费、办公费、差旅交通费、工具用具使用费等。

（2）仓库、转运站等设施的运行费、维修费，固定资产折旧费，技术安全措施费和设备的检验、试验费等。

$$采购及保管费 = (设备原价 + 运杂费) \times 采购及保管费率 \tag{8-3}$$

按现行规定，采购及保管费率取 0.7%。

所以，设备费计算公式为：

$$设备费 = 设备原价 + 运杂费 + 运输保险费 + 采购及保管费 \tag{8-4}$$

5. 运杂综合费率

在编制设备安装工程概预算时，一般将设备运杂费、运输保险费和采购及保管费合并，统称为设备运杂综合费，按设备原价乘以运杂综合费率计算。其中：

$$运杂综合费率 = 运杂费率 + (1 + 运杂费率) \times 采购及保管费率 + 运输保险费率 \tag{8-5}$$

$$设备费 = 设备原价 \times (1 + K) \tag{8-6}$$

式中 K——运杂综合费率。

6. 交通工具购置费

工程竣工后，为保证建设项目初期生产管理单位正常运行必须配备生产、生活、消防车辆和船只。

交通工具购置费按现行[2002]116 号文《水利工程设计概(估)算编制规定》中所列设备数量和国产设备出厂价格加车船附加费、运杂费计算。

【例 8-1】 某工程中采用的水轮机原价为 400 000 元/台，经火车运输 2 000 km、公路运输 70 km 到达安装现场，运输保险费率为 0.4%，求每台水轮机的设备费。

解：设备原价为 400 000 元；

运杂费率为 2.21% +0.40% ×2 +1.06% +0.10% ×2 =4.27%；

运输保险费率取 0.4%；

采购及保管费率取 0.7%。

运杂综合费率 = 运杂费率 + (1 + 运杂费率) × 采购及保管费率 + 运输保险费率

=4.27% +(1 +4.27%) ×0.7% +0.4% =5.4%

设备费 =400 000 ×(1 +5.4%) =421 599.5(元)

二、独立费用

水利建设工程独立费用是指按照基本建设工程投资统计包括范围的规定，应在投资中支付并列入建设项目概算或单项工程综合概算内，与工程直接有关而又难以直接摊入某个单位工程的其他工程和费用。独立费用由建设管理费、生产准备费、科研勘测设计费、建设及施工场地征用费和其他五个部分的内容组成。

(一)建设管理费

建设管理费是指建设单位(含监理单位)在工程项目筹建和建设期间进行管理工作所需的费用。其包括项目建设管理费、工程建设监理费和联合试运转费三项内容。

1. 项目建设管理费

项目建设管理费包括建设单位开办费和建设单位经常费两部分。

1) 建设单位开办费

建设单位开办费是指新组建的建设单位为保证建设管理工作的正常进行而必须具备的物质条件所需购置的交通工具、办公及生活设备、检验试验设备和其他用于开办工作发生的费用。

对于新建工程，建设单位开办费按建设单位开办费标准及建设单位定员来确定。对于改建、扩建与加固工程，原则上不计建设单位开办费，但是，要根据改扩建和加固工程的具体情况决定。按水利部现行规定,水利工程建设单位开办费费用标准见表8-3,建设单位定员见表8-4。

表8-3　建设单位开办费标准

建设单位人数(人)	20以下	21~40	41~70	71~140	140以上
开办费(万元)	120	120~220	220~350	350~700	700~850

注:1.引水工程及河道工程按总工程计算,不得分段分别计算。

2.定员人数在两个数之间的,开办费用内插法求得。

表8-4　建设单位定员

工程类别及规模				定员人数(人)
枢纽工程	特大型工程	如南水北调工程		140以上
枢纽工程	综合利用水利枢纽工程	大(1)型	总库容>10亿m^3	70~140
枢纽工程	综合利用水利枢纽工程	大(2)型	总库容1亿~10亿m^3	40~70
枢纽工程	以发电为主的枢纽工程	200万kW以上		90~120
枢纽工程	以发电为主的枢纽工程	150万~200万kW		70~90
枢纽工程	以发电为主的枢纽工程	100万~150万kW		55~70
枢纽工程	以发电为主的枢纽工程	50万~100万kW		40~55
枢纽工程	以发电为主的枢纽工程	30万~50万kW		30~40
枢纽工程	以发电为主的枢纽工程	30万kW		20~30
枢纽工程	枢纽扩建及加固工程	大型	总库容>1亿m^3	21~35
枢纽工程	枢纽扩建及加固工程	中型	总库容0.1亿~1亿m^3	14~21
引水及河道工程	大型引水工程	线路总长>300 km		84~140
引水及河道工程	大型引水工程	线路总长100~300 km		56~84
引水及河道工程	大型引水工程	线路总长≤100 km		28~56
引水及河道工程	大型灌溉或排涝工程	灌溉或排涝面积 >150万亩		56~84
引水及河道工程	大型灌溉或排涝工程	灌溉或排涝面积50万~150万亩		28~56
引水及河道工程	大江大河整治及堤防加固工程	河道长度>300 km		42~56
引水及河道工程	大江大河整治及堤防加固工程	河道长度100~300 km		28~42
引水及河道工程	大江大河整治及堤防加固工程	河道长度≤100 km		14~28

注:1.当大型引水、灌溉或排涝、大江大河整治及堤防加固工程包含有较多的泵站、水闸、船闸时,定员可适当增加。

2.本定员只作为计算建设单位开办费和建设单位人员经常费的依据。

3.工程施工条件复杂者,取大值,反之取小值。

4.1亩=1/15 hm^2。

2)建设单位经常费

建设单位经常费包括建设单位人员经常费和工程管理经常费两部分。

a.建设单位人员经常费

建设单位人员经常费是指建设单位自批准之日起至完成该工程建设管理任务之日止所需要开支的经常费用。其主要包括工作人员的基本工资、辅助工资、工资附加费、劳动保护费、教育经费、办公费、差旅交通费、会议费、交通车辆使用费、工具用具使用费、修理费、水电费、取暖费、技术图书资料费、固定资产折旧费、零星固定资产购置费、低值易耗品摊销费等。

建设单位人员经常费应根据建设单位定员、费用指标和经常费用计算期进行计算。

编制概算时，应根据工程所在地区和编制年的基本工资、辅助工资、工资附加费、劳动保护费以及费用标准调整“六类（北京）地区建设单位人员经常费用指标表”中的费用，作为计算建设单位人员经常费的依据。

建设单位人员经常费的计算公式为：

$$建设单位人员经常费 = 费用指标(元/(人\cdot年)) \times 定员人数 \times 经常费用计算期(年) \tag{8-7}$$

其中，建设单位人员经常费定员人数与建设单位开办费定员人数相同，见表8-4。按水利部现行规定，枢纽与引水工程建设单位经常费用指标见表8-5，河道工程建设单位人员经常费用指标见表8-6。

表8-5　六类（北京）地区建设单位人员经常费用指标表（枢纽、引水工程）

序号	项目	计算公式	金额(元/(人·年))
1	基本工资		5 880
	工人	400元/月×12月×10%	480
	干部	500元/月×12月×90%	5 400
2	辅助工资		2 446
	地区津贴	北京地区无	
	施工津贴	5.3元/天×365天×0.95	1 838
	夜餐津贴	4.5元/工日×251工日×30%	339
	节日加班津贴	5 880÷251×10×3×35%	246
3	工资附加费		4 152
	职工福利基金	1~2项之和8 303元的14%	1 162
	工会经费	1~2项之和8 303元的2%	166
	职工教育经费	1~2项之和8 303元的1.5%	125
	养老保险费	1~2项之和8 303元的20%	1 661
	医疗保险费	1~2项之和8 303元的4%	332
	工伤保险费	1~2项之和8 303元的1.5%	125
	职工失业保险基金	1~2项之和8 303元的2%	166
	住房公积金	1~2项之和8 303元的5%	415
4	劳动保护费	基本工资5 880元的12%	706
5	小计		13 161
6	其他费用	1~4项之和13 161元×180%	23 690
7	合计		36 851

注：工期短或施工条件简单的引水工程费用指标应按河道工程费用指标执行。

经常费用计算期应根据施工组织设计确定的施工总进度和总工期确定。一般情况下，从工程筹建之日起至工程竣工之日加6个月止为建设单位人员经常费用计算期。其中，大型水利枢纽工程、大型引水工程、灌溉或排涝面积大于150万亩的工程筹建期

1 ~2 年,其他工程 0.5 ~1 年。

表 8-6 六类(北京)地区建设单位人员经常费用指标表(河道工程)

序号	项目	计算公式	金额(元/(人·年))
1	基本工资		4 494
	工人	280 元/月 ×12 月 ×10%	336
	干部	385 元/月 ×12 月 ×90%	4 158
2	辅助工资		1 628
	地区津贴	北京地区无	
	施工津贴	3.5 元/天 ×365 天 ×0.95	1 214
	夜餐津贴	4.5 元/工日 ×251 工日 ×20%	226
	节日加班津贴	4 494 ÷251 ×10 ×3 ×35%	188
3	工资附加费		3 060
	职工福利基金	1 ~2 项之和 6 122 元的 14%	857
	工会经费	1 ~2 项之和 6 122 元的 2%	122
	职工教育经费	1 ~2 项之和 6 122 元的 1.5%	92
	养老保险费	1 ~2 项之和 6 122 元的 20%	1 224
	医疗保险费	1 ~2 项之和 6 122 元的 4%	245
	工伤保险费	1 ~2 项之和 6 122 元的 1.5%	92
	职工失业保险基金	1 ~2 项之和 6 122 元的 2%	122
	住房公积金	1 ~2 项之和 6 122 元的 5%	306
4	劳动保护费	基本工资 4 494 元的 12%	539
5	小计		9 721
6	其他费用	1 ~4 项之和 9 721 元 ×180%	17 498
7	合计		27 219

b. 工程管理经常费

工程管理经常费是指建设单位从工程筹建到工程竣工期间所发生的各种管理费用。主要包括在该工程建设过程中用于筹措资金、召开董事会(或股东会)、视察工程建设所发生的会议和差旅费用;建设单位为解决工程建设所涉及的技术、经济、法律等方面问题需要进行咨询所发生的费用;建设单位进行项目管理所发生的土地使用税、房产税、合同公证费、审计费、招标业务费等;施工期所需的水情、水文、泥沙、气象监测费和报汛费;工程验收费和由主管部门主持对工程设计进行审查、进行安全鉴定等费用;在工程建设过程中,必须派驻工地的公安、消防部门的补贴费以及其他属于工程管理性质开支的费用。

根据水利部现行规定,枢纽工程及引水工程一般按建设单位开办费和建设单位人员经常费之和的 35% ~40% 计取;改扩建与加固工程、堤防工程及疏浚工程按建设单位开办费和建设单位人员经常费之和的 20% 计取。

2. 工程建设监理费

工程建设监理费是指在工程建设过程中聘任监理单位,对工程的进度、质量、安全和投资进行监理所发生的全部费用。其包括监理单位为保证监理工作顺利开展而必须购置的交通工具、办公生活设备、检验试验设备、监理人员的基本工资、辅助工资、工资附加费、劳动保护费、教育经费、办公费、差旅交通费、工具用具使用费、修理费、会议费、技术图书资料费、固定资产折旧费、零星固定资产购置费、低值易耗品摊销费、水电费、取暖费等。

工程建设监理费按国家及省、自治区、直辖市计划(物价)部门有关规定计收。

1992 年国家物价局、建设部[1992]价费字 479 号文关于发布《工程建设监理费有关规定》的通知,对建设监理取费标准作了如下规定:

(1)工程建设监理费根据委托监理业务的范围、深度和工程的性质、规模、难易程度以及工作条件等情况,按照下列方法之一计收:①按所监理工程概预算的百分比计收,计收标准见表 8-7。②按照参与监理工作的年度平均人数计算,平均每人每年 3.5 万~5 万元。③不宜按上述两种方法计收的,由建设单位和监理单位按商定的其他方法计收。

表 8-7　工程建设监理收费标准

序号	工程概预算 M(万元)	设计阶段(含设计招标)监理取费 A(%)	施工(含施工招标)及保修阶段监理取费 B(%)
1	$M<500$	$0.20<A$	$2.50<B$
2	$500\leqslant M<1\ 000$	$0.15<A\leqslant 0.20$	$2.00<B\leqslant 2.50$
3	$1\ 000\leqslant M<5\ 000$	$0.10<A\leqslant 0.15$	$1.40<B\leqslant 2.00$
4	$5\ 000\leqslant M<10\ 000$	$0.08<A\leqslant 0.10$	$1.20<B\leqslant 1.40$
5	$10\ 000\leqslant M<50\ 000$	$0.05<A\leqslant 0.08$	$0.80<B\leqslant 1.20$
6	$50\ 000\leqslant M<100\ 000$	$0.03<A\leqslant 0.05$	$0.60<B\leqslant 0.80$
7	$100\ 000\leqslant M$	$A\leqslant 0.03$	$B\leqslant 0.60$

(2)以上(1)中①、②两项规定的工程建设监理收费标准为指导性价格,具体收费标准由建设单位和监理单位在规定的幅度内协商确定。

(3)中外合资、合作及外商独资的建设工程,工程建设监理费由双方参照国际标准协商确定。

3. 联合试运转费

联合试运转费是指水利工程中的发电机组、水泵等安装完毕后,在工程竣工验收前进行的整套设备带负荷联合试运转期间所需的各项费用。其包括联合试运转期间所消耗的燃料、动力、材料及机械使用费、工具用具购置费、施工单位参加联合试运转人员的工资等。

按水利部现行规定,联合试运转费费用指标见表 8-8。联合试运转费计算公式为:

(1)水电站工程:

$$联合试运转费 = 费用指标(万元/台)\times 机组台数 \tag{8-8}$$

(2)泵站工程:

$$联合试运转费 = 费用指标(元/kW) \times 装机容量 \tag{8-9}$$

表 8-8 联合试运转费费用指标表

类别	项 目	费用指标										
水电站工程	单机容量（万 kW）	≤1	≤2	≤3	≤4	≤5	≤6	≤10	≤20	≤30	≤40	>40
	费用（万元/台）	3	4	5	6	7	8	9	11	12	16	22
泵站工程	电力泵站	25~30 元/kW										

（二）生产准备费

生产准备费是指水利建设项目的生产、管理单位为准备正常的生产运行或管理所发生的费用。其包括生产及管理单位提前进厂费、生产职工培训费、管理用具购置费、备品备件购置费、工器具及生产家具购置费等五项内容。

1. 生产及管理单位提前进厂费

生产及管理单位提前进厂费是指在工程完工之前，生产及管理单位有一部分工人、技术人员和管理人员提前进厂进行生产筹备工作所需的各项费用。其内容包括提前进厂人员的基本工资、辅助工资、工资附加费、劳动保护费、教育经费、办公费、差旅交通费、会议费、技术图书资料费、零星固定资产购置费、工具用具使用费、低值易耗品摊销费、修理费、水电费、取暖费以及其他属于生产筹建期间应开支的费用。

枢纽工程的生产及管理单位提前进厂费按一至四部分建安工作量的 0.2% ~0.4% 计算。大(1)型工程取小值，大(2)型工程取大值。

引水和灌溉工程视工程规模参照枢纽工程计算。

改扩建与加固工程、堤防及疏浚工程原则上不计此项费用，若工程中含有新建大型泵站、船闸等建筑物，按建筑物的建安工作量参照枢纽工程费率适当计列。

2. 生产职工培训费

生产职工培训费是指生产及管理单位为了保证投产后生产、管理工作能顺利进行，在工程竣工验收之前，需对工人、技术人员与管理人员进行培训所发生的培训费用。其包括基本工资、辅助工资、工资附加费、劳动保护费、差旅交通费、实习费等以及其他属于职工培训应开支的费用。

枢纽工程的生产职工培训费按一至四部分建安工作量的 0.3% ~0.5% 计算。大(1)型工程取小值，大(2)型工程取大值。

引水和灌溉工程视工程规模参照枢纽工程计算。

改扩建与加固工程、堤防及疏浚工程原则上不计此项费用，若工程中含有新建大型泵站、船闸等建筑物，按建筑物的建安工作量参照枢纽工程费率适当计列。

3. 管理用具购置费

管理用具购置费是指为保证新建项目的正常生产和管理所必须购置的办公和生活用具等费用。其包括办公室、会议室、阅览室、资料档案室、文娱室、医务室等公用设施需要配置的家具器具。

枢纽工程的管理用具购置费按一至四部分建安工作量的0.02%～0.08%计算。大(1)型工程取小值,大(2)型工程取大值。

引水工程及河道工程的管理用具购置费按一至四部分建安工作量的0.02%～0.03%计算。

4. 备品备件购置费

备品备件购置费是指工程在投产运行初期,由于易损件损耗和可能发生的事故而必须准备的备品备件和专用材料的购置费。其不包括设备价格中配备的备品备件。

备品备件购置费按占设备费的0.4%～0.6%计算。大(1)型工程取下限,其他工程取中、上限。

应该注意以下两个方面:

(1)设备费应包括机电设备、金属结构设备以及运杂费等全部设备费;

(2)电站、泵站中同容量、同型号机组超过一台时,只计算一台的设备费。

5. 工器具及生产家具购置费

工器具及生产家具购置费是指按设计规定,为保证初期生产正常运行所必须购置的不属于固定资产标准的工具、器具、仪表、生产家具等的购置费用。其不包括设备价格中已包括的专用工具。

工器具及生产家具购置费按占设备费的0.08%～0.2%计算。枢纽工程取下限,其他工程取中、上限。

(三)科研勘测设计费

科研勘测设计费是指工程建设所需的科研、勘测和设计等的费用。其包括工程科学研究试验费和工程勘测设计费。

1. 工程科学研究试验费

工程科学研究试验费是指在工程建设过程中,为解决工程的技术问题,而进行必要的科学研究试验所需的费用。

工程科学研究试验费按建安工作量的百分率计算。其中,枢纽和引水工程取0.5%,河道工程取0.2%。

2. 工程勘测设计费

工程勘测设计费是指工程从项目建议书开始至以后各阶段发生的勘测费、设计费。其包括项目建议书、可行性研究、初步设计、招标设计和施工图设计阶段发生的勘测费、设计费和为勘测设计服务的科研试验费用。

勘测、设计费按国家计委、建设部计价格[2002]10号文关于发布《工程勘察设计收费管理规定》的通知执行。

(四)建设及施工场地征用费

建设及施工场地征用费是指根据设计所确定的永久、临时工程征地和管理单位用地所发生的征地补偿费及应缴纳的耕地占用税等。其主要包括征用场地上的林木、作物的赔偿费,建筑物迁建和居民迁移费等。

建设及施工场地征用费的具体编制方法和计算标准参照移民和环境部分概算编制规定执行。

（五）其他

1. 定额编制管理费

定额编制管理费是指水利工程定额的测定、编制、管理、发行等所需的费用。该项费用交由定额管理机构统一安排使用。

定额编制管理费按国家及省、自治区、直辖市计划（物价）部门有关规定计收。

根据国家计委、财政部关于第一批降低22项收费标准的通知计价费［1997］2500号文，工程定额编制管理费收费标准为：对沿海城市和建安工作量大的地区，取建安工作量的0.4‰～0.8‰，对其他地区取建安工作量的0.4‰～1.3‰。

2. 工程质量监督费

工程质量监督费是指水利水电工程质量监督管理机构为保证工程质量而进行的检测、试验、监督、检查工作等费用。

工程质量监督费按国家及省、自治区、直辖市计划（物价）部门有关规定计收。

根据《国家计委、财政部关于水利建设工程质量监督收费标准及有关问题的复函》工程质量监督费按建安工作量计费，大城市不超过1.5‰，中等城市不超过2‰，小城市不超过2.5‰，已实施工程监理的建设项目，不超过0.5‰～1‰。

3. 工程保险费

工程保险费是指在工程建设期间，为使工程能在遭受火灾、水灾等自然灾害和意外事故造成损失后得到经济补偿，而对建筑、设备及安装工程保险所发生的保险费用。如需对工程进行保险，保险费用可按水利部与中国人民保险公司联合商定的费率进行计算，即内资部分按一至四部分投资合计的4.5‰～5.0‰计算。

4. 其他税费

其他税费是指按国家规定应缴纳的与工程建设有关的税费，应按国家有关规定计取。

三、预备费和建设期融资利息

（一）预备费

预备费是指在设计阶段难以预料而在建设过程中又可能发生的、规定范围内的工程和费用，以及工程建设期内由于物价变化和费用标准调整而发生的价差。其包括基本预备费和价差预备费两项。

1. 基本预备费

基本预备费主要指工程建设过程中初步设计范围以内的设计变动和国家政策性变动增加的投资，可根据工程规模、施工年限和地质条件等不同情况，按工程一至五部分投资合计（依据分年度投资表）的百分率计算。初步设计阶段为5%～8%。

2. 价差预备费

价差预备费主要指工程建设过程中，因材料设备价格上涨和费用标准调整而导致投资增加的预留费用。

价差预备费可根据施工年限，以资金流量表的静态投资（含基本预备费）为计算基数计算。其计算公式为：

$$E = \sum_{n=1}^{N} F_n [(1 + P)^n - 1] \tag{8-10}$$

式中　E——价差预备费；

N——合理建设工期；

n——施工年度；

F_n——建设期间资金流量表内第 n 年的投资；

P——年物价指数。

（二）建设期融资利息

建设期融资利息是指根据国家财政金融政策规定，工程在建设期内须偿还并应计入工程总投资的融资利息。

根据合理建设工期，按设计概算一至五部分分年度资金流量、基本预备费、价差预备费之和，按融资额的比例和国家规定的贷款利率复利计息。其计算公式为：

$$S = \sum_{n=1}^{N} \left[\left(\sum_{m=1}^{n} F_m b_m - \frac{1}{2} F_n b_n \right) + \sum_{m=0}^{n-1} S_m \right] i \tag{8-11}$$

式中　S——建设期融资利息；

N——合理建设工期；

n——施工年度；

m——还息年度；

F_n、F_m——在建设期资金流量表内第 n、m 年的投资；

b_n、b_m——第 n、m 施工年融资额占当年投资比例；

i——建设期投资利率；

S_m——第 m 年的付息额度。

（三）静态总投资

工程一至五部分（即建筑工程、机电设备及安装工程、金属结构设备及安装工程、施工临时工程和独立费用）投资与基本预备费之和构成静态总投资。

（四）总投资

工程一至五部分（即建筑工程、机电设备及安装工程、金属结构设备及安装工程、施工临时工程和独立费用）投资、基本预备费、价差预备费、建设期融资利息之和构成总投资。

【例8-2】　西北地区某县自来水厂，一～四部分合计（资金流量）、分年完成工作量见表8-9。已知：基本预备费率为5%、年物价指数为6%，试计算各分年及合计的基本预备费、价差预备费。当建设期贷款利率为8%且各施工年度还息贷款均占当年投资比例的70%时，试计算各分年及合计的工程静态总投资、建设期贷款利息、总投资。

表8-9　分年投资及资金流量　（单位：万元）

序号	项目及费用名称	合计	建设工期（年）			
			1	2	3	4
（1）	一～四部分合计资金流量	58 000.00	8 000.00	15 000.00	30 000.00	5 000.00
（2）	分年完成工作量	58 000.00	5 500.00	16 000.00	33 500.00	3 000.00

解:计算过程见表 8-10。

(1)基本预备费按一~四部分分年完成工作量的 5% 计算。即表 8-10 中②×5%,结果填在③1~4 栏中。

(2)价差预备费按一~四部分的各分年资金流量(含基本预备费)及施工年限、物价指数的6%计算。一~四部分的各分年资金流量(含基本预备费)即(①+③)为静态总投资④。根据④计算价差预备费,结果填在表 8-10⑤中。

(3)建设期贷款利息按静态总投资加建设期价差预备费,即表 8-10 中⑥,并根据施工年限、建设期贷款利率及计算方法计算,其计算结果填在表 8-10⑦中。

(4)总投资为静态总投资、价差预备费、建设期贷款利息之和,其计算结果填在表 8-10⑧中。

表 8-10　分年投资及资金流量　(单位:万元)

序号	项目及费用名称	合计	建设工期(年)			
			1	2	3	4
①	1~4 部分合计资金流量	58 000.00	8 000.00	15 000.00	30 000.00	5 000.00
②	分年完成工作量	58 000.00	5 500.00	16 000.00	33 500.00	3 000.00
③	基本预备费	2 900.00	275.00	800.00	1 675.00	150.00
④	静态总投资	60 900.00	8 275.00	15 800.00	31 675.00	5 150.00
⑤	价差预备费	9 851.57	496.50	1 952.88	6 050.43	1 351.76
⑥	静态总投资+价差预备费	70 751.57	8 771.50	17 752.88	37 725.43	6 501.76
⑦	建设期融资利息	7 987.17	245.60	1 007.93	2 641.96	4 091.68
⑧	总投资	78 738.74	9 017.10	18 760.81	40 367.39	10 593.44

习　题

8-1　简述基本建设程序与工程造价之间的关系。

8-2　如何区别竣工结算与竣工决算?

8-3　基本建设中"三算"的含义是什么?

8-4　水利工程是如何进行项目划分的?其内容如何?

8-5　水利工程费用由哪些部分组成?

8-6　基本预备费和价差预备费的区别是什么?

8-7　静态总投资和总投资由哪些内容组成?

第九章　工程定额

本章重点

1. 施工定额人、材、机消耗量的计算。

2. 预算定额与施工定额的关系。

3. 预算定额与概算定额的关系。

本章教学要求

1. 掌握工程建设定额的概念。

2. 掌握施工定额人、材、机消耗量的编制方法。

3. 学会使用工程定额。

定额是一种规定的额度，广义地说，也是处理特定事物的数量界限。在工程建设领域，完成单位合格建筑产品也有数量界限，即人、材、机的消耗量，这种消耗量构成工程定额的主要内容。而工程定额是编制工程造价的依据。

第一节　工程定额概述

一、工程定额概念

在建筑工程施工过程中，为了完成一定的合格产品，就必须消耗一定数量的人工、材料、机械台班时间和资金。工程定额是指在合理的劳动组织和合理地使用材料和机械的条件下，完成单位合格产品所必须消耗的资源数量标准。例如，浇筑 100 m^3 堆石坝混凝土面板，材料需用 103 m^3 的混凝土，人工合计 495.9 工时，机械需 1.1 kW 振动器 38.29 台时。这说明工程定额反映了建筑产品和生产资源消耗之间的数量关系。

定额中规定资源消耗的多少反映了定额水平，定额水平是一定时期社会生产力的综合反映。制定工程定额、确定定额水平时要正确地、及时地反映先进的建筑技术和施工管理水平，以促进新技术的不断推广和提高，施工管理的不断完善，以达到合理使用建设资金的目的。

二、工程建设定额的分类

工程建设定额可按不同的标准进行分类。

(一)按制定单位和执行范围划分

按制定单位和执行范围不同，工程建设定额可划分为以下五类：

(1)全国统一定额：是由国务院有关部门制定和颁发的定额。它不分地区，全国适用。

(2)行业定额:是由各行业结合本行业特点,在国家统一指导下编制的具有较强行业或专业特点的定额,一般只在本行业内部使用。如2002年水利部颁发了《水利建筑工程概算定额》、《水利建筑工程预算定额》、《水利工程施工机械台时费定额》,2003年水利部颁发了《水土保持工程概算定额》。

(3)地方定额:包括省、自治区、直辖市定额。地区统一定额主要是考虑地区性特点和全国统一定额水平作适当调整和补充编制的。

(4)企业定额:是由企业自行编制的,只限于本企业内部使用的定额,是用于企业内部管理、成本核算、投标报价的定额。

(5)补充定额:是指随着设计、施工技术的发展,在现行定额不能满足需要的情况下,为了补充缺陷所编制的定额。补充定额只能在指定的范围内使用,可以作为以后修订定额的基础。

(二)按定额的测定对象和用途划分

按定额的测定对象和用途可以把工程建设定额划分为工序定额、施工定额、预算定额、概算定额、概算指标、投资估算指标等六种。

(1)工序定额:以个别工序为测定对象,是组成一切工程定额的基本元素,在施工中除为计算个别工序的用工量很少采用,但其是劳动定额形成的基础。

(2)施工定额:以同一性质的施工过程为测定对象,表示某一施工过程中的人工、主要材料和机械消耗量。它以工序定额为基础综合而成,也是编制预算定额的基础。

(3)预算定额:是以工程中的分项工程,即在施工图纸上和工程实体上都可以区分开的产品为测定对象,其内容包括人工、材料和机械台班(或台时)使用量等三个部分。它是编制施工图预算(设计预算)的依据,也是编制概算定额、概算指标的基础。预算定额在施工企业被广泛用于编制施工准备计划,编制工程材料预算,确定工程造价,考核企业内部各类经济指标等。因此,预算定额是用途最广泛的一种定额。

(4)概算定额:是由预算定额综合扩大编制而成的,主要用于初步设计阶段预测工程造价,评定投资效果和优化设计方案。

(5)概算指标:是概算定额的扩大与合并,它是以整个建筑物和构筑物为对象,以更为扩大的计量单位来编制的。概算指标的内容包括劳动、机械台班、材料定额三个基本部分,同时还列出了各结构分部的工程量及单位建筑工程(以体积计或以面积计)的造价,是一种计价定额。

概算指标的设定和初步设计的深度相适应,一般是在概算定额和预算定额的基础上编制的,比概算定额更加综合扩大。它是设计单位编制工程概算或建设单位编制年度任务计划、施工准备期间编制材料和机械设备供应计划的依据,也可供国家编制年度建设计划参考。

(6)投资估算指标:是在项目建议书和可行性研究阶段编制投资估算、计算投资需要量时使用的一种定额。它非常概略,往往以独立的单项工程或完整的工程项目为计算对象,编制内容是所有项目费用之和。

(三)按定额反映的物质消耗内容划分

工程建设定额的种类很多,但不论何种定额,其包含的生产要素是共同的,即人工、材料和机械三要素。所以，其按生产要素可划分为劳动消耗定额、材料消耗定额、机械消耗定额。

第二节　施工过程分析

一、施工过程的含义

施工过程就是在建筑工地上进行的各种建筑物的兴建过程，包括建造、改建、扩建、修复或拆除工业及民用建筑物和构筑物的全部或其中一部分。按施工过程的性质不同，其可以分为建筑过程、安装过程。例如，浇筑混凝土、安装机组、敷设管道等都是建筑安装施工过程。对施工过程的研究是制定劳动定额的基本环节。施工过程按其使用的工具、设备的机械化程度不同，可以分为手工施工过程、机械施工过程和机手并动施工过程。

每个施工过程的结果都获得一定的产品，该产品的尺寸、形状、表面结构、空间位置、强度等质量因素必须符合建筑和结构设计及现行技术规范要求。只有合格的产品才能计入施工过程中的消耗工作时间的劳动成果。

施工过程包括生产力三要素，即劳动者、劳动对象、劳动工具。这是施工过程必须具备的三要素。

在许多施工过程中还有使用用具，用具是用来使劳动者、劳动对象、劳动工具和产品处于必要的位置上，如电气安装工程使用的人字梯、木工使用的工作台、砖瓦工使用的灰浆槽等。

在施工过程中，有时还要借助自然或人为的作用，使劳动对象发生物理和化学变化，如混凝土的养护、预应力钢筋的时效、石灰浆的砌筑过程等。

施工过程中的工人、劳动对象、劳动工具、用具及其产品等的活动空间称为工作地点。施工过程的各个工序如果以同样的次序不断重复，并且每重复一次都可以生产出同一产品，则称为循环的施工过程。若施工过程的各个工序不是以同样的次序重复，或者生产出的产品各不相同时，则称为非循环的施工过程。

二、施工过程的分解

对施工过程按不同的劳动分工、不同的操作方法、不同的工艺特点，以及不同的复杂程度进行分解，其可分解为综合工作过程、工作过程、工序、操作、动作。

(一)综合工作过程

综合工作过程是指同时进行的、在组织上彼此有直接关系并且以一个最终产品结合起来的各个工作过程的总和，如砌砖墙这一综合过程，由调制砂浆、运输砂浆、运砖、砌墙等工作过程构成，它们在不同的空间同时进行，在组织上有直接的联系，且最终形成的共同产品是一定数量的砖墙。施工过程划分示意图如图 9-1 所示。

(二)工作过程

工作过程是由同一个人或同一小组所完成的、在技术上互相联系的工序的综合。工作过程的特征是劳动者不变，工作地点不变，而仅仅是使用材料和工具改变。

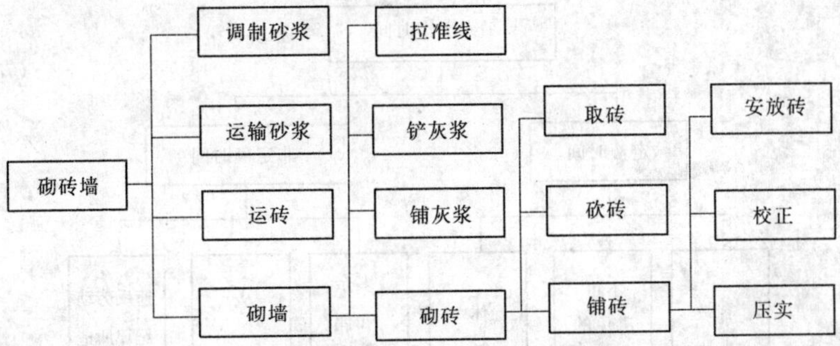

图 9-1　施工过程划分示意

（三）工序

工序是一个工人（或一个小组）在一个工地上，对同一个（或几个）劳动对象所进行的一切连续活动的总和。工序是最简单的施工过程，它是组织上不可分割、技术上相同的施工过程，它的外观特征是劳动者、劳动工具、劳动对象都不变。工序是基本的施工过程，是定额技术测定工作中的主要观察和研究对象。

由一个人来完成的工序称为个人工序；由几个人或小组共同完成的工序则称为小组工序。工序按照完成的方法通常分为手工工序和机械工序两种。机械工序由人工操纵施工机械来完成，如用搅拌机搅拌混凝土或砂浆，用起重机吊装各种预制构件等。

（四）操作

操作是若干个动作的组合，它是工序按劳动过程所划分的组成部分，若干个操作构成一个工序。对施工过程进行分解并加以研究的主要目的是寻求工人完成各项工作最有效、最经济、最令人愉快的操作方法，保证人力、物力的充分发挥，降低生产成本，提高劳动生产率。

通过施工过程分解来区分和认识其内容和性质，以便采取技术测定的方法研究其必需的作业时间消耗，进而取得编制定额和改进施工管理所需要的技术资料。

三、工作时间分类

研究施工中的工作时间最主要的目的是确定施工的时间定额和产量定额，其前提是对工作时间按其消耗性质进行分类，以便研究工时消耗的数量及其特点。

工作时间指的是工作班延续时间。对工作时间消耗的研究，可以分为两个系统进行，即工人工作时间的消耗和工人所使用的机械工作时间的消耗。

（一）工人工作时间的消耗分类

工人在工作班内消耗的工作时间按其消耗的性质不同，基本可以分为两大类：定额时间（必需消耗的时间）和非定额时间（损失时间），见图 9-2。

1. 定额时间

定额时间是工人在正常施工条件下，为完成一定产品（工作任务）所消耗的时间。它是制定定额的主要依据。定额时间包括有效工作时间、不可避免的中断时间和休息时间的消耗。

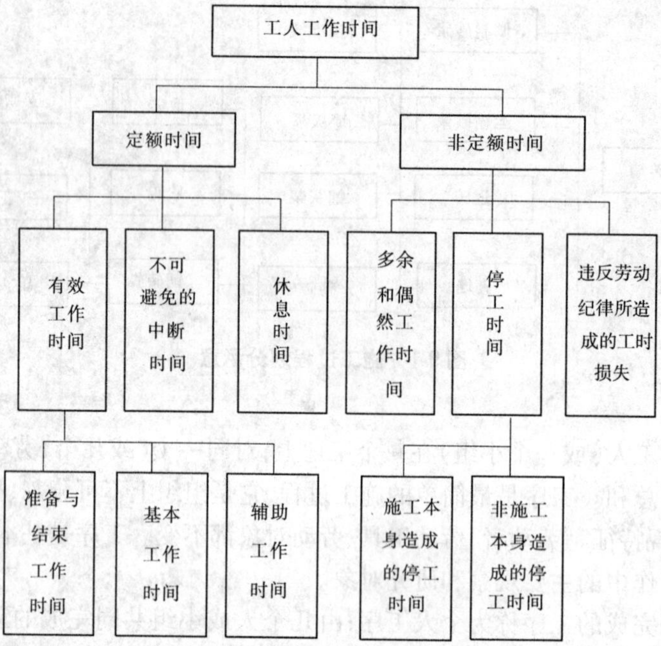

图 9-2 工人工作时间分类示意

1)有效工作时间

有效工作时间是从生产效果来看与产品生产直接相关的时间消耗。其包括基本工作时间、辅助工作时间、准备与结束工作时间的消耗。

(1)基本工作时间是工人完成生产一定产品的施工工艺过程所消耗的时间。通过这些工艺过程可以使材料改变外形,如钢筋弯曲等;可以改变材料的结构与性质,如混凝土制品的养护干燥等;可以使预制构配件安装组合成型;也可以改变产品的外部及表面的性质,如粉刷、油漆等。基本工作时间所包括的内容依工作性质而不相同;基本工作时间的长短和工作量大小成正比例。

(2)辅助工作时间是指为了保证基本工作顺利完成而同技术操作无直接关系的辅助性工作时间。如修磨校验、工人转移工作地点等所需时间。

(3)准备与结束工作时间是执行任务前或完成任务后所消耗的工作时间,如工作地点、劳动工具和劳动对象的准备工作时间,工作结束的整理工作时间等。准备和结束工作时间的长短与所担负的工作量大小无关,但往往和工作内容有关。这项时间消耗可以分为班内的准备与结束工作时间及任务的准备与结束工作时间。

2)不可避免的中断时间

不可避免的中断所消耗的时间是由施工工艺特点所引起的工作中断所必需的时间。与施工过程工艺特点有关的工作中断时间应包括在定额时间内,但应尽量缩短此项时间消耗。与工艺特点无关的工作中断所占用的时间是由于劳动组织不合理引起的,属于损失时间,不能计入定额时间。

3)休息时间

休息时间是工人在工作过程中为恢复体力所必需的和生理需要的时间消耗。这种时间是为了保证工人精力充沛地进行工作,所以在定额时间中必须进行计算。休息时间的长短和劳动任务有关,劳动越繁重紧张、劳动条件越差(如高温),则休息时间越长。

2. 损失时间

损失时间是与产品生产无关,而与施工组织和技术上的缺点有关,与工人在施工过程的个人过失或某些偶然因素有关的时间消耗。损失时间中包括有多余和偶然工作时间、停工时间、违反劳动纪律所造成的工时损失。

1)多余和偶然工作时间

多余工作就是工人进行了任务以外而不能增加产品数量的工作,如重砌质量不合格的墙体。多余工作的工时损失一般都是由于工程技术人员和工人的差错而引起的,因此不应计入定额时间中。偶然工作也是工人在任务外进行的工作,但能够获得一定产品,如抹灰工不得不补上偶然遗留的墙洞等。由于偶然工作能获得一定产品,拟定定额时要适当考虑它的影响。

2)停工时间

停工时间是工作班内停止工作造成的工时损失。停工时间按其性质可以分为施工本身造成的停工时间和非施工本身造成的停工时间两种。施工本身造成的停工时间是由于施工组织不善、材料供应不及时、工作面准备工作做的不够好、工作地点组织不良等情况引起的停工时间。非施工本身造成的停工时间是由于水源、电源中断引起的停工时间。前一种情况在拟定定额时不应该计算,而后一种情况在定额中则要给予合理的考虑。

3)违反劳动纪律所造成的工时损失

违反劳动纪律造成的工时损失是指工人在工作班开始和午饭前以及工作班结束前的早退、擅自离开工作岗位、工作时间内聊天或办私人事务等造成的工作时间损失。由于个别工人违反劳动纪律而影响其他工人无法工作的时间损失也应包括在内。此项工时损失不允许存在。因此,在定额中是不能考虑的。

(二)机械工作时间的消耗分类

在机械化施工过程中,对工作时间消耗的分析和研究,除了要对工人工作时间的消耗进行分类形容之外,还需要分类研究机械工作时间的消耗。

机械工作时间的消耗,按其性质可作如下分类,如图 9-3 所示。

机械工作时间也分为定额时间(必需消耗的时间)和非定额时间(损失时间)两大类。

1. 定额时间

定额时间包括有效工作时间、不可避免的无负荷工作时间和不可避免的中断工作时间三项消耗。

1)有效工作时间

有效工作时间包括正常负荷下和有根据地降低负荷下工作的工时消耗。

(1)正常负荷下的工作时间是机器在与机器说明书规定的计算负荷相符的情况下进行工作的时间。

(2)有根据地降低负荷下的工作时间是在个别情况下由于技术上的原因,机器在低于其计算负荷下工作的时间。例如,汽车运输重量轻而体积大的货物时,不能充分利用汽车的载重吨位因而不得不降低其计算负荷。

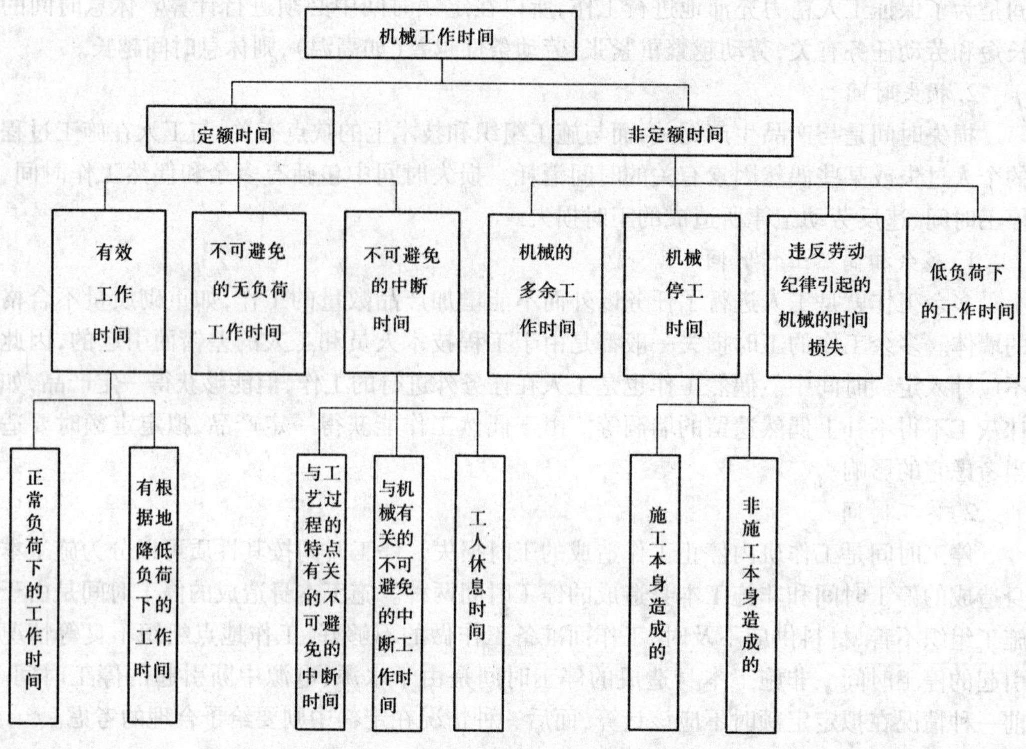

图 9-3 机械工作时间分类示意图

2)不可避免的无负荷工作时间

不可避免的无负荷工作时间是由施工过程的特点和机械结构的特点造成的机械无负荷工作时间。例如,筑路机在工作区末端调头等,都属于此项工作时间的消耗。

3)不可避免的中断工作时间

不可避免的中断工作时间是与工艺过程的特点、机器使用和养护、工人休息有关的中断时间,所以它又可以分为以下三种:

(1)与工艺水平过程的特点有关的不可避免的中断工作时间,又可分为循环的和定期的两种。循环的不可避免中断是在机器工作的每一个循环中重复一次,如汽车装货和卸货时的停车。定期的不可避免中断是经过一定时期重复一次,比如把灰浆泵由一个工作地点转移到另一工作地点时的工作中断。

(2)与机械有关的不可避免的中断工作时间,是由于工人进行准备与结束工作或辅助工作时间,机器停止工作而引起的中断工作时间。它是与机器的使用与保养有关的不可避免的中断时间。

(3)工人休息时间前面已经作了说明。这里要注意的是,应尽量利用与工艺过程有关的和与机器有关的不可避免中断时间进行休息,以充分利用工作时间。

2. 非定额时间

损失的工作时间,即非定额时间,包括多余工作时间、机械停工时间、违反劳动纪律所消耗的工作时间和低负荷下的工作时间。

1)机械的多余工作时间

机械的多余工作时间是机器进行任务内和工艺过程内未包括的工作而延续的时间。如工人没有及时供料而使机器空运转的时间。

2)机械停工时间

机械停工时间按其性质也可以分为施工本身造成和非施工本身造成的停工。前者是由于施工组织得不好引起的停工现象,如由于未及时供给机器燃料而引起的停工。后者是由于气候条件所引起的停工现象,如暴雨时挖掘机的停工。上述停工中延续的时间均为机器的停工时间。

3)违反劳动纪律所消耗的工作时间

违反劳动纪律引起的机械的时间损失是指由于工人迟到、早退或擅自离岗等原因引起的机器停工时间。

4)低负荷下的工作时间

低负荷下的工作时间是由于工人或技术人员的过错所造成的施工机械在降低负荷的情况下工作的时间。例如,工人装车的砂石数量不足引起的汽车在降低负荷的情况下工作所延续的时间。此项工作时间不能作为计算时间定额的基础。

第三节 施工定额

一、施工定额的概念和作用

(一)施工定额的概念

施工定额是指在一定的生产技术条件和生产组织条件下,为完成单位合格产品,所需劳动、材料、机械消耗的数量标准。它由劳动定额、材料消耗定额和施工机械台班消耗定额三个相对独立的部分组成。施工定额是施工企业内部使用的一种定额,是施工企业经济核算的依据。

为了适应组织生产和管理的需要,施工定额的细目划分很细,是工程建设定额中分项最细、定额子目最多的一种定额,也是工程建设定额中的基础性定额。在预算定额的编制过程中,施工定额的劳动、材料、机械消耗的数量标准是计算预算定额中劳动、材料、机械消耗数量标准的重要依据。

(二)施工定额在企业管理工作中的作用

(1)施工定额是企业计划管理的依据。施工定额在企业计划管理方面的作用表现在它既是企业编制施工组织设计的依据,又是企业编制施工作业计划的依据。

施工组织设计是指导拟建工程进行施工准备和施工生产的技术经济文件,其基本任务是根据招标文件及合同协议的规定,确定出经济合理的施工方案,在人力和物力、时间和空间、技术和组织上对拟建工程作出最佳安排。

施工作业计划则是根据企业的施工计划、拟建工程施工组织设计和现场实际情况编制的,它是以实现企业施工计划为目的的具体执行计划,也是队、组进行施工的依据。因此,施工组织设计和施工作业计划是企业计划管理中不可缺少的环节。这些计划的编制必须依据施工定额。

(2)施工定额是组织和指挥施工生产的有效工具。企业组织和指挥施工队、组进行施工是按照作业计划通过下达施工任务书和限额领料单来实现的。

(3)施工定额是计算工人劳动报酬的依据。

(4)施工定额是企业激励工人的目标条件。

(5)施工定额有利于推广先进技术。

(6)施工定额是编制施工预算、加强企业成本管理和经济核算的基础。

(7)施工定额是编制工程建设定额体系的基础。

二、施工定额的编制原则

(一)平均先进的原则

所谓平均先进水平,是指在正常施工(生产)条件下,多数施工班组或生产者经过努力可以达到,少数班组或生产者可以接近,个别班组或生产者可以超过的水平。通常,它低于先进水平,略高于平均水平。这种水平对先进班组和工人有一定的激励作用,大多数处于中间水平的班组或工人感到定额水平可望也可及。平均先进水平不迁就少数落后者,而是使他们产生努力工作的责任感,尽快达到定额水平。所以,平均先进水平是一种鼓励先进、勉励中间、鞭策后进的定额水平。贯彻平均先进的原则,才能促进企业科学管理和不断提高劳动生产率,进而达到提高企业经济效益的目的。

(二)定额的结构形式简明适用的原则

所谓简明适用是指定额结构合理,定额步距大小适当,文字通俗易懂,计算方法简便,易被群众掌握运用,具有多方面的适应性,能在较大范围内满足不同情况、不同用途的需要,便于定额的贯彻执行。

(1)定额项目划分合理。定额项目是定额结构形式的主要内容。定额项目划分合理是指项目齐全、粗细恰当,这是定额结构形式简单适用的核心。定额项目齐全关系到定额适用范围,项目划分粗细关系到定额的使用价值。

(2)步距大小适当。所谓定额步距,是指同类型产品或同类过程,相邻定额工作标准项目之间的水平距离。步距大小与定额的简明适用程度关系极大。步距大,定额项目减少,精确度就会降低;步距小,定额项目增多,精确度高,有利于按劳分配,但计算和管理比较复杂,编制工作量大,使用也不方便。因此,步距大小要适当。

(3)文字通俗易懂,计算方法简便。

(4)章、节的编排要便于基层使用。

(三)专业人员与群众相结合,以专业人员为主

制定施工消耗定额是一项政策性很强的技术经济工作。它要求参加定额制定工作的人员具有丰富的技术知识和管理工作经验。它需有专门的机构进行大量的组织工作和协调指挥。广大工人群众是生产实践活动的主体,他们对劳动消耗情况最为了解,对定额的执行情况和问题也最清楚,制定定额应广泛征求工人群众的意见。

三、施工定额的内容

施工定额包括劳动定额、材料消耗定额和机械台班(时)消耗定额三个方面的内容。

(一)劳动定额

1.劳动定额的概念

劳动定额也称人工定额,是指在正常的施工技术组织条件下,为完成一定数量的合格产品或完成一定量的工作所必需的劳动消耗量标准。这个标准是国家和企业对生产工人在单位时间内的劳动数量和质量的综合要求,也是建筑施工企业内部组织生产、编制施工作业计划、签发施工任务单、考核工效、计算报酬的依据。

2.劳动定额的表现形式

劳动定额按其表现形式不同,可以分为时间定额和产量定额。

1)时间定额

时间定额亦称工时定额,是指在一定的生产技术和生产组织条件下,劳动者生产单位合格产品或完成一定的工作任务的劳动时间的数量标准。定额时间包括准备与结束时间、基本生产时间、辅助生产时间、不可避免的中断时间和工人必须的休息时间。时间定额的常用单位是:"工日/m^3"、"工日/m^2"、"工日/块"、"工日/t"等。每一个工日工作时间按8 h计算。用公式表示如下:

单位产品时间定额(工日) = 1/每日产量 (9-1)

或 单位产品时间定额(工日) = 小组成员工日数总和/小组台班产量 (9-2)

2)产量定额

产量定额就是在一定的生产技术和生产组织条件下,劳动者在单位时间(工日)内生产合格产品的数量或完成工作任务量的数量标准。产量定额的常用单位是:"m^3/工日"、"m^2/工日"、"块/工日"、"t/工日"等。用公式表示如下:

每日产量 = 1/单位产品时间定额(工日) (9-3)

或 小组每班产量 = 小组成员工日数的总和/单位产品时间定额(工日) (9-4)

3)时间定额和产量定额的用途

时间定额与产量定额互为倒数关系,即:

时间定额 = 1/产量定额 (9-5)

产量定额 = 1/时间定额 (9-6)

时间定额越低,产量定额就越高;反之,时间定额越高,产量定额就越低。

例如,人工挖装土方定额见表9-1。表中横线上方是时间定额,横线下方是产量定额。

4)劳动定额的使用

时间定额和产量定额虽是同一劳动定额的不同表现形式,但其作用却不尽相同。时间定额以单位产品的工日数表示,便于计算完成某一分部(项)工程所需的总工日数,便于核算工资、编制施工进度计划和计算分项工期。而产量定额是以单位时间内完成的产品数量表示,便于小组分配施工任务、考核工人的劳动效率和签发施工任务单。

表 9-1　人工挖装土方 1 m^3 自然方的劳动定额

项目	土质级别			
	一	二	三	四
挖装筐、胶轮车	$\frac{0.0925}{10.80}$	$\frac{0.144}{6.94}$	$\frac{0.241}{4.15}$	$\frac{0.370}{2.70}$
挖装斗车、机动翻斗车	$\frac{0.102}{9.80}$	$\frac{0.158}{6.33}$	$\frac{0.265}{3.77}$	$\frac{0.407}{2.46}$
挖装汽车	$\frac{0.122}{8.20}$	$\frac{0.190}{5.26}$	$\frac{0.318}{3.14}$	$\frac{0.490}{2.04}$

【例 9-1】　某工程土方开挖 20 名工人，人工挖四类土装汽车需要 5 天完成，试确定班组完成的挖土方体积。

解：查表 9-1，人工挖四类土装汽车的产量定额为 2.04 m^3/工日。

人工挖土总工日数 = 20 × 5 = 100（工日）

则　挖土方体积 = 100 × 2.04 = 204（m^3）

【例 9-2】　某工程有三类土方开挖 280 m^3，施工方法为人工挖胶轮车运输，每天有 10 名工人上工，计算完成该工程的定额施工天数。

解：查表 9-1，人工挖三类土胶轮车运输的时间定额为 0.241 工日/m^3。

完成土方开挖的总工日数 = 280 × 0.241 = 67.48（工日）

则需要的施工天数 = 67.48 ÷ 10 ≈ 7（天）

3. 劳动定额的编制

劳动定额的编制方法主要有技术测定法、统计分析法、经验估算法、比较类推法等。其中技术测定法是我国建筑安装工程收集定额基础资料的基本方法。

编制劳动定额时一般按以下的步骤和内容进行。

1）拟定正常的施工条件

施工正常条件应是产生平均先进水平的定额的基础。

（1）拟定工作地点的组织。工作地点是工人施工的活动场所，其组织紊乱和不科学往往是造成劳动效率不高甚至窝工的重要原因。要特别注意使工人在操作时不受防碍，所使用的工具和材料应按使用顺序放置于工人最便于取用的地方，以减少疲劳和提高工作效率。工作地点应保持清洁和秩序井然。

（2）拟定工作组成。拟定工作组成就是将工作过程按照劳动分工的可能划分为若干工序，以达到合理使用技术工人的目的。其可以采用两种基本方法：一种是把工作过程中个别简单的工序划分给技术熟练程度较低的工人去完成；另一种是分出若干个技术程度较低的工人去帮助技术程度较高的工人工作。采用后一种方法就是把个人完成的工作过程变成小组完成的工作过程。例如，在一个砌砖小组中，瓦工可以完成砌内、外砖，检查砌体质量等工作，辅助工人则可以进行搅拌运输灰浆、递砖等一些技术上较简单的工作。

（3）拟定施工人员编制。拟定施工人员编制即确定小组人数、技术工人配备，以及劳动的分工和协作。原则是使每个工人都能充分发挥作用,均衡地担负工作。

2)拟定时间定额和产量定额

时间定额和产量定额是劳动定额的两种表现方式,拟定出时间定额也就可以计算出产量定额,反之亦然。

时间定额是在拟定基本工作时间、辅助工作时间和准备与结束工作时间、不可避免中断时间,以及休息时间的基础上制定的。

(1)基本工作时间。基本工作时间在定额中占的比重最大,在确定基本工作时间时,必须细致、精确。基本工作时间消耗一般应根据计时观察资料确定。其做法是:首先确定工作过程每一组成部分的工时消耗,然后再综合出工作过程的工时消耗。如果组成部分的产品计量单位和工作过程的产品计量单位不符,就需先求出不同计量单位的换算系数,进行产品计量单位的换算,然后再相加,求得工作过程的工时消耗。

(2)辅助工作和准备与结束工作时间。辅助工作和准备与结束工作时间的确定方法与基本工作时间相同。但是,如果这两项工作时间在整个工作班工作时间消耗中所占比重不超过5% ~6%,则可归纳为一项,以工作过程的计量单位表示,确定出工作过程的工时消耗。在另一种情况下,如果在计时观察时不能取得足够的测定资料来确定辅助工作和准备与结束工作的时间,也可采用工时规范或经验数据来确定,即用辅助时间占工序作业时间的比例表示。

(3)不可避免中断时间。在确定不可避免中断时间的定额时,必须注意区别两种不同的中断情况。一种是由于小组施工人员所担负的任务不均衡引起的,这种工作中断应该通过改善小组人员编制、合理进行劳动分工来克服;另一种情况是由工艺特点所引起的不可避免中断,此项工作消耗应列入工作过程中的时间定额。

不可避免中断时间也需要根据测时资料通过整理分析获得,也可以根据经验数据或工时规范,以占工作日的百分比来表示此项工时消耗的时间定额。

(4)休息时间。休息时间根据工作班作息制度、经验资料、计时观察资料,以及对工作的疲劳程度作全面分析来确定。同时,要考虑尽可能利用不可避免中断时间作为休息时间。

3)定额时间计算

确定的基本工作时间、辅助工作时间和准备与结束工作时间、不可避免中断时间以及休息时间之和,就是劳动定额的定额时间。其计算公式如下:

$$\text{定额时间} = \text{基本工作时间} + \text{辅助工作时间和准备与结束工作时间} + \text{不可避免中断时间} + \text{休息时间} \tag{9-7}$$

利用工时规范,可以计算劳动定额的时间定额。计算公式如下:

$$\text{工序作业时间} = \text{基本工作时间} + \text{辅助工作时间} \tag{9-8}$$

或

$$\text{工序作业时间} = \text{基本工作时间} / (1 - \text{辅助时间所占百分比}) \tag{9-9}$$

$$\text{规范时间} = \text{准备与结束工作时间} + \text{不可避免的中断时间} + \text{休息时间} \tag{9-10}$$

$$\text{定额时间} = \text{工序作业时间} / (1 - \text{规范时间所占百分比}) \tag{9-11}$$

【例9-3】 人工挖土方,土壤系潮湿的黏性土,按土壤分类属二类土(普通土),测试资料表明,挖1 m^3 需消耗基本工作时间60 min,辅助工作时间占工序作业时间的2%,准备与结束工作时间占工作班延续时间的2%，不可避免中断时间占工作班延续时间的1%，休息时间占20%。计算时间定额。

解：工序作业时间 = 60/(1 - 2%) = 61.22(min)

定额时间 = 61.22/[1 - (2% + 1% + 20%)] = 79.51(min)

时间定额 = 79.51 ÷ 60 ÷ 8 = 0.166(工日/m^3)

产量定额 = 1/0.166 = 6.02(m^3/工日)

(二)材料消耗定额

1. 材料消耗定额的概念

材料消耗占工程成本的60% ~70%，材料消耗定额的任务就在于利用定额这个经济杠杆对材料消耗进行控制和监督，以达到降低物资消耗和工程成本的目的。

材料消耗定额是指在"一定条件"下，完成单位合格施工作业过程(工作过程)的施工任务所需消耗一定品种、一定规格的建筑材料(包括半成品、制品、物件、配件及周转材料等)的数量标准。所谓"一定条件"，主要是指施工生产的技术条件、施工工艺、工人技术熟练程度、企业管理水平、材料质量、自然条件以及职工的思想觉悟程度等。例如，钢筋搭接电焊条消耗定额见表9-2。由表可见，直径为12 mm的钢筋搭接(平焊)，焊缝长1 m需用电焊条0.20 kg。

表9-2　钢筋搭接电焊条消耗定额　(单位：kg/m)

项目	钢筋直径(mm)								
	12	16	19	22	25	28	32	36	40
平焊	0.20	0.30	0.38	0.48	0.60	0.70	0.95	1.20	1.50
立焊	0.24	0.36	0.46	0.57	0.72	0.84	1.14	1.34	1.78
仰焊	0.26	0.39	0.49	0.62	0.78	0.91	1.28	1.58	1.99

材料消耗定额是编制材料需要量计划、运输计划、供应计划、计算仓库面积、签发限额领料单和经济核算的依据。制定合理的材料消耗定额，是组织材料的正常供应，保证生产顺利进行，合理利用资源，减少积压、浪费的必要前提。

材料消耗定额包括材料的净用量和不可避免的施工工艺性材料损耗量。直接构成建筑安装工程实体的材料称为材料净用量；不可避免的施工废料和施工操作损耗称为材料损耗量。材料的消耗量由材料净耗量和材料损耗量组成。其关系如下：

材料消耗量 = 材料净耗量 + 材料损耗量　(9-12)

材料损耗率 = 材料损耗量 ÷ 材料消耗量 × 100%　(9-13)

材料消耗量 = 材料净耗量 /(1 - 材料损耗率)　(9-14)

根据施工生产材料消耗工艺的要求，建筑安装材料分为非周转性材料和周转性材料两大类。

非周转性材料亦称直接性材料，是指在建筑工程施工中，一次性消耗并直接构成工程实体的材料。如砖、砂、石、钢筋、水泥等。

周转性材料是指在施工过程中能多次使用、周转的工具型材料。如各种模板、活动支架、脚手架、支撑等。

2. 确定非周转性材料消耗量的基本方法

非周转性材料净用量和材料损耗量一般采用以下四种方法测定。

1)现场技术测定法

现场技术测定法主要是编制材料损耗定额,也可以提供编制材料净用量定额的参考数据。其优点是能通过现场观察、测定,取得产品产量和材料消耗的情况,为编制材料定额提供技术依据。

2)试验室试验法

试验室试验法主要是编制材料净用量定额。通过试验,能够对材料的结构、化学成分和物理性能以及按强度等级控制的混凝土、砂浆配合比作出科学的结论,给编制材料消耗定额提供有技术依据的、比较精确的计算数据。

3)现场统计法

现场统计法是通过对现场进料、用料的大量统计资料进行分析计算,获得材料消耗的数据。这种方法由于不能分清材料消耗的性质,因而不能作为确定材料净用量定额和材料损耗定额的依据。

4)理论计算法

理论计算法是运用一定的数学公式计算消耗定额,例如,砌砖工程中 1 m^3 砖墙砖的净用量一般都采用理论计算法。

3. 周转性材料消耗定额的制定

周转性材料是指在施工过程中不是一次性消耗完,而是多次使用、逐渐消耗、不断补充的周转性工具材料。对逐渐消耗的那部分应采用分次摊销的办法计入材料消耗量进行回收。如生产预制钢筋混凝土构件、现浇混凝土及钢筋工程用的模具,搭设脚手架用的脚手杆、跳板,挖土方用的挡土板等均属周转性材料。

周转性材料消耗定额应当按照多次使用、分期摊销的方式进行计算,即周转性材料在材料消耗定额中,以摊销量表示。

现以钢筋混凝土摸板为例,介绍周转性材料摊销量计算。

1)现浇钢筋混凝土模板摊销量

(1)材料一次使用量。材料一次使用量是指为完成定额单位合格产品,周转性材料在不重复使用条件下的一次用量,通常根据选定的结构设计图纸进行计算。

$$\text{一次使用量} = \text{每 } 10\ m^3 \text{ 混凝土和模板接触面积} \times \text{每 } 1\ m^2 \text{ 模板用量} \div (1 - \text{模板制作、安装损耗率}) \tag{9-15}$$

(2)材料周转次数。材料周转次数是指周转性材料从第一次使用起,可以重复使用的次数。一般采用现场观察法或统计分析法来测定材料周转次数,或查相关手册。

(3)材料补损量。补损量是指周转使用一次后由于损坏需补充的数量,也就是在第二次和以后各次周转中为了修补难以避免的损耗所需要的材料消耗,通常用补损率来表示。补损率的大小主要取决于材料的拆除、运输和堆放的方法以及施工现场的条件。在一般情况下,补损率要随周转次数的增多而加大,所以一般采取平均补损率来计算。其计算式为:

$$补损率 = 平均每次损耗量 \div 一次使用量 \times 100\% \quad (9\text{-}16)$$

(4)材料周转使用量。材料周转使用量是指周转性材料在周转使用和补损条件下，每周转使用一次平均所需材料的数量。

一般应按材料周转次数和每次周转发生的补损量等因素计算生产一定计算单位结构构件的材料周转使用量。其计算式为：

$$周转使用量 = [一次使用量 + 一次使用量 \times (周转次数 - 1) \times 补损率] / 周转次数 \quad (9\text{-}17)$$

即 $$周转使用量 = 一次使用量 \times [1 + (周转使用次数 - 1) \times 补损率] / 周转次数 \quad (9\text{-}18)$$

(5)材料回收量。材料回收量是指在一定周转次数下，每周转使用一次平均可以回收材料的数量。其计算式：

$$回收量 = (一次使用量 - 一次使用量 \times 补损率) / 周转次数 \quad (9\text{-}19)$$

即 $$回收量 = 一次使用量 \times (1 - 补损率) / 周转次数 \quad (9\text{-}20)$$

(6)材料摊销量。材料摊销量是指周转性材料在重复使用条件下，应分摊到每一计量单位结构构件的材料消耗量。这是应纳入定额的实际周转性材料消耗数量。

$$摊销量 = 周转使用量 - 回收量 \quad (9\text{-}21)$$

【例9-4】 钢筋混凝土构造柱按选定的模板设计图纸，每10 m^3 混凝土模板接触面积为66.7 m^2，每10 m^2 接触面积需木板材0.375 m^2，模板的损耗率为5%，周转次数8次，每次周转补损率为15%，试计算10 m^3 混凝土模板一次使用量、周转使用量、回收量及模板摊销量。

解：

(1)一次使用量 = 每10 m^3 混凝土和模板接触面积 × 每1 m^2 模板用量 ÷ (1 − 模板制作、安装损耗率)

$= (66.7 \times 0.375 \div 10) \div (1 - 5\%) = 2.633\ (m^3)$

(2)周转使用量 = 一次用量 × [1 + (周转使用次数 − 1) × 补损率]/周转次数

$= 2.633 \times [1 + (8 - 1) \times 15\%] \div 8 = 0.675\ (m^3)$

(3)回收量 = (一次使用量 − 一次使用量 × 补损率)/周转次数

$= 2.633 \times (1 - 15\%) \div 8 = 0.28\ (m^3)$

(4)摊销量 = 周转使用量 − 回收量

$= 0.675 - 0.28 = 0.395\ (m^3)$

2)预制构件模板的计算

预制构件模板，由于损耗很少，可以不考虑每次周转的补损率，按多次使用平均分摊的办法进行计算。

$$摊销量 = 一次使用量 / 周转次数 \quad (9\text{-}22)$$

(三)机械台班消耗定额

1. 机械台班消耗定额的概念

机械台班消耗定额是指在先进合理的劳动组织和施工条件下，由技术熟练工人操作的机械生产率水平。其表示方法有时间定额和产量定额两种，二者互为倒数。机械时间定额是指施工机械在正常的施工组织条件下，完成单位合格产品所需的机械工作时间，其单位为台班/m^3、台班/t、台班/m 等；机械产量定额是指施工机械在单位时间内完成合格产品的数量，其单位为 m^3/台班、t/台班、m/台班等。例如，油压正铲挖掘机挖土装车定额见表 9-3，表中横线上方是时间定额，横线下方是产量定额。

表 9-3　油压正铲挖掘机挖土装车定额　　计量单位：$100m^3$

项目				装车		
				一、二类	三类土	四类土
挖掘机斗容量(m^3)	0.5	挖土高度	1.5 m 以上	$\frac{0.264}{3.79}$	$\frac{0.33}{3.03}$	$\frac{0.37}{2.70}$
			1.5 m 以下	$\frac{0.311}{3.22}$	$\frac{0.389}{2.57}$	$\frac{0.435}{2.30}$
	1.0		1.5 m 以上	$\frac{0.181}{5.54}$	$\frac{0.217}{4.60}$	$\frac{0.249}{4.01}$
			1.5 m 以下	$\frac{0.212}{4.71}$	$\frac{0.256}{3.91}$	$\frac{0.293}{3.41}$
	1.5		2.0 m 以上	$\frac{0.139}{7.20}$	$\frac{0.170}{5.87}$	$\frac{0.192}{5.20}$
			2.0 m 以下	$\frac{0.167}{5.98}$	$\frac{0.205}{4.87}$	$\frac{0.231}{4.32}$

由表 9-3 可见，斗容量为 1.5 m^3 挖掘机挖土高度 2.0 m 以上的四类土，装车时间定额为 0.192 台班/(100 m^3)，520 m^3/台班。

2. 机械台班消耗定额的编制

机械台班消耗定额的测定是在正常施工条件、合理的组织施工地点、合理的工人编制的条件下，由人操纵机械，测算机械完成单位合格产品所必须消耗的工作时间（即台班）数量的标准。其中，人、机共同工作 8 h 称一个台班，在测算机械台班消耗过程中，还要考虑保持机械的正常生产率和工人正常的劳动工效。机械台班消耗测算的内容如下所述。

1）机械 1 h 时纯工作正常生产率

（1）对于循环动作的机械，计算公式如下：

$$\text{机械纯工作 1 h 正常生产率} = \text{机械纯工作 1 h 正常循环次数} \times \text{一次循环生产产品的数量} \quad (9\text{-}23)$$

$$\text{机械纯工作 1 h 循环次数} = 60 \times 60(\text{s}) / \text{一次循环的正常延续时间} \quad (9\text{-}24)$$

$$\text{机械一次循环的正常延续时间} = \sum(\text{循环各组成部分正常延续时间} - \text{交叠时间}) \quad (9\text{-}25)$$

（2）对于连续动作的机械，确定机械 1 h 纯工作正常生产率要根据机械的类型和结构特征，以及工作过程的特点来进行。计算公式如下：

$$\text{连续动作机械纯工作 1 h 正常生产率} = \text{工作时间内生产的产品数量} \div \text{工作时间(h)} \quad (9\text{-}26)$$

工作时间内的产品数量和工作时间的消耗，要通过多次现场观察和机械说明书来取得数据。

2）机械正常利用系数

机械正常利用系数是指机械在工作班内对工作时间的利用率。机械的利用系数和机械在工作班内的工作状况有密切的关系。因此，首先要拟定机械工作班的正常工作状况，保证合理利用工时。其计算公式如下：

$$\text{机械正常利用系数} = \text{机械在一个工作班内纯工作时间} \div \text{一个工作班延续时间(8 h)} \tag{9-27}$$

3）施工机械台班产量定额的计算

根据以上数据计算机械台班消耗定额。机械台班消耗定额计算公式如下：

$$\text{施工机械台班产量定额} = \text{机械纯工作 1 h 正常生产率} \times \text{工作班纯工作时间} \tag{9-28}$$

或

$$\text{施工机械台班产量定额} = \text{机械纯工作 1 h 正常生产率} \times \text{工作班延续时间} \times \text{机械正常利用系数} \tag{9-29}$$

【例9-5】 某工程现场采用出料容量500 L的混凝土搅拌机，每一次循环中，装料、搅拌、卸料、中断需要的时间分别为1 min、3 min、1 min、1 min，机械正常利用系数为0.9，计算该搅拌机的台班产量定额。

解： 该搅拌机一次循环的正常延续时间 = 1 + 3 + 1 + 1 = 6 (min) = 0.1 h

该搅拌机纯工作1 h循环次数 = 1 ÷ 0.1 = 10(次)

该搅拌机纯工作1 h的正常生产率 = 10 × 500 = 5 000(L) = 5 m^3

搅拌机的台班产量定额 = 5 × 8 × 0.9 = 36(m^3/台班)

第四节　预算定额

一、预算定额的概念与用途

（一）预算定额的概念

预算定额是指在正常合理的施工条件下，规定完成一定计量单位的分项工程或结构构件所必需的人工、材料和施工机械台班的社会平均消耗量标准。预算定额是工程建设中一项重要的技术经济文件，它的各项指标反映了完成单位分项工程消耗的活劳动和物化劳动的数量限度。这种限度最终决定着单项工程的成本和造价。

全国统一的预算定额是由国家计委或其授权组织编制、审批并颁布执行的，专业预算定额由专业部（委）审定颁布，地方定额由地方业务主管部门会同同级计委审批颁布执行。

（二）预算定额的作用

预算定额是确定单位分项工程或结构构件价格的基础，因此它体现了国家、建设单位和施工企业之间的一种经济关系，建设单位按预算定额为拟建工程提供必要的资金供应。

施工企业则在预算定额范围内,通过建筑施工活动,按质、按量、按期地完成工程任务。预算定额在工程建设中具有以下重要作用:

(1)预算定额是对设计进行技术经济评价,对新结构、新材料进行技术经济分析的依据。

(2)预算定额是编制施工图预算、确定工程预算造价的依据。

(3)预算定额是施工企业编制人工、材料、机械台班需要量计划,统计完成工程量,考核工程成本,实行经济核算的依据。

(4)预算定额是建筑工程招标、投标中确定标底和报价,实行招标承包制的重要依据。

(5)预算定额是编制地区单位估价表、概算定额和概算指标的基础资料。

(6)预算定额是建设单位进行建设资金贷款,拨付工程备料款、进度款及竣工决算的依据。

二、预算定额的编制原则和依据

(一)预算定额的编制原则

为保证预算定额的质量、充分发挥预算定额的作用,使之在实际使用中简便、合理、有效,在编制工作中应遵循以下原则。

1. 按社会平均确定预算定额水平的原则

预算定额是确定建筑安装工程价格的主要依据。在社会主义市场经济体制下,预算定额作为确定建筑安装工程价格的主要依据,必须遵照价格规律的客观要求,即按生产过程中所消耗的社会必要劳动时间确定定额水平。所以,预算定额的平均水平是在正常的施工条件、合理的施工组织和工艺条件、平均劳动熟练程度和劳动强度下,完成单位分项工程基本构造要素所需的劳动时间。这个原则简称为平均水平原则。

2. 简明、适用、严谨、准确的原则

简明,即预算定额在项目划分、选定计量单位、规定工程计算规则时应在保证各项指标相对准确的前提下,综合扩大,力求项目少、内容全。适用,即预算定额内容应严密明确,各项指标在保证统一性的前提下,具有一定的灵活性,以适应不同工程和地区使用。严谨,即要求结构严谨、层次清楚,各种指标应尽量定死,少留活口,避免执行中的争议。准确,即各项指标综合因素互相衔接,准确无误。

3. 坚持统一性和差别性结合的原则

所谓统一性,就是通过编制全国统一定额,使建筑安装工程具有一个统一的计价依据,也使考核设计和施工的经济效果具有一个统一的尺度。所谓差别性,就是在统一性的基础上,各部门和省、自治区、直辖市主管部门可以在自己的管辖范围内,根据本部门和本地区的具体情况,制定部门和地区性定额,以适应我国幅员辽阔,地区间、部门间发展不平衡的实际情况。例如,在2002年水利部颁发的《水利建筑工程预算定额》、《水利水电设备安装工程预算定额》等定额的指导下,新疆新水建管[2005]108号文颁布了《新疆维吾尔自治区水利水电工程补充预算定额》,川水发[2007]20号文颁布了《四川省水利水电建筑工程预算定额》。

4. 专家编审责任制原则

定额的编制工作政策性、专业性强，任务重，贯彻这一原则很有必要。

(二) 预算定额的编制依据

预算定额的编制要依据以下原则：

(1) 现行预算定额是在现行施工定额的基础上编制的，只有参考现行施工定额，才能保证二者的协调性和可比性。

(2) 现行设计规范、施工及验收规范、质量评定标准和安全操作规程等文件是确定设计标准和设计质量、施工方法和施工质量以及保证安全施工的法规，确定预算定额必须考虑这些法规的要求和规定。

(3) 有关科学试验、测定、统计和经验分析资料，新技术、新结构、新材料、新工艺和先进经验等资料。

(4) 现行的预算定额以及过去颁发的和有关单位颁发的预算定额及其编制的基础材料。

(5) 常用的施工方法和施工机械性能资料等。

三、预算定额编制的方法

(一) 预算定额编制中的主要工作

1. 划分预算定额项目，确定工作内容及施工方法

预算定额项目应在施工定额的基础上进一步综合。通常应根据建筑物的不同部位、不同构件，将庞大的建筑物分解为各种不同的、较为简单的、可以用适当计量单位计算工程量的基本构造要素，作到项目齐全、粗细适度、简明适用。同时，根据项目的划分，确定预算定额的名称、工作内容及施工方法，并使施工定额和预算定额协调一致以便相互比较。

2. 确定预算定额计量单位

预算定额与施工定额计量单位往往不同。施工定额的计量单位一般是按照工序或施工过程确定的；而预算定额的计量单位是根据结构构件或分项工程的特征及变化规律来确定的。由于工作内容综合，预算定额的计量单位亦具有综合的性质。

3. 计算工程量

选择有代表性的图纸和已确定的定额项目计量单位，计算分项工程的工程量，以便在编制预算定额时有可能利用施工定额的人工、材料和机械消耗指标确定预算定额所含工序的消耗量。

4. 确定人工、材料、机械台班(时)消耗指标

确定预算定额中的人工、材料、机械台班消耗指标时，必须先按施工定额的分项逐项计算出消耗指标，然后再按预算定额的项目加以综合。但是，这种综合不是简单的合并和相加，而需要在综合过程中增加两种定额之间的适当水平差。预算定额的水平首先取决于这些消耗量的合理确定。

以施工定额人工、材料、机械台班(时)消耗指标为基础，并考虑预算定额中所包含的其他因素，采用理论与实际相结合、编制定额人员与现场工作人员相结合等方法进行计算

和确定,使定额既符合政策要求,又与客观情况一致,便于贯彻执行。

(二)预算定额中资源消耗量的确定

预算定额中人工消耗指标是指为完成该分项工程定额单位所需的用工数量,即应包括基本用工和其他用工两部分。其确定方法有两种:一种是以施工定额中的劳动定额为基础确定;另一种是遇到劳动定额缺项时的项目,采用计时观察法测定和计算定额的人工耗用量。

下面以施工定额中劳动定额为基础介绍预算定额中的人工工日消耗量指标的方法。

1. 基本用工

基本用工是指完成某一合格分项工程所必须消耗的技术工种(主要)用工,例如为完成浆砌石工程中的砌筑块石、调运砂浆、铺砂浆、运块石等所需要的工日数量。预算定额中的基本用工量是以统一劳动定额(或施工定额)为基础综合而成的。基本用工按技术工种相应劳动定额的工时定额计算,以不同工种列出定额工日。其计算式为:

$$\text{相应工序基本用工数量} = \sum(\text{某工序工程量} \times \text{相应工序的时间定额}) \tag{9-30}$$

2. 其他用工

其他用工是辅助基本用工完成生产任务所耗用的人工,按其工作内容的不同可分为辅助用工、超运距用工和人工幅度差三类。其计算式为:

$$\text{其他用工} = \text{辅助用工} + \text{超运距用工} + \text{人工幅度差} \tag{9-31}$$

1)辅助用工

辅助用工是指技术工种劳动定额内不包括但在预算定额内又必须考虑的工时。如筛砂、淋灰用工,其计算式为:

$$\text{辅助用工} = \sum(\text{某工序工程数量} \times \text{相应时间定额}) \tag{9-32}$$

2)超运距用工

超运距用工是指预算定额中规定的材料、半成品的平均水平运距超过劳动定额规定运输距离的用工,其计算式为:

$$\text{超运距用工} = \sum(\text{超运距运输材料数量} \times \text{相应超运距时间定额}) \tag{9-33}$$

$$\text{超运距} = \text{预算定额取定运距} - \text{劳动定额已包括的运距} \tag{9-34}$$

3)人工幅度差

人工幅度差主要是指预算定额与劳动定额由于定额水平不同而引起的水平差。另外,还包括在一般施工作业中不可避免的且无法计量的用工,如各工种间工序搭接、交叉作业时不可避免的停歇工时消耗;施工机械转移以及水电线路移动造成的间歇工时消耗;质量检查影响操作造成的工时消耗;以及施工作业中不可避免的其他零星用工等。

人工幅度差计算采用乘系数的方法,即:

$$\text{人工幅度差} = (\text{基本用工} + \text{辅助用工} + \text{超运距用工}) \times \text{人工幅度差系数} \tag{9-35}$$

人工幅度差系数,一般土建工程为10%,设备安装工程为12%。

3. 预算定额中人工消耗指标

预算定额中人工消耗指标用下式计算:

预算定额中人工消耗指标 = 基本用工 + 其他用工　　(9-36)

【例 9-6】 例如砌砖基础 10 m^3,其厚度比例为:一砖厚占 50%,一砖半厚占 30%,二砖厚占 20%,求砖基础的定额人工。

解:(1)基本用工,技术工种用工(砌砖)。

①一砖基础:10 × 50% × 0.89 = 4.45(工日)《水利水电建筑安装工程统一劳动定额》§4 - 1 - 1,见表 9-4。

②一砖半基础:10 × 30% × 0.86 = 2.58(工日)《水利水电建筑安装工程统一劳动定额》§4 - 1 - 2,见表 9-4。

③一砖基础:10 × 20% × 0.833 = 1.666(工日)《水利水电建筑安装工程统一劳动定额》§4 - 1 - 3,见表 9-4。

④基础埋深超过 1.5 m 占 15%,根据《水利水电建筑安装工程统一劳动定额》表 10-5 附注规定,其超过部分,每 1 m^3 砌体增加 0.04 工日,即 10 × 15% × 0.04 = 0.06(工日)

则:　　基本用工量 = 4.45 + 2.58 + 1.666 + 0.06 = 8.756(工日)

表 9-4　预算定额工程项目人工消耗计算表　　计量单位:10 m^3

工序及工程量				劳动定额			预算定额人工消耗(工日)
	名称	数量	单位	定额编号	工种	时间定额	
	(1)	(2)	(3)	(4)	(5)	(6)	(7) = (2) × (6)
基本用工量	①一砖基础	5	m^3	§4 - 1 - 1	瓦工	0.89	4.45
	②一砖半基础	3	m^3	§4 - 1 - 1	瓦工	0.86	2.58
	③两砖基础	2	m^3	§4 - 1 - 1	瓦工	0.833	1.666
	④埋深超过 1.5 m	1.5	m^3	附注	瓦工	0.04	0.06
	合计						8.756
其他用工量	①辅助用工						
	筛砂子	2.58	m^3	§1 - 4 - 83	普工	0.196	0.505 7
	淋石灰膏	0.16	m^3	§1 - 4 - 95	普工	0.5	0.08
	合计						0.585 7
	②超运距用工						
	砂:30 m	2.58	m^3	§4 - 16 - 192	普工	0.045 3	0.116 9
	石灰膏:50 m	0.16	m^3	§4 - 16 - 193	普工	0.128	0.020 5
	标准砖:120 m	10	m^3	§4 - 16 - 178	普工	0.139	1.390 0
	砂浆:130 m	10	m^3	§4 - 16 - 178 换	普工	0.059 8	0.598 0
	合计						2.125 4
	③人工幅度差	11.467	工日			10%	1.146 7
总 计							12.613 8

(2)其他用工量。

①材料超运距用工。

预算定额砖砌体工程材料超运距如表 9-5 所示。

表 9-5　工程材料超运距表　（单位：m）

材料名称	预算定额运距	劳动定额运距	超运距
砂子	80	50	30
石灰膏	150	100	50
标准砖	170	50	120
砂浆	180	50	130

材料超运距由表 9-5 可知：

砂子超运距:30 m。

超运距用工 = 2.58 × 0.045 3 = 0.116 9（工日）《水利水电建筑安装工程统一劳动定额》§4 - 16 - 192

石灰膏超运距:50 m。

超运距用工 = 0.16 × 0.128 = 0.020 5（工日）《水利水电建筑安装工程统一劳动定额》§4 - 16 - 193

标准砖超运距:120 m。

超运距用工 = 10 × 0.139 = 1.390（工日）《水利水电建筑安装工程统一劳动定额》§4 - 16 - 178

砂浆超运距:130 m。

超运距用工 = 10 × 0.059 8 = 0.598（工日）《水利水电建筑安装工程统一劳动定额》§4 - 16 - 178 换

则:材料超运距用工 = 0.116 9 + 0.020 5 + 1.390 + 0.598 = 2.125 4（工日）

②辅助用工量。

筛砂:2.58 × 0.196 = 0.505 7（工日）《水利水电建筑安装工程统一劳动定额》§1 - 4 - 83

淋石灰膏:0.16 × 0.5 = 0.08（工日）《水利水电建筑安装工程统一劳动定额》§1 - 4 - 95

则:辅助用工量 = 0.505 7 + 0.08 = 0.585 7（工日）

③人工幅度差用工。

人工幅度差 = (8.756 + 2.125 4 + 0.585 7) × 10% = 1.146 7（工日）

则:其他用工量 = 2.125 4 + 0.585 7 + 1.146 7 = 3.857 8（工日）

④定额人工消耗量指标。

砖基础定额人工 = 基本用工量 + 其他用工量 = 8.756 + 3.857 8 = 12.613 8（工日）

表 9-4 所示为预算定额砖砌体工程人工消耗计算表。

（三）材料消耗量的确定方法

预算定额中的材料消耗量是指在合理和节约使用材料的条件下，生产单位假定建筑安装产品（即分部分项工程或结构构件）必须消耗的一定品种规格的材料、半成品、构配件等的数量标准。

1. 材料消耗指标的组成

预算中材料用量是由材料净耗量和材料的损耗量组成的。预算定额内的材料按其性质、用途和用量大小划分为主要材料、其他材料。

2. 材料消耗指标的确定

材料消耗指标是在编制预算定额方案中已经确定的有关因素的基础上,分别采用理论计算法、现场统计法、试验室试验法、现场技术测定法确定的。首先确定出材料的净用量,然后确定材料的损耗率,计算材料的消耗量,并结合测定的资料,采用加权平均的方法计算出材料的消耗指标。

其他材料用量的确定一般按工艺测算,并依据编制价格以占主要材料的比例列在预算定额主要材料消耗量之后,用百分率表示,定额内可不列材料名称及消耗量。

(四)机械台班消耗量的确定方法

预算定额中机械台班消耗指标是以台班或台时为单位计算的,一台机械工作 8 h 为一个台班。

1. 编制依据

(1)以手工操作为主的工人班组所配备的施工机械(如砂浆及混凝土搅拌机、垂直运输的塔式起重机)为小组配合使用,因此应以小组产量计算机械台班量或台时量。

(2)机械施工过程(如机械化土石方工程、打桩工程、机械化运输及吊装工程所用的大型机械及其他专用机械)应在劳动定额中的台班定额的基础上另加机械幅度差。

2. 机械幅度差

机械幅度差是指在劳动定额中机械台班耗用量中未包括的,而机械在合理的施工组织条件下所必须的停歇时间。这些因素会影响机械的生产效率,因此应另外增加一定的机械幅度差的因素。其内容包括:

(1)施工机械转移工作面及配套机械相互影响损失的时间。

(2)在正常施工情况下,机械施工中不可避免的工序间歇时间。

(3)工程检查质量影响机械的操作时间。

(4)临时水、电线路在施工中移动位置所发生的机械停歇时间等。

(5)施工中工作面不饱满和工程结尾时工作量不多而影响机械的操作时间等。

机械幅度差系数从本质上讲就是机械的时间利用系数,一般根据测定和统计资料取定。大型机械幅度差率分别为:土方工程 25%;构件吊装工程 30%;打桩工程 33% 等。如蛙式打夯机、水磨石机等专用机械均为 10%。

3. 预算定额中机械台班消耗指标的计算

1)操作小组配合机械台班消耗指标

操作小组和机械配合的情况很多,如起重机、混凝土搅拌机等,对于这些机械,计算台班消耗指标时以综合取定的小组产量计算,不另计机械幅度差。

$$\text{机械台班消耗指标} = \text{分项定额的计算单位值} / \text{小组总产量} \tag{9-37}$$

$$\text{小组总产量} = \text{小组总人数} \times \sum(\text{分项计算取定的比重} \times \text{劳动定额每工产量数}) \tag{9-38}$$

2)按机械台班产量计算机械台班消耗量

大型机械施工的土石方、打桩、构件吊装、运输等项目机械台班消耗量按劳动定额中规定的各分项工程的机械台班产量计算,再考虑机械幅度差率计算。

$$大型机械台班消耗量 = 施工定额机械耗用台班 \times (1 + 机械幅度差率) \quad (9\text{-}39)$$

3)打夯、钢筋加工、水磨石等各种专用机械台班消耗指标

专用机械台班消耗指标,有的直接将值放在预算定额中;也有的以机械费率表示,列入预算定额中。

四、预算定额与施工定额的关系

预算定额是编制施工图预算、标底、工程决算的依据;而施工定额是施工企业编制施工预算的依据。预算定额是以施工定额为基础的,但是预算定额不能简单地套用施工定额,必须考虑到它比施工定额包含了更多的可变因素,需要保留一个合理的幅度差。此外,确定两种定额水平的原则是不相同的。预算定额是社会平均水平,而施工定额是平均先进水平。因此,确定预算定额时,水平要相对低一些,一般预算定额水平要低于施工定额5%~7%。

预算定额比施工定额包含了更多的可变因素,这些因素有以下三种。

(一)确定劳动消耗指标时要考虑的因素

这些因素主要有以下几个方面:

(1)工序搭接的停歇时间;

(2)机械的临时维修、小修、移动等所发生的不可避免的停工损失;

(3)工程检查所需的时间;

(4)细小难以测定的不可避免工序和零星用工所需的时间等。

(二)确定机械台班(时)消耗指标时要考虑的因素

这此因素主要有以下几个方面:

(1)机械在与小量手工操作的工作配合中不可避免的停歇时间;

(2)在工作班内机械变换位置所引起的难以避免的停歇时间和配套机械相互影响的损失时间;

(3)机械临时性维修和小修引起的停歇时间;

(4)机械偶然性停歇时间,如临时停水、停电、工作不饱和等引起的间歇;

(5)工程质量检查影响机械工作损失的时间。

(三)确定材料消耗指标时要考虑的因素

确定材料消耗指标时应考虑由于材料质量不符合标准或材料数量不足,对材料耗用量和加工费用的影响。因为这些不是由施工企业的原因造成的。

第五节　概算定额

一、概算定额的概念

概算定额是在预算定额的基础上以主要工序为准综合相关的扩大定额,其全称是建

筑安装工程概算定额。它是介于预算定额和概算指标之间的一种定额。

概算定额与预算定额不同的是:两者在项目划分和综合扩大程度上的差异,以适用于不同设计阶段的需要。2002 年水利部颁发的《水利建筑工程概算定额》、《水利建筑工程预算定额》中,《水利建筑工程概算定额》不构成工程实体的各种施工操作损耗、允许的超挖及超填量、合理的施工附加量、体积变化等根据施工技术规范规定的合理消耗量计入定额,而《水利建筑工程预算定额》均不含超挖及超填量。

在概算设计阶段选用概算定额,在施工图预算阶段选用预算定额。

二、概算定额的内容和形式

概算定额的表现形式由于专业特点和地区特点的不同而有所不同,就其内容而言,基本由文字说明和定额子目的表格及附录组成。

三、概算定额的作用

概算定额主要有以下几个方面的作用:

(1)概算定额是初步设计阶段建设项目设计概算的依据。建设程序规定,采用两阶段设计时,其初步设计必须编制概算;采用三阶段设计时,其技术设计必须编制修正概算,对拟建项目进行总评价。

(2)概算定额是设计方案比选的依据。所谓设计方案比选,是要选择出技术先进可靠、经济合理的方案,在满足使用功能的条件下,达到降低造价和资源消耗的目的。概算定额是在预算定额的基础上的扩大综合,它可以为设计方案的比较提供方便的条件。

(3)概算定额是编制主要材料需要量的计算基础。根据概算定额所列材料消耗量指标计算工程用料数量可在施工图设计之前提出供应计划,为材料的采购、供应做好施工准备,提供前提条件。

(4)概算定额是编制概算指标和投资估算指标的依据。

(5)概算定额是实行工程总承包时已完工程价款结算的依据。

四、概算定额的编制原则

概算定额的编制应贯彻社会平均水平和简明适用的原则。由于概算定额和预算定额都是工程计价的依据,所以应符合价值规律并反映现阶段生产力水平。在概预算定额水平之间应保留必要的幅度差,一般允许有 5% 以内的幅度差,并在概算定额的编制过程中严格控制。在水利水电工程中,从预算定额过渡到概算定额,一般采用的扩大系数是 1.03 ~ 1.05。

为了满足预先确定的造价、控制项目投资,概算定额应尽量不要留活口或少留活口。

五、概算定额的编制依据

由于概算定额的适用范围不同,其编制依据也有所区别。编制依据一般有以下几种:

(1)现行的设计标准及施工验收规范;

(2)现行建筑和安装工程预算定额;

(3)国务院各有关部门和各省、自治区、直辖市批准颁发的标准设计图集和有代表性的设计图纸等；

(4)现行概算定额及其编制资料；

(5)有关的工程概算、施工图预算、工程结算和决算等经济资料；

(6)上级颁发的有关政策性文件。

六、概算定额的编制步骤

概算定额的编制一般分为以下三个阶段：准备阶段、编制阶段、审查报批阶段。

(1)准备阶段。主要是确定编制机构和人员组成，进行调查研究，了解现行概算定额执行情况与存在的问题以及编制范围。在此基础上编制概算定额的编制细则和概算定额项目划分。

(2)编制阶段。根据已编制的编制细则、定额项目划分和工程量计算规则，调查研究，对收集到的设计图纸、资料进行细致的测算和分析，编出概算定额初稿，并将概算定额的分项定额总水平与预算水平相比控制在允许的幅度之内，以保证二者水平上的一致性。如概算定额与预算定额水平差距较大时，则需对概算定额水平进行必要的调整。

(3)审查报批阶段。在征求意见并且修正之后形成报批稿，经批准之后交付印刷。

习　题

9-1　工程建设定额的含义是什么？工序定额、施工定额、预算定额、概算定额、概算指标、投资估算指标等六种定额之间的区别是什么？

9-2　施工定额、预算定额、概算定额编制的原则各是什么？

第十章 基础单价编制

本章重点

1. 人工预算单价的组成及计算方法。

2. 材料预算价格的组成及计算方法。

3. 施工机械台时费的组成及计算方法。

本章教学要求

1. 掌握人工预算单价的组成及计算方法。

2. 掌握材料预算价格的组成及计算方法。

3. 掌握施工机械台时费的组成及计算方法,了解补充台时费的编制方法。

4. 掌握施工用电、水、风预算价格的组成及计算方法;了解施工用水预算价格的组成及计算方法。

在编制城市水利工程概预算时,需要根据工程项目所在地区的有关规定、工程具体特点、施工技术、材料来源等,编制人工预算单价、材料预算价格、施工机械使用费、砂石料单价、混凝土材料单价以及施工用电、水、风预算价格作为编制建筑安装工程单价的基本依据。这些预算价格统称为基础单价。

第一节 人工预算单价

人工预算单价是指生产工人在单位时间(工时)的费用,是在编制概预算中计算各种生产工人人工费时所采用的人工费单价,是计算建筑安装工程单价和施工机械使用费中人工费的基础单价。

一、人工预算单价的组成

人工预算单价由基本工资、辅助工资、工资附加费等三项内容组成,划分为工长、高级工、中级工、初级工四个档次。

(一)基本工资

基本工资由岗位工资、年功工资以及年应工作天数内非工作天数的工资组成。其中:

(1)岗位工资是指按照职工所在岗位从事的各项劳动要素测评结果确定的工资。

(2)年功工资是指按照职工工作年限确定的工资,随工作年限增加而逐年累加。

(3)生产工人年应工作天数内非工作天数的工资,包括职工开会、学习、培训期间的工资,调动工作、探亲、休假期间的工资,因气候影响的停工工资,女工哺乳期间的工资,病假在六个月内的工资以及产、婚、丧假期的工资。

(二)辅助工资

辅助工资是指在基本工资以外,以其他形式支付给职工的工资性收入,指根据国家有关规定属于工资性质的各种津贴,主要包括地区津贴、施工津贴、夜班津贴、节日加班津贴等。

(三)工资附加费

工资附加费指按照国家规定提取的职工福利基金、工会经费、养老保险费、医疗保险费、工伤保险费、职工失业保险基金和住房公积金。

二、人工预算单价计算

人工预算单价应根据国家有关规定,按工程所在地区的工资区类别、水利施工企业工人工资标准并结合水利工程特点进行计算。执行水利部水总[2002]116号文件制定的人工预算单价计算办法。

(一)人工预算单价的计算方法

根据2002年水利部颁布的有关规定,现行人工预算单价包括以下三项内容,以六类工资区为例,各项计算方法如下所述。

1.基本工资

基本工资按下式计算:

基本工资(元/工日)=基本工资标准(元/月)×地区工资系数×12月÷年应工作天数×1.068　(10-1)

2.辅助工资

(1)地区津贴(元/工日)=津贴标准(元/月)×12月÷年应工作天数×1.068　(10-2)

(2)施工津贴(元/工日)=津贴标准(元/工日)×365天×95%÷年应工作天数×1.068　(10-3)

(3)夜班津贴(元/工日)=(中班津贴标准+夜班津贴标准)÷2×(20%~30%)　(10-4)

(4)节日加班津贴(元/工日)=基本工资(元/工日)×3×10天÷年应工作天数×35%　(10-5)

需要说明的是,上述费用中的1.068为年应工作天数内非工作天数的工资系数;在计算夜餐津贴时,式中百分数的选取为枢纽工程取30%,引水及河道工程取20%。

3.工资附加费

(1)职工福利基金(元/工日)=[基本工资(元/工日)+辅助工资(元/工日)]×费率标准(%)　(10-6)

(2)工会经费(元/工日)=[基本工资(元/工日)+辅助工资(元/工日)]×费率标准(%)　(10-7)

(3)养老保险费(元/工日)=[基本工资(元/工日)+辅助工资(元/工日)]×费率标准(%)　(10-8)

(4)医疗保险费(元/工日)=[基本工资(元/工日)+辅助工资(元/工日)]×费率标准(%)　(10-9)

(5)工伤保险费(元/工日)=[基本工资(元/工日)+辅助工资(元/工日)]×费率标准(%) (10-10)

(6)职工失业保险基金(元/工日)=[基本工资(元/工日)+辅助工资(元/工日)]×费率标准(%) (10-11)

(7)住房公积金(元/工日)=[基本工资(元/工日)+辅助工资(元/工日)]×费率标准(%) (10-12)

人工工日预算单价(元/工日)=基本工资+辅助工资+工资附加费 (10-13)

人工工时预算单价(元/工时)=人工工日预算单价(元/工日)÷日工作时间(工时/工日) (10-14)

(二)人工预算单价计算标准

1. 有效工作时间

年应工作天数:251 工日(减去双休日 104 天、法定节日 10 天后)。

日工作时间:8 h/工日。

年非工作天数:每年非工作天数按 16 天计算。

年有效工作天数:等于年应工作天数减去年非工作天数,为 235 天。

则:年应工作天数内年非工作天数的工资系数,即 251÷235=1.068。

2. 基本工资标准

根据国家有关规定和水利部水利企业工资制度改革办法,并结合水利工程特点,分别确定了枢纽工程、引水工程及河道工程六类工资区分级工资标准。

(1)基本工资标准见表 10-1。

(2)地区工资系数,按劳动部规定,六类以上工资区的工资系数见表 10-2。

表 10-1 基本工资标准表(六类工资区)

序号	名 称	单位	枢纽工程	引水工程及河道工程
1	工长	元/月	550	385
2	高级工	元/月	500	350
3	中级工	元/月	400	280
4	初级工	元/月	270	190

注:按国家规定享受生活费补贴的特殊地区,可按有关规定计算,并计入基本工资。

表 10-2 六类以上工资区的地区工资系数表

工资区类别	地区系数
七类工资区	1.026 1
八类工资区	1.055 2
九类工资区	1.078 3
十类工资区	1.104 3
十一类工资区	1.130 4

3. 辅助工资标准

辅助工资标准见表 10-3。

表 10-3　辅助工资标准表

序号	项 目	枢纽工程	引水工程及河道工程
1	地区津贴	按国家、省、自治区、直辖市的规定	
2	施工津贴	5.3 元/天	3.5 ~ 5.3 元/天
3	夜餐津贴	4.5 元/夜班,3.5 元/中班	

注:初级工的施工津贴标准按表中数值的 50% 计取。

4. 工资附加费标准

工资附加费标准见表 10-4。

表 10-4　工资附加费标准表

序号	项目	费率标准(%)	
		工长、高中级工	初级工
1	职工福利基金	14	7
2	工会经费	2	1
3	养老保险费	按各省、自治区、直辖市规定	按各省、自治区、直辖市规定的 50% 计
4	医疗保险费	4	2
5	工伤保险费	1.5	1.5
6	职工失业保险基金	2	1
7	住房公积金	按各省、自治区、直辖市规定	按各省、自治区、直辖市规定的 50% 计

注:养老保险费率一般取 20% 以内,住房公积金费率一般取 5% 左右。

【例 10-1】　某城市位于六类地区,兴建一座污水处理泵站工程,试计算初级工和工长的人工预算单价。已知:无地区津贴,养老保险费费率 20%,住房公积金费费率 5%。

解:A. 初级工人工预算单价计算

(1) 基本工资为:

$$270 \times 12 \div 251 \times 1.068 = 13.786(\text{元/工日})$$

(2) 辅助工资为:

①地区津贴 = 0 元/工日

②施工津贴 = $5.3 \times 365 \times 95\% \div 251 \times 1.068 \times 50\% = 3.910$(元/工日)

③夜餐津贴 = $(4.5 + 3.5) \div 2 \times 30\% = 1.200$(元/工日)

④ 节日加班津贴 = $13.786 \times 3 \times 10 \div 251 \times 35\% = 0.577$(元/工日)

$$\text{辅助工资} = ① + ② + ③ + ④ = 5.687(\text{元/工日})$$

(3) 工资附加费为:

① 职工福利基金 = $(13.786 + 5.687) \times 7\% = 1.363$(元/工日)

② 工会经费 =(13.786 +5.687) ×1% =0.195(元/工日)

③ 养老保险费 =(13.786 +5.687) ×20% ×50% =1.947(元/工日)

④ 医疗保险费 =(13.786 +5.687) ×2% =0.389(元/工日)

⑤ 工伤保险费 = (13.786 +5.687) ×1.5% =0.292(元/工日)

⑥ 职工失业保险基金 =(13.786 +5.687) ×1% =0.195(元/工日)

⑦ 工伤保险费 =(13.786 +5.678) ×5% ×50% =0.487(元/工日)

工资附加费 =①+②+③+④+⑤+⑥+⑦=4.868(元/工日)

人工工时预算单价 =13.786 +5.687 +4.868 =24.341(元/工日)

24.341 ÷8 =3.04(元/工日)

则取定为3.04 元/工时

B. 工长人工预算单价计算

工长人工预算单价计算见表10-5。

表10-5 工长人工预算单价计算表

地区类别	六类	定额人工等级	工长
序号	项 目	计算式	单价(元)
(1)	基本工资	550 ×12 ÷251 ×1.068	28.083
(2)	辅助工资	①+②+③+④	10.195
①	地区津贴	0	0
②	施工津贴	5.3 ×365 ×95% ÷251 ×1.068	7.820
③	夜餐津贴	(3.5 +4.5) ÷2 ×30%	1.200
④	节日加班津贴	28.083 ×3 ×10 ÷251 ×35%	1.175
(3)	工资附加费	①+②+③+④+⑤+⑥+⑦	18.566
①	职工福利基金	(28.083 +10.195) ×14%	5.359
②	工会经费	(28.083 +10.195) ×2%	0.766
③	养老保险费	(28.083 +10.195) ×20%	7.656
④	医疗保险费	(28.083 +10.195) ×4%	1.531
⑤	工伤保险费	(28.083 +10.195) ×1.5%	0.574
⑥	职工失业保险基金	(28.083 +10.195) ×2%	0.766
⑦	住房公积金	(28.083 +10.195) ×5%	1.914
(4)	人工工日预算单价	(1)+(2)+(3)	56.844
(5)	人工工时预算单价	56.844 ÷8	7.11

相应,可计算出各地区不同工种的人工预算单价。表10-6 列举了六类地区不同工种的人工预算单价(养老保险费费率20%,住房公积金费费率5%,无地区津贴)。

表 10-6 六类地区不同工种人工预算单价表

工程类别	枢纽工程		引水工程及河道工程	
工 长	56.84(元/工日)	7.11(元/工时)	39.27(元/工日)	4.91(元/工时)
高级工	52.89(元/工日)	6.61(元/工时)	36.51(元/工日)	4.56(元/工时)
中级工	44.99(元/工日)	5.62(元/工时)	30.98(元/工日)	3.87(元/工时)
初级工	24.34(元/工日)	3.04(元/工时)	16.86(元/工日)	2.11(元/工时)

第二节 材料预算价格

城市水利工程建设中,所使用的材料包括消耗性材料、构成工程实体的装置性材料和施工中可重复使用的周转性材料,是建筑安装工人加工或施工的劳动对象。材料费是水利工程投资的主要组成部分,在建安工程投资中所占比重一般在30%以上,有的甚至达到60%左右。所以,正确计算材料价格对于提高工程概预算编制质量、合理确定和有效控制工程造价具有重要意义。

材料预算价格是指材料由购买地到达工地仓库或相当于工地分仓库的堆料场地的出库价格。材料预算价格是计算建筑安装工程单价中材料费的基础单价,在编制过程中必须进行深入的调查研究,坚持实事求是的原则,按工程所在地编制年的价格水平计算。

一、材料的分类

城市水利建筑安装工程中所用到的材料品种繁多、规格各异,在编制材料的预算价格时没有必要也不可能逐一详细计算。按其用量的多少及对工程投资的影响程度,材料可分为主要材料和次要材料。

(一)主要材料

主要材料是指在施工过程中用量大或用量虽小但价格很高、对工程造价有较大影响的材料。这类材料的价格应按品种逐一详细计算。主要材料通常是指水泥、钢筋、木材、火工产品、油料(包括汽油、柴油)、砂石料等。

(二)次要材料

次要材料是指在施工过程中用量少、对工程造价影响较小的主材以外的所有其他材料。次要材料一般品种繁多,如电焊条、铁钉等。

材料价格采用简化的方法进行计算,一般参照工程所在地区就近城市定额管理站发布的《市场价格信息》中的材料价格,加运至工地的运杂费用(一般可取预算价格的5%左右)来确定;或采用该材料的市场价,加8%左右的运杂费和采购及保管费计算。没有地区预算价格的材料,由设计单位参照水利工程实际价格水平确定。

需要说明的是,次要材料是相对于主要材料而言的,两者之间并没有严格的界限,要根据工程对某种材料用量的多少及其在工程投资中的比重来确定。如大体积混凝土掺用粉煤灰,或大量采用沥青混凝土防渗的工程,可将粉煤灰、沥青视为主要材料;而对石方开挖量很小的工程,则炸药可不作为主要材料。

二、主要材料预算价格的组成

主要材料预算价格一般由材料原价、包装费、运杂费、运输保险费、采购及保管费等五项组成。其中,材料的包装费并不是对每种材料都可能发生。例如,散装材料不存在包装费,有的材料包装费已计入出厂价。

材料预算价格的计算公式为:

$$材料预算价格=(材料原价+包装费+运杂费)\times(1+采购及保管费费率)+运输保险费 \tag{10-15}$$

三、主要材料预算价格的编制

在编制材料预算价格之前,需要到有关部门收集相关建筑材料的市场信息。通常需要收集的信息有工程所在区域建筑材料的市场价格、供应状况、对外交通条件、已建工程的实际经验和资料、国家或地方有关法规等。为了节约资金,降低工程造价,应合理选择材料的供货商、供货地点、供货比例和运输方式等,一般情况下,应考虑就近选择材料来源地。

(一)材料原价

材料原价也称为材料市场价或交货价格。随着市场经济的发展,材料价格(火工产品除外)已全部放开,一般按工程所在地区就近的大的物资供应公司、材料交易中心的市场成交价或设计选定的生产厂家的出厂价或工程所在地建设工程造价管理部门公布的价格信息计算。同一种材料,因产源地、供应商家的不同,会有不同的供应价格,需根据市场调查的详细资料,按不同产源地的市场价格和供应比例,采取加权平均方法计算。一般水利工程的主要材料原价可按下述方法确定。

(1)水泥:水泥产品根据国家计委、建材局计价管理的规定,从1996年4月1日起全部执行市场价,水泥产品价格由厂家根据市场供求状况和水泥生产成本自主定价。如设计采用早强水泥,可按设计确定的比例计入。在可行性研究阶段编制投资估算,水泥原价可统一按袋装水泥价格计算。

(2)钢材:钢材根据设计所需要的规格品种的市场价计算。如果设计提供品种规格有困难时,钢筋可采用普通A3光面钢筋(直径为16~18 mm)比例占70%、低合金钢20MnSi(直径为20~25 mm)比例占30%进行计算。各种型钢、钢板的代表规格、型号和比例根据设计要求确定。

(3)木材:凡工程所需木材可由林区储木场直接提供的工程,原则上均应执行设计所选定的储木场的大宗市场批发价;由工程所在地区木材公司供应的,执行地区木材公司规定的大宗市场批发价。确定木材原价的代表规格,按二(杉木)、三(松木)类树种各50%,Ⅰ、Ⅱ等材各占50%考虑,长度按2.0~3.8 m计,原松木径级按20~28 cm计,锯材按中板中枋,杉木径级根据设计由储木场供应情况确定。

(4)油料:汽油、柴油的原价全部按工程所在地区石油公司的批发价计算。汽油代表规格为90#,柴油代表规格按工程所在地区气温条件确定。其中Ⅰ类气温区0#柴油比例占75% ~100%，$-10^{\#}$ ~ $-20^{\#}$柴油比例占0 ~25%；Ⅱ类气温区$0^{\#}$柴油比例占55% ~65%，$-10^{\#}$ ~ $-20^{\#}$柴油比例占35% ~45%；Ⅲ类气温区$0^{\#}$柴油比例占40% ~55%，$-10^{\#}$ ~ $-20^{\#}$柴油比例占45% ~60%。

上述中，Ⅰ类气温区包括广东、广西、云南、贵州、四川、江苏、湖南、浙江、湖北、安徽；Ⅱ类气温区包括河南、河北、山西、山东、陕西、甘肃、宁夏、内蒙古；Ⅲ类气温区包括青海、新疆、西藏、辽宁、吉林、黑龙江。

(5)火工产品：全部按国家及地方有关规定计算其价格。其中，炸药的代表规格为：$2^{\#}$岩石铵梯炸药，$4^{\#}$抗水岩石铵梯炸药，1 ~9 kg/包。

上述五种建筑材料是水利水电工程概预算编制中一般必须编制预算价格的主要材料，在具体工程中需根据工程项目进行增删。

(二)包装费

包装费是指为了便于材料的运输或为了保护材料而进行包装所发生的费用，包括厂家所进行的包装以及在运输过程中所进行的捆扎、支撑等费用。凡由生产厂家负责包装并已将包装费计入材料原价的，在计算材料的预算价格时，不再单独计算。包装费和包装品的价值因材料品种和厂家处理包装品的方式不同而异，应根据具体情况分别进行计算。一般情况下，钢材不进行包装，特殊钢材存在少量包装费，但与钢材价格相比，所占比重很小，编制预算价格时可忽略不计；木材应按实际发生的情况进行计算；袋装水泥的包装费按规定计入出厂价，不计回收，不计押金，散装水泥有专罐车运输，一般不计包装费；火工品包装费包括在出厂价格中；油料用油罐车运输，一般不存在包装费。

(三)运杂费

运杂费是指材料由产地或交货地点运到工地分仓库或相当于工地分仓库的材料堆放场所发生的各种运载工具和人力运输费、装卸费、调车费以及其他杂费等。材料由工地分运各施工点的费用，已包括在定额内不再计算。

材料运杂费应按施工组织设计中所选定的材料来源、运输方式、运输工具、运输距离以及铁路部门、交通部门规定的取费标准分项进行计算。

运杂费计算中应注意以下几个问题：

(1)材料运输流程是指材料由交货地点至工地分仓库的运输方式和转运环节。在指定材料采购计划时可根据工地实际情况选取合理的运输方案，以提高运输效益、节约成本、降低工程造价。编制材料预算价格时，最好先绘出运输流程示意图，以免计算运杂费时发生遗漏和重复。

(2)运量比例。一个工程有两种以上的对外交通方式，就需要确定各种运输方式所占的比例。

(3)整车与零担比例。其是指火车运输中整车和零担货物的比例，又称“整零比”。汽车运输不考虑整零比。其比例主要视工程规模大小而决定。工程规模大、由厂家直供的份额多，批量就大，整车比例就高。

整车运价较零担便宜，材料运费的计算中，应以整车运输为主。一般情况下，水泥、木材、炸药、汽油和柴油按整车计算；钢材可考虑一部分零担，其比例：大型水利工程按10% ~20%计取、中型水利工程按20% ~30%计取。

整零比在实际计算时多以整车和零担所占百分率表示。计算时按整车和零担所占的百分率加权平均计算运价。计算公式为：

$$运价 = 整车运价 \times 整车量(\%) + 零担运价 \times 零担量(\%) \tag{10-16}$$

(4)装载系数。在实际运输过程中，由于材料批量的原因，可能装不满一整车而不能满载；或虽已满载，但因材料容重小而使运输重量不能达到车皮的标记吨位；或为保证行车安全，对炸药类危险品也不允许满载。这样，就存在实际运输重量与运输车辆标记载重量不同的问题，而交通运输部门是按标记载重量收取费用的(整车运输)。在计算运杂费时，用装载系数来表示。装载系数计算式为：

$$装载系数 = 实际运输量 \div 运输车辆标记载重量 \tag{10-17}$$

据统计，火车整车装载系数见表10-7，供计算时参考。

表10-7 火车整车装载系数

序号	材料名称		单位	装载系数
1	水泥、油料		t/车皮 t	1.00
2	木材		m^3/车皮 t	0.90
3	钢材	大型工程	t/车皮 t	0.90
4		中型工程	t/车皮 t	0.80～0.85
5	炸药		t/车皮 t	0.65～0.70

考虑装载系数后的实际运价计算为：

$$实际运价 = 规定运价 \div 装载系数 \tag{10-18}$$

(5)毛重。毛重是指包括包装品重量的材料运输重量。单位毛重则是指单位材料的运输重量。运输部门是按毛重计算运费，而不是以物资的实际重量计算运费的，因此材料运输费主要考虑材料的毛重系数。

$$毛重系数 = 毛重 \div 净重 \tag{10-19}$$

建筑材料中，水泥、钢材和油罐车运输的油料的毛重系数为1.0；木材的单位质量与材质有关，一般为0.6～0.8 t/m^3，毛重系数为1.0；炸药毛重系数为1.17；汽油、柴油采用自备油桶运输时，其毛重系数分别为1.15、1.14。

考虑毛重系数后的实际运价为：

$$实际运价 = 规定运价 \times 毛重系数 \tag{10-20}$$

(四)材料运输保险费

材料在运输过程中，如需进行保险，就应向保险公司缴纳货物保险费。

$$材料运输保险费 = 材料原价 \times 材料运输保险费费率 \tag{10-21}$$

材料运输保险费费率可按工程所在省、自治区、直辖市或中国人民保险公司的有关规定计算。

(五)材料采购及保管费

材料采购及保管费是指建设单位和施工单位的材料供应部门在组织材料采购、运输、保管和供应过程中所需的各项费用，包括：

(1)材料的采购、供应和保管部门工作人员的基本工资、辅助工资、工资附加费、教育经费、办公费、差旅交通费及工具用具使用费。

(2)仓库和转运站的检修费、固定资产折旧费、技术安全措施费和材料的检验费等。

(3)材料在运输、保管过程中所发生的损耗。

材料采购及保管费计算公式为:

材料采购及保管费 =(材料原价 + 包装费 + 运杂费)× 采购及保管费费率 (10-22)

材料采购及保管费费率按主管部门规定计算,现行规定为3%。

【例10-2】 计算某水利工程用水泥预算价格。水泥由某水泥厂直供,水泥强度等级为42.5,其中袋装水泥占10%,出厂价为320元/t;散装水泥占90%,出厂价为300元/t。运输路线、运输方式和各项费用:自水泥厂通过公路运往工地仓库,其中袋装运杂费25.6元/t,散装运杂费16.9元/t;从仓库至拌和楼由汽车运送,运费为1.5元/t;进罐费1.3元/t;运输保险费率按1%计;采购保管费按3%计。

解:水泥原价 = 袋装水泥市场价 ×10% + 散装水泥市场价 ×90%

= 320 ×10% + 300 ×90% = 302(元/t)

水泥运杂费 = 水泥厂至工地仓库运杂费 + 工地仓库至拌和楼平均运杂费 + 进罐费

= 25.6 ×10% + 16.9 ×90% + 1.5 + 1.3

= 20.57(元/t)

水泥运输保险费 = 水泥原价 × 运输保险费率

= 302 ×1% = 3.02(元/t)

水泥预算价格 =(原价 + 包装费 + 运杂费)×(1 + 采购及保管费率)+ 运输保险费

=(302 + 0 + 20.57)×(1 + 3%)+ 3.02

= 335.27(元/t)

四、基价、限价及材料调差价

(一)基价

为了避免材料市场价格起伏变化造成间接费、利润相应的变化,有些部门(如工民建和水利主管部门)对主要材料规定了统一的价格,按此价格进入工程单价,计取有关费用,故称为取费价格。此价格由主管部门发布,在一定时期内固定不变,故又称基价。

(二)限价

2002年水利部在颁布的《水利工程设计概(估)算编制规定》中专门指出,西藏等地区,部分材料运输距离较远,预算价格较高,应限价计入工程单价,余额以补差形式计算税金后列入本相应部分之后。外购砂、碎(砾)石、块石、料石等预算价格控制在70元/m^3。这种只规定上限的基价,称为规定价或限价。

(三)材料调差价

按实际市场价计算出的材料预算价与规定价之差称为材料调差价。在计算工程单价时,若遇到外购砂、碎石(砾石)、块石、料石等的工程单价,其预算价格如超过限价(70元/m^3),应按限价进入工程单价计费,超过部分以补差形式计算税金后列入相应部分之后。

第三节　施工用电、水、风价

在城市水利工程施工过程中,电、水、风的耗用量非常大。电、水、风的预算价格直接影响到施工机械台班费和工程单价的高低,从而影响到工程造价。因此,在编制电、水、风预算单价时,需要根据施工组织设计中确定的电、水、风供应方式、布置形式、设备配置情况或施工企业的实际资料计算。

一、施工用电价格

施工用电按其用途可分为生产用电和生活用电两部分。生产用电指施工机械用电、施工照明用电和其他生产用电,该项费用直接计入工程成本中。生活用电是指生活、文化、福利设施的室内外照明和其他生活用电,这部分费用在间接费内计列或由职工负担,不在施工用电范围内。城市水利工程中的电价计算仅指生产用电。

城市水利工程施工用电的电源有外购电和自发电两种形式。由国家、地方电网或其他电厂供电叫外购电,其中国家电网供电电价低廉、电源可靠,是施工时的主要电源。由施工单位自建发电厂或自建柴油发电厂供电叫自发电,自发电一般为柴油机发电机组供电,成本较高,一般作为施工单位的备用电源或高峰用电时使用。

(一)施工用电价格的组成

施工用电的价格由基本电价、电能损耗摊销费和供电设施维修摊销费三部分组成。

1. 基本电价

1)外购电的基本电价

外购电的基本电价是指按国家或地方的规定由供电部门收取的电价。凡是国家电网供电,执行国家规定的基本电网电价中的非工业标准电价,其包括电网电价、电力建设基金、用电附加费及各种加价。由地方电网或其他企业中、小型电网供电的,执行地方电价主管部门规定的电价。

2)自发电的基本电价

自发电的基本电价是指施工企业自建发电厂(或自备发电机)的单位成本。自建发电厂一般有柴油发电厂(柴油发电机组)、燃煤发电厂和水力发电厂等。在城市水利工程施工中,施工单位一般自备柴油发电机组或柴油发电机作为备用电源。

柴油发电厂供电,应根据自备电厂所配置的设备,以台时总费用来计算单位电能的成本作为基本电价,可按下式计算:

$$基本电价 = 台时总费用 \div [台时总发电量 \times (1 - 厂用电率)] \tag{10-23}$$

$$台时总费用 = 柴油发电机组(台)时费 + 水泵组(台)时费 \tag{10-24}$$

$$台时总发电量 = 发电机额定容量之和 \times K \tag{10-25}$$

式中　K——发电机出力系数,根据设备的技术性能和状态选定,一般可取0.8~0.85,厂用电率一般可取4%~6%。

柴油发电机供电如果采用循环冷却水,不用水泵,基本电价的计算公式为:

基本电价 = 台时总费用 ÷ [台时总发电量 × (1 − 厂用电率)] + 单位循环冷却水费 (10-26)

台时总费用 = 柴油发电机组(台)时费 (10-27)

单位循环冷却水费,可取 0.03 ~ 0.05 元/kWh,其他同前。

2. 电能损耗摊销费

1)外购电的电能损耗摊销费

外购电的电能损耗摊销费是指从施工单位与供电部门的产权分界处起到施工现场最后一级降压变压器低压侧止,在所有施工用变配电设备及输电线路上所发生的电能损耗摊销费用。其包括由高压电网到施工主变压器高压侧之间的高压输电线路损耗,由主变压器高压侧至现场各施工点最后一级降压变压器低压侧之间的变配电设备及配电线路损耗两部分。

2)自发电的电能损耗摊销费

自发电的电能损耗摊销费是指从发电厂的出线侧到现场各施工点最后一级降压变电器低压侧止,所有变配电设备和输电线路上的电能损耗摊销费用。

从最后一级降压变压器低压侧到施工现场用电点的施工设备及低压配电线路损耗已包括在各用电施工设备的台时耗电定额中,不再计入电价内。

电能损耗摊销费通常用电能损耗率表示。

3. 供电设施维修摊销费

供电设施维修摊销费是指摊入电价的变、配电设备的基本折旧费、大修理费、安装和拆卸费、输配电线路的移设和运行维护费等。

按现行编制规定,施工场外变、配电设备可计入临时工程,故供电设施维修摊销费中不包括基本折旧费。供电设施维修摊销费一般可根据经验指标计算。

(二)施工用电价格的计算

1. 外购电电价

外购电电价根据施工组织设计确定的供电方式以及不同电源的电量所占比例,按国家或工程所在省、自治区、直辖市规定的电网电价和规定的加价进行计算。计算公式为:

电网供电价格 = 基本电价 ÷ (1 − 高压输电线路损耗率) ÷
(1 − 35 kV 以下变配电设备及配电线路损耗率) +
供电设施维修摊销费(变配电设备除外) (10-28)

式中,高压输电线路损耗率可取 4% ~ 6%;变配电设备及配电线路损耗率可取 5% ~ 8%。线路短、用电负荷集中取小值,反之取大值。

供电设施维修摊销费,可取 0.02 ~ 0.03 元/kWh。

2. 自发电电价

(1)采用循环冷却水,计算公式为:

柴油发电机供电价格 = 柴油发电机组(台)时总费用 ÷ [柴油发电机额定容量之和 ×
发电机出力系数 × (1 − 厂用电率) ×
(1 − 变配电设备及配电线路损耗率)] + 供电设施维修摊销费 +
单位循环冷却水费 (10-29)

(2)采用专用水泵供给冷却水,计算公式为:

$$柴油发电机供电价格 =(柴油发电机组(台)时总费用 + 水泵组(台)时总用费)\div [柴油发电机额定容量之和 \times 发电机出力系数 \times (1 - 厂用电率)\times(1 - 变配电设备及配电线路损耗率)] + 供电设施维修摊销费 \quad (10\text{-}30)$$

式中各指标取值同前。

3. 综合电价

若工程同时采用两种或两种以上供电电源,各用电量比例应按施工组织设计确定,综合电价经加权平均后求得。

【例 10-3】 某城市水利工程施工用电,由国家供电网供电 90%,自发电 10%。基本资料如下,计算其综合电价。

(1)外购电。①基本电价 0.398 元/kWh;②损耗率:高压输电线路取 5%,变配电设备和输电线路取 8%;③供电设备摊销费 0.03 元/kWh。

(2)自发电。①自备柴油发动机,容量 250 kW 的 1 台,台时费用 210.68 元/台时;200 kW 的1 台,台时费用 176.22 元/台时;2.2 kW 潜水泵 2 台,供给冷却水,每台台时费用13.52 元/台时;②发电机出力系数 0.80;③供电设施摊销费 0.03 元/kWh。

解:(1)外购电的电价,按式(10-28)计算为:

$$外购电电价 = 0.398 \div (1 - 5\%) \div (1 - 8\%) + 0.03 = 0.485(元/kWh)$$

(2)自发电的电价:

$$台时总费用 = 210.68 \times 1 + 176.22 \times 1 + 13.52 \times 2 = 413.94(元)$$

$$台时总发电量 = (250 + 200) \times 0.8 = 360(kWh)$$

按式(10-26)计算自发电的基本电价,厂用电率取 5%,则:

$$基本电价 = 413.94 \div [360 \times (1 - 5\%)] = 1.210(元/kWh)$$

由式(10-29),得:

$$自发电的电价 = 1.210 \div (1 - 8\%) + 0.03 = 1.345(元/kWh)$$

(3)计算综合单价:

$$综合电价 = 1.345 \times 10\% + 0.485 \times 90\% = 0.571(元/kWh)$$

故取定综合电价为 0.571 元/kWh。

二、施工用水价格

城市水利工程施工用水分生产用水和生活用水两部分。生产用水是指直接进入工程成本的施工用水,包括钻孔灌浆用水、砂石料筛洗用水、混凝土拌制养护用水、施工机械用水等。生活用水主要指职工、家属的饮用水和洗涤用水等。城市水利工程施工用水水价仅指生产用水水价。生活用水属于间接费用开支或由职工自行负担,不在水价计算范围之内。如果生产、生活用水由同一系统提供,则凡因生活用水所增加的费用(如净化药品费等),均不应计入生产用水的单价之内。

城市水利工程由于其工程所在地的特殊性,施工时多采用工程所在地自来水公司管路供水,其施工用水价格直接采用居民生活用水价格。如果根据施工组织要求,施工时需配置供水系统，可按下列方法进行计算。

（一）施工用水价格的组成

施工用水价格由基本水价、供水损耗摊销费和供水设施维修摊销费组成。

1. 基本水价

基本水价是指根据施工组织设计确定的高峰用水量所配备的供水系统设备（不含备用设备），按台时产量分析计算的单位水量的价格。基本水价是构成水价的基本部分，其高低与生产用水的工艺要求以及施工布置密切相关，如用水需作沉淀处理、扬程高等，则水价高，反之水价就低。基本水价的计算公式为：

$$基本水价 = 水泵组（台）时总费用 \div [水泵额定容量之和(m^3/h) \times 能量利用系数] \tag{10-31}$$

式中，能量利用系数一般取 0.75～0.85。

2. 供水损耗摊销费

水量损耗是指施工用水在贮存、输送、处理过程中的水量损失。在计算水价时，水量损耗通常以损耗率的形式表示，计算公式为：

$$损耗率 = 损失水量 \div 水泵总出水量 \times 100\% \tag{10-32}$$

供水损耗率的大小与蓄水池及输水管路的设计、施工质量和维修管理水平的高低有直接关系，编制概算时一般可按出水量的 8%～12% 计取，在预算阶段，如有实际资料，应根据实际资料计算。

3. 供水设施维修摊销费

供水设施维修摊销费是指摊入水价的水池、供水管路等供水设施的单位维护修理费用。一般情况下，该项费用难以准确计算，可按 0.02～0.03 元/m^3 的经验指标摊入水价，大型工程或一、二级供水系统可取大值，中小型工程或多级供水系统可取小值。

（二）施工用水价格的计算

$$施工用水价格 = 基本水价 \div (1 - 损耗率) + 供水设施维修摊销费 \tag{10-33}$$

（三）水价计算时应注意的问题

水价计算时应注意以下几个问题：

（1）水泵台时总出水量计算应根据施工组织设计选定的水泵型号、系统的实际扬程和水泵性能曲线确定。

（2）在计算台时总出水量和台时总费用时，如计入备用水泵的出水量，则台时总费用中亦应包括备用水泵的台时费。如备用水泵的出水量不计，则台时费也不包括在内。

（3）供水系统为一级供水，台时总出水量按全部工作水泵的总出水量计算。供水系统为多级供水，则：①当全部水量通过最后一级水泵出水时，台时总出水量按最后一级工作水泵的出水量计算，但台时总费用应包括所有各级工作水泵的台时费；②当有部分水量不通过最后一级，而由其他各级分别供水时，要逐级计算水价；③当最后一级系供生活用水时，则台时总出水量包括最后一级，但该级台时费不应计算在台时总费用内。

（4）施工用水有循环用水时，水价要根据施工组织设计的供水工艺流程计算。

【例10-4】 某工程施工生产用水设两个供水系统。甲系统设 150D30×4 水泵 3 台，其中备用 1 台，包括管路损失总扬程 116 m，相应出水流量 150 m^3/(h·台)；乙系统设 3

台100D45×3水泵，其中备用1台，总扬程120 m，相应出水量90 m^3/(h·台)。两供水系统供水比例为60:40，均为一级供水。已知水泵台时费分别为96元/台时和75元/台时。水量损耗率取10%，维修摊销费取0.03元/m^3，能量利用系数取0.8，求综合水价。

解：甲系统的水价为：(96×2)÷[150×2×0.8×(1－10%)]+0.03=0.919(元/m^3)

乙系统的水价为：(75×2)÷[90×2×0.8×(1－10%)]+0.03=1.187(元/m^3)

综合水价为：0.919×60%+1.187×40%=1.026(元/m^3)

故取定综合电水价为1.03元/m^3

三、施工用风价格

在城市水利工程施工中，施工用风主要用于石方爆破钻孔、混凝土浇筑、基础处理、结构及机电设备安装工程等风动机械所需的压缩空气。

施工用风可由移动式空压机或固定式空压机供给。在大中型水利工程中，一般都采用多台固定式空压机集中组成压气系统，并以移动式空压机为辅助。

(一)施工用风价格的组成

施工用风价格的组成和电价相似，由基本风价、供风损耗摊销费和供风设施维修摊销费组成。

1. 基本风价

基本风价是根据施工组织设计确定的高峰用风量配置的供风系统设备，按台时产量计算单位风量的价格，计算公式为：

基本风价＝台时总费用÷台时总供风量 (10-34)

台时总费用＝空气压缩机组(台)时总费用＋水泵组(台)时总费用 (10-35)

台时总供风量＝60(min)×空气压缩机额定容量之和×能量利用系数 (10-36)

式中，能量利用系数可取0.70～0.85。

空气压缩机系统如采取循环冷却水，不用水泵，基本风价计算公式为：

基本风价＝空气压缩机组(台)时总费用÷台时总供风量＋单位循环冷却水费 (10-37)

式中，单位循环冷却水费可取0.005元/m^3。

2. 供风设施维修摊销费

供风设施维修摊销费是指摊入风价的供风管道的维修费用。该项目费用数值较小，编制概算时可采用经验数值而不进行具体计算，采用0.002～0.003元/m^3。编制预算时，当实际资料不足，无法进行具体计算时，也可采用上述建议值。

3. 供风损耗摊销费

该项费用是指由压气站至用风工作面的固定供风管道，在输送压气过程中所发生的漏气损耗、压气在管道中流动时的阻力损耗摊销费用。损耗及损耗摊销费的大小与管道长短、管道直径、闸阀和弯头等构件多少、管道敷设质量、设备安装高程的高低有关，供风损耗率一般占总风量的8%～12%。风动机械本身的用风损耗，不在风价中计算，已包含在该机械台班耗风定额中。

(二)施工用风价格的计算

$$施工用风价格=基本风价\times[1\div(1-损耗率)]+供风设施维修摊销费 \quad (10\text{-}38)$$

【例 10-5】 某工程大坝施工用风,设计供风容量为 187 m^3/min。系统配置见表 10-8。其他资料:空气压缩机能量利用系数 0.85,风量损耗率 12%,供风设施维修摊销费0.002 元/m^3,试计算施工用风价格。

表 10-8 系统配置

编号	施工机械名称及型号规格	单位	数量	台时预算单价(元/台时)
1	固定式空压机 40 m^3/min	台	1	136.70
2	固定式电压机 20 m^3/min	台	6	76.19
3	移动式空压机 9 m^3/min	台	3	41.23
4	水泵 7 kW	台	2	15.88

解:台时总费用 $=136.70\times1+76.19\times6+41.23\times3+15.88\times2=749.29$(元)

台时总供风量 $=187\times60\times0.85=9\ 537$($m^3$)

基本风价 $=749.29\div9\ 537=0.079$(元/m^3)

则:

$$\begin{aligned}施工用风价格&=基本风价\times[1\div(1-损耗率)]+供风设施维修摊销费\\&=0.079\times[1\div(1-12\%)]+0.002\\&=0.09(元/m^3)\end{aligned}$$

第四节 施工机械台时费

施工机械台时费是指一台机械在一个工作小时内,为使机械正常运转所支付和分摊的各项费用之和。施工机械使用费以台时为计量单位。随着城市水利工程施工机械化程度的提高,施工机械使用费在工程投资中所占的比例越来越大,目前已达到 20% ~30%,因此准确计算施工机械台时费对合理确定工程造价非常重要。

一、施工机械台时费组成

水利工程施工机械台时费由一类费用和二类费用组成。

(一)一类费用

一类费用按 2000 年度价格水平计算并用金额表示。编制机械台时费时,应按编制年价格水平调整,按国家有关规定执行。一类费用由折旧费、修理及替换设备费(含大修理费、经常性修理费、替换设备费)和安装拆卸费等组成。

1. 折旧费

折旧费是指机械在规定使用期内收回原始价值的台时折旧摊销费用。

2. 修理及替换设备费

修理及替换设备费是指在机械使用过程中,为了使机械保持正常功能而进行修理所需的费用、日常保养所需的润滑油料费、擦拭用品费、机械保管费以及替换设备、随机使用的工具附具等所需的台时摊销费。其主要包括以下内容。

(1)大修理费:是指机械使用一定台时,为了使机械保持正常功能而进行大修理所需的台时摊销费用。部分属于大型施工机械的中修理费合并入大修理费内一起计列。

(2)经常性修理费:包括中修理费(属于大型施工机械的不包括中修理费)、小修理费、各级保养费、润滑和擦拭材料费以及保管费等的台时摊销费。

(3)替换设备费:包括机械需用的蓄电池、变压器、启动器、电线、电缆、电器开关、仪表、轮胎、传动皮带、输送皮带、钢丝绳、胶皮管等替换设备和为了保证机械正常运转所需的随机使用的工具附具的摊销、维护费。

3. 安装拆卸费

安装拆卸费是指机械进出工地的安装、拆卸、试运转和场内转移及辅助设施的摊销费用。其主要内容有:

(1)安装前的准备,如设备开箱、检查清扫、润滑及电气设备烘干等所需的费用。

(2)设备自场内仓库至安装拆卸地点的往返运输费用和现场范围内的运转费用。

(3)设备进、出工地的安装、调试以及拆除后的整理、清扫和润滑等费用。

(4)一般的设备基础开挖、混凝土浇筑和固定锚桩等费用。如因地形条件和施工布置需要进行大量土石方开挖及混凝土浇筑等时,应列入临时工程项目。

(5)为设备的安装拆卸所搭设的平台、脚手架、地锚和缆风索等临时设施和施工现场清理等的费用。

不需要安装拆卸的施工机械,台时费中不计列此项费用,例如,自卸汽车、船舶、拖轮等。现行施工机械台时费定额中,凡备注栏内注有“※”的大型施工机械,表示该项定额未计列安装拆卸费,其费用在临时工程中的“其他施工临时工程”中计算,如混凝土搅拌楼、缆索起重机、钢模台车等。

(二)二类费用

二类费用在施工机械台时费定额中以工时数量和实物消耗量表示,包括施工机械正常运转时机上人工、燃料、动力费用,其数量定额一般不允许调。但是因工程所在地的人工预算价、材料市场价格各异,所以此项费用按国家规定的人工工资计算办法和工程所在地的物价水平分别计算,又称可变费用。

(1)机上人工费:是指施工机械运转时应配备的机上操作人员预算工资所需的费用。机上人工在台时费定额中以工时数量表示,它包括机械运转时间、辅助时间、用餐、交接班以及必要的机械正常中断时间。机下辅助人员预算工资一般列入工程人工费,不包含在机上人工费内。

(2)动力、燃料费:是指施工机械正常运转时所耗用的各种动力、燃料及各种消耗性材料,包括风(压缩空气)、水、电、汽油、柴油、煤和木柴等所需的费用。定额中以实物消耗量表示。其中,机械消耗电量包括机械本身和最后一级降压变压器低压侧至施工用电点之间的线路损耗,风、水消耗包括机械本身和移动支管的损耗。

二、施工机械台时费的计算

现执行2002年由水利部颁发的《水利工程施工机械台时费定额》及有关规定。

一类费用:按现行部颁规定,以金额形式表示,价格水平为2000年。

二类费用:将定额中的机上人工,燃料、动力消耗材料数量分别对应乘以人工预算单价、材料预算单价,合计值即为第二类费用。

计算公式分别为:

$$一类费用=定额一类费用金额\times编制年调整系数 \tag{10-39}$$

$$二类费用=定额机上人工工时数\times中级工人工预算单价+\sum(定额动力、燃料消耗量\times动力、燃料预算价格) \tag{10-40}$$

一、二类费用之和即为施工机械台时费。

【例10-6】 试计算1 m^3 液压挖掘机、59 kW 推土机、10 t 自卸汽车的台时费。

已知:该工程的中级工人工工时预算单价5.62元/工时,柴油预算价格5.20元/kg,台时一类费用调整系数为1.00。

解:查《水利工程施工机械台时费定额》编号1009可知,1 m^3 液压挖掘机的一类费用小计为63.27元;二类费用中机上人工为2.7工时,柴油耗量为14.9 kg。则:

一类费用 $=$ 定额金额 $\times1.00=63.27\times1.00=63.27$(元)

二类费用 $=2.7\times5.62+14.9\times5.20=92.65$(元)

1 m^3 液压挖掘机的台时费 $=63.27+92.65=155.92$(元/台时)

查定额编号1042、3015可分别计算出:

59 kW 推土机的台时费 $=24.31+2.4\times5.62+8.4\times5.20=81.48$(元/台时)

10 t 自卸汽车的台时费 $=48.79+1.3\times5.62+10.8\times5.20=112.26$(元/台时)

三、补充机械台时费的编制

当施工组织设计选用的机械在《水利工程施工机械台时费定额》中规格、型号与定额不符或缺项时,需要编制补充机械台时费。当设计选取的施工机械在定额中存在,但其设备容量与现行定额中同类设备不符且位于定额所包含的容量范围之内时,为了与现行定额水平吻合,可按现行定额水平采取直线内插法分别确定各项费用,编制补充机械台时费定额,也可按以下办法编制施工机械台时费。

(一)基本折旧费

其计算公式如下:

$$台时基本折旧费=机械预算价格\times(1-残值率)\div机械经济寿命总台时 \tag{10-41}$$

或

$$台时基本折旧费=机械预算价格\times年折旧率\div机械年工作台时 \tag{10-42}$$

$$国产施工机械预算价格=机械原价+运杂费 \tag{10-43}$$

$$残值率=(机械残值-清理费)\div机械预算价格\times100\% \tag{10-44}$$

$$机械经济寿命总台时=经济使用年限\times年工作台时 \tag{10-45}$$

式中,运杂费一般按机械设备原价的5%~7%计算;残值率一般可取4%~5%;机械经济寿命总台时是指机械在经济使用期内所运转的总台时数;经济使用年限是指国家规定的该种机械从使用到报废的平均工作年数;年工作台时是指该种机械在经济使用期内平均每年运行的台时数。

进口施工机械预算价格包括到岸价、关税、增值税(或产品税)、调节税、进出口公司手续费、人民币保证金和银行手续费、国内运费等项费用,按国家现行有关规定及实际调查资料计算;公路运输机械(汽车、拖车、公路自行机械)按国务院发布的《车辆购置附加费征收办法》的规定,需增加车辆购置附加费。计算公式如下:

公路运输机械预算价格 = 车辆出厂价 + 运杂费 + 车辆购置附加费 (10-46)

(二)大修理费

大修理费计算公式为:

台时大修理费 = 一次大修理费用 × 大修理次数 ÷ 机械经济寿命总台时 (10-47)

大修理次数是指机械在经济使用期限内需进行大修理的次数,计算公式如下:

大修理次数 = 机械经济寿命总台时 ÷ 大修理间隔台时 - 1 (10-48)

一次大修理费可按一次大修理所需的人工、材料、机械等进行计算,也可参考实际资料按占机械预算价格的百分率计算。

(三)经常性修理费

经常性修理费包括修理费、润滑及擦拭材料费等。

(1)修理费。修理费包括中修理费和各级保养费,一般按大修理间隔内的平均修理费计算,计算公式为:

修理费 = 大修理间隔期内修理费之和 ÷ 大修理间隔台时 (10-49)

大修理间隔期内修理费为中修理费用、各级保养费用之和。

(2)润滑及擦拭材料费。其计算公式如下:

台时润滑及擦拭材料费 = 机械年润滑及擦拭材料费 ÷ 年工作台时 (10-50)

其中,润滑油脂的耗用量一般按机械台时耗用燃料油量的百分比计算,柴油机械取6%,汽油机械取5%,面纱头及其他油等耗用量,可按实际情况计算。

(四)机械保管费

机械保管费是指机械保管部门保管机械所需的费用。其包括机械在规定年工作台时以外的保养、维护所需的人工、材料和用品费用。其计算公式如下:

台时保管费 = 机械预算价格 ÷ 机械年工作台时 × 保管费费率 (10-51)

保管费费率一般在0.15% ~1.5%范围内,其高低与机械预算价格有直接的关系。机械预算价格低,保管费率高;反之亦然。

(五)替换设备及工具、附具费

替换设备及工具、附具费是指机械正常运行所需更换的设备工具、附具摊销到台时费中。其计算公式为:

台时替换设备及工具、附具费 = 年替换设备及工具、附具费 ÷ 年工作台时 (10-52)

(六)安装拆卸及辅助设施费

其计算公式为:

$$台时安装拆卸及辅助设施费 = 台时大修理费 \times 安拆费费率 \tag{10-53}$$

$$安拆费费率 = 典型机械安装拆卸及辅助设施费 \div 典型机械台时大修理费 \times 100\% \tag{10-54}$$

特大型和部分大型施工机械的安装拆卸及辅助设施费，不在施工机械台时费中计列，而另列于临时工程中。

以上(一)~(六)项费用之和为一类费用。其中的(二)~(六)项费用计算较烦琐，资料不易取得，编制补充机械台时费时也可按相似机械相应定额中的各项费用占基本折旧费的比例计算，其中(二)~(五)项之和即为修理及替换设备费。

(七)机上人工费

机上人工费的计算公式为：

$$机上人工费 = 机上人工工时数 \times 人工工时预算单价 \tag{10-55}$$

(八) 燃料、动力费(油、电、风、水、煤)

(1)内燃机械台时燃料消耗量。计算公式为：

$$Q = 1(\mathrm{h}) \times NGK \tag{10-56}$$

式中 Q——台时燃料消耗量，kg；

N——发动机额定功率，kW；

G——额定耗油量，kg/kWh；

K——发动机综合利用系数，一般取0.20~0.40。

(2)电动机械台时电力消耗量。计算公式为：

$$Q = 1(\mathrm{h}) \times NK \tag{10-57}$$

$$K = K_1 K_2/(K_3 K_4) \tag{10-58}$$

式中 Q——台时电力消耗量，kWh；

N——电动机额定功率，kW；

K——电动机综合利用系数；

K_1——电动机出力系数，一般取0.40~0.60；

K_2——电动机能量利用系数，一般取0.50~0.70；

K_3——低压线路电力损耗系数，一般取0.95；

K_4——平均负荷时电动机有效利用系数，一般取0.78~0.88。

(3)风动机械台时压气消耗量。其计算公式为：

$$Q = 60(\mathrm{min}) \times qK \tag{10-59}$$

式中 Q——台时压气消耗量，m^3；

q——风动机械压气消耗量，m^3/min；

K——风动机械综合利用系数，一般可取0.60~0.70。

(4)蒸汽机械台时水、煤消耗量。其计算公式为：

$$Q = 1(\mathrm{h}) \times NGK \tag{10-60}$$

式中 Q——台时水、煤消耗量，kg；

N——蒸汽机额定功率，kW；

G——额定水、煤耗用量，kg/kWh；

K——蒸汽机综合利用系数,机车取0.14~0.80,锅炉、打桩机取0.55~0.75。

上述(七)、(八)两项费用之和为二类费用。一类费用、二类费用之和即为所计算的施工机械台时费。

四、组合台时费的计算

组合台时(简称组时)是指多台施工机械设备相互衔接或配备形成的机械联合作业系统的台时,组时费是指系统中各机械台时费之和。

$$机械组时费 = \sum 机械设备的台时费 \times 机械配备的台数 \tag{10-61}$$

【例10-7】 计算QTP-80外爬式塔式起重机台时费。基础资料如下:

(1)出厂价39.6万元,运杂费率5%;

(2)设备使用年限19年,年工作台时2 000个,耐用总台时38 000个,残值率4%;

(3)大修理次数2次,一次大修理费占设备预算价格的4%;

(4)台时经常性修理费占台时大修理费的231%;

(5)台时替换设备费占台时大修理费的88%;

(6)安装拆卸及辅助设施费按规定单独计算,不列入台时费;

(7)年保管费占设备预算价格的0.25%;

(8)燃料、动力费:电动机容量53.4 kW(其中主机容量30 kW),时间利用系数0.4,能量利用系数0.5,电动机效率0.88,低压线路损耗系数0.95;

(9)机上人工2个,预算工资5.62元/工时;

(10)电价0.5元/kWh。

解:(1)计算一类费用。

设备预算价 = 396 000 × (1 + 5%) = 415 800(元)

① 基本折旧费 = 415 800 × (1 − 4%) ÷ 38 000 = 10.50(元/台时)

② 大修理费 = 415 800 × 4% × 2 ÷ 38 000 = 0.88(元/台时)

③ 经常性修理费 = 0.88 × 231% = 2.03(元/台时)

④ 替换设备及工具、附具费 = 0.88 × 88% = 0.77(元/台时)

⑤ 保管费 = 415 800 × 0.25% ÷ 2 000 = 0.52(元/台时)

一类费用小计:14.70元/台时。

(2)计算二类费用。

① 机上人工工资 = 2 × 5.62 = 11.24(元/台时)

② 耗电费 = 53.4 × 0.4 × 0.5 × 1 ÷ (0.88 × 0.95) × 0.5 = 6.39(元/台时)

二类费用小计:17.63元/台时。

台时费 = 一类费用 + 二类费用 = 14.70 + 17.63 = 32.33(元/台时)

第五节　砂石料单价

砂石料是水利工程中砂砾料、骨料、砂、卵(砾)石、碎石、块石、料石等材料的统称。其中,砂砾料是指未经加工的天然砂、卵石料;骨料是经过加工分级后可用于混凝土制备的砂、砾石和碎石的统称；砂是指粒径不超过 5 mm 的骨料；碎石是指经破碎、加工分级后粒径大于 5 mm 的骨料；砾石是指砂砾料经加工分级后粒径大于 5 mm 的卵石；碎石原料是指未经破碎、加工的岩石开采料；超径石是指砂砾料中大于设计骨料最大粒径的卵石；块石是指长、宽各为厚度的 2 ~ 3 倍，厚度大于 20 cm 的石块；片石是指长、宽各为厚度的 3 倍以上、厚度大于 15 cm 的石块；毛条石是指长度大于 60 cm 的长条形四棱方正的石料；料石指毛条石经过修边打荒加工、外露面方正、各相邻面正交、表面凹凸不超过 10 mm 的石料。砂石料按粒径大小可划分为细骨料和粗骨料两种，其中细骨料是指粒径在 0.15 ~ 5 mm 的砂料；粗骨料是指粒径在 5 ~ 20 mm、20 ~ 40 mm、40 ~ 80 mm、80 ~ 120(150) mm 的碎(卵)石料。

砂石料是水利水电工程的主要建筑材料，按其来源不同一般可分为天然砂石料和人工砂石料两种。天然砂石料是岩石经风化和水流冲刷而形成的，有河砂、山砂、海砂以及河卵石、山卵石和海卵石等；人工砂石料是采用爆破等方式，开采岩体经机械设备的破碎、筛洗、碾磨加工而成的碎石和人工砂(又称机制砂)。

城市水利工程由于工程地点的特殊性，一般由施工企业到工地附近的料场采购。砂石料预算单价按本章主要材料预算价格的计算方法进行，也可按地方定额站发布的工业与民用建筑材料预算价格加至工地的运杂费用计算。在计算过程中，参考各地经验，2002 年水利部颁发的《水利工程设计概(估)算编制规定》的规定：砂、碎石(砾石)、块石等预算价格如超过 70 元/ m^3 的，按 70 元/ m^3 进入工程单价，计取有关费用，超过 70 元/ m^3 的部分计取税金后列入相应部分之后。材料的容重可分别按黄砂 1.5 t/m^3、碎石 1.6 t/m^3、块石 1.7 t/m^3 计算。

如需了解自行开采砂石料的单价编制方法，可参考水利工程造价教材相关内容。本节不再叙述。

第六节　混凝土、砂浆材料单价

混凝土、砂浆材料单价是指配制 1 m^3 混凝土、砂浆所需的水泥、砂石骨料、水、掺和料及外加剂等各种材料的费用之和，不包括混凝土和砂浆在拌制、运输、浇筑等工序中的人工、材料和机械费用，也不包括除搅拌损耗外的施工操作损耗及超填量等。在编制混凝土工程概算单价时，应根据设计选定的不同工程部位的混凝土及砂浆的强度等级、级配和龄期确定出各组成材料的用量，进而计算出混凝土、砂浆材料单价。

根据每 1 m^3 混凝土、砂浆中各种材料预算用量分别乘以其材料预算价格，其总和即为定额项目表中混凝土、砂浆的材料单价。

一、材料用量的确定

(一)确定混凝土、砂浆中材料用量

混凝土半成品中各种材料的用量应按本工程混凝土配合比试验资料并考虑施工损耗量加以确定。其中，水泥、砂、石预算用量应比配合比理论计算用量分别增加 2%、3%、4%。如无试验资料，可参照《水利建筑工程概算定额》附录 7，确定各种材料的用量。

（二）掺粉煤灰混凝土材料用量

定额附录中掺粉煤灰混凝土配合比的材料用量是按超量取代法（也称超量系数法）确定的，即按照与纯混凝土同稠度、等强度的原则，用超量取代法对纯混凝土中的材料量进行调整，调整系数称为粉煤灰超量系数。按下列步骤计算。

1. 掺粉煤灰混凝土的水泥用量

掺粉煤灰混凝土的水泥用量按下式计算：

$$C = C_0(1 - f) \tag{10-62}$$

式中 C——掺粉煤灰混凝土的水泥用量，kg；

C_0——与掺粉煤灰混凝土同稠度、等强度的纯混凝土水泥用量，kg；

f——粉煤灰取代水泥百分率，即水泥节约量，$f = [(C_0 - C) \div C_0] \times 100\%$，其值可参考表10-9选取。

表10-9　粉煤灰取代水泥百分率(f)参考值

混凝土强度等级	普通硅酸盐水泥	矿渣硅酸盐水泥
≤C15	15%～25%	10%～20%
C20	10%～15%	10%
C25～C30	15%～20%	10%～15%

注：①32.5（R）水泥及以下取下限，42.5（R）水泥及以上取上限。C20及以上混凝土宜采用Ⅰ、Ⅱ级粉煤灰，C15及以下素混凝土可采用Ⅲ级粉煤灰。

②粉煤灰等级按《水工混凝土掺用粉煤灰技术规范》划分。

2. 确定粉煤灰的掺量

粉煤灰的掺量按下式计算：

$$F = K(C_0 - C) \tag{10-63}$$

式中 F——粉煤灰掺量，kg；

K——粉煤灰取代（超量）系数，为粉煤灰的掺量与取代水泥节约量的比值，可按表10-10取值。

表10-10　粉煤灰的取代（超量）系数

粉煤灰级别	Ⅰ级	Ⅱ级	Ⅲ级
超量系数	1.0～1.4	1.2～1.7	1.5～2.0

3. 砂、石用量计算

采用超量取代法计算的掺粉煤灰混凝土的灰质量（即水泥及粉煤灰总质量）较纯混凝土的灰质量多，增加的灰质量为：

$$\Delta C = C + F - C_0 \tag{10-64}$$

式中 ΔC——增加的灰质量，kg。

按与纯混凝土密度相等的原则，掺粉煤灰混凝土砂、石总量应相应减少ΔC，按含砂率相等的原则，则掺粉煤灰混凝土中砂、石质量分别按下式计算：

$$S \approx S_0 - \Delta C\, S_0/(S_0 + G_0) \tag{10-65}$$

$$G \approx G_0 - \Delta C\, G_0/(S_0 + G_0) \tag{10-66}$$

式中 S——掺粉煤灰混凝土中砂质量，kg；

S_0——纯混凝土中砂质量,kg;

G——掺粉煤灰混凝土中石质量,kg;

G_0——纯混凝土中石质量,kg。

由于增加的灰质量 ΔC 主要是代替细骨料砂填充粗骨料石的空隙,故简化计算时也可将增加的灰质量 ΔC 全部从砂的质量中核减,石质量不变。

4. 用水量计算

掺粉煤灰混凝土用水量 W 与纯混凝土用水量 W_0 相等,即:

$$W = W_0(\mathrm{m}^3) \tag{10-67}$$

5. 外加剂用量计算

外加剂用量 Y 可按掺粉煤灰混凝土的水泥用量 C 的 0.2% ~0.3% 计算,概算定额取 0.2% 计,即:

$$Y = C \times 0.2\% \tag{10-68}$$

根据上述公式,可计算不同的超量系数 K 及不同的粉煤灰取代水泥百分率 f 时掺粉煤灰混凝土的材料用量。

【例 10-8】 某 C20 三级配掺粉煤灰混凝土,水泥强度等级为 42.5(R),水灰比为 0.6,水泥取代百分率为 12%,粉煤灰的取代系数为 1.30,求该混凝土配合比的材料用量。

解:(1) 计算掺粉煤灰混凝土水泥用量。

查 2002 年水利部《水利建筑工程概算定额》附录 7 表 7-7,C20 三级配纯混凝土配合比材料用量为:42.5 级水泥 $C_0 = 218$ kg,粗砂 $S_0 = 618$ kg,卵石 $G_0 = 1\,627$ kg,水 $W_0 = 0.125\ \mathrm{m}^3$。则:

$$C = C_0(1 - f) = 218 \times (1 - 12\%) = 192(\mathrm{kg})$$

(2) 计算粉煤灰掺量:

$$F = K(C_0 - C) = 1.3 \times (218 - 192) = 34(\mathrm{kg})$$

(3) 计算砂、石用量:

$$\Delta C = C + F - C_0 = 192 + 34 - 218 = 8(\mathrm{kg})$$

$$S \approx S_0 - \Delta C\ S_0/(S_0 + G_0) = 618 - 8 \times 618 \div (618 + 1\,627) = 616(\mathrm{kg})$$

$$G \approx G_0 - \Delta C\ G_0/(S_0 + G_0) = 1\,627 - 8 \times 1\,627 \div (618 + 1\,627) = 1\,621(\mathrm{kg})$$

(4) 计算用水量:

$$W = W_0 = 0.125\ \mathrm{m}^3$$

(5) 计算外加剂用量

$$Y = 192 \times 0.2\% = 0.38(\mathrm{kg})$$

二、编制混凝土、砂浆单价应注意的问题

编制混凝土、砂浆单价时应注意以下问题:

(1) 2002 年水利部《水利建筑工程概算定额》附录配合比表中的水泥用量按机械拌和拟定,若采用人工拌和,水泥用量应增加 5%。当工程中采用的水泥强度等级与《水利建筑工程概算定额》附录配合比表不同时,应对配合比表的水泥、粉煤灰用量进行调整,如表 10-11 所示。

表 10-11　水泥强度等级与用量换算系数参考值

原水泥强度等级	代换水泥强度等级		
	32.5	42.5	52.5
32.5	1.00	0.86	0.76
42.5	1.16	1.00	0.88
52.5	1.31	1.13	1.00

(2)2002 年水利部《水利建筑工程概算定额》附录混凝土配合比表是粗砂、卵石混凝土,当工程中采用中细砂或碎石混凝土时,须按表 10-12 的系数进行换算。

表 10-12　混凝土骨料换算系数

项目	水泥	砂	石子	水
卵石换为碎石	1.10	1.10	1.06	1.10
粗砂换为中砂	1.07	0.98	0.98	1.07
粗砂换为细砂	1.10	0.96	0.97	1.10
粗砂换为特细砂	1.16	0.90	0.95	1.16

注:1. 水泥按质量计,砂、石子、水按体积计。

2. 当实际采用碎石及中细砂时,则总的换算系数应为各单项换算系数的连乘积。

3. 粉煤灰的换算系数同水泥的换算系数。

(3)大体积混凝土,为了节约水泥和温控的需要,常常采用埋块石混凝土。这时应将混凝土配合比表中的材料用量扣除埋块石实体的数量计算。

埋块石混凝土材料用量 = 配合比表中的材料用量 ×(1 - 埋块石率)　(10-69)

式中　1 - 埋块石率——材料用量调整系数,埋块石率由施工组织设计确定。

埋块石混凝土应增加的人工数量见表 10-13。

表 10-13　埋块石混凝土浇筑定额增加的人工工时数量

埋块石率(%)	5	10	15	20
每 100 m^3 块石混凝土增加人工工时	24.0	32.0	42.4	56.8

注:表列工时不包括块石运输及影响浇筑的工时。

进行工程单价计算时,埋块石混凝土用量,一般分成“混凝土”与“块石(以码方计)”材料两项,两者的用量均可由埋块石率求得。

每 100 m^3 块石混凝土中混凝土用量 = (1 - 埋块石率) ×100(m^3)

每 100 m^3 块石混凝土中块石用量 = 埋块石率 ×100 ×1.67(m^3)(码方)

块石折方系数:

1 块石实体方 =1.67 码方

上述调整后的混凝土,其基价仍采用未埋块石的混凝土基价。块石在浇筑定额中的计量单位以码方计,相应块石开采、运输单价的计量单位亦以码方计。

(4)按照国际标准 ISO3893 的规定,且为了与其他规范相协调,将原规范混凝土及砂浆标号的名称改为混凝土及砂浆强度等级。混凝土和砂浆新强度等级与原标号对照分别见表10-14和表10-15。

表10-14 混凝土强度等级与原标号对照表

原用标号(kgf/cm^2)	100	150	200	250	300	350	400
新强度等级	C9	C14	C19	C24	C29.5	C35	C40

表10-15 砂浆新强度等级与原标号对照表

原用标号(kgf/cm^2)	30	50	75	100	125	150	200	250	300	350	400
新强度等级	M3	M5	M7.5	M10	M12.5	M15	M20	M25	M30	M35	M40

(5)现浇水泥混凝土强度等级的选取,应根据设计对不同水工建筑物的不同运用要求,尽可能利用混凝土的后期强度(60天、90天、180天、360天),以降低混凝土强度等级,节省水泥用量。现行定额中,不同混凝土配合比所对应的混凝土强度等级均以28天龄期的抗压强度为准,如设计龄期超过28天,应进行换算。各龄期强度等级换算为28天龄期强度等级的换算系数见表10-16。当换算结果介于两种强度等级之间时,应选用高一级的强度等级。如某大坝混凝土采用180天龄期设计强度等级为C20,则换算为28天龄期时对应的混凝土强度等级为:C20×0.71≈C14,其结果介于C10与C15之间,则混凝土的强度等级取C15。

表10-16 混凝土龄期与强度等级换算系数

设计龄期(天)	28	60	90	180	360
强度等级换算系数	1.00	0.83	0.77	0.71	0.65

三、混凝土、砂浆材料单价

混凝土、砂浆材料单价可按下式计算:

$$混凝土材料单价 = \sum 1\ m^3\ 混凝土材料用量 \times 材料的预算价格 \tag{10-70}$$

$$砂浆材料单价 = \sum 1\ m^3\ 砂浆材料用量 \times 材料的预算价格 \tag{10-71}$$

【例10-9】 计算C25混凝土、42.5级普通硅酸盐水泥二级配材料单价。已知:42.5级普通硅酸盐水泥340元/t,中砂35元/m^3,碎石(综合)45元/m^3,水0.5元/m^3。

解:查水利部2002年《水利建筑工程概算定额》附录7表7-15可知,C25混凝土、42.5级普通硅酸盐水泥二级配每立方米混凝土材料配合比:42.5级普通硅酸盐水泥289 kg,粗砂733 kg(0.49 m^3),卵石1 382 kg(0.81 m^3),水0.15 m^3。实际采用的是碎石和中砂,应按表10-12系数进行换算。

换算后的混凝土配比单价为:

$289 \times 0.34 \times 1.10 \times 1.07 + 0.49 \times 35 \times 1.10 \times 0.98 + 0.81 \times 45 \times 1.06 \times 0.98 + 0.15 \times 0.50 \times 1.10 \times 1.07 = 172.09$(元/$m^3$)

【例10-10】 某排涝闸工程护底采用M7.5浆砌块石施工,已知:砂40元/m^3,32.5级普通硅酸盐水泥300元/t,施工用水0.50元/m^3,试计算该工程M7.5砂浆材料单价。

解:查水利部2002《水利建筑工程概算定额》附录7表7-15可知,M7.5砌筑砂浆每立方米配合比:32.5级普通硅酸盐水泥261.00 kg,砂1.11 m^3,水0.157 m^3。

M7.5砂浆材料单价 $=261.00\times0.3+1.11\times40+0.157\times0.50=122.78$(元/$m^3$)

习 题

10-1 某城市实例工程位于九类工资区,无地区津贴,养老保险费率取15%,住房公积金费率取5%。按水利部现行规定分别计算中级工和初级工的人工预算单价。

10-2 某大型城市水利枢纽工程位于七类工资区,经国家物价部门批准的地区津贴为30元/月,地方政府规定的特殊地区补贴为25元/月,按现行部颁规定计算中级工的人工预算单价(假设养老保险费率为18%,住房公积金费率为5%)。

10-3 某水利工程用42.5级普通硅酸盐水泥,资料如表10-17所示,试计算该种水泥的预算价格。

表10-17 某水利工程水泥资料

指标	甲厂	乙厂
供应比例	30%	70%
出厂价(元/t)	400	350
厂家至工地距离(km)	100	120
吨公里运价(元)	0.53	0.53
装卸费小计(元/t)	15.0	15.0
材料运输保险费率	0.4%	0.4%

10-4 某城市水利工程施工用电,90%由电网供电,10%由自备柴油机发电。已知电网电价为0.50元/kWh,电力建设基金0.04元/ kWh,三峡建设基金0.007元/ kWh,柴油发电机总容量为1 000 kW(其中,200 kW 1台,台时费为160元/台时;400 kW 2台,台时费为268元/台时;自设3台水泵供冷却水,台时费为13.2元/台时)。试计算综合电价。

已知:高压输电线路损耗率为6%,变配电设备及配电线路损耗率为8%,供电设施维修摊销费为0.03元/ kWh,发电机出力系数取0.8,厂用电率取5%。

10-5 某工程施工用风由总容量200 m^3/min的压缩空气系统供给,共配置固定式空压机7台,其中20 m^3/min 4台,40 m^3/min 3台,采用循环水冷却。本工程用风供风管道较长,损耗率与维修摊销费应取大值。已知40 m^3/min与20 m^3/min的空压机台时费分别为161.12元/台时和85.19元/台时,空压机出力系数取0.8,供风设施维修摊销费取0.003元/m^3,供风损耗率取12%,试计算风价。

10-6 施工机械台时费由哪几部分费用构成?如何计算施工机械台时费?

第十一章　工程单价分析

本章重点

1. 建筑工程概算单价的编制方法。

2. 使用定额的注意事项。

本章教学要求

1. 了解建筑工程概算编制依据和编制步骤。

2. 掌握建筑工程概算单价的组成与计算。

3. 掌握土方工程、石方工程、土石填筑工程、混凝土工程、模板工程、钻孔灌浆及安装工程的概算单价编制方法及使用定额的注意事项。

城市水利建筑工程项目较多(例如,城市防洪排涝泵站、污水处理厂、河道、水闸、船闸等),同时也比较复杂。但就其工程内容和工种类别而言,都有共同点,它的内容包括土石方工程、混凝土工程、模板工程、钻孔灌浆及锚固工程、其他建筑工程等,这就为编制城市水利建筑与安装工程单价(简称工程单价)提供了可遵循的一般规律。

第一节　工程单价的概念

工程单价是指完成单位工程量(如 1 t、1 m^3、100 m^3、1 台等)所耗用的直接工程费、间接费、企业利润、税金四部分费用的总和。工程单价是建筑产品特有的概念。由于工程概况、材料来源、施工方法等条件的不同,建筑与安装工程产品价格也不会相同,所以无法对建筑与安装工程产品作统一定价。然而,不同的建筑与安装工程产品可分解为比较简单而彼此相同的基本构成要素(如分部分项工程),对相同的基本构成要素可统一规定消耗定额和计价标准。因此,确定建筑与安装工程的价格,必须先确定基本构成要素的费用。

工程单价由“量”、“价”、“费”三要素组成。“量”是为完成单位基本构成要素所需的人工、材料及机械使用数量,可通过查定额等方法确定;“价”是各自的基础单价;“费”有其他直接费、现场经费、间接费、企业利润和税金等,按取费标准确定。各个“量”与各自对应的“价”的乘积之和构成直接费,直接费与各项取“费”之和即构成建筑安装工程单价,这个过程称为工程单价编制或工程单价分析。

第二节　建筑工程单价编制

一、建筑工程单价的组成和计算

建筑工程单价由直接工程费、间接费、企业利润和税金四部分组成。

（一）直接工程费

直接工程费是指建筑工程施工过程中直接消耗在工程项目上的活劳动和物化劳动。由直接费、其他直接费、现场经费组成。

1. 直接费

直接费包括人工费、材料费、施工机械使用费。

1）人工费

人工费是按水利部现行《水利建筑工程概算定额》子目所需的全部人工数乘以人工预算单价计算得出的费用。其计算式为：

$$人工费(元)=定额劳动量(工时)\times人工预算单价(元/工时) \tag{11-1}$$

2）材料费

材料费由主要材料费和其他材料费或零星材料费组成。

主要材料费是按水利部现行《水利建筑工程概算定额》子目所需主要材料、构件、半成品及周转使用材料摊销量等的全部耗用量乘以相应材料预算价格得出的费用。其计算式为：

$$主要材料费=\sum 定额主要材料用量\times材料预算价格 \tag{11-2}$$

其他材料费或零星材料费定额中均以费率表示，其计算基数为：其他材料费以主要材料费之和为计算基数；零星材料费以人工费、机械费之和为计算基数。即：

$$其他材料费=主要材料费\times其他材料费费率 \tag{11-3}$$

$$零星材料费=(人工费+机械费)\times零星材料费费率 \tag{11-4}$$

3）施工机械使用费

施工机械使用费由主要施工机械使用费和其他机械使用费组成。

主要施工机械使用费是按水利部现行《水利建筑工程概算定额》子目所需主要施工机械的台时数量乘以相应台时费得出的费用。其计算式为：

$$主要机械使用费(元)=\sum 定额主要机械使用量(台时)\times施工机械台时费(元/台时) \tag{11-5}$$

其他机械费定额中以费率表示，其他机械费以主要机械费之和为计算基数。即：

$$其他机械费=主要机械费\times其他机械费费率 \tag{11-6}$$

2. 其他直接费

其他直接费是指为完成建筑工程的单位工程量，按现行规定应计入概算单价的冬、雨季施工增加费，夜间施工增加费，特殊地区施工增加费及其他费用，均按建筑工程直接费的百分率计算。

$$其他直接费=直接费\times其他直接费费率之和 \tag{11-7}$$

根据水利部[2002]116号文《水利工程设计概（估）算编制规定》，其他直接费费率标准如下：

（1）冬、雨季施工增加费：根据工程所在的不同地区选取。

西南、中南、华东区：0.5% ~1.0%；

华北区：1.0% ~2.5%；

西北、东北区：2.5% ~4.0%。

西南、中南、华东区，按规定不计冬季施工增加费的地区取小值，计算冬季施工增加费的地区可取大值；华北区中，内蒙古自治区等较严寒地区可取大值，其他地区取中值或小值；西北、东北区中，陕西、甘肃等省取小值，其他地区可取中值或大值。

(2)夜间施工增加费：建筑工程取0.5%，安装工程取0.7%。

照明线路工程费用包括在"临时设施费"中；施工附属企业系统、加工厂、车间的照明，应列入相应的产品中，均不包括在本项费用之内。

(3)特殊地区施工增加费：是指在高海拔和原始森林等特殊地区施工而增加的费用。其中，高海拔地区的高程增加费按规定直接进入定额；其他特殊增加费（如酷热、风沙），应按工程所在地规定的标准计算，地方没有规定的不得计算此项费用。

(4)其他费用的费率：建筑工程取1.0%，安装工程取1.5%。

3. 现场经费

现场经费是指为完成建筑工程的单位工程量，按现行规定应计入概算单价的临时设施费和现场管理费，均按建筑工程直接费的百分率计算。其计算公式为：

$$现场经费=直接费\times现场经费费率之和 \tag{11-8}$$

根据水利部现行规定，现场经费费率的取费标准见表11-1和表11-2。

表11-1 枢纽工程现场经费费率表

序号	工程类别	计算基础	现场经费费率(%)		
			合计	临时设施费	现场管理费
一	建筑工程				
1	土石方工程	直接费	9	4	5
2	砂石备料工程(自采)	直接费	2	0.5	1.5
3	模板工程	直接费	8	4	4
4	混凝土浇筑工程	直接费	8	4	4
5	钻孔灌浆及锚固工程	直接费	7	3	4
6	其他工程	直接费	7	3	4
二	机电、金属设备安装工程	人工费	45	20	25

表11-2 引水及河道工程现场经费费率表

序号	工程类别	计算基础	现场经费费率(%)		
			合计	临时设施费	现场管理费
一	建筑工程				
1	土方工程	直接费	4	2	2
2	石方工程	直接费	6	2	4
3	模板工程	直接费	6	3	3
4	混凝土浇筑工程	直接费	6	3	3
5	钻孔灌浆及锚固工程	直接费	7	3	4
6	疏浚工程	直接费	5	2	3
7	其他工程	直接费	5	2	3
二	机电、金属设备安装工程	人工费	45	20	25

(二)间接费

间接费是按现行规定需计入概算单价的项目,施工企业为组织施工生产经营活动所发生的管理费用、为筹集资金而发生的财务费用及其他费用。其按下式计算:

$$间接费 = 直接工程费 \times 间接费费率 \tag{11-9}$$

根据工程性质不同间接费标准分为枢纽工程、引水及河道工程两部分标准。对于有些施工条件复杂、大型建筑物较多的引水工程可执行枢纽工程的费率标准。间接费费率标准见表11-3和表11-4。

表11-3 枢纽工程间接费费率表

序号	工程类别	计算基础	间接费费率(%)
一	建筑工程		
1	土石方工程	直接工程费	9(8)
2	砂石备料工程(自采)	直接工程费	6
3	模板工程	直接工程费	6
4	混凝土浇筑工程	直接工程费	5
5	钻孔灌浆及锚固工程	直接工程费	7
6	其他工程	直接工程费	7
二	机电、金属设备安装工程	人工费	50

注:1. 工程类别划分同现场经费。

2. 若土石方填筑等工程项目所利用原料为已计取现场经费、间接费、企业利润和税金的砂石料,则其间接费费率选取括号中数值。

表11-4 引水及河道工程间接费费率表

序号	工程类别	计算基础	间接费费率(%)
一	建筑工程		
1	土方工程	直接工程费	4
2	石方工程	直接工程费	6
3	模板工程	直接工程费	6
4	混凝土浇筑工程	直接工程费	4
5	钻孔灌浆及锚固工程	直接工程费	7
6	疏浚工程	直接工程费	5
7	其他工程	直接工程费	5
二	机电、金属设备安装工程	人工费	50

注:1. 工程类别划分同现场经费。

2. 若工程自采砂石料,则费率标准同枢纽工程。

(三)企业利润

企业利润是指按现行规定需计入建筑工程单价中的利润,均按直接工程费与间接费之和的7%计算。即:

$$企业利润=(直接工程费+间接费)\times企业利润率 \tag{11-10}$$

(四)税金

税金是指按国家税法规定应计入建筑工程费用中的营业税、城市维护建设税和教育费附加等。即:

$$税金=(直接工程费+间接费+企业利润)\times税率 \tag{11-11}$$

若安装工程中含未计价装置性材料费,则计算税金时应计入未计价装置性材料费。

税金的税率标准:建设项目在市区的取3.41%;建设项目在县城镇的取3.35%;建设项目在市区或县城镇以外的取3.22%。

二、建筑工程单价的编制原则、计算程序和步骤

(一)编制原则

建筑工程单价的编制应遵循以下原则:

(1)严格执行《水利工程设计概(估)算编制规定》(水利部水总[2002]116号文)。

(2)正确选用现行定额:现行使用的定额为部颁2002《水利建筑工程概算定额》、部颁2002《水利建筑工程预算定额》、部颁2002《水利工程施工机械台时费定额》。

(3)正确套用定额子目:必须熟悉定额的总说明、章节说明、定额表附注及附录的内容;熟悉各定额子目的适用范围、工作内容及有关定额系数的使用方法。根据施工组织设计确定的施工技术方案,套用相应的定额子目。

(4)现行《水利建筑工程概算定额》中,已按现行施工规范和有关规定计入了不构成建筑工程单位实体的各种施工操作损耗、允许超挖及超填量、合理的施工附加量及体积变化等所需增加的人工、材料及机械台时消耗量,编制工程概算时,应一律按设计几何轮廓尺寸计算的工程量计算。

(5)现行《水利建筑工程概算定额》中没有的工程项目,可编制补充定额;对于非水利水电专业工程,按照专业专用的原则,执行有关专业相应的定额,但费用标准仍执行水利部现行取费标准。

(6)使用现行《水利建筑工程概算定额》编制建筑工程概算单价时,除定额中规定允许调整外,均不得对定额中的人工、材料、施工机械台时数量及施工机械的名称、规格、型号进行调整。

(二)计算程序

建筑工程单价编制的计算程序如表11-5所示。

表 11-5　建筑工程单价计算程序表

序号	名称及规格	计算方法
一	直接工程费	(一)+(二)+(三)
(一)	直接费	1+2+3
1	人工费	Σ定额劳动量(工时)×人工预算单价(元/工时)
2	材料费	Σ定额主要材料用量×材料预算单价
3	施工机械使用费	Σ定额机械使用量(台时)×施工机械台时费(元/台时)
(二)	其他直接费	(一)× 其他直接费费率之和
(三)	现场经费	(一)× 现场经费费率之和
二	间接费	[一] × 间接费费率
三	企业利润	[一+二] ×企业利润率
四	税金	[一+二+三] ×税率
五	砂石材料差价	Σ(定额砂石材料用量×材料差价)×(1+税率)
六	建筑工程单价	一+二+三+四+五

(三)编制步骤

(1)收集基本资料、熟悉设计图纸。编制工程单价要对工程情况进行充分了解。第一,要熟悉设计图纸,将工程项目内容、工程部位搞清楚,了解设计意图;第二,要深入工程现场了解工程现场情况,收集与工程单价有关的基础或基本资料;第三,还要对施工组织设计(包括施工导流等主要施工技术措施)进行充分研究,了解施工方法、措施、运输距离、机械设备、劳动力配备等情况,以便正确合理编制工程单价。

(2)根据施工组织设计确定的施工方法结合工程特征、施工条件、施工工艺和设备配备情况,正确选用定额子目。

(3)用本工程人工、材料、机械等的基础单价分别乘以各自对应的消耗量,将计算所得的人工费、材料费、机械使用费相加得直接费单价。

(4)根据直接费单价和各项费用标准计算其他直接费、现场经费、间接费、企业利润和税金,汇总求得工程单价。

(5)工料分析。工料分析即工时、材料用量分析计算,它是编制施工组织设计的主要依据之一,也是施工单位编制投标报价和施工计划的依据。工时、材料用量是按照完成单位工程量所需的人工、材料用量乘以相应工程总量而计算出来的。

第三节　土方工程单价编制

一、定额选用和项目划分

土方工程包括土方开挖、运输、压实及堤坝、心(斜)墙土料填筑等,编制其单价要根据工程的开挖尺寸(或填筑部位)、土质类别、施工方法和运距等划分项目并正确地选用定额子目。在项目划分上,施工图预算应比概算尽可能详细些,对不同开挖尺寸、不同土质和不同施工方法的土方工程均应分别列项计算单价。

二、使用定额时的注意事项

(1)定额的计量单位。定额中使用的计量单位有自然方、实方和松方。三者之间相互换算的折算系数见表11-6。

自然方是指未经扰动的自然状态的土方;松方是指自然方经人工或机械开挖而松动过的土方;实方是指填筑(回填)并经过压实过的成品方。

土方定额的计量单位,除注明外,均按自然方计算。

表11-6 土石方松实系数

项目	自然方	松方	实方	码方
土方	1	1.33	0.85	
石方	1	1.53	1.31	
砂方	1	1.07	0.94	
混合料	1	1.19	0.88	
块石	1	1.75	1.43	1.67

(2)土类级别划分。除冻土外,均按土石十六级分类法的前四级划分土类级别。详见《水利建筑工程概算定额》(下册)中的附录2:一般工程土类分级表。

(3)土方开挖和填筑工程,除定额规定的工作内容,还包括挖小排水沟、修坡、清除场地草皮杂物、交通指挥、安全设施及取土场和卸土场的小路修筑与维护等工作。

(4)机械定额中,凡一种机械名称之后,同时并列几种型号规格的,如压实机械中的羊角碾、运输定额中的自卸汽车等,表示这种机械只能选用其中一种型号规格的机械定额进行计价。凡一种机械分几种型号规格与机械名称同时并列的,表示这些名称相同、规格不同的机械定额都应同时进行计价。

(5)挖掘机及装载机挖装土自卸汽车运输定额,根据不同运距,定额选用及计算方法如下:

①运距小于5 km,且又是整数运距时,如1 km、2 km、3 km,直接按表中定额子目选用。若遇到0.6 km、1.5 km、3.4 km、4.3 km时,采用插入法计算其定额值。计算公式如下:

$$A = B + [(C - B)(a - b) \div (c - b)] \tag{11-12}$$

式中 A——所求定额值;

B——小于A而接近A的定额值;

C——大于A而接近A的定额值;

a——A项定额值;

b——B项定额值;

c—— C 项定额值。

如运距 0.6 km 时：

$$定额值 = 1\ km\ 定额值 - (2\ km\ 定额值 - 1\ km\ 定额值) \times (1 - 0.6)$$

②运距 5 ~ 10 km 时：

$$定额值 = 5\ km\ 定额值 + (运距 - 5) \times 增运\ 1\ km\ 定额值$$

③运距大于 10 km 时：

$$定额值 = 5\ km\ 定额值 + 5 \times 增运\ 1\ km\ 定额值 + (运距 - 10) \times 增运\ 1\ km\ 定额值 \times 0.75$$

(6)挖掘机定额均按液压挖掘机拟定。水利部 2002《水利建筑工程预算定额》中挖掘机、斗轮挖掘机或装载机挖装土、自卸汽车运输，适用于三类土，一、二类土用定额人工、机械乘以 0.91 系数计算，四类土用定额人工、机械乘以 1.09 系数计算。水利部 2002《水利建筑工程概算定额》是按土的级别划分的，不用调整。

(7)挖掘机、装载机挖装土料自卸汽车运输定额是按挖装自然方拟定的。如挖装松土时，其人工及挖装机械乘以 0.85 系数。推土机的推土距离和铲运机的铲运距离是指取土中心至卸土中心的平均距离，推土机推松土时，定额乘以 0.8 的系数。

三、土方工程单价

影响土方工程单价的主要因素有土的级别、取（运）土距离、施工方法、施工条件等。一般情况下，土的级别越高，开挖的难度越大，工效越低，相应单价越高。因此，正确确定这些参数是编制好土方工程单价的关键。

（一）土方开挖、运输单价

编制土方开挖单价时，应根据设计开挖方案，考虑影响开挖的因素，选择相应定额子目。土方工程开挖形状有沟、渠、柱坑等，其断面越小、深度越深时，对施工工效的影响就越大。

土方开挖中的弃土一般都有运输要求，因此需编制挖运综合单价。土方工程定额中编制了大量的挖运综合子目可直接套用开挖和装运定额计算直接费，再将其合并计算综合单价。合理的运输距离应为挖土区的平面中心位置至弃土区（堆土区）的中心位置之间的距离。

土方工程单价计算按照挖、运不同施工工序，既可采用综合定额计算法，也可采用综合单价计算法。所谓综合定额计算法，就是先将选定的挖、运不同定额子目进行综合，得到一个挖、运综合定额，而后根据综合定额进行单价计算。所谓综合单价计算法，就是按照不同的施工工序选取不同的定额子目，然后计算出不同工序的分项单价，最后将各工序单价进行综合。

可根据工程的具体情况灵活使用两种计算方法，对于某道工序重复较多时，可采用综合单价法，这样可以避免每次计算该道工序单价的重复性。如挖土定额相同，只是运输定额不同，这样就可以计算一个挖土单价，而得到不同的挖、运单价。采用综合定额计算单价优点比较突出，由于其人工、材料、机械使用数量都是综合用量，这给以后进行工料分析计算带来很大方便。

【例 11-1】 华东地区某市郊污水处理泵站工程，其基础土方为三类土，开挖采用

1 m^3挖掘机挖装,10 t 自卸汽车运 4.3 km 至弃料场弃料,试计算土方开挖单价。

解:第一步:分析基本资料,确定取费费率。由题意可知,该工程地处华东地区某市郊,泵站的工程性质属于枢纽工程,故其他直接费率取 2.5%,现场经费率取 9%,间接费费率取 9%,企业利润率为 7%,税金率取 3.41%。

第二步:定额分析。根据工程特征和施工组织设计确定的施工条件、施工方法、土的级别及采用的机械设备情况,查水利部 2002《水利建筑工程概算定额》第 1－36 节,定额如表 11-7 所示。

表 11-7　1 m^3挖掘机挖土自卸汽车运输(三类土)　　计量单位:100 m^3

项 目	单位	运距(km)					增运
		1	2	3	4	5	1 km
工长	工时						
高级工	工时						
中级工	工时						
初级工	工时	7.0	7.0	7.0	7.0	7.0	
合计	工时	7.0	7.0	7.0	7.0	7.0	
零星材料费	%	4	4	4	4	4	
挖掘机　液压 1 m^3	台时	1.04	1.04	1.04	1.04	1.04	
推土机　59 kW	台时	0.52	0.52	0.52	0.52	0.52	
自卸汽车　5 t	台时	10.23	13.39	16.30	19.05	21.68	2.42
8 t	台时	6.76	8.74	10.56	12.28	13.92	1.52
10 t	台时	6.29	7.97	9.51	10.96	12.36	1.28
编　号		10622	10623	10624	10625	10626	10627

第三步:汽车运距 4.3 km,介于定额子目 10625 与 10626 之间,则需采用内插法计算。由定额内容可知,两定额子目除汽车台时定额数量不一样,其余都一样,故只需对汽车台时定额数量进行内插法计算。10 t 自卸汽车运距 4.3 km 定额值:

$$10.96 + (12.36 - 10.96) \div (5 - 4) \times (4.3 - 4) = 11.38(\text{台时})$$

这里需注意的是,自卸汽车定额类型为一种名称后列不同型号规格,因此只能选用其中的一种计价。本例中选用 10 t 自卸汽车的定额。

第四步:计算基础单价。用第十章基础单价的编制方法,计算出初级工的人工预算单价为 3.04 元/工时;机械台时费:1 m^3 液压挖掘机 155.92 元/台时,59 kW 推土机 81.48 元/台时,10 t 自卸汽车 112.26 元/台时。

第五步:将定额中查出的人工、材料、机械台时消耗量填入表 11-8 的数量栏中。将相应的人工预算单价、材料预算价格和机械台时费填入表 11-8 的单价栏中。按"消耗量×单价"得出相应的人工费、材料费和机械使用费填入合计栏中,相加得出直接费。

第六步:根据已取定的各项费率,计算出其他直接费、现场经费、间接费、企业利润、税金等,汇总后即得出该工程项目的工程单价。

土方挖运单价计算见表 11-8,计算结果为 21.02 元/ m³。

表 11-8　建筑工程单价分析表

定额编号:10625,10626　　　　　土方开挖运输　　　　　计量单位:100 m³(自然方)

施工方法:1 m³ 挖掘机挖装土 10 t 自卸汽车运 4.3 km 弃料

序号	名称及规格	单位	数量	单价(元)	合计(元)
一	直接工程费				1743.26
(一)	直接费				1563.46
1	人工费				21.28
(1)	工长	工时		7.11	
(2)	高级工	工时		6.61	
(3)	中级工	工时		5.62	
(4)	初级工	工时	7	3.04	21.28
2	材料费				60.13
	零星材料费	%	4	1 503.33	60.13
3	机械使用费				1 482.05
(1)	挖掘机 1 m³	台时	1.04	155.92	162.16
(2)	推土机 59 kW	台时	0.52	81.48	42.37
(3)	自卸汽车 10 t	台时	11.38	112.26	1 277.52
(二)	其他直接费	%	2.5	1 563.46	39.09
(三)	现场经费	%	9	1 563.46	140.71
二	间接费	%	9	1 743.26	156.89
三	企业利润	%	7	1 900.15	133.01
四	税金	%	3.41	2 033.16	69.33
五	单价合计				2 102.49

(二)土方填筑单价

土方回填压实施工一般包括料场覆盖层清除、土料开采运输、土料翻晒和铺土压实等工序。

(1)料场覆盖层清除:根据填筑土料的质量要求,料场表层覆盖的杂草、乱石、树根及不合格的表层土等必须予以清除,以确保土方的填筑质量。

(2)土料翻晒(预算定额):若土区土料含水量偏大,不能直接用于填筑施工,则在料场必须先行犁耙翻晒,必要时堆置土牛以备填筑用料。

(3)土料开采运输:土料开采运输方式一般有人力挖运、铲运机铲运、推土机推运、挖掘机或装载机配合自卸汽车运输、胶带输送机运输等。应根据具体工程规模、施工条件拟定合理的施工方案,以提高机械生产效率,降低土料成本。

(4)压实:是指将卸料后松散的土经过一定的夯实工序,使其达到设计要求的设计指标的过程。

土方填料单价与上述工序相对应,一般包括覆盖层清除摊销费、土料翻晒单价、土料开采运输单价、压实单价等部分。具体组成内容应根据施工组织设计确定的施工因素来选择。

在计算土方填筑单价时,应注意定额单位的统一,如开挖运输定额为100 m^3 自然方,压实定额为100 m^3 实方。

土方填筑压实单价计算过程如下:

(1)覆盖层清除摊销费。料场覆盖层清除费用按清除量乘以清除单价计算。覆盖层清除摊销费就是将其清除费用摊入填筑设计成品方中,即单位设计成品方应摊入的清除费用。可用下式计算为:

$$\begin{aligned}覆盖层清除摊销费 &= 覆盖层清除总费用 \div 设计成品方量\\ &= 清除量 \times 清除单价 \div 设计成品方量\\ &= 清除单价 \times 覆盖层清除摊销率\end{aligned} \tag{11-13}$$

$$覆盖层清除摊销率 = 覆盖层清除量 \div 设计成品方量(实体方) \tag{11-14}$$

覆盖层清除摊销费也可按下式计算为:

$$覆盖层清除摊销费 = 覆盖层清除单价 \times 清除量 \times (1 + A\%) \times 设计干密度 \div [设计利用量(自然方) \times 天然干密度]$$

式中 A——综合系数,包括开挖、上坝运输、雨后清理、边坡削坡、接缝削坡、施工沉陷、取土坑、试验坑和不可避免的压坏等损耗因素,按预算定额总说明的规定选取。

(2)土料翻晒单价(预算定额)。若土区自然含水量大,需在料场翻晒堆存,则按施工程序增加翻晒工序。翻晒施工分人工施工和机械施工,计算单价时按选定的施工方法套用相应的定额计算其单价。

(3)土料开采运输单价。计算方法同前。

(4)压实单价。按设计提供的干密度要求、土质类别以及不同的施工方法,选用相应的压实定额。压实定额单位为100 m^3 实方,主要工作内容包括平土、晒水、刨毛、碾压、削坡及坝面各种辅助工作。压实定额按自料场直接运输上坝与自成品供料场运输上坝两种情况分别编制,根据施工组织设计方案采用相应的定额子目。如为非土堤、坝的一般土料,其人工、机械定额乘以系数0.8。

机械压实综合定额还包括土料的开采运输,计算方法同土方开采运输单价。

(5)土方填筑综合单价。土方填筑综合单价由若干个分项工序单价组成。

编制概算单价时,概算填筑定额中土料运输量已算好,列在定额最后一行。土石坝物料压实定额中已计入超填量及施工附加量,并考虑坝面干扰因素;土石坝物料运输量,包括超填及附加量,雨后清理、削坡、施工沉陷等损耗以及物料折实因素等。计算概算单价时,可根据定额所列物料运输数量采用概算定额相关子目计算物料运输上坝费用,并乘以坝面施工干扰系数1.02。

编制预算单价时,压实工序以前的施工工序定额或单价(即开挖运输单价、翻晒备料单价)都要乘以综合折实系数。综合折实系数可按下式计算:

$$综合折实系数 = (1 + A\%) \times 设计干密度 / 天然干密度 \tag{11-15}$$

则：土方填筑综合单价＝覆盖层清除单价×摊销率＋（翻晒单价×翻晒比例＋挖运单价）×综合折实系数＋压实单价 (11-16)

翻晒比例可根据设计翻晒量占设计开采量的百分比来计算。

【例 11-2】 某水库工程，主坝土方填料，自料场直接运输上坝，施工工艺流程为：覆盖层清除→土料翻晒→土料运输上坝→压实。

基本资料：土方为三类土，设计填筑量 100 万 m^3，覆盖层清除量 5 万 m^3，土料翻晒占设计开采量的比例为 30%，设计干重度 16.5 kN/ m^3，土料天然干重度 14.5 kN/ m^3。

施工方法：覆盖层清除采用 74 kW 推土机推运 50 m 弃料，土料翻晒采用拖拉机带三铧犁和缺口耙犁土、翻晒，1 m^3 挖掘机挖装，10 t 自卸汽车运 4.3 km 上坝。

人工预算单价及取费费率同例 11-1 中土方挖运单价。试计算土方综合单价。

解：根据施工因素，查概算定额相应子目，各工序单价计算如表 11-9～表 11-11 所示。主要施工机械台时费计算见表 11-12（柴油 5.2 元/kg，电 1 元/kWh）。

表 11-9 建筑工程单价分析表

定额编号：10517，10518　　覆盖层清除　　计量单位：100 m^3

施工方法：74 kW 推土机推三类土，运 50 m 弃料

序号	名称及规格	单位	数量	单价（元）	合计（元）
一	直接工程费				364.06
（一）	直接费				326.51
1	人工费（初级工）	工时	3.2	3.04	9.73
2	材料费（零星材料费）	%	10	296.83	29.68
3	机械使用费				287.10
	74 kW 推土机	台时	2.58	111.28	287.10
（二）	其他直接费	%	2.5	326.51	8.16
（三）	现场经费	%	9	326.51	29.39
二	间接费	%	9	364.06	32.77
三	企业利润	%	7	396.83	27.78
四	税金	%	3.41	424.61	14.48
五	单价合计				439.09

计算结果：覆盖层清除单价每自然方 4.39 元，土料翻晒单价每自然方 5.12 元，土料挖运单价每自然方 21.02 元（见表 11-8），压实单价每实方 4.82 元。

覆盖层清除摊销费＝5÷100＝5%，坝面施工干扰系数为 1.02。

则　土方综合单价＝4.39×5%＋(5.12×30%＋21.02×1.02)×1.26＋4.82

＝33.99（元/实方）

表 11-10　建筑工程单价分析表

定额编号:参考预算 10463　　　　土料翻晒　　　　定额单位:100 m^3

施工方法:犁土、耙碎、翻晒、拢堆集料

编号	名称及规格	单位	数量	单价(元)	合计(元)
一	直接工程费				424.85
(一)	直接费				381.03
1	人工费				97.89
	初级工	工时	32.20	3.04	97.89
2	材料费				18.14
	零星材料费	%	5	362.89	18.14
3	机械使用费				265.00
(1)	三铧犁	台时	0.95	1.87	1.78
(2)	拖拉机　59 kW	台时	0.95	51.60	49.02
(3)	缺口耙	台时	1.90	2.29	4.35
(4)	拖拉机　55 kW	台时	1.90	45.86	87.13
(5)	推土机　59 kW	台时	1.90	64.59	122.72
(二)	其他直接费	%	2.5	381.03	9.53
(三)	现场经费	%	9	381.03	34.29
二	间接费	%	9	424.85	38.24
三	企业利润	%	7	463.09	32.42
四	税金	%	3.41	495.51	16.90
五	单价合计				512.41

表 11-11　建筑工程单价分析表

定额编号:30077　　　　羊角碾压实　　　　定额单位:100 m^3(实方)

施工方法:

编号	名称及规格	单位	数量	单价(元)	合计(元)
一	直接工程费				399.84
(一)	直接费				358.60
1	人工费				81.47
	初级工	工时	26.80	3.04	81.47
2	材料费				32.60
	零星材料费	%	10.00	326.00	32.60

续表 11-11

施工方法：

编号	名称及规格	单位	数量	单价(元)	合计(元)
3	机械使用费				244.53
(1)	羊角碾　5～7 t	台时	1.81	2.33	4.22
(2)	拖拉机　59 kW	台时	1.81	67.48	122.14
(3)	推土机　74 kW	台时	0.55	111.28	61.20
(4)	蛙式打夯机　2.8 kW	台时	1.09	13.92	15.17
(5)	刨毛机	台时	0.55	71.59	39.37
(6)	其他机械费	%	1	243.19	2.43
(二)	其他直接费	%	2.5	358.60	8.97
(三)	现场经费	%	9	358.60	32.27
二	间接费	%	9	399.84	35.99
三	企业利润	%	7	435.83	30.51
四	税金	%	3.41	466.34	15.90
五	单价合计				482.24

表 11-12　主要施工机械台时费计算表

定额编号	机械名称及规格	台时费(元)	一类费用(元)	二类费用(元)							
				人工		汽油		柴油		其他	
				定额	费用	定额	费用	定额	费用	定额	费用
1009	液压挖掘机　1 m^3	155.92	63.27	2.70	15.17			14.9	77.48		
1042	推土机　59 kW	81.48	24.31	2.40	13.49			8.40	43.68		
3015	自卸汽车　10 t	112.26	48.79	1.30	7.31			10.80	56.16		
1043	推土机　74 kW	111.28	42.67	2.40	13.49			10.60	55.12		
1062	拖拉机　74 kW	86.54	21.57	2.40	13.49			9.90	51.48		
1095	蛙式打夯机　2.8 kW	13.92	1.18	2.00	11.24						1.50
1094	刨毛机	71.59	19.62	2.40	13.49			7.40	38.48		
1135	三铧犁	1.87	1.87								
1061	拖拉机　59 kW	67.48	12.91	2.40	13.49			7.90	41.08		
1133	缺口耙	2.29	2.29								
1060	拖拉机　55 kW	60.55	8.58	2.40	13.49			7.40	38.48		
1087	羊角碾　5～7 t	2.33	2.33								

第四节　砌石工程单价编制

砌石工程分为干砌石、浆砌石、铺筑砂垫层等工程项目，在编制工程单价时，要依据施工方法、材料种类及工程类别选用相应的定额子目。其主要工作内容包括选石、修石、冲洗、拌制砂浆、砌筑、勾缝。砌石工程施工技术简单，工程造价低，因而在水利工程中普遍使用，如护坡、护底、基础、挡土墙、明渠等砌石工程。

一、定额选用和项目划分

（一）定额中主要材料规格与标准

（1）卵石是指最小粒径在 20 cm 以上的河滩卵石，呈不规则圆形。卵石较坚硬，强度高，常用其砌筑护坡或墩墙。

（2）碎石是指经破碎、加工分级后，粒径大于 5 mm 的石块。

（3）块石是指厚度大于 20 cm，长、宽各为厚度的 2 ~ 3 倍，上下两面平行且大致平整，无尖角、薄边的石块。

（4）片石是指厚度大于 15 cm，长、宽各为厚度的 3 倍以上，无一定规则形状的石块。

（5）毛条石是指一般长度大于 60 cm 的长条形四棱方正的石料。

（6）料石是指毛条石经过修边打荒加工，外露面方正，各相邻面正交，表面凹凸不超过 10 mm 的石料。

（7）砂砾料是指天然砂卵（砾）石混合料。

（8）堆石料是指山场岩石经爆破后，无一定规格、无一定大小的任意石料。

（9）反滤料、过渡料是指土石坝或一般堆砌石工程的防渗体与坝壳（土料、砂砾料或堆石料）之间的过渡区石料，由粒径、级配均有一定要求的砂、砾石（碎石）等组成。

（10）水泥砂浆是水泥、砂和水按一定的比例拌和而成的，它的强度高、防水性能好，多用于重要建筑物及建筑物的水下部位。水泥砂浆的强度等级是以试件 28 天抗压强度作为标准的。

（11）混合砂浆是在水泥砂浆中掺入一定数量的石灰膏、黏土混合而成的，它适用于强度要求不高的小型工程或次要建筑物的水上部位。

（12）细骨料混凝土是用水泥、砂、水和粒径为 40 mm 以下的骨料按规定级配配合而成的，可节省水泥、提高砌体强度。

（二）区分工程部位的含义

（1）护坡：是指坡面与水平面夹角（α）为 10° ~ 30°，砌体平均厚度 0.5 m 以内（含勒脚），主要起保护作用的砌体。

（2）护底：是指护砌面与水平面夹角在 10°以下的砌体，包括齿墙和围坎。

（3）挡土墙：是指坡面与水平面夹角（α）为 30° ~ 90°，承受侧压力，主要起挡土作用的砌体。

（4）墩墙：是指砌体一般与地面垂直，能承受水平荷载和垂直荷载的砌体，包括闸墩和桥墩。

二、使用定额时的注意事项

(1)定额中的计量单位。

砂石材料定额计量单位:砂、碎石、堆石料、过渡料和反滤料,按堆方计;块石、卵石按码方计;条石、料石为清料方。块石的实方指堆石坝坝体方,块石松方就是块石的堆方。换算时可参考表11-6。

土石方填筑工程定额计量单位:除注明者外,均按建筑实体方(成品方)计。抛石护底、护岸工程按抛投方计;铺筑砂石垫层、干砌石、浆砌石按砌体方计;土石坝物料压实为实方。

(2)自料场至施工现场堆放点的运输费用应包括在石料备料单价内,施工现场堆放点至工作面的场内运输已包括在砌石工程定额内。在编制砌石工程概算单价时,不得重复计算石料运输费。

(3)砌石定额中已计入了一般要求的勾缝,如设计有防渗要求的开槽勾缝,应增加相应的人工费和材料费。

(4)在水利部2002《水利建筑工程概算定额》土石填筑部分中,砂、石料的定额量已考虑了施工操作损耗和体积变化因素。在编制其工程单价时,必须确定其材料预算价格。

(5)本节定额中"零星材料费"的计算基数,不含砂石料的运输费。

三、砌石工程单价

砌石工程单价包括备料单价和砌筑单价,其中砌筑单价包括干砌石和浆砌石两种。

(一)备料单价

城市水利工程施工所用的砂石料一般需外购,按材料预算价格计算。

(二)砌筑单价

应根据不同的施工项目、施工部位、施工方法及所用材料套用相应定额进行计算。如为浆砌石,则需先计算胶结材料的半成品价格。

注意:砂、碎石(砾石)、块石、料石等预算价格控制在70元/ m^3 左右,超过部分计取税金后列入相应部分之后。

【例11-3】 某排涝闸工程位于华东地区某县郊,其护底工程采用M7.5浆砌块石施工,所有砂石材料均需外购,其外购单价为:砂40元/m^3,块石76.6元/m^3,试计算该工程M7.5浆砌块石护底工程概算单价。基本资料如下:

(1)M7.5水泥砂浆每立方米配合比:32.5级普通硅酸盐水泥261.00 kg,砂1.11 m^3,施工用水0.157 m^3;

(2)材料预算价格:32.5级普通硅酸盐水泥300元/t,施工用水0.50元/m^3,电价0.6元/kWh。

解:第一步:分析基本资料,确定取费费率。由题意知该工程地处华东地区某县郊,水闸的工程性质属于引水工程及河道工程,故其他直接费率取2.5%,现场经费率取6%,间接费率取6%,企业利润率为7%,税金率取3.22%。

第二步:计算基础单价。用第十章的基础单价编制方法计算。

(1)人工预算单价：工长 4.91 元/工时，中级工 3.87 元/工时，初级工 2.11 元/工时。

(2)砂浆材料单价：$261.00\times0.3+1.11\times40+0.157\times0.50=122.78$(元/$m^3$)。

(3)机械台时费：0.4 m^3 砂浆搅拌机 19.89 元/台时，胶轮车 0.9 元/台时。

第三步：根据工程部位和施工方法选用定额，定额选用部颁[2002]《水利建筑工程概算定额》第 3－8 节 30031 子目，定额如表 11-13 所示。

表 11-13 浆砌块石　　定额单位：100 m^3(砌体方)

工作内容：选石、修石、冲洗、拌制砂浆、砌筑、勾缝

项　目	单位	护坡		护底	基础	挡土墙	桥墩闸墩
		平面	曲面				
工长	工时	17.3	19.8	15.4	13.7	16.7	18.2
高级工	工时						
中级工	工时	356.5	436.2	292.6	243.3	339.4	387.8
初级工	工时	490.1	531.2	457.2	427.4	478.5	504.7
合计	工时	863.9	987.2	765.2	684.4	834.6	910.7
块石	m^3	108	108	108	108	108	108
砂浆	m^3	35.3	35.3	35.3	34.0	34.4	34.8
其他材料费	%	0.5	0.5	0.5	0.5	0.5	0.5
砂浆搅拌机 0.4 m^3	台时	6.54	6.54	6.54	6.30	6.38	6.45
胶轮车	台时	163.44	163.44	163.44	160.19	161.18	162.18
编　号		30029	30030	30031	30032	30033	30034

第四步：计算浆砌石工程单价。将各项基础单价、取定的费率及定额子目 30031 中的各项数值填入表 11-14 中。

注意：按现行规定，外购材料块石的预算价格为 76.6 元/m^3，超过了 70 元/m^3 的限价，故进入工程单价的块石价格为 70 元/m^3 计，超过部分 $76.6-70=6.6$(元/m^3)应计算税金后列入砌石单价第四项税金之后。

计算过程详见表 11-14，浆砌块石护底的工程单价为：190.31 元/m^3。

表 11-14 建筑工程单价分析表

定额编号：30031　　浆砌块石护底　　定额单位：100 m^3(砌体方)

施工方法：选石、修石、冲洗、拌制砂浆、砌筑、勾缝

序号	名称及规格	单位	数量	单价(元)	合计(元)
一	直接工程费				15 627.74
(一)	直接费				14 403.44
1	人工费				2 172.66
(1)	工长	工时	15.4	4.91	75.61

续表 11-14

序号	名称及规格	单位	数量	单价(元)	合计(元)
施工方法:选石、修石、冲洗、拌制砂浆、砌筑、勾缝					
(2)	高级工	工时			
(3)	中级工	工时	292.6	3.87	1 132.36
(4)	初级工	工时	457.2	2.11	964.69
2	材料费				11 953.60
(1)	块石	m^3	108	70	7 560.00
(2)	砂浆	m^3	35.3	122.78	4 334.13
(3)	其他材料费	%	0.5	11 894.13	59.47
3	机械使用费				277.18
(1)	砂浆拌和机 0.4 m^3	台时	6.54	19.89	130.08
(2)	胶轮车	台时	163.44	0.9	147.10
(二)	其他直接费	%	2.5	14 403.44	360.09
(三)	现场经费	%	6	14 403.44	864.21
二	间接费	%	6	15 627.74	937.66
三	企业利润	%	7	16 565.40	1 159.58
四	块石价差	m^3	108	6.6	712.80
五	税金	%	3.22	18 437.78	593.70
六	单价合计				19 031.48

第五节　混凝土工程单价编制

一、项目划分和定额选用

混凝土具有强度高、抗渗性能好、耐久等优点,在城市水利工程中应用非常广泛,其费用在工程总投资中常常占用很大比重。

(一)项目划分

混凝土按施工工艺可分为现浇混凝土和预制混凝土两大类,现浇混凝土又分为常态混凝土和碾压混凝土两种。按胶凝材料分类,混凝土又可分为水泥混凝土、沥青混凝土和石膏混凝土等。

(二)定额选用

混凝土工程单价计算应根据提供的资料,确定建筑物的施工部分,选定正确的施工方法、运输方案,确定混凝土的强度等级和级配,并根据施工组织设计确定的拌和系统的布置形式等，选用相应的定额子目。

二、使用定额时的注意事项

(1)定额计量单位。混凝土拌制及运输定额的计量单位均为半成品方，不包括干缩、运输、浇筑和超填等损耗的消耗量在内。

混凝土浇筑的计量单位均为建筑物及构筑物的成品实体方。

止水、沥青砂柱止水、混凝土管安装计量单位为“延长米”；钢筋制作与安装的计量单位为“t”；防水层、伸缩缝、沥青混凝土涂层计量单位为“m^2”。

(2)常态混凝土浇筑主要工作包括基础面清理、施工缝处理、铺水泥砂浆、平仓浇筑、振捣、养护、工作面运输及辅助工作。混凝土浇筑定额中包括浇筑和工作面运输所需的全部人工、材料和机械的数量及费用，但是混凝土拌制及浇筑定额中不包括骨料预冷、加冰、通水等温控所需人工、材料、机械的数量和费用。地下工程混凝土浇筑施工照明用电已计入浇筑定额的其他材料费中。

(3)沥青混凝土浇筑包括配料、混凝土加温、铺筑、养护，模板制作、安装、拆除、修整及场内运输和辅助工作。

(4)碾压混凝土浇筑包括冲毛、冲洗、清仓，铺水泥砂浆，混凝土配料、拌制、运输、平仓、碾压、切缝、养护，工作面运输及辅助工作等。

(5)预制混凝土主要工作包括预制场冲洗、清理，混凝土配料、拌制、浇筑、振捣、养护，模板制作、安装、拆除、修整，现场冲洗、拌浆、吊装、砌筑、勾缝，以及预制场和安装现场场内运输及辅助工作。混凝土构件预制及安装定额包括预制及安装过程中所需的人工、材料、机械的数量和费用。预制混凝土定额中的模板材料为单位混凝土成品方的摊销量，已考虑了周转。

(6)混凝土拌制定额是按常态混凝土拟订的。混凝土拌制包括配料、加水、加外加剂、搅拌、出料、清洗及辅助工作。

(7)混凝土运输包括装料、运输、卸料、空回、冲洗、清理及辅助工作。现浇混凝土运输是指混凝土自搅拌楼或搅拌机出料口至浇筑现场工作面的全部水平和垂直运输。预制混凝土构件运输指预制场到安装现场之间的运输；预制混凝土构件在预制场和安装现场内的运输已包括在预制及安装定额内。

三、混凝土工程单价编制

混凝土工程概算单价主要包括现浇混凝土单价、预制混凝土单价、钢筋制作安装单价和止水单价等，对于大型混凝土工程还要计算混凝土温控措施费。

（一）现浇混凝土单价编制

现浇混凝土单价一般由混凝土拌制、运输（水平、垂直）、浇筑等工序单价组成。在混凝土浇筑定额各子目中，均列有“混凝土”、“混凝土拌制”、“混凝土运输”的数量，在编制混凝土单价时，应先根据分项定额计算这些项目的直接费单价，再将其分别代入混凝土浇筑定额，计算混凝土工程单价。

1. 混凝土材料单价

在混凝土浇筑定额中,“混凝土”一项是指完成定额单位产品所需的混凝土半成品量,包括凿毛、干缩、施工及运输损耗和接缝砂浆的消耗量。2002 年水利部《水利建筑工程概算定额》还包括超填量,如底板混凝土浇筑定额 40058 子目中,每浇筑 100 m^3 成品方混凝土,其混凝土材料用量为 108 m^3,其中 8 m^3 为施工超填量、施工附加量和施工操作运输损耗量。

混凝土半成品单价是指按设计配合比计算配制的每 1 m^3 混凝土所需的砂、石、水泥、水、掺和料及外加剂等各种材料的费用之和。

混凝土材料单价按第十章第六节的编制方法计算。

2. 混凝土拌制单价

混凝土的拌制工序有配料、运输、加水、加外加剂、搅拌、出料、清洗等。编制混凝土拌制直接费单价时,应根据施工组织设计选定的拌和设备套用相应的拌制定额。一般情况下,混凝土拌制单价作为混凝土浇筑定额中的一项内容,即构成混凝土浇筑单价中的定额直接费。

混凝土拌制单价计算可采用以下两种方法:

(1)为避免重复计算其他直接费、现场经费、间接费、企业利润和税金,拌制单价按照选定的拌制定额只计算定额直接费。

(2)将选定的拌制定额子目乘以拌制综合系数单独计算拌制单价,相应取消原浇筑定额中的混凝土拌制一项。

在拌和楼拌制混凝土定额中,均列有“骨料系统”和“水泥系统”,这是指骨料、水泥及掺和料进入拌和楼前与拌和楼相衔接必备的机械设备。这些机械设备包括自骨料调节料仓下料斗开始的胶带运输机和供料设备;自水泥罐、掺和料罐开始的水泥提升机械或空气输送设备,以及胶带输送机和吸尘设备等。编制混凝土拌制单价时,可根据施工组织设计确定的机械组合,将上述设备的台时费合计为组时费(组合台时费)。骨料调节料仓包括净料堆场、骨料仓、骨料罐。在骨料调节料仓下料斗之前的骨料运输费用,应计入骨料(砂石料)单价中。

另外,混凝土拌制定额按拌制常态混凝土拟定,若拌制加冰、加掺和料等其他混凝土时,则应按表 11-15 所规定的系数对混凝土拌制定额进行调整。

表 11-15　混凝土拌制定额调整表

拌和楼规格	混凝土类别			
	常态混凝土	加冰混凝土	加掺和料混凝土	碾压混凝土
1×2.0 m^3 强制式	1.00	1.20	1.00	1.00
2×2.5 m^3 强制式	1.00	1.17	1.00	1.00
2×1.0 m^3 自落式	1.00	1.00	1.10	1.30
2×1.5 m^3 自落式	1.00	1.00	1.10	1.30
3×1.5 m^3 自落式	1.00	1.00	1.10	1.30
2×3.0 m^3 自落式	1.00	1.00	1.10	1.30
4×3.0 m^3 自落式	1.00	1.00	1.10	1.30

3. 混凝土运输单价

混凝土熟料运输单价包括水平运输单价和垂直运输单价。混凝土运输是指混凝土自搅拌机(楼)出料口至浇筑现场工作面的运输。

城市水利工程混凝土运输多采用数种运输设备相互配合的运输方案,不同的施工阶段,不同的浇筑部位,可能采用不同的运输方式。在现行的概算定额中,各节现浇混凝土定额中“混凝土运输”作为浇筑定额的一项内容,它的数量已包括完成每一定额单位有效实体所需增加的超填量和施工附加量等。

其运输单价计算同混凝土拌制单价的计算方法。

4. 混凝土浇筑单价

混凝土浇筑的主要子工序包括凿毛、基础面清理、施工缝处理、入仓、平仓、振捣、养护等。影响浇筑工序的主要因素有仓面面积、施工条件等。仓面面积大,便于发挥人工及机械效率,工效高。施工条件对混凝土浇筑工序的影响很大,计算混凝土浇筑单价时,需注意以下内容:

(1)现行混凝土浇筑定额中包括浇筑和工作面运输(不含浇筑现场垂直运输)所需的全部人工、材料和机械的数量和费用。

(2)混凝土浇筑仓面清洗用水、地下工程混凝土浇筑施工照明用电,已分别计入浇筑定额的用水量及其他材料费中。

5. 混凝土温控措施费计算

在水利工程中,为防止拦河大坝等大体积混凝土建筑物由于温度应力而产生裂缝,以及坝体接缝灌浆后再度拉裂,为保证建筑物的安全,按现行设计规范和混凝土坝设计及施工的要求,对混凝土坝等大体积建筑物应采取温度控制措施。温度控制措施很多,例如,采用水化热较低的水泥,减少水泥用量,采用风或水预冷骨料,加冷水或冰拌和混凝土,对坝体混凝土进行一、二期通低温水及采取混凝土表面保护措施。

1)基本参数的选择

计算温度控制费用,应收集下列资料:

(1)工程所在地区的多年月平均气温、水温等气象资料。

(2)每立方米混凝土拌制所需加冰或冷水的数量、时间及混凝土的数量。

(3)计算要求的混凝土出机口温度、浇筑温度和坝体的允许温度。

(4)混凝土骨料的制冷方式,预冷每立方米骨料所需消耗冷风、冷水的数量,预冷时间及温度,每立方米混凝土需预冷骨料的数量及需进行骨料预冷的混凝土数量。

(5)坝体的设计稳定温度,接缝灌浆时间,坝体混凝土一、二期通低温水的时间、流量、冷水温度及通水区域。

(6)冷冻系统的工艺流程、设备配置:如使用外购冰,要了解外购冰的售价、运输方式;混凝土温控方法、劳力、机械设备;冷冻设备的有关定额、费用等。

以上这些温控措施,应根据不同工程的特点,不同地区的气温条件,不同结构物不同部位的温控要求等综合因素确定,可采用部颁2002《水利建筑工程概算定额》中规定的参考资料(见定额附录10)计算。

2)温控措施费用计算标准

混凝土温控措施费用计算标准即采取各种温控措施的混凝土数量占混凝土工程总量的比例。在概算阶段,如设计资料不足,可根据工程所在地夏季月平均气温和混凝土降温幅度(指夏季月平均气温和设计要求混凝土出机温度之差)确定。见表11-16。

表11-16 混凝土温控措施费用计算标准参考表

夏季月平均气温(℃)	混凝土降温幅度(℃)	温控措施	占混凝土总量比例(%)
20以下		个别高温时段,加冰或加冷水拌制混凝土	20
20以下	5	加冰、加冷水拌制混凝土 坝体一、二期通水冷却及混凝土表面保护	35 100
20~25	5~10	风或水预冷大骨料 加冰、加冷水拌制混凝土 坝体一、二期通水冷却及混凝土表面保护	25~35 40~45 100
20~25	10以上	风预冷大、中骨料 加冰、加冷水拌制混凝土 坝体一、二期通水冷却及混凝土表面保护	35~40 45~55 100
25以上	10~15	风预冷大、中、小骨料 加冰、加冷水拌制混凝土 坝体一、二期通水冷却及混凝土表面保护	35~45 55~60 100
25以上	15以上	风和水预冷大、中、小骨料 加冰、加冷水拌制混凝土 坝体一、二期通水冷却及混凝土表面保护	50 60 100

注:当混凝土降温幅度要求5℃以上时,不论夏季月平均气温多少,均须采取坝体一、二期通水冷却和混凝土表面保护措施,此项措施费用计算标准为100%。

3)不同温控措施的制冷指标

温控措施的制冷指标是指1 m^3 混凝土采取温控措施时,骨料预冷所需的冷风量或冷水量、混凝土拌制所需的冷水量或片冰量、混凝土浇筑后所需的通冷却水量和表面保护量。该指标应在施工组织设计中确定。编制概算时,如设计资料不足,可参考表11-17。

4)混凝土温度控制单价的编制步骤

(1)计算混凝土出机口的温度。根据不同强度等级混凝土的材料配合比及其自然温度,可计算混凝土的出机温度,见表11-18。

表 11-17　每立方米混凝土不同温控措施制冷指标参考表

温控措施名称	单位	夏季月平均气温(℃)				
		<20		20~25		>25
		降温幅度(℃)				
		1~5	5~10	10~15	10~15	>15
骨料预冷耗风	m^3		450	750	1 100	1 300
骨料预冷耗水	t		1.0			1.35
加 2 ℃冷水	kg	70	60	50	50	50
加片冰	kg	30	40	50	50	50
坝体一期通水	t		0.32	0.37	0.42	0.47
坝体二期通水	t	0.3~0.6	0.4~0.8	0.6~1.0	1.0~1.7	1.7~2.3
混凝土表面保护	m^2	0.32	0.38	0.43	0.49	0.54

表 11-18　混凝土出机口温度计算表

序号	材料	重量 G (kN/m^3)	比热 C ($kJ/(kg·℃)$)	温度 t (℃)	$P = G \times C$ ($kJ/(m^3·℃)$)	$Q = G \times C \times t$ (kJ/m^3)
1	水泥及粉煤灰	G_1	0.796	$t_1 = T + 15$	P_1	Q_1
2	砂	G_2	0.963	$t_2 = T - 2$	P_2	Q_2
3	石子	G_3	0.963	t_3	P_3	Q_3
4	砂的含水	G_4	4.2	$t_4 = t_2$	P_4	Q_4
5	石子的含水	G_5	4.2	$t_5 = t_3$	P_5	Q_5
6	拌和水	G_6	4.2		P_6	Q_6
7	片冰	G_7	2.1 潜热 335		P_7	$Q_7 = -335G_7$
8	机械热	G_8			P_8	Q_8
合计		出机口温度 $t_c = \sum Q / \sum P$			$\sum P$	$\sum P$

注:1. 表中"T"为月平均气温,石子的自然温度可取与"T"同值。

2. 砂子含水率可取 5%。

3. 风冷骨料的石子含水率可取 0。

4. 淋水预冷骨料脱水后的石子含水率可取 0.75%。

5. 混凝土拌和机械热取值:常温混凝土 $Q_8 = 2\ 094\ kJ/m^3$;14 ℃混凝土 $Q_8 = 4\ 187\ kJ/m^3$;7 ℃混凝土 $Q_8 = 6\ 281\ kJ/m^3$;

6. 若给定了出机口温度、加冷水和加片冰量,则可按下式确定石子的冷却温度:$t_3 = (t_c \sum P - Q_1 - Q_2 - Q_4 - Q_5 - Q_6 - Q_8 + 335G_7) \div 0.963G_3$。

(2)计算各种温控措施制冷单价。制冷单价是指预冷骨料所需的冷风、冷水等单价,又称分析措施单价。概预算定额附录中列有各分项温控措施单价计算表,根据施工组织设计选定的制冷方法计算制冷直接费单价。

(3)计算温控措施综合单价。温控措施复价是指每立方米温控混凝土所需不同温控措施的费用，其值等于该项温控措施制冷指标乘以降温幅度再乘以制冷单价，将各项温控措施的复价相加，可计算每立方米混凝土的温控综合直接费单价（见表11-19），计入其他直接费、现场经费、间接费、企业利润及税金后的混凝土温度控制综合单价。

表11-19　混凝土预冷综合单价计算表

（单位：m^3）

序号	项目	单位	数量 G	材料温度（℃）			分项措施单价 M	复价（元） $G\cdot\Delta t\cdot M$
				初温 t_0	终温 t_i	降幅 $\Delta t=t_0-t_i$		
1	制冷水	kg					元/（kg·℃）	
2	制片冰	kg					元/kg	
3	冷水喷淋骨料	kg					元/（kg·℃）	
4	一次风冷骨料	kg					元/（kg·℃）	
5	二次风冷骨料	kg					元/（kg·℃）	
合计								

注：1. 冷水喷淋预冷骨料和一次风冷骨料，二者择其一，不得同时计费。
2. 根据混凝土出机口温度计算，骨料最终温度不大于8 ℃时，一般可不必进行二次风冷，有时二次风冷是为了保温。
3. 一次风冷或水冷石子的初温可取月平均气温值。
4. 一次风冷或水冷之后，骨料转运到二次风冷料仓过程中，温度回升值可取1.5～2 ℃。

（二）预制混凝土单价

预制混凝土单价一般包括混凝土预制、预制构件运输、预制构件安装等工序单价。

混凝土预制包括预制场冲洗、清理、配料、拌制、浇筑、振捣、养护、模板制作、安装、拆除、修整，以及预制场内混凝土运输、材料运输、预制件吊装等工作。

预制构件运输是指预制场至安装现场之间的运输，应按施工组织设计确定的运输方式、装卸和运输机械、运输距离选择定额。

预制构件安装主要包括安装现场冲洗、拌浆、吊装、砌筑、勾缝等。

用预算定额编制安装单价时，先分别计算混凝土预制和混凝土运输的直接费，将二者之和作为构件安装定额中"混凝土构件"项的单价，然后根据安装定额编制混凝土的综合预算单价。

现行概算定额中混凝土预制及安装定额包括混凝土拌制和预制场内混凝土运输工序，另外需考虑预制件场外运输及安装用混凝土运输。

预制混凝土定额中的模板材料均按预算消耗量计算，包括制作（钢模为组装）、安装、拆除、维修的消耗、损耗，并考虑了周转和回收。

在混凝土构件的预制、运输及安装过程中，当预制混凝土构件重量超过定额中起重机械起重量时，可用相应起重机械替换，但定额台时数不作调整。

（三）沥青混凝土工程单价

城市水利工程常用的沥青混凝土为碾压式沥青混凝土，分为开级配（孔隙率大于5%，含少量或不含矿粉）和密级配（孔隙率小于5%，含一定量矿粉）。开级配适用于防渗墙的整平胶结层和排水层，密级配适用于防渗墙的防渗层和岸边接头部位。

沥青混凝土工程单价编制方法与水泥混凝土工程单价编制方法基本相同。

【例 11-4】 某水闸工程位于华东地区，其底板采用现浇钢筋混凝土底板，底板厚度为 1.0 m，混凝土强度等级为 C25，二级配；施工方法采用 0.8 m^3 搅拌机拌制混凝土，1 t 机动翻斗车装混凝土运 100 m 至仓面进行浇筑。已知基本资料如下：

(1)人工预算单价：工长 4.91 元/工时，高级工 4.56 元/工时，中级工 3.87 元/工时，初级工 2.11 元/工时。

(2)材料预算价格：42.5 级普通硅酸盐水泥 340 元/t，中砂 35 元/m^3，碎石(综合) 45 元/m^3，水 0.5 元/m^3，电 0.6 元/kWh，柴油 5.2 元/kg，施工用风 0.15 元/m^3。

(3)机械台时费：0.8 m^3 搅拌机 28.23 元/台时，胶轮车 0.9 元/台时，机动翻斗车(1 t) 15.27 元/台时，1.1 kW 插入式振动器 2.02 元/台时，风水枪 33.09 元/台时。

试计算闸底板现浇混凝土的工程单价。

解：第一步：计算混凝土材料单价。计算方法同例 10-9：

$289 \times 0.34 \times 1.10 \times 1.07 + 0.49 \times 35 \times 1.10 \times 0.98 + 0.81 \times 45 \times 1.06 \times 0.98 + 0.15 \times 0.50 \times 1.10 \times 1.07 = 172.09$(元/$m^3$)

第二步：计算混凝土拌制单价(只计定额直接费)。选用 2002 年水利部《水利建筑工程概算定额》第 4－35 节 40172 子目，定额如表 11-20 所示，计算过程见表 11-21，混凝土拌制单价为：9.79 元/m^3。

表 11-20　搅拌机拌制

适用范围：各种级配常态混凝土　　　　定额单位：100 m^3

项目	单位	搅拌机出料(m^3)	
		0.4	0.8
工长	工时		
高级工	工时		
中级工	工时	126.2	93.8
初级工	工时	167.2	124.4
合计	工时	293.4	218.2
零星材料费	%	2	2
搅拌机	工时	18.90	9.07
胶轮车	工时	87.15	87.15
编号		40171	40172

第三步：计算混凝土运输单价(只计定额直接费)。选用选用 2002 年水利部《水利建筑工程概算定额》第 4－40 节 40192 子目，定额如表 11-22 所示，计算过程见表 11-23，结果为：5.47 元/m^3。

第四步：计算混凝土浇筑单价。根据工程性质、特点确定取费费率，其他直接费率取 2.5%，现场经费费率取 6%，间接费率取 4%，企业利润率为 7%，税金率取 3.22%。

表 11-21　建筑工程单价分析表

定额编号:40172　　　　　　　　混凝土拌制　　　　　　　　定额单位:100 m^3

施工方法:0.8 m^3 搅拌机拌制混凝土

序号	名称及规格	单位	数量	单价(元)	合计(元)
一	直接工程费				
(一)	直接费				979.18
1	人工费				625.49
	中级工	工时	93.8	3.87	363.01
	初级工	工时	124.4	2.11	262.48
2	零星材料费	%	2	959.98	19.20
3	机械使用费				334.49
	搅拌机(0.8 m^3)	台时	9.07	28.23	256.05
	胶轮车	台时	87.15	0.9	78.44

表 11-22　机动翻斗车运混凝土

定额单位:100 m^3

项目	单位	运距(m)					增运
		100	200	300	400	500	100 m
工长	工时						
高级工	工时						
中级工	工时	37.6	37.6	37.6	37.6	37.6	
初级工	工时	30.8	30.8	30.8	30.8	30.8	
合计	工时	68.4	68.4	68.4	68.4	68.4	
零星材料费	%	5	5	5	5	5	
机动翻斗车　1 t	台时	20.32	23.73	26.93	29.87	32.76	2.78
编号		40192	40193	40194	40195	40196	40197

表 11-23　建筑工程单价分析表

定额编号:40192　　　　　　　　混凝土运输　　　　　　　　定额单位:100 m^3

施工方法:1 t 机动翻斗车运混凝土 100 m

序号	名称及规格	单位	数量	单价(元)	合计(元)
一	直接工程费				
(一)	直接费				546.83
1	人工费				210.50
	中级工	工时	37.6	3.87	145.51
	初级工	工时	30.8	2.11	64.99
2	零星材料费	%	5	520.79	26.04
3	机械使用费				310.29
	机动翻斗车　1 t	台时	20.32	15.27	310.29

选用概算定额第4－10节40057子目，定额如表11-24所示。计算过程见表11-25混凝土浇筑的工程单价为：295.53元/m^3。

表11-24 底板

适用范围：溢流堰、护坦、铺盖、阻滑板、趾板等　　　　定额单位：100 m^3

项目	单位	厚度(cm)		
		100	200	400
工长	工时	17.6	11.8	8.1
高级工	工时	23.4	15.8	10.9
中级工	工时	310.6	209.3	143.8
初级工	工时	234.4	157.9	108.5
合计	工时	586.0	394.8	271.3
混凝土	m^3	112	108	106
水	m^3	133	107	74
其他材料费	%	0.5	0.5	0.5
振动器1.1 kW	台时	45.84	44.16	43.31
风水枪	台时	17.08	11.51	7.91
其他机械费	%	3	3	3
混凝土拌制	m^3	112	108	106
混凝土运输	m^3	112	108	106
编号		40057	40058	40059

表11-25 建筑工程单价分析表

定额编号：40057　　　　底板混凝土浇筑　　　　定额单位：100 m^3

施工方法：1 t机动翻斗车装混凝土运100 m至仓面，1.1 kW插入式振动器振捣

序号	名称及规格	单位	数量	单价(元)	合计(元)
一	直接工程费				25 729.29
(一)	直接费				23 713.63
1	人工费				1 889.72
(1)	工长	工时	17.6	4.91	86.42
(2)	高级工	工时	23.4	4.56	106.70
(3)	中级工	工时	310.6	3.87	1 202.02
(4)	初级工	工时	234.4	2.11	494.58
2	材料费				19 437.28
(1)	混凝土C25	m^3	112	172.09	19 274.08
(2)	水	m^3	133	0.5	66.50

续表 11-25

序号	名称及规格	单位	数量	单价(元)	合计(元)
(3)	其他材料费	%	0.5	19 340.58	96.70
3	机械使用费				677.51
(1)	振动器 1.1 kW	台时	45.84	2.02	92.60
(2)	风水枪	台时	17.08	33.09	565.18
(3)	其他机械费	%	3	657.78	19.73
4	混凝土拌制	m^3	112	9.79	1 096.48
5	混凝土运输	m^3	112	5.47	612.64
(二)	其他直接费	%	2.5	23 713.63	592.84
(三)	现场经费	%	6	23 713.63	1 422.82
二	间接费	%	4	25 729.29	1 029.17
三	企业利润	%	7	26 758.46	1 873.09
四	税金	%	3.22	28 631.55	921.94
五	单价合计				29 553.49

四、钢筋工程单价编制

钢筋制作安装内容有钢筋加工、绑扎、焊接、运输、现场安装等工序。现行部颁《水利建筑工程概算定额》中不分工程部位和钢筋规格型号，把“钢筋制作与安装”定额综合成一节，定额编号为第4－23节 40123 子目，计量单位为 t。

概算定额中“钢筋”项的量已包括了切断和焊接等的损耗量以及截余短头作废料和搭接帮条等的附加量；预算定额仅含加工损耗，不包括搭接长度及架立钢筋用量。

【例 11-5】 在例 11-4 中，闸底板和闸墩采用的钢筋型号有Φ20 的 A3，Φ25 的变形钢筋，试计算该水闸的钢筋制作与安装工程单价。已知基本资料如下：

(1)所取费率及人工预算单价同例 11-4。

(2)材料预算价格：钢筋 4 500 元/t，铁丝 5.8 元/kg，电焊条 4.5 元/kg，水 0.5 元/m^3，电 0.6 元/kWh，汽油 5.8 元/kg，施工用风 0.15 元/m^3。

(3)施工机械台时费：钢筋调直机(14 kW)14.08 元/台时，风水枪 33.09 元/台时，钢筋切断机(20 kW)18.52 元/台时，钢筋弯曲机(直径 6～40 mm)10.85 元/台时，电焊机(25 kVA)9.42 元/台时，电弧对焊机(150 型)60.92 元/台时，载重汽车(5 t)65.42 元/台时，塔式起重机(10 t)93.83 元/台时。

解：根据 2002 年水利部《水利建筑工程概算定额》选用定额编号为第 4－23 节 40123 子目，定额如表 11-26 所示。钢筋制作与安装工程单价计算过程见表 11-27，结果为：6 932.74元/t。

表 11-26 钢筋制作与安装

适用范围:水工建筑物各部位　　　　定额单位:1 t

工作内容:调直、除锈、切断、弯制、焊接、绑扎及加工场至施工场地运输

项 目		单位	数量
工长		工时	10.6
高级工		工时	29.7
中级工		工时	37.1
初级工		工时	28.6
合计		工时	106.0
钢筋		t	1.07
铁丝		kg	4
电焊条		kg	7.36
其他材料费		%	1
钢筋调直机	14 kW	台时	0.63
风水枪		台时	1.58
钢筋切断机	20 kW	台时	0.42
钢筋弯曲机	直径 6 ~ 40 mm	台时	1.10
电 焊 机	25 kVA	台时	10.50
电弧对焊机	150 型	台时	0.42
载 重 汽 车	5 t	台时	0.47
塔式起重机	10 t	台时	0.11
其他机械费		%	2
编号			40123

表 11-27 建筑工程单价分析表

定额编号:40123　　　　钢筋制作与安装　　　　定额单位:1 t

工作内容:调直、除锈、切断、弯制、焊接、绑扎及加工场至施工场地运输

序号	名称及规格	单位	数量	单价(元)	合计(元)
一	直接工程费				6 035.65
(一)	直接费				5 562.81
1	人工费				391.41
(1)	工长	工时	10.6	4.91	52.05
(2)	高级工	工时	29.7	4.56	135.43
(3)	中级工	工时	37.1	3.87	143.58
(4)	初级工	工时	28.6	2.11	60.35

续表 11-27

序号	名称及规格	单位	数量	单价(元)	合计(元)
2	材料费				4 920.03
(1)	钢筋	t	1.07	4 500.00	4 815.00
(2)	铁丝	kg	4	5.80	23.20
(3)	电焊条	kg	7.36	4.50	33.12
(4)	其他材料费	%	1	4 871.32	48.71
3	机械使用费				251.37
(1)	钢筋调直机　14 kW	台时	0.63	14.08	8.87
(2)	风水枪	台时	1.58	33.09	52.28
(3)	钢筋切断机　20 kW	台时	0.42	18.52	7.78
(4)	钢筋弯曲机　直径 6 ~ 40 mm	台时	1.10	10.85	11.94
(5)	电焊机　25 kVA	台时	10.50	9.42	98.91
(6)	电弧对焊机　150 型	台时	0.42	60.92	25.59
(7)	载重汽车　5 t	台时	0.47	65.42	30.75
(8)	塔式起重机　10 t	台时	0.11	93.83	10.32
(9)	其他机械费	%	2	246.44	4.93
(二)	其他直接费	%	2.5	5 562.81	139.07
(三)	现场经费	%	6	5 562.81	333.77
二	间接费	%	4	6 035.65	241.43
三	企业利润	%	7	6 277.08	439.4
四	税金	%	3.22	6 716.48	216.27
五	单价合计				6 932.75

第六节　模板工程单价编制

模板用于支承具有塑流性质的混凝土拌和物的重量和侧压力，使其按设计要求凝固成型。模板制作、安装及拆除是混凝土施工中的一道重要工序，它不仅影响混凝土的外观质量、制约混凝土的施工速度，而且对混凝土工程造价影响也很大。据统计，在大中型城市水利工程施工中，模板费用一般占混凝土总费用的 8% ~ 15%，在一些复杂的单项工程和小型工程中甚至达到 20% 以上。

模板工程单价包括模板及其支撑结构的制作、安装、拆除、场内运输及修理等全部工序的人工、材料和机械费用。

一、定额内容和定额选用

为适应水利工程建设管理的需要，现行部颁概预算定额将模板制作、安装定额单独计列，不再含在混凝土浇筑定额中，使模板与混凝土定额的组合更灵活、适应性更强。

（一）定额内容

模板工程定额内容包括模板制作和模板安装、拆除。

模板制作主要包括木模板制作，木排架制作，木立柱、围囹制作，钢架制作，预埋铁件制作等，及模板的运输。

模板安装拆除主要包括模板的安装、拆除、除灰、刷脱模剂、维修、倒仓、拉筋、割断等。

（二）定额选用

选用定额时应根据工程部位、模板的类型、施工方法等因素综合考虑现行部颁《水利建筑工程概算定额》第五章中列出了相应的定额子目。

二、使用定额时的注意事项

（1）模板制作与安装拆除定额，均以100 m^2 立模面积为计量单位，立模面积应按混凝土与模板的接触面积计算，即按混凝土结构物体形态及施工分缝要求所需的立模面积计算。

（2）模板材料均按预算消耗量计算，包括了制作、安装、拆除、维修的损耗和消耗，并考虑了周转和回收。

（3）模板定额中的材料，除模板本身外，还包括支撑模板的立柱、围囹、桁（排）架及铁件等。对于悬空建筑物的模板，计算到支撑模板结构的承重梁为止。承重梁以下的支撑结构应包括在“其他施工临时工程”中。

（4）大体积混凝土（如坝、船闸等）中的廊道模板，均采用一次性预制混凝土板（浇筑后作为建筑物结构的一部分）。混凝土模板预制及安装可参考混凝土预制及安装定额编制其单价。

（5）概算定额中列有模板制作定额，并在“模板安装拆除”定额子目中嵌套模板制作数量100 m^2，这样便于计算模板综合工程单价。而预算定额中将模板制作和安装拆除定额分别计列，使用预算定额时将模板制作及安装拆除工程单价算出后再相加，即为模板综合单价。

（6）使用概算定额计算模板综合单价时，模板制作单价有两种计算方法：

①若施工企业自制模板，按模板制作定额计算出直接费（不计入其他直接费、现场经费、间接费、企业利润和税金），作为模板的预算价格代入安装拆除定额，统一计算模板综合单价。

②若外购模板，安装拆除定额中的模板预算价格应为模板使用一次的摊销价格，其计算公式为：

$$模板预算价格=外购模板预算价格\times(1-残值率)\div 周转次数\times 综合系数 \tag{11-17}$$

式中，残值率为10%，周转次数为50次，综合系数为1.15（含露明系数及维修损耗系数）。

(7)概算定额中凡嵌套有“模板 100 m^2”的子目,计算“其他材料费”时,计算基数不包括模板本身的价值。

(8)在混凝土工程定额中,常态混凝土和碾压混凝土定额中不包含模板制作与安装,模板的费用应按模板工程定额另行计算;预制混凝土及沥青混凝土定额中已包括了模板的相关费用,计算时不得再算模板费用。

三、模板工程单价的编制

(一)模板制作单价

按混凝土结构部位的不同,可选择不同类型的模板制作定额,编制模板制作单价。如悬臂组合钢模板、普通标准钢模板、普通平面木模板、蜗壳模板、滑升式模板等。在编制模板制作单价时,要注意各节定额的适应范围和工作内容,特别是各节定额下面的“注”,应仔细阅读,以便对定额作出正确的调整。

模板属周转性材料,其费用应进行摊销。模板制作定额的人工、材料、机械用量是考虑多次周转和回收后使用一次的摊销量。因此,按模板制作定额计算的模板制作单价是模板使用一次的摊销价格。

(二)模板安装、拆除单价

现行部颁《水利建筑工程概算定额》模板安装各节子目中将模板作为“材料”列出,定额中模板的价格可按制作定额计算(取直接费)。将模板材料的价格代入相应的模板安装、拆除定额,可计算模板工程单价。

【例 11-6】 在例 11-5 中,闸墩施工采用标准钢模板立模,试计算模板制作与安装综合单价。已知基本资料如下:

(1)材料预算价格:组合钢模板 6.50 元/kg,型钢扣件、卡件 6.60 元/kg,铁件 6.50 元/kg,预制混凝土柱 350.0 元/m^3。

(2)施工机械台时费:汽车起重机(5 t)69.43 元/台时。

(3)其他资料同例 11-4、例 11-5。

解:第一步:计算模板制作单价。

(1)确定取费费率。根据工程性质、特点确定取费费率,其他直接费费率取 2.5%,现场经费费率取 6%,间接费费率取 6%,企业利润率取 7%,税金率取 3.22%。

(2)因模板制作是模板安装工程材料定额的一项内容,为避免重复计算,故模板制作单价只计算定额直接费。查 2002 年《水利建筑工程概算定额》选用第 5-12 节 50062 子目,定额如表 11-28 所示。计算过程见表 11-29,模板制作单价(直接费)为 10.97 元/m^2。

第二步:计算闸墩钢模板制作、安装综合单价。查 2002 年部颁《水利建筑工程概算定额》,用第 5-1 节 50001 子目,定额如表 11-30 所示。计算过程详见表 11-31,计算结果为 51.77 元/m^2。

注意:在计算其他材料费时,其计算基数不包括模板本身的价值。

表 11-28　普通模板制作

适用范围:标准钢模板:直墙、挡土墙、防浪墙、闸墩、底板、趾板、板、梁、柱等;

平面木模板:混凝土坝、混凝土墙、墩等;

曲面模板:混凝土墩头、进水口下侧收缩曲面等弧形柱面

工作内容:标准钢模板:铁件制作、模板运输;

平面木模板:模板制作、立柱制作、围囹制作、铁件制作、模板运输;

曲面模板:钢架制作、面板拼装、铁件制作、模板运输

定额单位:100 m^2

项　目	单位	标准钢模板	平面木模板	曲面模板
工长	工时	1.2	4.1	4.5
高级工	工时	3.8	12.1	14.7
中级工	工时	4.2	33.6	30.3
初级工	工时	1.5	12.8	11.9
合计	工时	10.7	62.6	61.4
锯材	m^2		2.3	0.4
组合钢模板	kg	81		106
型钢	kg	44		498
卡扣件	kg	26		43
铁件	kg	2	25	36
电焊条	kg	0.6		11.0
其他材料费	%	2	2	2
圆盘锯	台时		4.69	
双面刨床	台时		3.91	
型钢剪断机　13 kW	台时			0.98
型材弯曲机	台时			1.53
钢筋切断机　20 kW	台时	0.07	0.17	0.19
钢筋弯曲机　直径 6~40 mm	台时		0.44	0.49
载重汽车　5 t	台时	0.37	1.68	0.43
电焊机　25 kVA	台时	0.72		8.17
其他机械费	%	5	5	5
编号		50062	50063	50064

表 11-29 建筑工程单价分析表

定额编号:50062　　　　闸墩钢模板制作　　　　定额单位:100 m^2

施工方法:铁件制作、模板运输

序号	名称及规格	单位	数量	单价(元)	合计(元)
一	直接工程费				
(一)	直接费				1 097.08
1	人工费				42.64
(1)	工长	工时	1.2	4.91	5.89
(2)	高级工	工时	3.8	4.56	17.33
(3)	中级工	工时	4.2	3.87	16.25
(4)	初级工	工时	1.5	2.11	3.17
2	材料费				1 020.54
(1)	组合钢模板	kg	81	6.50	526.50
(2)	型钢	kg	44	6.60	290.40
(3)	卡扣件	kg	26	6.60	171.60
(4)	铁件	kg	2	6.50	13.00
(5)	电焊条	kg	0.6	4.50	2.70
(6)	其他材料费	%	2	816.90	16.34
3	机械使用费				33.90
(1)	钢筋切断机　20 kW	台时	0.07	18.52	1.30
(2)	载重汽车　5 t	台时	0.37	65.42	24.21
(3)	电焊机　25 kVA	台时	0.72	9.42	6.78
(4)	其他机械费	%	5	32.29	1.61

表 11-30 普通模板

适用范围:标准钢模板:直墙、挡土墙、防浪墙、闸墩、底板、趾板、板、梁、柱等;

平面木模板:混凝土坝、混凝土墙、墩等;

曲面模板:混凝土墩头、进水口下侧收缩曲面等弧形柱面

工作内容:模板安装、拆除、除灰、刷脱模剂,维修、倒仓

定额单位:100 m^2

项　目	单 位	标准模板		平面木模板	曲面模板
		一般部位	梁板柱部位		
工 长	工时	17.5	21.9	11.0	14.1
高级工	工时	85.2	106.5	7.4	59.3
中级工	工时	123.2	154.0	111.2	167.2
初级工	工时			27.7	37.2
合 计	工时	225.9	282.4	157.3	277.8
模板	m^2	100	100	100	100
铁件	kg	124		321	357
预制混凝土柱	m^3	0.3		1.0	
电焊条	kg	2.0	2.0	5.2	5.8
其他材料费	%	2	2	2	2
汽车起重机　5 t	台时	14.6	14.60	11.95	12.88
电焊机　25 kVA	台时	2.06	2.06	6.71	2.06
其他机械费	%	5	5	5	10
编号		50001	50002	50003	50004

注:底板、趾板为岩石基础时,标准钢模板定额人工乘以1.2系数,其他材料费按8%计算。

表 11-31　建筑工程单价分析表

定额编号:50001　　　　模板制作与安装　　　　定额单位:$100m^2$

工作内容:模板安装、拆除、除灰、刷脱模剂、维修、倒仓

序号	名称及规格	单位	数量	单价(元)	合计(元)
一	直接工程费				4 421.76
(一)	直接费				4 075.36
1	人工费				951.22
(1)	工长	工时	17.5	4.91	85.93
(2)	高级工	工时	85.2	4.56	388.51
(3)	中级工	工时	123.2	3.87	476.78
2	材料费				2 039.40
(1)	模板	m^2	100	11.01	1 101.00
(2)	铁件	kg	124	6.50	806.00
(3)	预制混凝土柱	m^3	0.3	350.00	105.00
(4)	电焊条	kg	2.0	4.50	9.00
(5)	其他材料费	%	2	920.00	18.40
3	机械使用费				1 084.74
(1)	汽车起重机　5 t	台时	14.60	69.43	1 013.68
(2)	电焊机　25 kVA	台时	2.06	9.42	19.41
(3)	其他机械费	%	5	1 033.09	51.65
(二)	其他直接费	%	2.5	4 075.36	101.88
(三)	现场经费	%	6	4 075.36	244.52
二	间接费	%	6	4 421.76	265.31
三	企业利润	%	7	4 687.07	328.09
四	税金	%	3.22	5 015.16	161.49
五	单价合计				5 176.65

第七节　基础处理工程单价编制

基础处理工程包括钻孔灌浆、混凝土防渗墙、灌注桩、锚杆支护、预应力锚索、喷混凝土等。其目的大体可归纳为以下几个方面:

(1)提高地基承载力,改善其变形特性及抗渗性能;

(2)改善地基的剪切特性,防止剪切破坏,减少剪切变形;

(3)改善地基的压缩性能,减少不均匀沉降;

(4)减少地基的透水性,降低扬压力和地下水位,提高地基的稳定性;

(5)改善地基的动力特性,防止液化;

(6)在地基中设置人工基础构筑物,使其与地基共同承受各种荷载。

一、钻孔灌浆工程单价

灌浆就是利用灌浆机施加一定的压力,将浆液通过预先设置的钻孔或灌浆管灌入岩石、土或建筑物中,使其胶结成坚固、密实而不透水的整体。

(一)灌浆的分类

1. 按灌浆材料分

按灌浆材料分,灌浆主要有水泥灌浆、水泥黏土灌浆、黏土灌浆、化学灌浆等四类。

2. 按灌浆作用分

按灌浆作用分,灌浆可分为以下几类。

1)帷幕灌浆

帷幕灌浆是为在坝基形成一道阻水帷幕以防止坝基及绕坝渗漏,降低坝底扬压力而进行的深孔灌浆。

2)固结灌浆

固结灌浆是为提高地基整体性、均匀性和承载能力而进行的灌浆。

3)接触灌浆

接触灌浆是为加强坝体混凝土和基岩接触面的结合能力,使其有效传递应力,提高坝体的抗滑稳定性而进行的灌浆。接触灌浆多在坝体下部混凝土固化收缩基本稳定后进行。

4)接缝灌浆

接缝灌浆是大体积混凝土由于施工需要而形成了许多施工缝,为了恢复建筑物的整体性,利用预埋的灌浆系统对这些缝进行的灌浆。

5)回填灌浆

回填灌浆是为使隧道顶拱岩面与衬砌的混凝土面,或压力钢管与底部混凝土接触面结合密实而进行的灌浆。

(二)灌浆的施工工艺

灌浆的工艺流程一般为:施工准备→钻孔→冲洗→表面处理→压水试验→灌浆→封孔→质量检查。

1. 施工准备

施工准备包括场地清理,劳动组合,材料准备,孔位放样,电、风、水布置,机具设备就位、检查等。

2. 钻孔

钻孔是指采用手风钻、回转式钻机和冲击钻等钻孔机械进行。

3. 冲洗

冲洗是指用水将残存在孔内的岩粉和铁砂末冲出孔外,并将裂隙中的充填物冲洗干净,以保证灌浆效果。

4. 表面处理

表面处理是指为防止有压情况下浆液沿裂隙冒出地面而采取的塞缝、浇盖面混凝土等措施。

5. 压水试验

压水试验的目的是确定地层的渗透特性,为岩基处理设计和施工提供依据。压水试验是在一定压力下将水压入孔壁四周缝隙,根据压入流量和压力,计算出代表岩层渗透特性的技术参数。

6. 灌浆

按灌浆时浆液灌注和流动的特点,灌浆方式可分为纯压式和循环式两种。按照灌浆顺序,灌浆方法有一次灌浆法和分段灌浆法,后者又可分为自上而下分段、自下而上分段及综合灌浆法。

7. 封孔

封孔是指人工或机械(灌浆及送浆)用砂浆封填孔口。

8. 质量检查

质量检查的方法较多,最常用的是打检查孔检查,取岩心、做压水试验,检查透水率是否符合设计和规范要求。检查孔的数量,一般帷幕灌浆为灌浆孔的10%,固结灌浆为灌浆孔的5%。

(三)定额的选用

1. 计量单位

定额中帷幕、固结灌浆工程量,按设计灌浆长度(m)计算;回填、接缝灌浆工程量,按设计灌浆面积(m^2)计算。定额中钻孔与灌浆分列,工程量分别以钻孔长度或面积计算。

2. 定额内容

现行部颁《水利建筑工程概算定额》已综合考虑了不同类型的钻孔,如基本孔、检查孔、先导孔和试验孔;同时,钻检查孔、压水试验等工作内容已按灌浆计入了定额,编制概算单价时,不需要再单独计算此项费用。

现行部颁《水利建筑工程预算定额》一般没有综合考虑上述内容,计算钻孔工作量时应分别列项计算检查孔、试验孔和先导孔的钻孔量。计算灌浆工作量时,除设计灌浆总长度,还应考虑检查孔补灌浆长度。此外,检查孔压水试验工程量应单独列项编制其单价。

在钻孔、灌浆各节定额子目下面,有很多"注",选用定额时应认真阅读。另外,有些工程只需要计算钻孔工程量(如排水孔和观测孔等),有些工程只需要计算灌浆工程量(如回填灌浆、接缝灌浆等),有些工程则需要分别计算钻孔和灌浆工程量,根据钻灌比编制钻孔灌浆综合单价。

(四)使用定额时应注意的事项

使用定额时应注意下列事项:

(1)钻机钻孔时,当终孔孔径大于91 mm或孔深超过70 m时,改用300型钻机。

(2)在廊道内施工时,人工、机械定额乘以表11-32所列的系数。

表 11-32　人工、机械数量调整系数表

廊道高度(m)	0 ~ 2.0	2.0 ~ 3.5	3.5 ~ 5.0	>5.0
系数	1.19	1.10	1.07	1.05

(3)地质钻孔钻灌不同角度的灌浆孔或观测孔、试验孔时,人工、机械、合金片、钻头和岩心管定额乘以表 11-33 所列系数。

表 11-33　人工、机械等调整系数表

钻孔与水平夹角	0° ~ 60°	60° ~ 75°	75° ~ 85°	85° ~ 90°
系数	1.19	1.05	1.02	1.00

(4)在有架子的平台上钻孔,平台到地面孔口高差超过 2.0 m 时,钻机和人工定额乘以 1.05 系数。

(5)灌浆压力划分标准:高压 >3 MPa;中压 1.5 ~ 3 MPa;低压 <1.5 MPa。

(6)灌浆定额中水泥强度等级的选择应符合设计要求,设计未明确的,可按以下标准选择:回填灌浆为 32.5、帷幕与固结灌浆为 32.5、接缝灌浆为 42.5、劈裂灌浆为 32.5、高喷灌浆为 32.5。

(7)岩石或地层的渗透特性用透水率表示,单位为吕容(Lu),定义为:压水压力为 1 MPa时,每米试验长度每分钟注人水量 1 L 时,其透水率为 1 Lu。透水性(定额以透水率高低反映)是灌浆工序的主要影响因素。透水率越强的地层,吸浆量越大。

二、混凝土防渗墙工程单价

防渗墙按材料可分为水泥黏土防渗墙、素混凝土防渗墙、钢筋混凝土防渗墙、自凝灰浆和固化灰浆等;按成孔工艺不同可分为冲击钻孔、回旋钻孔、合瓣式抓斗机配泥浆护壁合高压射水成槽法施工;按结构类型分为桩柱型、槽板型、板桩浇筑型。

(一)防渗墙一般工艺

防渗墙工艺涉及施工平台,混凝土系统,泥浆系统,风、水、电系统,仓库等之间的协调。防渗墙主要工艺流程:施工准备→造孔(或成槽)→泥浆护壁→槽孔检查及验收→混凝土浇筑或墙体填筑(对于钢筋混凝土防渗墙还包含钢筋笼)→墙段连接→成墙质量检查。

(二)使用定额时应注意的事项

使用定额时应注意以下事项:

(1)混凝土防渗墙定额称之为地下连续墙,分为造孔定额和水下浇筑混凝土定额两部分。造孔按地层划分子目,混凝土浇筑按墙厚或浇筑量划分子目。

(2)现行部颁《水利建筑工程概算定额》造孔和混凝土浇筑的定额计量单位均为单位阻水面积(m^2)。预算定额成槽单位为折算米,混凝土浇筑单位还是单位阻水面积(m^2),折算米与工程实践中的主副孔的进尺完全不同。定额中,浇筑混凝土按水下混凝土消耗列示。定额中,钢材主要是钻头、钢导管的摊销,钢板卷制导管的制作用电焊机台班和焊条消耗定额已综合考虑。混凝土浇筑以浇筑量(m^3)为单位。预算定额造孔(折算米)可按下式计算:

$$折算米(m)=槽长(m)\times平均槽深(m)\div槽底厚度(m) \quad (11\text{-}18)$$

(3)现行部颁《水利建筑工程预算定额》浇筑混凝土工程量中未包括施工附加量及超填量,计算施工附加量时应考虑接头和墙顶增加量,计算超填量时应考虑扩孔的增加量。具体计算方法可参考混凝土防渗墙浇筑定额下面的“注”。现行部颁《水利工程建筑概算定额》浇筑混凝土工程量中已包含了上述内容。

(4)现行部颁《水利建筑工程概算定额》增加钻凿混凝土工程量所需的人工、材料和机械消耗已包含在定额中。现行部颁《水利建筑工程预算定额》混凝土防渗墙墙体连接如采用钻凿法,需增加钻凿混凝土的工程量,按下式计算:

$$钻凿混凝土(m)=(墙段个数-1)\times平均墙深(m) \quad (11\text{-}19)$$

地下连续墙成槽定额根据冲击钻、冲击反循环钻机、液压开槽机和射水成槽机成槽法等不同的施工方法,按不同墙厚、地层分类。液压开槽机和射水成槽机成槽法与成槽的深度有关。施工时护壁泥浆性能指标的选择以主要地层为准,对于次要地层或特殊地层,一般在钻进过程中采用其他措施。在编制概(估)算时,只需考虑主要地层情况,次要地层的因素定额已综合考虑。编制概预算时,如试验时材料用量与定额出入较大,可适当调整定额。混凝土防渗墙浇筑预算定额中已经包括接头和上部松动混凝土凿除、运输和操作损失。

三、桩基工程单价

桩基工程包括振冲桩、灌注桩、高压喷射灌浆等。

(一)振冲桩

振冲桩按不同的材质分为碎石桩、水泥碎石桩。碎石桩适用于软基处理;水泥碎石桩适用于砂砾石层。由于不同地层对孔壁的约束力不同,所以形成的桩径有所不同,因而耗用的填料碎石数量也不相同。在编制单价时,可根据工程地质情况和实际需要调整碎石、砂的用量。

定额单位以延长米(m)计,振冲碎石桩按地层类别和孔深分子目,水泥碎石桩按不同的孔深定额耗量不同。定额内容已包括吊车移动、就位、桩径定位、现场清理、安装振冲器、接换振冲头、造孔、搅料、填料、填写记录。

(二)灌注桩

灌注桩现行部颁《水利建筑工程预算定额》一般分造孔和灌注混凝土两部分,按三管法施工编制。灌注桩造孔选用最常用的冲击钻造孔法,根据不同的地层、不同的桩径,按单位进尺计算。工效及材料消耗量按砂壤土、黏土、砾石、卵石、粉细砂、漂石、岩石等地层不同而区分,孔径越大消耗越多。灌注混凝土以造孔方式划分子目,以灌注量(m^3)为单位。造孔定额包括的内容有固定孔位、准备、泥浆制备、运送、固壁、钻孔、记录、孔位转移。灌浆定额包括的内容有钢筋制作、焊接绑扎、吊装入孔、安装导管及漏斗,水下混凝土配料、拌和、运输、灌注、凿除混凝土桩头。

现行部颁《水利建筑工程概算定额》以桩径大小、地层情况划分子目,综合了造孔和浇筑混凝土整个施工过程。

(三)高压喷射灌浆

高压喷射灌浆定额是以应用最广泛的砂砾石层,三重管单喷嘴施工工艺进行编制的,包括钻孔和灌浆两部分。按不同类别的地层划分定额子目。定额以单位进尺为单位，按黏土、砂、砾石、卵石和漂石、人工、材料、机械消耗逐渐增加。钻孔包括固定孔位、开孔、钻孔、清孔、记录、固壁泥浆制备及运送、孔位转移等。喷射灌浆包括高压台车就位、安装孔口、接路管冲洗、台车移开、回灌、质量检查。在编制概预算单价时，如围井试验资料与定额耗量出入太大时，可调整定额。

【例 11-7】 某城市水利枢纽工程，需进行地基处理。

(1)坝轴线长 1 200 m，地基为砂卵石，混凝土防渗墙墙厚 0.8 m，平均深度为 40 m，要求入岩 0.5 m，施工采用钻孔成槽，槽段连接方式采用钻凿法，接头系数为 1.11，扩孔系数为 1.15。

(2)墙下帷幕灌浆：岩石级别为Ⅶ级，透水率 5 Lu，孔距 2.5 m，坝体预埋灌浆管。钻孔灌浆平均深度为 15 m，采用单排自下而上灌浆。

试计算：

(1)混凝土防渗墙预算工程量；

(2)帷幕灌浆工程量。

解：(1)混凝土防渗墙。

① 钻孔总工程量 $=(1\ 200\times40)\div0.8\times1.11=66\ 600$ (m)

其中：砂卵石 $=(1\ 200\times39.5)\div0.8=59\ 250$ (m)

岩石 $=(1\ 200\times0.5)\div0.8=750$ (m)

混凝土 $=(1\ 200\times40)\div0.8\times0.11=6\ 660$ (m)

② 混凝土浇筑 $=1\ 200\times40\times1.11\times1.15=61\ 272$ (m^2)

(2)帷幕灌浆。

帷幕灌浆工程量 $=(1\ 200\div2.5+1)\times15=7\ 215$ (m)

【例 11-8】 华东地区某城市水库坝基岩石基础固结灌浆，采用手风钻钻孔，一次灌浆法，灌浆孔深为 5 m，岩石级别为Ⅷ级，试计算坝基岩石固结灌浆综合概算单价。基本资料如下：

(1)坝基岩石层平均单位吸水率 3 Lu，灌浆水泥采用 32.5 级普通硅酸盐水泥。

(2)人工预算单价：工长 7.11 元/工时，高级工 6.61 元/工时，中级工 5.62 元/工时，初级工 3.04 元/工时。

(3)材料预算单价：合金钻头 50 元/个，空心钢 10 元/kg，32.5 级普通硅酸盐水泥 300 元/t，水 0.5 元/m^3，施工用风 0.15 元/m^3，施工用电 0.6 元/kWh。

(4)施工机械台时费：风钻 29.60 元/台时，灌浆泵(中压泥浆)31.31 元/台时，灰浆搅拌机 14.40 元/台时，胶轮车 0.90 元/台时。

解：第一步：计算钻孔单价。

(1)根据工程性质确定取费费率，其他直接费费率 2.5%，现场经费费率 7%，间接费费率 7%，企业利润率 7%，税金率 3.41%。

(2)根据采用的施工方法和岩石级别(Ⅷ)，查水利部 2002《水利建筑工程概算定额》，选用第 7-2 节 70017 定额子目，定额如表 11-34 所示。计算过程见表 11-35，钻岩石层固结灌浆孔概算单价为 15.17 元/m。

表 11-34　钻岩石层固结灌浆孔(风钻钻灌浆孔)

适用范围:露天作业、孔深小于 8 m

工作内容:孔位转移、接拉风管、钻孔、检查孔钻孔

定额单位:100 m

项目	单 位	岩石级别			
		Ⅴ ~ Ⅷ	Ⅸ ~ Ⅹ	Ⅺ ~ Ⅻ	ⅩⅢ ~ ⅩⅣ
工 长	工时	2	3	5	7
高级工	工时				
中级工	工时	29	38	55	84
初级工	工时	54	70	101	148
合 计	工时	85	111	161	239
合金钻头	个	2. 30	2. 72	3. 38	4. 31
空心钢	kg	1. 13	1. 46	2. 11	3. 50
水	m^3	7	10	15	23
其他材料费	%	14	13	11	9
风钻	台时	20. 0	25. 8	37. 2	55. 8
其他机械费	%	15	14	12	10
编号		70017	70018	70019	70020

注:洞内作业,人工、机械乘以 1. 15 系数。

表 11-35　建筑工程单价分析

定额编号:70017　　　钻岩石层固结灌浆　　　定额单位:100 m

施工方法:手风钻钻孔孔深 5 m,工作内容:孔位转移、接拉风管、钻孔、检查孔钻孔

序号	名称及规格	单位	数量	单价(元)	合计(元)
一	直接工程费				1 281. 29
(一)	直接费				1 170. 13
1	人工费				341. 36
(1)	工长	工时	2	7. 11	14. 22
(2)	中级工	工时	29	5. 62	162. 98
(3)	初级工	工时	54	3. 04	164. 16
2	材料费				147. 97
(1)	合金钻头	个	2. 30	50. 00	115. 00
(2)	空心钢	kg	1. 13	10. 00	11. 30
(3)	水	m^3	7	0. 50	3. 50
(4)	其他材料费	%	14	129. 80	18. 17

续表 11-35

序号	名称及规格	单位	数量	单价(元)	合计(元)
3	机械使用费				680.80
(1)	风钻	台时	20.0	29.60	592.00
(2)	其他机械费	%	15	592.00	88.80
(二)	其他直接费	%	2.5	1 170.13	29.25
(三)	现场经费	%	7	1 170.13	81.91
二	间接费	%	7	1 281.29	89.69
三	企业利润	%	7	1 370.98	95.97
四	税金	%	3.41	1 466.95	50.02
五	单价合计				1 516.97

第二步:计算基础固结灌浆工程单价。根据本工程灌浆岩层的平均吸水率 3 Lu,查概算定额第 7-5 节 70046 子目,定额如表 11-36 所示。计算过程见表 11-37,基础固结灌浆概算单价为 100.54 元/m。

表 11-36 基础固结灌浆

工作内容:冲洗、制浆、灌浆、封孔、孔位转移,以及检查孔的压水试验、灌浆

定额单位:100 m

项目	单位	透水率(Lu)						
		2 以下	2~4	4~6	6~8	8~10	10~20	20~50
工长	工时	23	23	24	25	26	28	29
高级工	工时	48	48	50	51	53	56	58
中级工	工时	139	141	145	151	159	169	175
初级工	工时	240	243	251	263	277	297	308
合计	工时	450	455	470	490	515	550	570
水泥	t	2.3	3.2	4.1	5.7	7.4	8.7	10.4
水	m^3	481	528	565	610	663	715	1 005
其他材料费	%	15	15	14	14	13	13	12
灌浆泵中压泥浆	台时	92	93	96	100	105	112	116
灰浆搅拌机	台时	84	85	88	92	97	104	108
胶轮车	台时	13	17	22	31	42	47	58
其他机械费	%	5	5	5	5	5	5	5
编号		70045	70046	70047	70048	70049	70050	70051

表 11-37　建筑工程单价分析表

定额编号:70046　　基础固结灌浆　　定额单位:100 m

工作内容:冲洗、制浆、灌浆、封孔、孔位转移,以及检查孔的压水试验、灌浆

序号	名称及规格	单位	数量	单价(元)	合计(元)
一	直接工程费				8 517.18
(一)	直接费				7 778.24
1	人工费				2 011.95
(1)	工长	工时	23	7.11	163.53
(2)	高级工	工时	48	6.61	317.28
(3)	中级工	工时	141	5.62	792.42
(4)	初级工	工时	243	3.04	738.72
2	材料费				1 407.60
(1)	水泥	t	3.2	300.00	960.00
(2)	水	m^3	528	0.50	264.00
(3)	其他材料费	%	15	1 224.00	183.60
3	机械使用费				4 358.69
(1)	灌浆泵中压泥浆	台时	93	31.31	2 911.83
(2)	灰浆搅拌机	台时	85	14.40	1 224.00
(3)	胶轮车	台时	17	0.90	15.30
(4)	其他机械费	%	5	4 151.13	207.56
(二)	其他直接费	%	2.5	7 778.24	194.46
(三)	现场经费	%	7	7 778.24	544.48
二	间接费	%	7	8 517.18	569.20
三	企业利润	%	7	9 086.38	636.05
四	税金	%	3.41	9 722.43	331.51
五	单价合计				10 053.96

第三步:计算坝基岩石基础固结灌浆综合概算单价。

坝基岩石基础固结灌浆综合概算单价包括钻孔单价和灌浆单价,即:

坝基岩石基础固结灌浆综合概算单价 = 15.17 + 100.54 = 115.71(元/m)

第八节　安装工程单价编制

设备及安装工程的投资在水利水电工程的总投资中占有相当大的比重。有的工程设备及安装工程投资占总投资的20%,甚至高达40%,认真编制好设备及安装工程概算是

一项十分重要的工作。

设备及安装工程包括机电设备安装和金属结构设备安装两部分，它们分别构成工程总概算的第二部分和第三部分。机电设备安装主要指水轮机组、起重设备、辅助设备、主变压器、高压设备和电气设备等；金属结构设备安装主要指闸门、启闭机、压力钢管等。安装工程费包括设备安装费和构成工程实体的装置性材料费与装置性材料安装费。

一、安装工程定额

（一）定额的内容

现行部颁《水利水电设备安装工程概算定额》共十一章及附录，包括水轮机安装、水轮发电机安装、大型水泵安装、进水阀安装、水力机械辅助设备安装、电器设备安装、变电站设备安装、通信设备安装、起重设备安装、闸门安装、压力钢管制作及安装。现行部颁《水利水电设备安装工程预算定额》共十四章及附录，其章节划分较细。

（二）定额的表现形式

1. 实物量形式

以实物量形式表示的定额，给出了设备安装所需的人工工时、材料和机械使用量，其安装工程单价计算方法与建筑工程单价计算方法相同，在此不再赘述。此方法计算较准确，应用普遍。现行《水利水电设备安装工程概算定额》中的主要设备和《水利水电设备安装工程预算定额》的全部按实物量形式表示。

注意：未计价装置性材料只计税金，不计其他直接费、现场经费、间接费和利润。

2. 安装费费率形式

安装费费率是指安装费占设备原价的百分率。以安装费费率形式表示的定额给出了人工费、材料费、机械使用费和装置性材料费占设备原价的百分比。定额人工费安装费费率以北京地区为基准给出，在编制安装工程单价时，需根据编制地区的不同进行调整。材料费（含装置性材料费）和机械使用费均不作调整。

二、安装工程单价

安装工程单价由直接工程费、间接费、企业利润和税金组成，其编制方法有实物量法和安装费费率法。

（一）实物量法

安装工程实物量形式定额与建筑工程定额相似，安装工程单价编制方法也基本相同，只是单价的费用项目组成稍有不同。安装工程中的材料分为消耗性材料和装置性材料。消耗性材料是指在安装过程中被逐渐消耗的材料，如电焊条、氧气等。装置性材料是个专用名词，它本身属材料，但又是被安装的对象，安装后构成工程的实体。装置性材料可分为主要装置性材料，如轨道、管路、电缆、母线、滑触线等；次要装置性材料，如轨道的垫板、螺栓、电缆支架、母线金具等。主要装置性材料设备安装概算定额一般作为未计价材料，应按设计提供的规格数量和材料实际预算价格计算，其材料用量应计入表 11-38 所列装置性材料操作损耗部分。

表 11-38　装置性材料操作损耗率表

材料名称	操作损耗率(%)
钢板(齐边)压力钢管直管	5
压力钢管弯管、叉管、渐变管	15
钢板(毛边)压力钢管	17
镀锌钢板通风管	10
型钢	5
管材及管件	3
电力电缆	1
控制电缆	1.5
硬母线铜、铝、钢质的带形、管形及槽形母线	2.3
裸软导线铜、铝、钢及钢心铝线	1.3
压接式线夹	2
金具	1
绝缘子	2
塑料制品	5

(二)安装费费率法

安装费费率法计算安装费单价时,定额人工费安装费费率需要调整。人工费调整就是将定额人工费乘以人工费调整系数,调整系数应根据定额主管部门当年发布的北京地区人工预算单价,与该工程所在地人工预算单价进行对比,测算其比例系数,据以调整人工费安装费费率指标。

人工费安装费费率 = 工程所在地人工预算单价 ÷ 北京地区人工预算单价　(11-20)

安装工程单价计算结果也为费率形式,以此安装工程单价费率乘以被安装的设备原价即得该设备的安装费用。以安装费率形式表示的安装工程单价计算方法(见表 11-39。)

表 11-39　以安装费率形式表示的安装工程单价计算表

序号	费用名称	计算方法
一	直接工程费	(一)+(二)+(三)
(一)	直接费	1+2+3+4
1	人工费	定额人工费费率(%)×人工费调整系数×设备原价
2	材料费	定额材料费费率(%)×设备原价
3	机械使用费	定额机械使用费费率(%)×设备原价
4	装置性材料费	定额装置性材料(%)×设备原价
(二)	其他直接费	(一)×其他直接费费率(%)
(三)	现场经费	1×现场经费费率(%)
二	间接费	1×间接费费率(%)
三	企业利润	[一+二]×企业利润率(%)
四	税金	[一+二+三]×税率(%)
五	单价合计	一+二+三+四

三、编制安装工程单价需要注意的问题

编制安装工程单价需要注意以下问题：

(1)设备与材料的划分：

①制造厂成套供货范围的部件、备品备件、设备体腔内定量填充物(如透平油、变压器油、六氟化硫气体等)均作为设备。

②不论成套供货、现场加工或零星购置的储气罐、阀门、通用仪表、机组本体上的梯子、平台和栏杆等均作为设备，不能因供货来源不同而改变设备的性质。

③管道和阀门构成设备本体部件时应作为设备，否则应作为材料。

④随设备供应的保护罩、网门等，凡已计入相应设备出厂价格时应作为设备，否则应作为材料。

⑤电缆和电缆头、电缆和管道用的支吊架、母线、金具、滑触线和架、屏盘的基础型钢、钢轨、石棉板、穿墙隔板、绝缘子，一般用保护网、罩、门、梯子、平台、栏杆和蓄电池木架等均作为材料。

⑥设备喷锌费用应列入设备费。

(2)《水利水电设备安装工程预算定额》单列“设备工地运输”一章，是指设备自工地设备库(或堆放场)至安装现场的运输。编制设备安装预算单价时，应计入“设备工地运输”单价。

(3)按设备重量划分的定额子目，当所求设备的重量介于同型设备的子目之间时，可按插入法计算安装费。

(4)除有规定外，在使用安装工程定额时，对不同地区、施工企业、机械化程度和施工方法等因素均不作调整。

【例 11-9】 编制某城市防洪排涝站桥式起重机安装费概算单价。已知：桥机自重 200 t，主钩起吊力 270 t，另有平衡梁自重 30 t；轨道长 155 m(15.5 × 双 10 m)，型号 QU120，滑触线长 155 m(15.5 × 三相 10 m)，无辅助母线。基础单价计算见表 11-40。

解：第一步：套用定额。查 2002 年部颁《水利水电设备安装工程概算定额》，桥机、轨道和滑触线分列不同子目，在计算安装费单价时应分别计算。另按章节说明，设备起吊使用平衡梁时，按桥机主钩起重能力加平衡梁重量之和选用定额子目，平衡梁不另计安装费。所以，桥机安装定额选用编号 09012，轨道选用 09095，滑触线选用 09099(定额表略)。

第二步：确定未计价装置性材料用量。根据定额说明及附录，QU120 型轨道和滑触线安装的未计价装置性材料及其用量见计算表中所列。

第三步：安装费单价计算。见表 11-40 ~ 表 11-42。

表 11-40 安装工程单价分析表

定额编号:09012　　　　桥式起重机安装　　　　定额单位:台

型号规格:桥式起重机自重 270 t,平衡梁重 30 t

编号	名称及规格	单位	数量	单价(元)	合计(元)
一	直接工程费				126 534.10
(一)	直接费				99 081.08
1	人工费				53 960.96
(1)	工长	工时	511	7.10	3 628.10
(2)	高级工	工时	2 612	6.61	17 265.32
(3)	中级工	工时	4 537	5.62	25 497.94
(4)	初级工	工时	2 490	3.04	7 569.60
2	材料费				13 359.78
(1)	钢板	kg	547	3.50	1 914.50
(2)	型钢	kg	875	3.02	2 642.50
(3)	垫铁	kg	273	2.10	573.30
(4)	电焊条	kg	72	7.10	511.20
(5)	氧气	m^3	72	3.00	216.00
(6)	乙炔气	m^3	31	15.00	465.00
(7)	汽油 70#	kg	50	3.64	182.00
(8)	柴油	kg	109	3.25	354.23
(9)	油漆	kg	61	16.00	976.00
(10)	棉纱头	kg	88	1.50	132.00
(11)	木材	m^3	2.1	1 100.00	2 310.00
(12)	其他材料费	%	30	10 276.75	3 083.03
3	机械使用费				31 760.34
(1)	汽车起重机 20 t	台时	51	127.95	6 525.45
(2)	门式起重机 10 t	台时	105	51.53	5 410.65
(3)	卷扬机 5 t	台时	349	16.31	5 692.19
(4)	电焊机 20~30 kVA	台时	105	9.53	1 000.65
(5)	空气压缩机 9 m^3/min	台时	105	44.16	4 636.80
(6)	载重汽车 5 t	台时	70	52.14	3 649.80
(7)	其他机械费	%	18	26 915.54	4 844.80
(二)	其他直接费	%	3.20	99 081.08	3 170.59
(三)	现场经费	%	45	53 960.96	24 282.43
二	间接费	%	50	53 960.96	26 980.48
三	企业利润	%	7	153 514.58	10 746.02
四	税金	%	3.22	164 260.60	5 289.19
五	安装工程单价				169 549.79

表11-41　安装工程单价分析表

定额编号:09095　　轨道安装　　定额单位:双 10m

型号规格:QU120 型轨道安装

编号	名称及规格	单位	数量	单价(元)	合计(元)
一	直接工程费				4 370.36
(一)	直接费				3 241.04
1	人工费				2 279.13
(1)	工长	工时	22	7.10	156.20
(2)	高级工	工时	87	6.61	575.07
(3)	中级工	工时	217	5.62	1 219.54
(4)	初级工	工时	108	3.04	328.32
2	材料费				557.30
(1)	钢板	kg	56.4	3.50	197.40
(2)	型钢	kg	48.3	3.02	145.87
(3)	电焊条	kg	9.7	7.10	68.87
(4)	乙炔气	m^3	6.3	15.00	94.50
(5)	其他材料费	%	10	506.64	50.66
3	机械使用费				404.61
(1)	汽车起重机　8 t	台时	3.3	75.76	250.01
(2)	电　焊　机　20～30 kVA	台时	14.2	9.53	135.33
(3)	其他机械费	%	5	385.34	19.27
(二)	其他直接费	%	3.20	3 241.04	103.71
(三)	现场经费	%	45	2 279.13	1 025.61
二	间接费	%	50	2 279.13	1 139.57
三	企业利润	%	7	5 509.93	385.70
四	未计价装置性材料费				14 183.36
	钢轨	kg	2 433	4.50	10 948.50
	垫板	kg	1 358	1.80	2 444.40
	型钢	kg	163	3.02	492.26
	螺栓	kg	142	2.10	298.20
五	税金	%	3.22	20 078.99	646.54
六	安装工程单价				20 725.53

表 11-42　安装工程单价分析表

定额编号:09099　　　　　　　　滑触线安装　　　　　　　　定额单位:三相 10m

型号规格:起重机自重 200 t

编号	名 称	单位	数量	单价(元)	合计(元)
一	直接工程费				1 215.16
(一)	直接费				937.13
1	人工费				551.21
(1)	工长	工时	5	7.10	35.50
(2)	高级工	工时	21	6.61	138.81
(3)	中级工	工时	53	5.62	297.86
(4)	初级工	工时	26	3.04	79.04
2	材料费				226.93
(1)	型钢	kg	33.4	3.02	100.87
(2)	电焊条	kg	5.6	7.10	39.76
(3)	氧气	m^3	5.6	3.00	16.80
(4)	乙炔气	m^3	2.5	15.00	37.50
(5)	棉纱头	kg	1.6	1.50	2.40
(6)	其他材料费	%	15	197.33	29.60
3	机械使用费				158.99
(1)	电 焊 机　20～30 kVA	台时	7.1	9.53	67.66
(2)	摇 臂 钻 床　直径 50	台时	4.4	19.03	83.73
(3)	其他机械费	%	5	152	7.60
(二)	其他直接费	%	3.20	937.13	29.99
(三)	现场经费	%	45	551.21	248.04
二	间接费	%	50	551.21	275.61
三	企业利润	%	7	1 490.77	104.35
四	未计价装置性材料费				748.27
(一)	型钢	kg	236	3.02	712.72
(二)	螺栓	kg	3	2.10	6.30
(三)	绝缘子 WX－01	个	13	2.25	29.25
五	税金	%	3.22	2 343.39	75.46
六	安装工程单价				2 418.85

习 题

11-1 华北地区某城市防洪堤加固工程，土堤填筑设计工程量10万m^3。施工组织设计为：土料场覆盖层清除(二类土)1万m^3，用74 kW推土机推运30 m，清除单价直接费为2.90元/m^3，土料开采用1 m^3挖掘机装三类土，8 t自卸汽车运5 km上堤进行土料填筑，土料压实用74 kW推土机推平，8～12 t羊角碾压实，设计干重度17 kN/m^3，试计算该工程土堤填筑综合概算单价。已知：

(1)初级工3.04元/工时，中级工5.62元/工时。

(2)柴油5.20元/kg，电0.60元/kWh。

(3)机械台时费：查水利部[2002]《水利工程施工机械台时费定额》计算。

11-2 华东地区某县城排涝站工程，其中的挡土墙采用M10浆砌块石施工，M10砂浆的配合比为：32.5(R)水泥305 kg，砂1.10 m^3，水0.183 m^3。所有砂石料均需外购。试计算浆砌石工程单价。已知基本资料如下：

(1)人工预算单价为：工长4.91元/工时，中级工3.87元/工时，初级工2.11元/工时。

(2)材料预算价格：32.5(R)普通水泥300元/t，块石75元/m^3，砂40元/m^3，施工用水0.5元/m^3。

(3)机械台时费：砂浆搅拌机(0.4 m^3)19.89元/台时，胶轮车0.90元/台时。

11-3 华东地区某县城排涝站工程，其导水墙采用C25混凝土浇筑，墙厚为60 cm，采用人工入仓。C25混凝土材料单价为190元/m^3，混凝土的拌制单价为10.00元/m^3，混凝土的运输单价为5.00元/m^3。试编制该导水墙混凝土浇筑的概算单价。高级工4.56元/工时，1.1 kW振动器2.02元/台时，风水枪33.09元/台时。其他基础资料同第2题。所用定额如表11-43所示。

11-4 某枢纽工程位于华东地区，其混凝土墙采用平面木模板立模，试计算模板制作与安装综合工程单价。已知基本资料如下：

(1)人工预算单价：工长7.11元/工时，高级工6.61元/工时，中级工5.62元/工时，初级工3.04元/工时。

(2) 材料预算价格：锯材2 000.00元/m^3，铁件6.50元/kg，预制混凝土柱320.00元/m^3，电焊条7.00元/kg，汽油5.80元/kg，电0.60元/kWh。

(3)机械台时费：查水利部[2002]《水利工程施工机械台时费定额》计算。

11-5 某挡水建筑物位于华东地区，其基础为土质地基，土质级别为三级，基础防渗采用混凝土防渗墙，混凝土防渗墙设计厚度为30 cm，孔深13.5 m。采用液压开槽机开槽。试计算混凝土防渗墙浇筑综合单价。已知基本资料如下：

(1)人工预算单价：工长7.11元/工时，高级工6.61元/工时，中级工5.62元/工时，初级工3.04元/工时。

(2)材料预算价格：枕木2 200.00元/m^3，钢材6.50元/kg，碱粉4.50元/kg，黏土5.00元/t，胶管3.50元/m，水0.50元/m^3，水下混凝土320.00元/m^3，钢导管7.00元/kg，橡皮板2.80元/kg，锯材1 600元/m^3，汽油5.80元/kg，电0.60元/kWh。

(3)机械台时费:查水利部[2002]《水利工程施工机械台时费定额》计算。

表11-43　墙

适用范围:坝体内斜墙、挡土墙、导水墙等。　　　　　　　　　　　　定额单位:100 m^3

项目	单位	墙厚(cm)		
		20	30	60
工长	工时	18.6	14.5	11.3
高级工	工时	43.3	33.9	26.4
中级工	工时	346.5	270.9	211.1
初级工	工时	210.4	164.4	128.2
合计	工时	618.8	483.7	377.0
混凝土	m^3	107	107	107
水	m^3	191	180	170
其他材料费	%	2	2	2
混凝土泵　30 m^3/h	台时	12.73	11.03	9.56
振动器　1.1 kW	台时	54.05	54.05	43.73
风水枪	台时	13.50	13.50	10.92
其他机械费	%	13	13	13
混凝土的拌制	m^3	107	107	107
混凝土的运输	m^3	107	107	107
编　号		40067	40068	40069

注:本定额按混凝土泵入仓拟定,如采用人工入仓,则按表11-44增加人工工时并取消混凝土泵台时数。

表11-44　采用人工入仓所需增加的人工工时

项目	单位	墙厚(cm)		
		20	30	60
增加初级工	工时	176.9	170.1	163.2

11-6　安装工程单价由哪几部分费用组成?其计算方法和建筑工程单价计算方法有何区别?

第十二章　工程概算编制

本章重点：

1. 分部工程概算编制方法。
2. 分年度投资和资金流量的计算。
3. 工料分析计算。

本章教学要求：

1. 掌握概算编制依据、编制程序。
2. 掌握概算表格的编制与各表之间的相互关系。
3. 掌握分部工程概算编制的方法。
4. 掌握工料分析。

城市水利工程概算根据水利部水总[2002]116号文《水利工程设计概(估)算编制规定》进行编制，本章以此规定为依据介绍概算编制。

水利工程概算包括两项内容：一项是工程部分概算，另一项是移民和环境部分概算。工程部分概算包括建筑工程、机电设备及安装工程、金属结构设备及安装工程、施工临时工程、独立费用五大部分概算。本章主要介绍工程部分设计概算的编制。

第一节　工程概算的编制依据、编制程序

一、工程概算的编制依据

水利工程概算的编制依据包括以下内容：

(1)国家及省、自治区、直辖市颁发的有关法令法规、制度、规程；

(2)《水利工程设计概(估)算编制规定》；

(3)《水利建筑工程概算定额》、《水利水电设备安装工程概算定额》、《水利工程施工机械台时费定额》和有关行业主管部门颁发的定额；

(4)水利工程设计工程量计算规则；

(5)初步设计文件、图纸及施工组织设计；

(6)各种有关合同、协议及资金筹措方案；

(7)其他。

二、工程概算的编制程序

水利工程概算的编制程序一般为：

(1)编制准备工作。第一，要整理并熟悉工程设计图纸，了解设计意图；第二，要深入

工程现场收集现场情况及工程枢纽布置、工程地质、水文气象等资料；第三，要掌握施工组织设计内容，如主要水工建筑物施工方案、施工机械及劳动力配备情况、对外交通方式、场内交通条件、运输距离等；第四，要熟悉现行水利工程概预算定额和有关水利工程设计概预算费用构成及计算标准。

(2)划分工程项目，详细列出各级项目内容并计算分项工程的工程量。在按照第八章所述的工程项目划分原则对工程项目进行划分时，有些项目在编制工程概算时可根据需要再划分为第四级，甚至第五级项目。对于单个建筑物工程，项目划分中的二级项目可视为一级项目计列。具体划分时可根据工程的特点进行必要的增删调整，并应与相应的概算定额子目要求一致，力求简单明了、符合实际。同时，依据水利工程设计工程量计算规则计算工程量。

(3)计算建筑安装工程单价及计算设备费。根据有关规定和施工组织设计的具体要求，应分别编制建筑安装工程单价，根据设计选型设备的数量和设备费组成计算设备费。

(4)编制分项工程概算和工程总概算表。根据已计算建筑安装工程量及工程单价，采用工程量乘以工程单价的办法分别计算建筑安装工程费概算，计算时应从最末一级项目开始，向上逐级合并汇总，即得建筑安装工程概算投资。汇总设备费，计算独立费，编制分项工程概算，并根据分项工程概算汇总成工程总概算表。

(5)编制分年度投资表、资金流量表。

(6)进行复核、编写概算编制说明、整理成果、打印装订。

三、概算文件的组成内容

(一)概算正件组成内容

1. 编制说明

(1)工程概况。

工程概况包括流域、河系、兴建地点、对外交通条件、工程规模、工程效益、工程布置型式、主体建筑工程量、施工总工期、施工总工时、施工平均人数和高峰人数、资金筹措情况和投资比例等。

(2)投资主要指标。

投资主要指标有工程总投资和静态总投资，年度价格指数，基本预备费率，建设期融资额度、利率和利息等。

(3)编制原则和依据。

①概算编制原则和依据。

②人工预算单价，主要材料，机械台时，施工用电、水、风，砂石料等基础单价的计算依据。

③主要设备价格的编制依据。

④费用计算标准及依据。

⑤工程资金筹措方案。

(4)概算编制中其他应说明的问题。

(5)主要技术经济指标表。

(6)工程概算总表。

2. 工程部分概算表

1)概算表

(1)总概算表。

(2)建筑工程概算表。

(3)机电设备及安装工程概算表。

(4)金属结构设备及安装工程概算表。

(5)施工临时工程概算表。

(6)独立费用概算表。

(7)分年度投资表。

(8)资金流量表。

2)概算附表

(1)建筑工程单价汇总表。

(2)安装工程单价汇总表。

(3)主要材料预算价格汇总表。

(4)次要材料预算价格汇总表。

(5)施工机械台时费汇总表。

(6)主要工程量汇总表。

(7)主要材料用量汇总表。

(8)工时数量汇总表。

(9)建设及施工场地征用数量汇总表。

(二)概算附件组成内容

(1)人工预算单价计算表。

(2)主要材料运输费用计算表。

(3)主要材料预算价格计算表。

(4)施工用电价格计算书。

(5)施工用水价格计算书。

(6)施工用风价格计算书。

(7)补充定额计算书。

(8)补充施工机械台时费计算书。

(9)砂石料单价计算书。

(10)混凝土材料单价计算表。

(11)建筑工程单价表。

(12)安装工程单价表。

(13)主要设备运杂费率计算书。

(14)临时房屋建筑工程投资计算书。

(15)独立费用计算书(按独立项目分项计算)。

(16)分年度投资表。

(17)资金流量计算表。

(18)价差预备费计算表。

(19)建设期融资利息计算书。

(20)计算人工、材料、设备预算价格和费用依据的有关文件、询价报价资料及其他。

概算正件及附件均应单独成册并随初步设计文件报审。

四、概算表格

(一)工程概算总表

工程概算总表是由工程部分与移民和环境部分的总概算表汇总而成的。具体见表12-1。

表中Ⅰ是工程部分总概算表;Ⅱ是移民和环境部分总概算表;Ⅲ是前两部分合计静态总投资和总投资。表中工程或费用名称一般按项目划分列至每一部分。表中部分数据摘自表12-2。

表12-1　工程概算总表

(单位:万元)

序号	工程或费用名称	建安工程费	设备购置费	独立费用	合计
Ⅰ	工程部分投资				
	⋮				
	静态总投资				
	⋮				
	总投资				
Ⅱ	移民和环境投资				
	⋮				
	静态总投资				
	⋮				
	总投资				
Ⅲ	工程投资总计				
	⋮				
	静态总投资				
	⋮				
	总投资				

移民和环境部分概算包括水库移民征地补偿、水土保持工程和环境保护工程三部分概算。其概算编制分别执行《水利工程建设征地移民补偿投资概(估)算编制规定》、《水土保持工程概(估)算编制规定和定额》、《水利水电工程环境保护概(估)算编制规程》的有关规定。

(二)概算表

概算表包括总概算表、建筑工程概算表、设备及安装工程概算表、分年度投资表和资金流量表。

1. 总概算表

按现行规定,建设项目总概算表除了按顺序填写建筑工程、机电设备及安装工程、金属结构设备及安装工程、临时工程、独立费用五大部分投资外(列至一级项目),在五部分投资之后,还应依次填写以下项目:一至五部分投资合计、基本预备费、静态总投资、价差预备费、建设期融资利息、总投资。总概算表的格式见表12-2。

表12-2中数据摘自建筑工程概算表(见表12-3)、设备及安装工程概算表(见表12-4)、资金流量表(见表12-6)。

表12-2　总概算表

(单位:万元)

序号	工程或费用名称	建安工程费	设备购置费	独立费用	合计	占一~五部分投资(%)
	各部分投资					
	一~五部分投资合计					
	基本预备费					
	静态总投资					
	价差预备费					
	建设期融资利息					
	总投资					

2. 建筑工程概算表

建筑工程概算表按项目划分列至三级项目,适用于编制建筑工程概算、施工临时工程概算和独立费用概算,具体见表12-3。表中(4)栏数据摘自建筑工程单价汇总表(见表12-7);表中(5)=(3)×(4)。

表12-3　建筑工程概算表

序号	工程或费用名称	单位	数量	单价(元)	合计(元)
	(1)	(2)	(3)	(4)	(5)

3. 设备及安装工程概算表

设备及安装工程概算表按项目划分列至三级项目,适用于编制机电和金属结构设备及安装工程概算,见表12-4。表中(5)栏数据摘自安装工程单价汇总表(见表12-8);表中(6)=(3)×(4);(7)=(3)×(5)。

表12-4　设备及安装工程概算表

序号	名称及规格	单位	数量	单价(元)		合计(元)	
				设备费	安装费	设备费	安装费
	(1)	(2)	(3)	(4)	(5)	(6)	(7)

4. 分年度投资表

分年度投资表可视不同情况按项目划分列至一级项目。枢纽工程原则上按表12-5编制分年度投资，为编制资金流量表做准备。某些工程施工期较短，可不编制资金流量表，因此其分年度投资表的项目可按工程部分总概算表的项目列入。建设工期包括工程筹建期、施工准备期、主体施工期和工程完建期4个阶段。分年度投资见表12-5。

表12-5　分年度投资表　（单位：万元）

项目	合计	建设工期（年）							
		1	2	3	4	5	6	7	8
一、建筑工程									
1. 建筑工程									
×××工程（一级项目）									
2. 施工临时工程									
×××工程（一级项目）									
二、安装工程									
1. 发电设备安装工程									
2. 变电设备安装工程									
3. 公用设备安装工程									
4. 金属结构设备安装工程									
三、设备工程									
1. 发电设备									
2. 变电设备									
3. 公用设备									
4. 金属结构设备									
四、独立费用									
1. 建设管理费									
2. 生产准备费									
3. 科研勘测设计费									
4. 建设及场地征用费									
5. 其他									
一～四部分合计									

5. 资金流量表

资金流量表可视不同情况按项目划分列至一级或二级项目，见表12-6。表中数据摘自资金流量计算表（见表12-22）。

表 12-6　资金流量表　（单位：万元）

项目	合计	建设工期(年)							
		1	2	3	4	5	6	7	8
一、建筑工程									
分年度资金流量									
×××工程									
⋮									
二、安装工程									
分年度资金流量									
三、设备工程									
分年度资金流量									
四、独立费用									
分年度资金流量									
一～四部分合计									
分年度资金流量									
基本预备费									
静态总投资									
价差预备费									
建设期融资利息									
总投资									

（三）概算附表

概算附表包括建筑工程单价汇总表（见表 12-7）、安装工程单价汇总表（见表 12-8）、主要材料预算价格汇总表（见表 12-9）、次要材料预算价格汇总表（见表 12-10）、施工机械台时费汇总表（见表 12-11）、主要工程量汇总表（见表 12-12）、主要材料用量汇总表（见表 12-13）、工时数量汇总表（见表 12-14）、建设及施工场地征用数量汇总表（见表 12-15）。

1. 建筑工程单价汇总表

建筑工程单价汇总表见表 12-7，表中数据摘自建筑工程单价表（见表 12-20）。

表 12-7　建筑工程单价汇总表　（单位：元）

序号	名称	单位	单价	其中							
				人工费	材料费	机械使用费	其他直接费	现场经费	间接费	企业利润	税金

2. 安装工程单价汇总表

安装工程单价汇总表见表12-8，表中数据摘自安装工程单价表(见表12-21)。

表12-8　建筑工程单价汇总表　（单位：元）

序号	名称	单位	单价	其中								
				人工费	材料费	机械使用费	装置性材料费	其他直接费	现场经费	间接费	企业利润	税金

3. 主要材料预算价格汇总表

主要材料预算价格汇总表见表12-9，表中数据摘自主要材料预算价格计算表(见表12-18)。

表12-9　主要材料预算价格汇总表　（单位：元）

序号	名称及规格	单位	预算价格	其中			
				原价	运杂费	运输保险费	采购及保管费

4. 次要材料预算价格汇总表

次要材料预算价格汇总表见表12-10，表中(5)=(3)+(4)。

表12-10　次要材料预算价格汇总表　（单位：元）

序号	名称及规格	单位	原价	运杂费	合计
	(1)	(2)	(3)	(4)	(5)

5. 施工机械台时费汇总表

施工机械台时费汇总表见表12-11，表中(2)=(3)+(4)+(5)+(6)+(7)。

表12-11　施工机械台时费汇总表　（单位：元）

序号	名称及规格	台时费	其中				
			折旧费	修理及替换设备费	安拆费	人工费	动力燃料费
	(1)	(2)	(3)	(4)	(5)	(6)	(7)

6. 主要工程量汇总表

主要工程量汇总表见表12-12。

表12-12　主要工程量汇总表

序号	项目	土石方明挖(m^3)	石方洞挖(m^3)	土石方填筑(m^3)	混凝土(m^3)	模板(m^2)	钢筋(t)	帷幕灌浆(m)	固结灌浆(m)

7. 主要材料用量汇总表

主要材料用量汇总表见表 12-13。

表 12-13　主要材料用量汇总表

序号	项目	水泥(t)	钢筋(t)	钢材(t)	木材(m^3)	炸药(t)	沥青(t)	粉煤灰(t)	汽油(t)	柴油(t)

8. 工时数量汇总表

工时数量汇总表见表 12-14。

表 12-14　工时数量汇总表

序号	项目	工时数量	备注

9. 建设及施工场地征用数量汇总表

建设及施工场地征用数量汇总表见表 12-15。

表 12-15　建设及施工场地征用数量汇总表

序号	项目	占地面积(亩)	备注

(四)概算附件附表

概算附件附表包括人工预算单价计算表(见表 12-16)、主要材料运输费用计算表(见表 12-17)、主要材料预算价格计算表(见表 12-18)、混凝土材料单价计算表(见表 12-19)、建筑工程单价表(见表 12-20)、安装工程单价表(见表 12-21)、资金流量计算表(见表 12-22)、主要技术经济指标表。其中,主要技术经济指标表可根据工程具体情况编制,反映出主要技术经济指标即可。

1. 人工预算单价计算表

人工预算单价计算表见表 12-16。

表 12-16　人工预算单价计算表

地区类别		定额人工等级	
序号	项 目	计算式	单价(元)
1	基本工资		
2	辅助工资		
(1)	地区津贴		
(2)	施工津贴		
(3)	夜餐津贴		
(4)	节日加班津贴		

续表 12-16

序号	项目	计算式	单价(元)
3	工资附加费		
(1)	职工福利基金		
(2)	工会经费		
(3)	养老保险费		
(4)	医疗保险费		
(5)	工伤保险费		
(6)	职工失业保险基金		
(7)	住房公积金		
4	人工工日预算单价		
5	人工工时预算单价		

2. 主要材料运输费用计算表

主要材料运输费用计算表见表 12-17。

表 12-17　主要材料运输费用计算表

编号	1	2	3	材料名称				材料编号	
交货条件				运输方式	火车	汽车	船运	火车	
交货地点				货物等级				整车	零担
交货比例(%)				装载系数					

编号	运输费用项目	运输起讫地点	运输距离(km)	计算公式	合计(元)
1	铁路运杂费				
	公路运杂费				
	水路运杂费				
	场内运杂费				
	综合运杂费				
2	铁路运杂费				
	公路运杂费				
	水路运杂费				
	场内运杂费				
	综合运杂费				
3	铁路运杂费				
	公路运杂费				
	水路运杂费				
	场内运杂费				
	综合运杂费				
每吨运杂费					

3. 主要材料预算价格计算表

主要材料预算价格计算表见表 12-18，表中部分数据摘自表 12-17。

表 12-18　主要材料预算价格计算表

编号	名称及规格	单位	原价依据	单位毛重(t)	每吨运费(元)	其中					
						原价	运杂费	采购及保管费	运到工地分仓库价格	保险费	预算价格

4. 混凝土材料单价计算表

混凝土材料单价计算表见表 12-19，表中(10)为(4)～(9)项数量与各自单价的乘积之和。

表 12-19　混凝土材料单价计算表　（单位：m^3）

编号	混凝土强度等级	水泥强度等级	级配	预算量						单价(元)
				水泥(kg)	掺合料(kg)	砂(m^3)	石子(m^3)	外加剂(kg)	水(kg)	
	(1)	(2)	(3)	(4)	(5)	(6)	(7)	(8)	(9)	(10)

5. 建筑工程单价表

建筑工程单价表见表 12-20，表中(5)=(3)×(4)。

表 12-20　建筑工程单价表

定额编号＿＿＿＿＿　项目＿＿＿＿＿＿＿＿＿＿　定额单位＿＿＿

施工方法：

编号	名称	单位	数量	单价(元)	合计(元)
	(1)	(2)	(3)	(4)	(5)

6. 安装工程单价表

安装工程单价表见表 12-21，表中(5)=(3)×(4)。

表 12-21　安装工程单价表

定额编号＿＿＿＿＿　项目＿＿＿＿＿＿＿＿＿＿　定额单位＿＿＿

施工方法：

编号	名称	单位	数量	单价(元)	合计(元)
	(1)	(2)	(3)	(4)	(5)

7. 资金流量计算表

资金流量计算表见表 12-22。

表 12-22 资金流量计算表 (单位:万元)

项目	合计	建设工期(年)							
		1	2	3	4	5	6	7	8
一、建筑工程									
(一)×××工程									
1. 分年度完成工作量									
2. 预付款									
3. 扣回预付款									
4. 保留金									
5. 偿还保留金									
(二)×××工程									
⋮									
二、安装工程									
1. 分年度完成安装费									
2. 预付款									
3. 扣回预付款									
4. 保留金									
5. 偿还保留金									
三、设备工程									
1. 分年度完成设备费									
2. 预付款									
3. 扣回预付款									
4. 保留金									
5. 偿还保留金									
四、独立费用									
1. 分年度费用									
2. 保留金									
3. 偿还保留金									
一～四部分合计									
1. 分年度工作量									
2. 预付款									
3. 扣回预付款									
4. 保留金									
5. 偿还保留金									
基本预备费									
静态总投资									
价差预备费									
建设期融资利息									
总投资									

第二节　工程量计算

工程量计算的准确与否是衡量工程设计概算编制质量好坏的重要标准之一。工程设计概算工程量是否正确直接关系到工程投资的准确与否。正确计算工程量除要求计算者具有地质、水工、施工、机电等的专业知识和工程经济知识以外，尚要求其具有识图能力，熟悉工程量计算规则。在编制工程设计概算之前，应深入了解设计意图，研究图纸的说明、设计要求、施工方法和工程量计算依据等。计算工程量时应严格按照《水电水利工程工程量计算规定》(DL/T 5088—1999)进行，尽可能杜绝发生工程量计算错漏等问题。

一、水利水电建筑工程量分类及概算中的处理

水利水电建筑工程量应按其性质进行划分，在编制概算时应执行《水电水利工程工程量计算规定》(DL/T 5088—1999)、现行概算定额、项目划分等有关规定。

(一)设计工程量

设计工程量由图纸工程量和设计阶段扩大工程量组成。设计工程量就是编制概(估)算的工程量。图纸工程量乘以阶段系数，即是设计工程量。可行性研究、初步设计阶段的设计阶段系数应采用《水电水利工程工程量计算规定》(DL/T 5088—1999)中"设计工程量计算阶段系数表"的取值，见表12-23。如果利用施工图设计阶段成果计算施工图预算，设计工程量就是图纸工程量，设计阶段系数为1.00。

表12-23　设计工程量计算阶段系数表

设计阶段		项目												
		钢筋混凝土	混凝土			土石方开挖			土石方填筑			钢筋	钢材	灌浆
			工程量(万m^3)											
			300以上	100~300	100以下	500以上	200~500	200以下	500以上	200~500	200以下			
永久建筑物	可行性研究	1.05	1.03	1.05	1.10	1.03	1.05	1.10	1.03	1.05	1.10	1.05	1.05	1.15
	初步设计	1.03	1.01	1.03	1.05	1.01	1.03	1.05	1.01	1.03	1.05	1.03	1.03	1.10
临时建筑物	可行性研究	1.10	1.05	1.10	1.15	1.05	1.10	1.15	1.05	1.10	1.15	1.10	1.10	
	初步设计	1.05	1.03	1.05	1.10	1.03	1.05	1.10	1.03	1.05	1.10	1.05	1.05	
金属结构	可行性研究												1.15	
	初步设计												1.10	

(二)施工超挖量、超填量及施工附加量

为保证建筑物的安全，施工开挖一般都不允许欠挖。为保证建筑物的设计尺寸，施工超挖是难以避免的。

施工超填工程量是指由于施工超挖量、施工附加量相应增加的回填工程量。

施工附加量是指为完成本项目而必须增加的工程量，如土方工程中的取土坑、试验

坑、隧洞工程中的为满足交通、放炮要求而设置的内错车道、避炮洞以及下部扩挖所需增加的工程量。

现行概算定额已按有关施工规范计入了合理的超挖量、超填量和施工附加量，故采用概算定额编制概（估）算时，工程量计算中一般不再计入这项工程量。但是，如遇特殊地质条件或施工进度要求需要采用某些施工机械、施工方法，而将产生偏离"施工超挖量、超填量及施工附加量"时，应在充分论证的基础上进行合理的调整。此外，必须特别指出，概算定额中的钢筋制作安装，只包括了本体及其加工损耗、搭接损耗及施工架立筋附加量，未包括钢筋的搭接长度和施工中必要的架立钢筋。

（三）施工损失量

施工损失量包括体积变化损失量、运输及消耗量和其他损耗量，在现行概算定额中已计入概算定额的填筑工程中。一、二期混凝土防渗墙接头孔增加的工程量在概算定额中已计入。有关这些规定现行部颁《水利建筑工程概算定额》的总说明及章、节说明中均有交待。

（四）质量检查工程量

质量检查工程量包括基础处理工程检查工程量和其他检查工程量，在现行概算定额中钻孔灌浆定额已按施工规范要求计入了一定数量的检查孔钻孔、灌浆工程量，故采用概算定额编制概（估）算时，不应计列检查孔的工程量。

土石方填筑检查所需的挖掘试坑，现行概算定额已计入了一定数量的土石坝填筑质量检测所需的试验坑，故编制概算时不应计列试验坑的工程量。

（五）试验工程量

一般的爆破试验、碾压试验、灌浆试验等，为设计工作提供了重要参数，已计入勘测设计费的专项费用或独立费用中的工程科研试验费中；属于重大型、特殊专项科学研究试验的，可按研究试验的工作项目及数量，单独计列费用。

二、水利水电工程工程量计算规定

（一）建筑工程量计算

1. 土石方工程量计算

土石方开挖工程量应根据设计开挖图纸，按不同土壤和岩石类别分别进行计算，石方开挖工程应按明挖、槽挖、水下开挖、平洞、斜井和竖井开挖等分别计算。

土石方填筑工程量应根据建筑物设计断面中的不同部位及其不同材料分别进行计算，其沉陷量应包括在内。

2. 砌石工程量计算

砌石工程量应按建筑物设计图纸的几何轮廓尺寸，以"建筑成品方"计算。砌石工程量应将干砌石和浆砌石分开。干砌石应按干砌卵石、干砌块石，同时还应按建筑物或构筑物的不同部位及型式，如护坡（平面、曲面）、护底、基础、挡土墙、桥墩等分别计列；浆砌石按浆砌块石、卵石、条料石，同时还应按不同的建筑物（浆砌石拱圈明渠、隧洞、重力坝）及不同的结构部位分项计列。

3. 混凝土及钢筋混凝土工程量计算

混凝土及钢筋混凝土工程量计算应根据建筑物的不同部位及混凝土的设计强度等级分别计算。

钢筋及埋件、设备基础螺栓孔洞工程量应按设计图纸所示的尺寸并按定额计量单位计算,例如大坝的廊道、钢管道、通风井、船闸侧墙的输水道等,应扣除孔洞所占体积。

计算地下工程(如隧洞、竖井、地下厂房等)混凝土的衬砌工程量时,若采用水利建筑工程概算定额,应以设计断面的尺寸为准;若采用预算定额,计算的衬砌工程量还应包括设计衬砌厚度加允许超挖部分的工程,但不包括允许超挖范围以外增加超挖所充填的混凝土量。

4. 钻孔灌浆工程量

钻孔工程量按实际钻孔深度计算,计量单位为 m。计算钻孔工程量时,应按不同岩石类别分项计算,混凝土钻孔一般按X类岩石级别计算。

灌浆工程量从基岩面起计算,计算单位为 m 或 m^2。计算工程量时,应按不同岩层的不同单位吸水率或单位干料耗量分别计算。

隧洞回填灌浆的工程量计算范围一般在顶拱中心角 90°~120°内的拱背面积计算,高压管道回填灌浆按钢管外径面积计算工程量。

混凝土防渗墙工程量。若采用概算定额,按设计的阻水面积计算其工程量,计量单位为 m^2。

5. 模板工程量计算

在编制概预算时,模板工程量应根据设计图纸及混凝土浇筑分缝图计算。在初步设计之前没有详细图纸时,可参考 2002 年水利部《水利建筑工程概算定额》附录 9(水利工程混凝土建筑物立模面系数参考表)的数据进行估算,即模板工程量 = 相应工程部位混凝土概算工程量 × 相应的立模面系数。立模面系数是指每单位混凝土(100 m^3)所需的立模面积(m^2)。立模面系数与混凝土的体积、形状有关,也就是与建筑物的类型和混凝土的工程部位有关。

(二)施工临建工程工程量计算

施工临建工程工程量计算包括以下几个方面的内容:

(1)施工导流工程包括围堰(及拆除工程)、明渠、隧洞、涵管、底孔等工程的工程量,永久建筑物结合的部分及混凝土堵头计入永久工程量中,不结合的部分计入临时工程量,分别乘以各自的阶段系数。导流底孔封堵、闸门设施应计入临时工程中。

(2)地下工程施工支洞的工程量应根据施工组织设计及永久建筑物要求进行计算。临时支护的锚杆、喷混凝土、钢支撑以及混凝土衬砌施工用的钢筋、钢材等工程量应根据设计要求计算。

(3)大型施工设施及施工机械布置所需土建工程量,如砂石系统、混凝土系统、缆式超重机平台的开挖或混凝土基座、排架和门、塔机栈桥等,应按永久建筑物要求计算工程量。

(4)场内临时交通可根据 1/5 000~1/2 000 施工总平面布置图拟订的线路走向、平均纵坡所计得的公路长度和选定的级别,以及桥涵、防护工程等,按扩大指标进行计算。对其中的大、中型桥涵需单独计算工程量。

(5)外输电线路可根据 1/10 000~1/5 000 地形图选定的线路走向计算长度,并说明电压等级、回路数。施工变电站设备的数量根据容量确定。施工场内外通信设备应根据工程实际情况确定。

(6)临时生产用房工程量可参考类似工程及水利部颁发的《水利水电工程施工组织设计规范》(SL 303—2004)并结合该工程情况计算;临时生活福利房屋建筑工程量按现行规定计算。

(7)其他临时工程的工程量,如场地平整、施工占地等,按施工总布置进行估算。

(三)金属结构工程量计算

各种钢闸门和拦污栅的重量,在可行性研究阶段应根据闸门、拦污栅的主要构件进行计算,并按已建工程资料用类比法综合研究确定。

第三节　分部工程概算编制

水利工程设计概算的编制一般是在项目划分、工程量计算、基础单价的编制、建筑安装工程单价编制的基础上,编制分部工程概算,并汇总成总概算的。分部工程概算编制是概算编制的核心部分。以下主要介绍分部工程概算编制。

一、建筑工程概算编制

建筑工程构成总概算的第一部分。建筑工程按主体建筑工程、交通工程、房屋建筑工程、外部供电线路工程、其他建筑工程分别采用不同的方法编制。

(一)主体建筑工程

(1)主体建筑工程概算按设计工程量乘以工程单价进行编制。

(2)主体建筑工程量应根据《水利水电工程设计工程量计算规定》(SL 328—2005),按项目划分要求,计算到第三级项目,有些项目需要再划分为第四级,甚至第五级项目。

(3)当设计对混凝土施工有温控要求时,应根据温控措施设计,计算温控措施费用;也可以经过分析确定指标后,按建筑物混凝土方量进行计算。

(4)细部结构工程。参照水工建筑工程细部结构指标表确定,见表12-24。

细部结构工程概算采用指标法的形式计算。在项目划分中,它与上述主体工程项目中的三级项目并列构成主体建筑工程概算项目内容(三级项目)。

①细部结构工程项目。细部结构工程内容主要包括止水、伸缩缝、接缝灌浆、灌浆管、冷却水管、灌浆及排水廊道模板、排水管、排水沟、排水井、减压井、渗水处理、通气管、消防、栏杆、坝顶、路面、照明、爬梯、建筑装修及其他细部结构等。

②综合指标的采用。在初步设计阶段,由于设计深度所限,不可能对上述繁多的细部结构项目提出具体的工程数量,在编制概算时,大多按建筑物本体的工程量乘以综合指标来计算,其本体工程量对坝体工程而言是指坝体方量,对水闸、溢洪道、进水塔、隧洞厂房、变电站、船闸等工程则是指混凝土的总方量,填在相应数量一栏。细部结构指标参考表12-24水工建筑工程细部结构指标表使用。

表 12-24　水工建筑工程细部结构指标表

项目名称	混凝土重力坝、重力拱坝、宽缝重力坝、支墩坝		混凝土双曲拱坝	土坝、堆石坝	水闸	冲沙闸、泄洪闸
单位	元/m^3（坝体方）		元/m^3（坝体方）	元/m^3（坝体方）	元/m^3（混凝土）	元/m^3（混凝土）
综合指标	11.9		12.6	0.84	35	30.8
项目名称	进水口、进水塔		溢洪道	隧洞	竖井、调压井	高压管道
单位	元/m^3（混凝土）		元/m^3（混凝土）	元/m^3（混凝土）	元/m^3（混凝土）	元/m^3（混凝土）
综合指标	14		13.3	11.2	14	3.0
项目名称	地面厂房	地下厂房	地面升压变电站	地下升压变电站	船闸	明渠（衬砌）
单位	元/m^3（混凝土）	元/m^3（混凝土）	元/m^3（混凝土）	元/m^3（混凝土）	元/m^3（混凝土）	元/m^3（混凝土）
综合指标	27.3	42	24.5	15.4	21.7	6.2

(二)交通工程

交通工程是指水利水电工程的永久对外公路、铁路、桥梁、码头等工程，其主要工程投资应按设计提供的工程量乘以相应单价计算，也可根据工程所在地区造价指标或有关实际资料，采用扩大单位指标计算。

(三)房屋建筑工程

(1)水利工程的永久房屋建筑面积中，用于生产和管理的部分由设计单位按有关规定结合工程规模确定；用于生活、文化福利建筑工程的部分，在考虑国家现行房改政策的情况下，按主体建筑工程投资的百分率计算，具体见表 12-25。

表 12-25　生活、文化福利房屋建筑工程概算取费标准

工程分类	费率(%)		
枢纽工程	投资≤5 亿元	5 亿元 < 投资≤10 亿元	投资 > 10 亿元
	1.5 ~ 2.0	1.1 ~ 1.5	0.8 ~ 1.1
引水及河道工程	0.5 ~ 0.8		

注：在每档中，投资小或工程位置偏远者取大值；反之，取小值。

(2)室外工程投资，一般按房屋建筑工程投资的 10% ~15% 计算。

(四)外部供电线路工程

根据设计的电压等级、线路架设长度及所需配备的变配电设施要求，采用工程所在地区造价指标或有关实际资料计算。

(五)其他建筑工程

1. 内外部观测工程概算

内外部观测工程是指埋设在建筑物内部及固定于建筑物表面的观测设备仪器及安装等,主要包括变形观测、渗流观测、渗压观测等。内外部观测设备及安装按建筑工程属性处理,列入相应的建筑工程项目内。

内外部观测工程投资应按设计资料计算,如无设计资料时,可根据坝型或其他工程型式按照主体建筑工程投资的百分率来计算。工程以及地质条件复杂的,取大值或中值,反之取小值。费率标准见表 12-26。

表 12-26 其他建筑工程概算取费标准

工程分类	当地材料坝	混凝土坝	引水式电站(引水建筑物)	堤防工程
费率(%)	0.9~1.1	1.1~1.3	1.1~1.3	0.2~0.3

2. 厂坝区动力线路、照明线路、通信线路工程

厂坝区动力线路工程是指从发电厂至各生产用电点的架空动力线路。电厂至各用电点的动力电缆应列入第二部分机电设备安装工程的电缆安装项内。厂坝区照明线路及设施工程是指厂坝区照明线路及其设施(户外变电站的照明也包括在本项内),不包括应分别列入的拦河坝、溢洪道、引水系统、船闸等水工建筑物其他工程项目内的照明设施。通信线路工程包括对内、对外的架空线路和户外通信电缆工程(户内通信电缆包括在第二部分通信设备安装工程内)及枢纽至本电站(或水库)所属的水文站、气象站的专用通信线路工程等。

动力线路、照明线路、通信线路等工程投资应按设计工程量乘以单价或采用扩大单位指标进行编制。

3. 其余各项

其余各项按设计要求分析计算。

二、设备及安装工程概算

设备安装工程包括机电设备及安装工程和金属结构设备及安装工程,它们分别构成总概算的第二部分和第三部分。设备安装工程投资由设备费与安装费构成。

编制设备及安装工程概算时,应根据设计图纸和设备清单,按项目划分规定,在设备安装工程概算表中,逐级详细列出一至三级项目,其格式如表 12-27、表 12-28 所示。设备数量与单位的填写与设备和安装工程单价相一致。

表 12-27 机电设备及安装工程概算表

编号	名称及规格	单位	数量	单价(元)		合计(元)	
				设备费	安装费	设备费	安装费
	第二部分机电设备及安装工程						
	⋮						

表 12-28　金属结构设备及安装工程概算表

编号	名称及规格	单位	数量	单价(元)		合计(元)	
				设备费	安装费	设备费	安装费
	第三部分金属结构设备及安装工程						
	⋮						

三、施工临时工程概算

临时工程包括施工导流工程、施工交通工程、施工房屋建筑工程、施工场外供电工程以及其他施工临时工程。其他小型临时工程以现场经费形式直接进入工程单价。

(一)施工导流工程

施工导流工程按设计工程量乘以工程单价进行计算。

(二)施工交通工程

施工交通工程按设计工程量乘以单价进行计算,也可根据工程所在地区造价指标或有关实际资料采用扩大单位指标进行编制。

(三)施工场外供电工程

施工场外供电工程根据设计的电压等级、线路架设长度及所需配备的变配电设施要求,采用工程所在地区造价指标或有关实际资料计算。

(四)施工房屋建筑工程

施工房屋建筑工程投资包括施工仓库和办公生活及文化福利建筑两部分投资。

1. 施工仓库

施工仓库的建筑面积由施工组织设计确定,单位造价指标根据当地办公生活及文化福利建筑的相应造价水平确定。施工仓库投资计算公式为:

$$施工仓库投资(元)=建筑面积(m^2)\times单位造价指标(元/m^2) \tag{12-1}$$

2. 办公生活及文化福利建筑

(1)水利水电枢纽工程和大型引水工程,按下列公式计算:

$$I=\frac{AUP}{NL}K_1K_2K_3 \tag{12-2}$$

式中 I——办公生活及文化福利建筑工程投资;

A——建安工作量,按工程项目划分第一至第四部分建安工作量(不包括办公、生活及文化福利建筑和其他施工临时工程)之和乘以(1+其他施工临时工程百分率)计算;

U——人均建筑面积综合指标,按 12~15 m^2/人计算;

P——单位造价指标,按工程所在地类似永久房屋造价指标(元/m^2)计算;

N——施工年限,按施工组织设计确定的合理工期计算;

L——全员劳动生产率,按不低于 60 000~100 000 元/(人·年)计算,施工机械化程度高取大值,反之取小值;

K_1——施工高峰人数调整系数,取 1.10 计算;

K_2——室外工程系数，取1.10～1.15计算，地形条件差的可取大值，反之取小值；

K_3——单位造价指标调整系数，按不同施工年限，采用表12-29中的调整系数。

表12-29　单位造价指标调整系数表

工 期	2年以内	2～3年	3～5年	5～8年	8～11年
系数	0.25	0.40	0.55	0.70	0.80

(2)河湖整治工程、灌溉工程、堤防工程、改扩建工程与加固工程等，按第一至第四部分建安工作量的百分率计算。工期在3年以内的，按1.5%～2.0%计算，工期在3年以上的，按1.0%～1.5%计算。

(五)其他施工临时工程

其他施工临时工程的投资按第一至第四部分建安工作量(不包括其他施工临时工程)之和的百分率计算。

各类工程的百分率取值规定如下：

(1)枢纽工程和引水工程为3.0%～4.0%；

(2)河道治理工程为0.5%～1.0%。

四、独立费用

水利建设工程独立费用是指按照基本建设工程投资统计包括范围的规定，应在投资中支付并列入建设项目概算或单项工程综合概算内，与工程直接有关而又难以直接摊入某个单位工程的其他工程费用。独立费用由建设管理费、生产准备费、科研勘测设计费、建设及施工场地征用费和其他五个部分内容组成。具体计算方法详见第八章。

五、设计概算编制实例

为了进一步说明前面介绍的设计总概算编制的办法，现举西北地区某县自来水厂工程设计总概算编制的实例供编制概算时参考。

(一)编制说明

1.工程概况

取水水源：拟建自来水厂引某水库地表水。输水方式：该水库到工业园区的地形高程从255.5 m经过县城10 m左右再到园区85 m高程。该水库以下18.7 km处，高程在135 m以上的地形较为简单。在水库放水洞出口设置分水闸门引水，并设置沉沙池。沉沙池出口到135 m高程，沿水库入库公路布置暗渠，暗渠长16.5 km。暗渠为浆砌石，上加盖板防沙和防冻，盖板上回填50 cm开挖料。

现阶段净水厂的设计水量取为$Q=86\ 400\ m^3/天$，日平均时用水量为$Q_T=Q/24=3\ 600\ m^3/h$。

构(建)筑物及主要设备：取水泵房、集水渠。输水暗渠的水进入集水渠，由取水泵将水提升到高位絮凝沉淀池。药剂溶解池、混合设备、反应池、沉淀池、普通快滤池、清水池、清水池至工业区设计预应力钢筋混凝土压力管道，利用高差将净化后的水送入高位水塔，然后供入给水管网供工业园区企业使用。施工总工期24个月。

2.投资主要指标

工程总投资为2 029.09万元,其中:建筑工程为835.71万元,机电设备及安装工程为722.90万元,金属结构设备及安装工程30.76万元,施工临时工程为50.16万元,独立费用为188.11万元,预备费为99.51万元,建设期融资利息101.94万元。

(二)编制原则及依据

1.概算编制的原则和依据

(1)初步设计按2007年该地区材料价格水平计算。

(2)水利部2002年颁发《水利工程设计概(估)算编制规定》。

(3)执行水总[2002]116号文部颁规定的系列定额:《水利建筑工程概算定额》、《水利建筑工程预算定额》、《水利工程施工机械台时费定额》、《水利水电设备安装工程概算定额》、《水利水电设备安装工程预算定额》。

(4)执行1993年水利部颁布的中小型《水利水电设备安装工程概算定额》、《水利水电设备安装工程预算定额》与上述定额配套使用。

(5)投资概算工程量以初步设计阶段设计工程量为准。

(6)资金来源主要由资本金和贷款组成。其中,资本金占30%,其余为贷款。贷款为5年以上长期贷款,利率为7.11%。

2.基础单价编制的依据

1)人工工时预算单价

工程所在地区为十一类工资区,小型供水工程,工长人工预算单价为6.37元/工时,高级工人工预算单价为5.99元/工时,中级工人工预算单价为5.20元/工时,初级工人工预算单价为2.97元/工时。

2)主要材料预算价格

材料原价根据该地区2007年价格水平确定。主要材料来源地及原价如下:

水泥:由某水泥厂供应,材料原价:32.5级普通硅酸盐水泥价格300元/t,42.5级普通硅酸盐水泥价格为350元/t。

木材:某木材厂供应,材料原价为原木850元/m^3。

油料:某石油公司供应,材料原价为0#柴油5 980元/t、90#汽油6 150元/t。

材料运杂费:根据某自治区某交计字[1992]287号文规定确定,公路运费定为:干线0.31元/(t·km);支线0.372元/(t·km)。

材料采购及保管费:按材料运到工地仓库价格的3%计算。

其他材料预算价格按当地地方政府颁发的工业与民用建筑安装工程材料预算价格加至工地的运杂费计算。

3)电、风、水单价

风、电单价按某水建管[2005]108号文公式计算,风的价格0.2元/m^3,电价按10 kV及以下电压等级计算,基础电价为0.636元/kWh。水单价按某地计价管[2006]306号文中规定,基建用水现行价格为2.5元/m^3。

4)砂石料单价

砂、碎石按业主提供来源地计算,砂石骨料从工地附近砂石料场调运,综合运距10 km。工程用骨料为商品骨料,购买价中含装车费,采用自卸汽车运输,不再考虑卸车费用。

戈壁垫层料由某地拉运,综合运距2 km。戈壁回填料原价为10元/m^3,材料预算价为15.34元/m^3。

5)施工机械台时费

根据水总[2002]116号文的《水利工程施工机械台时费定额》计算。

6)混凝土材料单价

按设计所提供的混凝土强度、级配、标号,参照水总[2002]116号文颁发的《水利建筑工程概算定额》附录的混凝土材料配合表计算。

3.主要设备价格的编制依据

电气自控设备和金属价格均采用2007年市场价格,采用厂家询价方式,以出厂价为原价,设备运杂费分主要设备和其他设备,按占设备原价的百分比计算。

4.费用计算标准

费用计算标准见表12-30。

表12-30　建筑安装工程单价取费标准表

序号	费用项目	计算基础	费率(%)	
			建筑工程	设备安装工程
一	其他直接费	直接费	5.6	6.2
二	现场经费			
1	土石方工程	直接费	4	
3	混凝土工程	直接费	6	
4	模板工程	直接费	6	
5	其他工程	直接费	5	
6	设备安装工程	人工费		45
三	间接费			
1	土石方工程	直接费	4	
3	混凝土工程	直接费	4	
4	模板工程	直接费	6	
5	其他工程	直接费	5	
6	设备安装工程	人工费		50
三	企业利润	直接费+间接费	7	7
四	税金	直接费+间接费+企业利润	3.25	3.25

5.概算编制中需要说明的问题

(1)独立费用:按水总[2002]116号文部颁《水利工程设计概(估)算编制规定》计算。

(2)预备费:①基本预备费,按一至五部分投资的5%计列;②价差预备费,物价上涨指数按6%计列。

(3)由于工程施工期较短,不编制资金流量表。

6.主要技术经济指标简表

(略)

(三)工程部分概算表

工程部分概算见表12-31～表12-42。

表12-31　总概算表

（单位：万元）

序号	工程或费用名称	建安工程费	设备购置费	独立费用	合计	占一～五部分的百分率(%)
	第一部分　建筑工程	835.71			835.71	45.73%
一	水池	376.44			376.44	
二	房屋建筑工程	243.98			243.98	
三	全厂排水沟	38.82			38.82	
四	电缆沟	2.38			2.38	
五	厂区室外工程	74.09			74.09	
六	水井工程	100.00			100.00	
	第二部分　电气、自控设备安装工程	254.31	468.59		722.90	39.55%
一	泵站设备及安装工程	9.64	76.85		86.49	
二	阀门设备及安装工程	53.06	84.84		137.90	
三	管路设备及安装工程	24.52			24.52	
四	电气设备及安装工程	8.01	92.23		100.24	
五	水厂监控系统	6.35	36.75		43.1	
六	工艺设备及安装工程	148.27	153.84		302.11	
七	仪器仪表设备及安装工程	4.46	24.08		28.54	
	第三部分　金属结构设备及安装工程	3.11	27.65		30.76	1.68%
一	进水口设备及安装工程	3.11	27.65		30.76	
	第四部分　施工临时工程	50.16			50.16	2.74%
一	施工供电工程	20			20.00	
二	房屋建筑工程	12.4			12.40	
三	其他临时工程	17.76			17.76	
	第五部分　独立费用			188.11	188.11	10.29%
一	建设管理费			54.88	54.88	
二	生产准备费			21.77	21.77	
三	科研勘测设计费			100.00	100.00	
四	建设及施工场地征用费					
五	其他			11.46	11.46	
(1)	一至五部分投资	1 143.30	496.24	188.11	1 827.64	100.00%
(2)	预备费				99.51	
①	基本预备费				91.38	
②	价差预备费				8.13	
(3)	静态总投资				1 919.02	
(4)	建设期融资利息				101.94	
(5)	总投资				2 029.09	

表 12-32　建筑工程概算表

编号	工程项目及名称	单位	数量	单价（元）	合计（万元）
	第一部分 建筑工程				835.71
一	水池				376.44
1	调节池				72.94
	砂卵石开挖	m^3	8 250	14.9	12.29
	戈壁料回填	m^3	182	46.13	0.84
	C15 混凝土垫层	m^3	330	311.38	10.28
	⋮				
	细部结构工程	m^3	1515.2	14.03	2.13
2	混凝沉淀池				71.84
	砂卵石开挖	m^3	767	14.9	1.14
	⋮				
	细部结构工程	m^3	3 235.1	14.03	4.54
3	过滤池				59.59
	砂卵石开挖	m^3	874	14.9	1.3
	⋮				
	细部结构工程		530	14.03	0.74
4	清水池				172.07
	砂卵石开挖	m^3	7 235	14.9	10.78
	戈壁料回填	m^3	324	46.13	1.49
	⋮				
	钢筋制作安装	t	149.8	6 298.89	94.36
	细部结构工程		1 585.6	14.03	2.22
二	房屋建筑工程				243.98
1	房屋				223.05
	取水泵房	m^2	228.96	1 000	22.9
	加药间	m^2	185.4	1 100	20.39
	⋮				
	门卫	m^2	19.9	900	1.79
2	其他工程				20.93
	⋮				
三	全厂排水沟				38.82
	砂卵石开挖	m^3	2 800	26.8	7.5
	⋮				
四	电缆沟				2.38
	砂卵石开挖	m^3	120	26.8	0.32
	⋮				
五	厂区室外工程				74.09
	厂区道路	m^2	6 000	69.31	41.59
	⋮				
六	水井工程				100.00
	备用水井	口	1	1 000 000	100.00

表 12-33 电气、自控(机电)设备概算表

编号	工程项目及名称	单位	数量	单价(元)		合计(万元)	
				设备费	安装费	设备费	安装费
	第二部分 电气、自控设备安装工程					468.59	254.31
一	泵站设备及安装工程					76.85	9.64
1	水泵设备及安装工程					76.85	9.64
1.1	清水泵 350S16A	台	4	74 900		29.96	
	小计	元				29.96	
	运杂三项费用(8%)	元	299 600	0.08		2.4	
	清水泵 350S16A 安装	台	4		9 514.56		3.81
	⋮						
1.10	潜污泵 50WQ/C240-0.75	台	1	1880		0.19	
	小计	元				0.19	
	运杂三项费用(8%)	元	1 880	0.08		0.02	
	潜污泵 50WQ/C240-0.75 安装	元	1		5 021.02		0.5
二	阀门设备及安装工程					84.84	53.06
2.1	水力电磁蝶阀 GD341XP-10	只	7	14 500		10.15	
	小计	元				10.15	
	运杂三项费用(8%)	元	101 500	0.08		0.81	
	水力电磁蝶阀 GD341XP-10 安装	只	7		8 756.73		6.13
	⋮						
2.12	小管道阀门	批	1	38 200		3.82	
	小计	元				3.82	
	运杂三项费用(8%)	元	38 200	0.08		0.31	
	小管道阀门安装	套	1		8022		0.8
三	管路设备及安装工程						24.52
3.1	碳钢给水管道 ϕ820×10 安装	km	0.36		182 281.26		6.56
	⋮						
3.5	混凝土排污管道 DN800 安装	km	0.155		365 045.75		5.66
四	电气设备及安装工程					92.23	8.01
4.1	预装式变电站	套	1	800 000		80	
	小计	元				80	
	运杂三项费用(8%)	元	800 000	0.08		6.4	
	预装式变电站安装	套	1		9798.27		0.98
	⋮						

续表 12-33

编号	工程项目及名称	单位	数量	单价(元)		合计(万元)	
				设备费	安装费	设备费	安装费
4.9	控制电缆 KVVP－10＊1.5	km	0.3		13 199.11		0.4
五	水厂监控系统					36.75	6.35
5.1	配电系统 LCU	套	1	50 000		5	
	小计	元				5	
	运杂三项费用（8%）	元	50 000	0.08		0.4	
	配电系统 LCU 安装	套	1		2 500		0.25
	⋮						
5.8	视频监视系统	套	1	100 000		10	
	小计	元				18	
	运杂三项费用（8%）	元	180 000	0.08		1.44	
	中央控制系统安装	项	1		37 800		3.78
六	工艺设备及安装工程					153.84	148.27
1	静态管式混合器					3.41	0.65
	DN800×4000 碳钢静态管式混合器	台	2	15 800		3.16	
	小计	元				3.16	
	运杂三项费用（8%）	元	31 600	0.08		0.25	
	DN800×4000 碳钢静态管式混合器安装	台	2		3 240		0.65
	⋮						
6	氯酸钠化料器					0.52	0.1
	PVC 氯酸钠化料器 HLQ－100	套	1	4 800		0.48	
	小计	元				0.48	
	运杂三项费用（8%）	元	4 800	0.08		0.04	
	PVC 氯酸钠化料器 HLQ－100 安装	套	1		950		0.1
七	仪器仪表设备及安装工程					24.08	4.46
7.1	超声波流量计 7ME3210－4PA21－0BA1	套	2	30 378		6.08	
	⋮						
	小计	元				22.3	
	运杂三项费用（8%）	元	222 956	0.08		1.78	
	仪器仪表安装	套	1		44 591		4.46

表 12-34 金属结构设备及安装工程

序号	工程项目名称	单位	数量	单价(元)		合计(万元)	
				设备费	安装费	设备费	安装费
	第三部分 金属结构设备及安装工程					27.65	3.11
一	进水口设备及安装工程					27.65	3.11
1.1	闸门设备及安装工程					12.78	1.53
	进水口工作闸门	t	6.00	17 000.00	1 585.60	10.20	0.95
	进水口工作闸门埋件	t	1.80	10 000.00	3 231.28	1.80	0.58
	运杂三项费用6.5%					0.78	
1.2	启闭设备及安装工程					9.37	1.04
	QPQ - 2 ×25	台	1.00	88 000.00	10 374.53	8.80	1.04
	运杂三项费用6.5%	项				0.57	
1.3	拦污设备及安装工程					5.50	0.54
	进水闸拦污栅栅条	t	4.00	10 000.00	555.49	4.00	0.22
	拦污栅栅槽	t	1.20	9 500.00	2 652.71	1.14	0.32
	运杂三项费用6.5%	项				0.36	

表 12-35 临时工程概算表

编号	工程项目及名称	单位	数量	单价(元)	合计(万元)
	第四部分 施工临时工程				50.16
一	施工供电工程				20
1	供电线路				5
	10 kV 供电线路	km	2	25 000	5
2	变配电设施				15
	变压器	座	1	150 000	15
二	房屋建筑工程				12.4
1	施工仓库				1.9
	水泥仓库	m^2	20	150	0.3
	综合库房	m^2	80	200	1.6
2	办公、生活及文化福利建筑				10.5
	临时住房	m^2	300	200	6
	办公室	m^2	180	250	4.5
三	其他临时工程				17.76
	小型临时设施费	项	1	177 604	17.76

表 12-36　独立费用概算

编号	工程项目及名称	单位	数量	单价	合计
	第五部分 独立费用				188.11
一	建设管理费				54.87
1	项目建设管理费				33.63
(1)	建设单位开办费	项			25.00
(2)	建设单位人员经常费	项			8.63
2	工程建设监理费	项			21.24
3	联合试运转费	台			0
二	生产准备费				21.78
1	生产及管理单位提前进厂费	项			4.78
2	生产职工培训费	项			6.37
3	管理用具购置费	项			1.06
4	备品备件购置费	项			7.44
5	工器具及生产家具购置费	项			2.13
三	科研勘测设计费				100.00
1	工程科学研究试验费	项			0
2	工程勘测设计费	项	1.00	1 000 000.00	100.00
四	建筑及施工场地征用费	项	1.00	0	0
五	其他				11.46
1	定额编制管理费	项			1.38
2	工程质量监督费	项			3.19
3	工程保险费	项			6.89
4	其他税费	项	1.00	0	0

表 12-37 分年度投资表

序号	工程或费用名称	合计	建设工期(年)	
			1	2
	第一部分 建筑工程	835.71	675.32	160.39
一	水池	376.44	338.80	37.64
二	房屋建筑工程	243.98	219.58	24.40
三	全厂排水沟	38.82	11.65	27.17
四	电缆沟	2.38	0.48	1.90
五	厂区室外工程	74.09	14.82	59.27
六	水井工程	100.00	90.00	10.00
	第二部分 电气、自控设备安装工程	722.90	187.85	535.05
一	泵站设备及安装工程	86.49	17.30	69.19
二	阀门设备及安装工程	137.90	41.36	96.54
三	管路设备及安装工程	24.52	4.90	19.62
四	电气设备及安装工程	100.24	20.04	80.20
五	水厂监控系统	43.10	6.46	36.64
六	工艺设备及安装工程	302.11	90.63	211.48
七	仪器仪表设备及安装工程	28.54	7.13	21.41
	第三部分 金属结构设备及安装工程	30.76	24.61	6.15
一	进水口设备及安装工程	30.76	24.61	6.15
	第四部分 施工临时工程	50.16	50.16	
一	施工供电工程	20.00	20.00	
二	房屋建筑工程	12.40	12.40	
三	其他临时工程	17.76	17.76	
	第五部分 独立费用	188.11	56.43	131.68
一	建设管理费	54.88	16.46	38.42
二	生产准备费	21.77	6.53	15.24
三	科研勘测设计费	100.00	30.00	70.00
四	建设及施工场地征用费	0	0	0
五	其他	11.46	3.44	8.02
(1)	一~五部分投资	1 827.64	994.37	833.27
(2)	预备费	99.51	52.70	46.81
①	基本预备费	91.38	49.72	41.66
②	价差预备费	8.13	2.98	5.15
(3)	静态总投资	1 919.02	1 044.10	874.92
	静态总投资+价差预备费	1 927.15	1 047.05	880.10
①	资本金	578.13	314.10	264.03
②	贷款额度	1 349.02	732.95	616.07
(4)	建设期融资利息	101.94	26.07	75.87
(5)	总投资	2 029.09	1 073.14	955.95

表 12-38　建筑工程单价汇总表

序号	项目名称	单位	单价	其中							
				人工费	材料费	机械费	其他直接费	现场经费	间接费	企业利润	税金
1	砂卵石开挖	m^3	14.9	0.23	0.46	11.24	0.67	0.48	0.42	0.94	0.46
2	戈壁料回填	m^3	46.14	18.12	18.24		2.04	1.89	1.49	2.92	1.44
3	C15 混凝土垫层	m^3	311.37	40.58	190.34	15.41	13.79	13.06	8.74	19.74	9.71
	⋮										

表 12-39　安装工程单价汇总表

序号	项目名称	单位	单价	其中							
				人工费	材料费	机械费	其他直接费	现场经费	间接费	企业利润	税金
1	清水泵 350S16A 安装	台	9 514.56	3 814.45	894.29	577.46	296.03	1 525.78	1 506.71	603.03	296.81
2	清水泵 IS80－50－200B 安装	台	5 139.51	1 906.58	639.03	425.71	166.39	762.63	753.1	325.74	160.33
3	清水泵 500S13 安装	台	12 280.76	5 006.32	992.01	762.35	378.6	2 002.53	1 977.5	778.35	383.1
4	罗茨风机 HSR150 安装	台	4 111.61	1 525.26	511.22	340.57	133.12	610.1	602.48	260.59	128.26
	⋮										

表 12-40　主要材料预算价格

材料编码	材料名称	单位	预算价	其中			
				原价	运杂费	运输保险费	采管费
1	板枋材	m^3	1 308.25	850	419.32	0.85	38.08
2	砂	m^3	66.64	48	16.65	0.05	1.94
3	碎石	m^3	58.97	40	17.21	0.04	1.72
4	砾石	m^3	58.97	40	17.21	0.04	1.72
	⋮						
14	柴油	t	6 184.74	5 980	18.8	5.98	179.96

表 12-41　施工机械台时汇总表

序号	项目名称	台时费	其中				
			折旧费	修理费	安拆费	人工费	动力燃料费
1	交流电焊机 20－25kVA	2.18	0.77	1.06	0.35		
2	牛头刨床	37.44	13.11	22.29	1.31	0.73	
	⋮						

表 12-42　主要工程量汇总表

序号	项目名称	砌石工程 (m^3)	土石方明挖 (m^3)	土石方填筑 (m^3)	钢筋 (t)	混凝土 (m^3)
1	水池		17 126	1 789.2	254.8	4 617.2
1.1	调节池		8 250	182		1 515.2
1.2	混凝沉淀池		767	54	50.5	914.1
1.3	快滤池		874	94.2	54.5	602.3
1.4	清水池		7 235	1 459	149.8	1 585.6
2	房屋建筑工程	548.5				
2.1	房屋					
2.2	其他工程	548.5				
3	全厂排水沟		2 800			850
4	电缆沟		120			

第四节　分年度投资及资金流量

一、分年度投资

分年度投资是根据施工组织设计确定的施工进度和合理工期而计算出的工程各年度预计完成的投资额。它是计算基本预备费、资金流量的依据。分年度投资表见表 12-5。

（一）建筑工程

建筑工程分年度投资的编制应按一级项目中的主要工程项目分别反映各自的建筑工程量，对于主要工程按各单项工程分年度完成的工程量和相应的工程单价计算，对于次要的和其他工程可按各年度所完成投资的比例，摊入分年度投资表。

（二）设备及安装工程

设备及安装工程分年度投资的编制应根据施工组织设计确定的设备安装进度计算各年预计完成的设备费和安装费。

（三）独立费用

根据费用的性质、用途及费用发生的先后与施工时段的关系，按相应施工年度分摊计算。

二、资金流量

资金流量是为满足工程项目在建设过程中各时段的资金需求，按工程建设所需资金投入时间计算的各年度使用的资金量。资金流量表的编制以分年度投资表（见表 12-5）为依据，按建筑安装工程、永久设备工程及独立费用三种类型来计算。

(一)建筑安装工程资金流量

资金流量是在分年度投资的基础上,考虑预付款、预付款的扣回、保留金、保留金的偿还等编制出的分年度资金安排。

预付款一般可划分为工程预付款和工程材料预付款两部分。

(1)工程预付款。按划分的单个工程项目的建安工作量的10% ~20%计算,工期在3年以内的工程全部安排在第一年,工期在3年以上的可安排在前两年。工程预付款的扣回,从完成建安工作量的20% ~30%扣回至预付款全部回收完毕为止。对于需要购置特殊施工机械设备或施工难度较大的项目,工程预付款可取大值,其他项目取中小值。

(2)工程材料预付款。水利工程一般规模较大,所需材料的种类及数量较多,提前备料所需资金较大,因此可考虑向承包商支付一定数量的材料预付款。可按分年度投资中次年完成建安工作量的20%在本年提前支付,并于次年扣回,依次类推,直至本项目竣工(河道工程和灌溉工程等不计此项预付款)。

水利工程的保留金按建安工作量的2.5%计算。在概算资金流量计算时,按分项工程分年度完成建安工作量的5%扣留至该项工程全部建安工作量的2.5%时终止(即完成建安工作量的50%时),并将所扣的保留金100%计入该项工程终止后一年(如该年已超出总工期,则此项保留金计入工程的最后一年)的资金流量表内。

(二)永久设备工程资金流量

永久设备工程资金流量的计算,划分为主要设备和一般设备两种类型分别计算。

(1)主要设备资金流量的计算,按设备到货周期确定各年资金流量比例。

(2)其他设备资金流量的计算,按到货前一年预付15%定金,到货年支付85%的剩余价款。

(三)独立费用资金流量

独立费用资金流量主要是勘测设计费的支付方式应考虑质量保证金的要求,其他项目均按分年度投资表中的资金安排计算。

(1)可行性研究阶段和初步设计阶段勘测设计费按合理工期分年平均计算。

(2)技术施工阶段勘测设计费的95%按合理工期分年平均计算,其余5%的费用作为设计保证金计入最后一年的资金流量表内。

第五节　工料分析

一、工料分析的概念

工料分析就是对工程建设项目所需的人工及主要材料数量进行分析计算,进而统计出单位工程及分部分项工程所需人工数量及主要材料用量。主要材料一般包括钢筋、钢板、水泥、木材、汽油、柴油、炸药、沥青、粉煤灰等。

工料分析的目的主要是为施工企业、施工单位编制投标报价、调配劳动力、做好备料及组织材料供应、合理安排施工及核算工程成本提供依据。它是工程概算的一项基本内容,也是施工组织设计中安排施工进度的不可缺少的重要工作。

二、工料分析计算

工料分析计算就是按照概算项目内容中所列的工程数量乘以相应单价所需的定额人工数量（包括施工机械的用工数量）及定额材料用量，计算出每一工程项目所需的工时、材料用量，然后按照概算编制的步骤逐级向上合并汇总。工时、材料表格式见表12-43。

表12-43　工时、材料计算表

序号	单价编号	工程项目名称	单位	工程量	工时		水泥(kg)		钢筋(t)		木材(m^3)		汽油(kg)		柴油(kg)	
					定额用工	合计	定额用量	合计	定额用量	合计	定额用量	合计	定额台时用量	合计	定额台时用量	合计

计算步骤及填写说明如下：

(1)填写工程项目及工程数量。按照概算项目分级顺序逐项填写表格中的工程项目名称及工程数量，对应填写所采用的单价编号。工程项目填写范围为建筑安装工程。

(2)填写单位定额用工、材料用量。按照各工程项目所对应的单价编号，查找该单价所需的单位定额用工数量及单位定额材料用量、单位定额机械台时用量，逐项填写。对于汽油、柴油用量计算，除填写单位定额机械台时用量外，还要填写不同施工机械的台时用油量（查施工机械台时费定额）。

(3)计算工时及材料用量。表12-43中的定额用量指单位定额用量，工时用量及水泥、钢筋、钢材、木材、炸药、沥青、粉煤灰等材料用量，按照单位定额工时、材料用量分别乘以本项工程数量即得本工程项目工时及材料合计数量；汽油、柴油等材料合计用量，按照单位定额台时用量乘以台时耗油量，再乘以本项工程数量即得本项汽油、柴油的合计用量。

(4)按照上述第三项计算方法逐项计算，然后再逐级向上合并汇总，即得所需计算的工时、材料用量。

按照概算表格要求填写主体工程工时数量汇总表及主体工程主要材料汇总表。

【例12-1】　华东地区某市郊污水处理泵站工程，泵房工程挖基础土方工程量为500 m^3，其基础土方为三类土，开挖采用1 m^3挖掘机挖装，10 t自卸汽车运4.3 km至弃料场弃料，进行工料分析。单价分析表见例11-1中的表11-8建筑工程单价分析表。1 m^3液压挖掘机、59 kW推土机、10 t自卸汽车的台时费的计算见例10-6。

解：由表11-8单价分析表中已知人工工时为初级工工时7工时/100 m^3。

由例10-6已知：1 m^3液压挖掘机机上人工为2.7工时/台时，柴油耗量为14.9 kg/台时；59 kW推土机机上人工为2.4工时/台时，柴油耗量为8.4 kg/台时；10 t自卸汽车机上人工为1.3工时/台时，柴油耗量为10.8 kg/台时。

机上人工 $=1\times2.7+0.52\times2.4+11.38\times1.3=18.74$（工时/100 m^3）

由表12-8单价分析表可知：

定额用工 $=7+18.74=25.74$(工时/100 m^3) $=0.26$ 工时/m^3

柴油定额台时耗量 $=1\times14.9+0.52\times8.4+11.38\times10.8$

$=142.17$(kg/100 m^3) $=1.42$ kg/m^3

挖此泵站工程基础土方 500 m^3 的工时、材料分析结果见表 12-44。

表 12-44 挖基础土方工时、材料计算

序号	单价编号	工程项目名称	单位	工程量	工时		柴油(kg)	
					定额用工	合计	定额台时用量	合计
1		土方开挖运输	m^3	500	0.26	130	1.42	710

习 题

12-1 工程设计概算编制的依据是什么？工程设计概算编制的程序是什么？

12-2 设计概算由哪些内容组成？

12-3 工程部分概算表由哪些表格组成？各表格如何填写？

12-4 某水闸工程位于华东地区，其底板采用现浇钢筋混凝土底板，设计工程量为 1 000 m^3。底板厚度为 1.0 m，混凝土强度等级为 C25，二级配；施工方法采用 0.8 m^3 搅拌机拌制混凝土，1 t 机动翻斗车装混凝土运 100 m 至仓面进行浇筑。根据例 12-1 的单价分析表进行工料分析。

第十三章 投资估算、施工图预算、施工预算编制

本章重点

1. 投资估算与设计概算的区别。
2. 施工图预算与设计概算的区别。
3. 施工图预算与施工预算的区别。

本章教学要求

1. 掌握投资估算的编制。
2. 掌握施工图预算的编制。
3. 掌握施工预算的编制。

项目可行性研究阶段要作投资估算，施工图设计阶段要作施工图预算，施工阶段要作施工预算。本章对城市水利工程投资估算、施工图预算和施工预算作简要介绍。

第一节 投资估算

一、投资估算概述

投资估算是指在项目建议书阶段、可行性研究阶段，按照国家和主管部门规定的编制方法，依据估算指标，各项取费标准，现行的人工、材料、设备价格，以及工程具体条件编制的技术经济文件。

投资估算是可行性研究报告的重要组成部分，是国家为选定近期开发项目作出科学决策和批准进行初步设计的重要依据，其准确性直接影响到项目的决策。

可行性研究是基本建设程序的一个重要组成部分，也是进行基本建设的一项重要工作。在可行性研究阶段需要提出可行性研究报告，对工程规模、坝址、基本坝型、枢纽布置方式等提出初步方案并进行论证；估算工程总投资及总工期；对工程兴建的必要性及经济合理性进行评价。根据国家计委《关于控制建设工程造价的若干规定》，投资估算应对建设项目总造价起控制作用。可行性研究报告一经批准，其投资估算就成为该建设项目初步设计概算静态总投资的最高限额，不得任意突破。

投资估算的准确性直接影响国家（业主）对项目选定的决策，但由于受勘测、设计和科研工作深度的限制，可行性研究阶段往往只能提出主要建筑物的主体工程量和发电机、水轮机、主变压器等主要设备。在这种情况下，要合理地编制出投资估算，除了要遵守规定的编制办法和定额外，概预算专业人员还要深入调查研究，充分掌握第一手材料，合理

地选定单价指标。

二、投资估算与设计概算的关系

投资估算与设计概算在组成内容、项目划分和费用构成上基本相同，由于初步设计阶段对建筑物的布置、结构型式、主要尺寸以及机电设备型号、规格等均已确定，所以设计概算不得突破投资估算，两者的不同之处具体表现在以下几个方面。

(一)编制阶段不同

投资估算是在项目建议书和可行性研究阶段编制的；设计概算是在初步设计阶段编制的。

(二)依据定额不同

投资估算是依据估算指标和类似工程的有关资料编制的；设计概算是依据现行概算定额或概算指标、费用定额编制的。如采用概算定额编制估算单价，则要考虑10%的扩大系数。

(三)编制的主要作用和审批过程不同

投资估算是决策、筹资和控制造价的主要依据，它由国家或主管部门审批。设计概算是初步设计文件的组成部分，由有关主管部门审批，作为建设项目立项和正式列入年度基本建设计划的依据。

(四)编制方法不同

水利水电工程中的主体建筑工程采用与概算相同的项目划分，并以工程量乘以工程单价的方法计算其投资。在编制投资估算时，其他工程按主体建筑工程投资的百分率来粗略计算。主要机电设备及安装工程基本与概算相同。其他机电设备及安装工程可根据装机规模按占主要机电设备费的百分率或单位千瓦指标计算。

(五)留取的余度不同

估算的工程量阶段系数值较初设概算要大，基本预备费率估算采用的费率要大，现行规定：估算为10%～12%，概算为5%～8%。

三、编制方法及计算标准

投资估算按照2002年水利部《水利工程设计概(估)算编制规定》的办法编制。

(一)基础单价

基础单价编制与概算相同。

(二)建筑、安装工程单价

投资估算主要建筑、安装工程单价编制与初步设计概算单价编制相同，一般采用概算定额，但考虑投资估算工作深度和精度，应考虑10%的扩大系数。

(三)投资估算编制

1. 建筑工程

主体建筑工程、交通工程、房屋建筑工程基本与概算相同，其他建筑工程可视工程具体情况和规模按主体建筑工程投资的3%～5%计算。

2. 机电设备及安装工程

主要机电设备及安装工程基本与概算相同，其他机电设备及安装工程可根据装机规模占主要机电设备的百分率或单位千瓦指标计算。

3. 金属结构设备及安装工程

金属结构设备及安装工程的编制方法基本与概算相同。

4. 施工临时工程

施工临时工程的编制方法基本与概算相同。

5. 独立费用

独立费用的编制方法及计算标准与概算相同。

6. 预备费、建设期融资利息、静态总投资和总投资

(1) 预备费分为基本预备费和价差预备费。基本预备费以上述5项费用之和为基数计算，可行性研究投资估算费率取10% ~12%，项目建议书阶段取15% ~18%；价差预备费根据施工年限及预测的物价指数计算，和初步设计概算相同。

(2) 建设期融资利息，应根据分年度投资计划，计算复利。

(3) 静态总投资和总投资的计算方法与设计概算编制相同。

第二节　施工图预算

施工图预算是依据施工图设计文件、施工组织设计、现行法定的工程预算定额及费用标准等文件编制的。施工图预算又称设计预算，以与施工单位编制的施工预算相区别。

一、施工图预算概述

施工图预算是指在施工图设计阶段，设计单位根据施工图设计文件、施工组织设计、国家颁布的预算定额及有关费用标准、工程量计算规则、基础单价、国家及地方有关规定等编制的反映单位工程或单项工程建设费用的经济文件。施工图预算应在已批准的设计概算控制下进行编制。

二、施工图预算的作用

施工图预算有以下几个方面的作用。

(一) 施工图预算是确定单位工程项目造价的依据

预算比主要起控制造价作用的概算更为详细和具体，因而可以起确定造价的作用。如果施工图预算超过了设计概算，应由建设单位会同设计部门报请上级主管部门核准，并对原设计概算进行修改。

(二) 施工图预算是签订工程承包合同，实行投资包干和办理工程价款结算的依据

因预算确定的投资较概算准确，故对于不进行招投标的特殊或紧急工程项目等，常采用预算包干。按照规定程序，经过工程量增减，价差调整后的预算可作为结算依据。

(三) 施工图预算是施工企业内部进行经济核算和考核工程成本的依据

施工图预算确定的工程造价是工程项目的预算成本，其与实际成本的差额即为施工

利润,是企业利润总额的主要组成部分。这就促使施工企业必须加强经济核算,提高经济管理水平,以降低成本、提高经济效益。

(四)施工图预算是进一步考核设计经济合理性的依据

施工图预算的成果更详尽和切合实际,可以进一步考核设计方案的技术先进性和经济合理程度。施工图预算也是编制固定资产的依据。

三、施工图预算与设计概算的关系

建设项目概预算中的设计概算和施工图预算在编制年度基本建设计划、确定工程造价、评价设计方案、签订工程合同以及建设银行据以进行拨款、贷款和竣工结算等方面有着共同的作用,都是业主对基本建设进行科学管理和监督的有效手段,在编制方法上也有相似之处。但由于二者的编制时间、依据和要求不同,它们还是有区别的,具体表现在以下几个方面。

(一)编制范围不同

设计概算包括建设项目从筹建开始至全部项目竣工和交付使用为止的全部建设费用。施工图预算包括建筑工程预算、设备及安装工程预算、施工临时工程预算、独立费用预算等。建设项目的设计概算除包括施工图预算的内容外,还应包括移民和环境部分的费用。

(二)编制阶段不同

建设项目设计概算的编制是在初步设计阶段进行的,完整地反映整个建设项目所需要的投资。施工图预算是在施工图设计完成后由设计单位通常以单位工程为单位编制的,各单项工程单独成册,最后汇总成总预算。

(三)编制的主要作用和审批过程不同

设计概算是初步设计文件的组成部分,由有关主管部门审批,作为建设项目立项和正式列入年度基本建设计划的依据。只有在初步设计图纸和设计概算经审批同意后,施工图设计才能开始,因此它是控制施工图设计和预算总额的依据。施工图预算先报建设单位初审,然后再送交建设银行,经审查认定后,就可作为拨付工程价款和竣工结算的依据。

(四)编制方法不同

施工图是工程实施的蓝图,建筑物的细部结构构造、尺寸,设备及装置性材料的型号、规格都已明确,所以据此编制的施工图预算较设计概算编制要精细。

1. 主体工程

施工图预算与设计概算都采用工程量乘以单价的方法计算投资,但深度不同。设计概算根据概算定额和初步设计工程量编制,其三级项目经综合扩大,概括性强;而预算则依据预算定额和施工图设计工程量编制,其三级项目较为详细。

2. 非主体工程

概算中的非主体工程以及主体中的细部结构采用综合指标(如道路以"元/km")或百分率乘以二级项目工程量的方法估算投资;而预算则均要求按三级项目工程量乘以工程单价的方法计算投资。

3. 造价文件的结构

概算是初步设计报告的组成部分,在初步设计阶段一次完成,其完整地反映整个建设项目所需要的投资。由于施工图的设计工作量大,历时长,故施工图设计大多以满足施工为前提,陆续出图。因此,施工图预算通常以单项工程为单位,陆续编制,各单项工程单独成册,最后汇总成总预算。

第三节　施工预算

施工预算是指在施工阶段,施工单位根据施工图纸、施工措施及施工定额等编制的建筑安装工程在单位工程或分部分项工程上的人工、材料、施工机械台班(时)消耗数量和直接费标准。它是直接用来指导施工生产、进行企业内部管理和经济核算的文件。

一、施工预算的作用

施工预算的作用主要有以下几个方面。

(一)施工预算是编制施工作业计划的依据

施工作业计划是施工企业计划管理的中心环节,也是计划管理的基础和具体化。编制施工作业计划必须依据施工预算计算的单位工程或分部分项工程的工程量、构配件、劳力等。

(二)施工预算是施工单位向施工班组签发施工任务单和限额领料的依据

施工任务单是把施工作业计划落实到班组的计划文件,也是记录班组完成任务情况和结算班组工人工资的凭证。施工任务单的内容可分为两部分:一部分是下达给班组的工程任务,另一部分是实际任务完成的情况记载和工资结算。

(三)施工预算是计算超额奖和计算计件工资、实行按劳分配的依据

施工预算和建筑安装工程预算之间的差额反映了企业个别劳动量与社会劳动量之间的差别,能体现降低工程成本计划的要求。施工预算所确定的人工、材料、机械使用量与工程量的关系是衡量工人劳动成果、计算应得报酬的依据。它把工人的劳动成果与劳动报酬联系起来,很好地体现了多劳多得的按劳分配原则。

(四)施工预算是施工企业进行经济活动分析的依据

进行经济活动分析是企业加强经营管理、提高经济效益的有效手段。经济活动分析主要是应用施工预算的人工、材料和机械台时数量等与实际消耗量对比,同时与施工图预算的人工、材料和机械台时数量进行对比,分析超支、节约的原因,改进操作技术和管理手段,有效地控制施工中的消耗,节约开支。

二、施工预算的编制依据

编制施工预算的主要依据包括施工图纸、施工定额及补充定额、施工组织设计和实施方案、有关的手册资料等。

(一)施工图纸

施工图纸和说明书必须是经过建设单位、设计单位和施工单位会审通过的,不能采用未经会审通过的图纸,以免返工。

（二）施工定额及补充定额

施工定额包括全国建筑安装工程统一劳动定额和各部、各地区颁发的专业施工定额。凡是已有施工定额可以查找使用的，应查找施工定额编制施工预算中的人工、材料及机械使用费。在缺乏施工定额的情况下，可按有关规定自行编制补充定额。施工定额是编制施工预算的基础，也是施工预算与施工图预算的主要差别之一。

（三）施工组织设计或施工方案

由施工单位编制详细的施工组织设计，据以确定应采取的施工方法、进度以及所需的人工、材料和施工机械作为编制施工预算的基础。例如，土方开挖应根据施工图设计，结合具体的工程条件确定其边坡系数、开挖采用人工还是机械、运土的工具和运输距离等。

（四）有关的手册资料

例如，建筑材料手册，人工、材料、机械台时费用标准等。

三、施工预算的编制步骤

编制施工预算和编制施工图预算的步骤相似。为了便于与施工图预算相比较，编制施工预算时，应尽可能与施工图预算的分部、分项项目相对应。具体步骤如下：

（1）熟悉设计图纸及施工定额，了解工程现场情况及施工组织情况。

（2）计算工程实物量。工程实物量的计算是编制施工预算的基本工作，要认真、细致、准确，不得错算、漏算、重算。凡是能够利用施工图预算的工程量，就不必再算，但工程项目、名称和单位一定要符合施工定额。工程量计算完毕经仔细核对无误后，根据施工定额的内容和要求，按工程项目的划分逐项汇总。

（3）按施工图纸内容进行分项工程计算。套用的施工定额必须与施工图纸的内容相一致。分项工程的名称、规格、计量单位必须与施工定额所列的内容相一致，逐项计算分部分项工程所需人工、材料、机械台时使用量。

（4）工料分析和汇总。有了工程量后，按照工程的分项名称顺序，套用施工定额的单位人工、材料和机械台时消耗量，逐一计算出各个工程项目的人工、材料和机械台时的用工用料量，最后同类项目工料相加予以汇总，便成为一个完整的分部分项工程工料汇总表。

（5）编写编制说明。编制说明的内容有：编制依据，包括采用的图纸名称及编号，采用的施工定额，施工组织设计或施工方案；遗留项目或暂估项目的原因和存在的问题以及处理的办法等。施工预算所采用的主要表格可参考表13-1～表13-4。

表13-1　施工预算工程量汇总表

工程名称：

序号	定额	分项工程名称	单位	数量	备注

审核：　　　　　　　　　　　　　　　制表：

表 13-2　施工预算工料分析表

工程名称：

定额编号	分部分项工程名称	单位	工程量	工料名称					
				水泥		钢材		木材	
				单位用量	合计用量	单位用量	合计用量	单位用量	合计用量

审核：　　　　　　　　　　　　制表：

表 13-3　单位工程材料或机械汇总表

工程名称：

序号	分部工程名称	材料或机械名称	规格	单位	数量	单价（元）	复价（元）

审核：　　　　　　　　　　　　制表：

表 13-4　施工预算表

工程名称：

序号	定额编号	分部分项工程名称	单位	数量	预算价格（元）				
					单价	合计	其中		
							人工	材料	机械

审核：　　　　　　　　　　　　制表：

四、施工预算的编制方法

编制施工预算的方法有实物法和实物金额法两种。

(一)实物法

实物法是根据施工图和说明书,按照劳动定额或施工定额规定计算工程量,汇总、分析人工和材料数量,向施工班组签发施工任务单和限额领料单。实行班组核算,与施工图预算的人工和主要材料进行对比,分析超支、节约原因,以加强企业管理。实物法的应用比较普遍。

(二)实物金额法

实物金额法是根据实物法编制的施工预算的人工和材料数量分别乘以人工和材料单价求得直接费,或根据施工定额规定计算工程量、套用施工定额单价,计算直接费。其实物量用于向施工班组签发施工任务单和限额领料单,实行班组核算。施工预算的直接费与施工图预算的直接费进行对比,以改进企业管理。

五、施工预算和施工图预算区别

施工预算和施工图预算对比是建筑企业加强经营管理的手段,通过对比分析,找出节约、超支的原因,研究解决措施,防止人工、材料和机械使用费的超支,避免发生计划成本亏损。

(一)编制阶段、单位和依据的定额不同

施工图预算是在施工图设计阶段由设计单位依据预算定额编制的,而施工预算是在施工阶段由施工单位依据施工定额编制的。预算定额的机械台时耗用量是综合考虑的;施工定额要求根据实际情况计算,即根据施工组织设计或施工方案规定的进场施工的机械种类、型号、数量、工期计算。

施工预算根据施工图和说明书,按照劳动定额或施工定额规定计算工程量,套用施工定额中的人工、材料、机械台时定额,分析出人工、主要材料和机械台时数量,向施工班组签发施工任务单和限额领料单。

施工图预算按施工图预算计算的工程量套用预算定额中的人工、材料、机械台时定额,得出人工、主要材料和机械台时数量。

施工预算与施工图预算两者人工、主要材料和机械台时数量进行对比,施工预算的人工、材料、机械使用量及其相应的费用一般低于施工图预算。当出现相反情况时,要调查分析原因,必要时要改变施工方案。

(二)“两算”内容不同

将施工预算的人工、主要材料和机械台时数量分别乘以相应的基础单价,汇总成人工费、材料费和机械使用费构成的直接费,与施工图预算相应的人工费、材料费和机械使用费构成的直接费进行对比。“两算”对比一般只限于直接费,间接费不作对比。直接费对比内容如下:

(1)人工。一般施工预算应低于施工图预算的10%~15%。因为施工定额反映平均先进水平,预算定额反映社会平均水平,且预算定额考虑的因素比施工定额多。

(2)材料。施工预算消耗量总体上低于施工图预算。因为施工操作损耗一般低于预算定额中的材料损耗，且施工预算中扣除了节约材料措施所节约的材料用量。

(3)机械台时。预算定额的机械台时耗用量是综合考虑的；施工定额要求根据实际情况计算，即根据施工组织设计或施工方案规定的进场施工的机械种类、型号、数量、工期计算。

(三)投资额、预备费大小不同

施工图预算投资额小于概算，大于施工预算，基本预备费率为3%～5%。施工预算投资额小于施工图预算，它不列预备费或按合同列部分预备费。

习　题

13-1　投资估算和设计概算在编制上的不同之处具体表现在哪些方面？

13-2　施工图预算和设计概算在编制上的不同之处具体表现在哪些方面？

13-3　施工图预算和施工预算的不同之处具体表现在哪些方面？

13-4　施工预算的编制步骤是什么？

第十四章　招标标底与投标报价编制

本章重点

1. 水利水电工程施工招标和投标的条件、程序及各阶段的工作内容。

2. 招标标底和投标报价的编制方法。

本章教学要求

1. 掌握工程招标投标的概念、范围、原则。

2. 熟悉水利水电工程施工招标和投标的条件、程序及各阶段的工作内容。

3. 掌握招标标底和投标报价的作用及编制方法。

4. 了解投标报价策略。

第一节　工程招标投标概述

工程建设项目招标投标是目前国内外广泛采用的，比较科学合理的工程承发包方式。为了规范招标投标活动，为了有效控制和使用国家的建设资金，保护国家、社会公共利益，保证项目质量，1999 年 8 月 30 日，第九届全国人民代表大会常务委员会第十一次会议通过了《中华人民共和国招标投标法》（以下简称《招标投标法》），自 2000 年 1 月 1 日起施行。2001 年 10 月 29 日水利部以第 14 号部令发布了《水利工程建设项目招标投标管理规定》，自 2002 年 1 月 1 日起施行。

一、工程建设项目招标投标概念

招标是招标人（业主或发包人）就拟建工程准备招标文件、发布招标广告或信函以吸引或邀请潜在投标人来购买招标文件进行投标，通过评标择优选择并与之签订工程建设承包合同的过程。

投标是通过了资格预审的投标人按照业主的招标条件和自己的能力，在规定的期限内向招标人递交投标文件，争取承包工程项目（中标）的过程。

招标投标作为一种商业行为和经营方式，是发包者（业主）与承包者（承包商）为完成某项工程确定承发包双方的权利义务关系的经济活动，是工程造价管理的关键工作之一，也是业主充分利用市场经济这一杠杆，合理确定工程造价的有效手段。

二、工程招标方式

《招标投标法》规定我国招标分为公开招标和邀请招标两种。

（一）公开招标

公开招标是指招标人以招标公告的方式邀请不特定的法人或者其他组织投标的招标

方式。招标公告应当通过国家指定的报刊、信息网络或者其他媒介发布。

这种方式可以为一切符合条件的、有能力的企业提供一个平等的竞争机会,促使承包企业加强管理、提高工程质量和降低工程成本,使招标人在众多的投标人中选择一个比较理想的承包商,有利于降低工程造价、保证工程质量和缩短工期。但由于参与竞争的承包商可能很多,会增加资格预审和评标的工作量。

(二)邀请招标

邀请招标是指招标人以投标邀请书的方式邀请特定的法人或者其他组织投标的招标方式。招标人应当向三个以上具有承担招标项目的能力、资信良好的特定的法人或者其他组织发出投标邀请书。

这种方式邀请的承包商大都在经验、技术、资金、信誉等方面较为可靠。但不足之处是可能会漏掉一些在技术上和报价上有竞争力的施工企业。

招标公告和投标邀请书均应当载明招标人的名称和地址,招标项目的性质、数量、实施地点和时间以及获取招标文件的办法等事项。招标人可以根据招标项目本身的要求,在招标公告或者投标邀请书中,要求潜在投标人提供有关资格证明文件和业绩情况,并对潜在投标人进行资格审查;对于国家对投标人的资格条件有规定的,应依照其规定进行审查。

三、工程招标的种类

《招标投标法》第一章第三条的规定,在中华人民共和国境内进行下列工程建设项目包括项目的勘察、设计、施工、监理以及与工程建设有关的重要设备、材料的采购,必须进行招标。

工程项目建设招标有以下几种。

(1)大型基础设施,公用事业等关系社会公共利益,公众安全的项目;

(2)全部或部分使用国有资产或国家融资的项目;

(3)使用国际组织或者外国政府贷款、援助资金的项目。

(一)全过程招标

全过程招标是指从项目建议书开始,到勘察设计、设备材料采购工程施工、设备安装与调试、生产准备、试运行,直至竣工投产与交付使用在内的整个项目建设过程实行全面招标。

(二)勘察设计招标

勘察设计招标是招标人通过招标的方式选择承包工程项目勘察设计工作的承包商。

(三)材料、设备招标

材料、设备招标是招标人通过招标的方式选择承包材料、设备的供应商以及设备安装调试的供应商。

(四)工程施工招标

工程施工招标是指工程项目的初步设计或施工图设计完成后,招标人通过招标的方式选择施工单位,可整个工程作为一个整体一次发包,也可把全部工程分解为若干个单项工程、单位工程进行发包。

（五）监理招标

监理招标是招标人通过招标的方式选择工程监理单位。《水利工程建设监理规定》规定，项目法人应通过招标方式择优选定监理单位，并报上级水行政主管部门备案。

四、工程招标投标活动应遵循的原则

《招标投标法》第一章第五条规定，招标投标活动应遵循公开、公平、公正和诚实信用的原则。

（一）公开原则

公开原则要求招标投标活动具有很高的透明度，实行招标信息、招标程序公开，即发布招标公告、公开开标、公开中标结果，每一个投标人获得同等的信息，获悉招标的一切条件和要求。

（二）公平原则

公平原则要求给予所有投标人平等的机会，使其享有同等的权利，履行相应的义务，不歧视任何一方。

（三）公正原则

公正原则要求评标时按事先公布的标准对待所有投标人。

（四）诚实信用原则

诚实信用原则要求一方当事人尊重另一方当事人的利益，也要求两方当事人都不得通过自己的活动损害第三方当事人和社会的利益，必须在法律范围内以符合其社会经济目的的方式行使自己的权利。投标人不得相互串通投标报价，不得排挤其他投标人的公平竞争、损害招标人或者其他投标人的合法权益。投标人不得与招标人串通投标，损害国家利益、社会公共利益或者他人的合法权益。

第二节　施工招标

一、工程招标条件

（一）招标单位应具备的基本条件

招标单位应具备以下基本条件：

（1）具有项目法人资格。

（2）具有与招标工程相适应的工程管理、预算管理、财务管理的能力。

（3）具有组织编制招标文件和标底的能力。

（4）具有对投标者进行资格审查和组织开标、评标、定标的能力，有与中标单位谈判签订合同的能力。

不具备上述条件的招标单位，应委托具有相应资质的监理单位、咨询单位等代理机构进行招标。招标代理机构可按国家的有关收费标准收取费用。

（二）水利工程建设项目施工招标应当具备的条件

水利工程建设项目施工招标应当具备以下条件：

(1)初步设计已被批准。

(2)建设工程项目已经列入国家或地方的基本建设计划,并已列入年度计划。

(3)建设资金筹措已落实,在建设过程中资金能按施工进度得到保证。

(4)监理单位已确定。

(5)具有能满足招标要求的设计文件,已与设计单位签订适应施工进度要求的图纸交付合同或协议。

(6)施工征地、拆迁、进场交通等准备工作已经完成。

(7)工程招标文件和标底已经过主管部门批准。

二、施工招标程序及各阶段的工作内容

招标程序即招标过程中应该遵循的先后次序,它反映了招标投标的基本规律。

(一)准备阶段

1. 申报招标

招标前,按项目管理权限向招标管理部门提出申请,经过审批后方可进行招标。

2. 编制招标文件并确定标底

招标文件主要由文字说明和图纸两部分组成。文字说明部分主要有投标须知、工程项目要求及范围、合同条款、技术规范、工程量清单、投标书格式及附录等。

根据施工图纸、现行定额、费用标准、工程的具体条件认真确定标底。

(二)招标阶段

1. 发布招标信息(招标公告或投标邀请函)

招标公告或投标邀请函的主要内容包括:工程项目名称、建设地点、工程概况、资金来源;对申请资格预审施工单位的要求;招标人(或招标代理机构)名称、工程承包的方式、工程招标的范围、计划开工和竣工的时间;资格预审文件购买的时间,递交的截至日期、地址和负责人姓名等。

2. 资格预审文件

对拟参加投标的承包商应按招标通告的要求提交资格预审文件,参加资格预审。资格预审文件的主要内容有:承包商的营业执照复印件、企业的组织机构;企业的技术力量;近期主要承建的工程、类似工程的施工经验;企业信誉;企业财务状况、开户银行、账号、目前固定资产和流动资金情况等。

对于工期要求紧或不复杂的工程项目,为了争取早日开工,有时不预先进行资格预审,而进行资格后审。资格后审是在招标文件中加入资格审查的内容,其内容与资格预审的内容大致相同。

3. 发售招标文件

通过资格预审文件的承包商可购买招标文件。招标文件一旦售出,不得随意更改,如需补充或修改,应按有关招标管理办法执行。

4. 现场勘察和答疑

招标单位按招标文件中规定的时间组织投标单位考察工地现场,再组织一次会议,介绍工程情况和有关招标的事宜。投标单位对招标文件有不理解或不清楚的问题可对招标

单位提出，招标单位应以书面形式给予答疑，并归类汇总，以补充通知的形式告知所有投标者。

5. 投标

投标单位在规定的时间递送投标书，逾期不送达者，投标单位概不受理。投标单位应将投标保函与投标书一起投送。

（三）定标成交阶段

1. 开标

按招标文件规定的时间、地点，在投标者代表、评标委员会及有关部门（如设计单位、公证机关等）代表参加的情况下，招标单位当众开标，并宣布投标单位的名称、报价、工期和主要技术措施等。

2. 评标

按预先确定的评标办法和标准，对各个投标单位递交的投标书由评标委员会进行综合审查评比。

3. 定标和签订合同

经评标机构评议后，选择报价合理、工期适当、技术措施可靠、信誉好的投标者作为中标单位，招标单位向中标单位发出中标通知书，并约定时间签订承包合同。

三、施工招标文件的组成

招标文件是指招标人向供应人或承包人发出的，旨在向其提供为编写投标文件所需的资料，并向其通报招标投标将依据的规则和程序等项内容的书面文件。招标单位在确定招标方式后，即可自行或委托代理机构按照规定编写招标文件，招标文件包括表 14-1 所列文件和按规定发出的补充通知。

表 14-1　招标文件组成

卷号	章号	名称
一		商务文件
	1	投标邀请书
	2	投标须知
	3	合同条件
	4	协议书、履约担保证件和工程预付款函
	5	投标报价书、投标保函和授权委托书
	6	工程量清单
	7	投标辅助资料
	8	资格审查资料
二		技术条款
	1	一般规定
	2	施工导流和水流控制
	3	土方明挖

续表 14-1

卷号	章号	名称
	4	石方明挖
	5	地下洞室开挖
	6	支护
	7	钻孔和灌浆
	8	基础防渗工程
	9	地基加固工程
	10	土石方填筑工程
	11	混凝土工程
	12	沥青混凝土工程
	13	砌体工程
	14	疏浚工程
	15	压力钢管的制造和安装
	16	钢结构的制造和安装
	17	闸门及启闭机的安装
	18	预埋件的埋设
	19	原型观测
	20	建筑装修
三		招标图纸

投标邀请书的内容一般包括:招标单位名称,建设项目资金来源,工程项目概况和本次招标工作范围的简要介绍,购买资格预审文件的地点、时间和价格等有关事项。

投标须知在招标文件中主要是用来告知投标人投标时有关注意事项的。投标须知包括:招标范围,工程项目概况,资金来源,投标人须提供的有关资格和资信证明文件的格式、内容,投标报价的要求、报价编制方式及须随报价单同时提供的资料,评标的标准、方法和中标原则;投标文件的编制要求、密封方式及报送份数,递交投标文件的方式、地点和截止时间,投标保证金的金额及交付方式,开标的时间安排和地点,投标有效期限。

合同条件(款)包括通用合同条款和专用合同条款两部分。工程施工通用合同条款主要是对合同文件、双方的一般义务和责任、履约担保、监理人和总监理工程师、联络、材料和设备、工程进度、工程质量、价格调整、违约和索赔、完工与保修等的解释说明。专用合同条款中的各条款是补充和修改通用合同条款中各条款号相同的条款或当需要时增加的条款,两者应对照阅读,一旦出现矛盾或不一致,则以专用合同条款为准,通用合同条款中未补充和修改的部分仍有效。

履约保函是承包人和担保银行为了雇主的利益而作的一种承诺,按此承诺,承包人和担保银行共同保证合同的履行。承包人如果在承包过程中不继续履行承包义务，雇主则可以没收承包人的履约保函金额。

投标保函是指投标人在投标报价之前或同时，按照雇主规定的保证金额向雇主提交的银行保函。

资格审查主要是审查有兴趣投标的法人或者其他组织是否具有圆满履行合同的能力。资格审查资料主要包括投标人基本情况表、近期完成的类似工程情况表、正在施工的和新承接的工程情况表和财务状况表。

第三节 施工招标标底

一、招标标底

招标标底是招标人自行编制或委托具有编制标底资格和能力的中介机构代理编制的招标项目的预期价格，是评标委员会在对有效投标文件进行评比和比较中，衡量投标报价合理性的一个标准。根据水利部[2001]14号部令颁发的《水利工程建设项目招标投标管理规定》第三十六条的规定，施工招标设有标底的，评标标底可采用以下方法：

(1)招标人组织编制的标底 A；

(2)以全部或部分投标人报价的平均值作为标底 B；

(3)以标底 A 和标底 B 的加权平均值作为标底；

(4)以标底 A 值作为确定有效标的标准，以进入有效标内投标人的报价平均值作为标底。

国家对投标报价与标底偏差（一般在高于标底不超过5%，低于标底不超过8%）作了规定，若报价与标底相差太大，即视为废标。标底在发布招标公告前确定，并绝对保密。一个招标项目，只能有一个标底，不得针对不同的投标单位而有不同的标底。

施工招标未设标底的，按不低于成本价的有效标进行评审。

二、标底编制的作用、原则及依据

(一)标底的作用

标底的主要作用包括以下几个方面：

(1)保证招标单位事先对标价心中有数，避免决策中的盲目性。

(2)作为评议投标报价的标准和尺度。

(3)标底是保证工程质量的经济基础。

(4)国家以标底为主要尺度考核发包工程的造价。

另外，在合同执行过程中，当发包方和承包方之间发生索赔争议时，标底可作为解决索赔争议的重要参考依据之一。

(二)标底的编制原则

标底的编制应遵循以下原则：

(1)标底编制应遵守国家有关法律、法规和水利行业规章，兼顾国家、招标人和投标人的利益。

(2)标底应符合市场经济环境,反映社会平均先进工效和管理水平。

(3)标底应体现工期要求,反映承包商为提前工期而采取施工措施时增加的人员、材料和设备的投入。

(4)标底应体现招标人的质量要求,标底的编制要体现优质优价。

(5)标底应体现招标人对材料采购方式的要求,考虑材料市场价格变化因素。

(6)标底应体现工程自然地理条件和施工条件因素。

(7)标底应体现工程量大小因素。

(8)标底编制必须在初步设计批复后进行,原则上标底不应突破批准的初步设计概算或修正概算。

(9)一个招标项目只能编制一个标底。

(三)标底的编制依据

标底的编制依据如下:

(1)招标文件、工程施工图纸或招标图纸。

(2)施工现场水文地质条件、交通条件等。

(3)施工技术方案或施工组织设计。

(4)国家或当地现行的概预算定额、工期定额、费用标准,有关价格调整文件。

(5)当地材料的市场价格、工资标准等。

(6)被批准的设计概算或施工图预算。

三、标底编制的程序

(一)熟悉招标文件和图纸

认真阅读招标文件和设计图纸,熟悉投标须知、合同格式、一般合同条款、专用合同条款、投标书格式、工程量清单和技术条款等内容,为确定编制标底的基础价格、界定有关费用的界限、确定施工方案和方法等奠定基础。

(二)了解市场信息和现场条件

主要了解以往类似于本招标工程的报价情况和其他资料;了解有哪些承包商可能投标,从而有针对性地估计竞争状况,以便心中有数;对当地的人工工资标准、材料来源、运输方式、材料价格、设备价格等作详细了解。另外,到现场勘察,了解施工条件和当地的经济状况等。

(三)确定基础价格

1. 人工单价

若招标工程没有特殊情况,可参照概预算人工预算单价的计算方法。

2. 材料预算价格

招标工程的材料供应方式有两种:一种是由承包商自行采购运输;另一种是由业主采购运输到指定地点,承包商按规定价格提货用料。编制标底时应区别对待。

3. 电、风、水单价

一般招标文件中都明确了承包商接线起点和计量电表的位置,并提供了基本电价。

城市水利工程施工用水一般多采用工程所在地自来水公司管路供水,其施工用水价格直接采用居民生活用水价格。施工用风一般由承包商自行生产使用,可参照第十章介绍的方法计算。砂石料单价一般由业主指定地点,按规定价格向承包商供货,砂石料单价可按提供单价加自供应点到工地拌和楼(站)堆料场的运杂费和有关损耗摊销费。施工机械台时费的计算方法可参照第十章内容。

(四)计算工程单价

工程单价由直接工程费、间接费、利润和税金组成。计算工程单价的主要方法可参考前面有关章节。

(五)分摊临时工程费用编制综合单价

有些招标文件没有列出临时工程项目,应按施工组织确定的临时工程的项目和数量,将费用分摊入相关项目的工程单价内。通常有以下两种情况:

(1)一笔待摊费用仅向一个项目分摊,如混凝土拌和系统可摊入混凝土浇筑单价中,出渣线路工程可分摊入土石方单价中。其可按下式计算:

$$\text{摊入单价} = \text{待摊项目费用} \div \text{摊入工程项目的工程量} \tag{14-1}$$

$$\text{工程综合单价} = \text{工程单价} + \text{摊入单价} \tag{14-2}$$

(2)一笔待摊费用向几个项目中分摊,如临时房屋、交通工程向土方挖运、混凝土浇筑等项目中分摊。其可按下式计算:

$$\text{摊入单价} = \text{工程单价} \times \text{分摊系数} \tag{14-3}$$

$$\text{分摊系数} = \text{待摊项目费用} \div \text{摊入某些工程项目费用之和} \tag{14-4}$$

在这种情况下,工程综合单价的计算方法与(1)中一样。

(六)计算汇总形成标底文件

将计算结果填入相应的表格,计算汇总有关数据,编写编制说明,形成标底文件。

四、标底的编制方法

水利工程建设项目招标标底的编制方法应采用以定额法为主,以实物量法和其他方法为辅,多种方法并用的综合分析法,标底编制应充分发挥各方法的优点和长处,以达到提高标底编制质量的目的。

(一)定额法

定额法是参照现行部、省(自治区、直辖市)的定额和取费标准(规定),确定完成单位产品的工效和材料消耗量,计算工程单价,以工程单价乘以工程量计算总价的编制方法。定额法的主要优点是计算简单、操作方便,因此目前水利工程的标底编制主要考虑用定额法。采用定额法编制初设概算时选用的定额是按全国水利行业平均工效水平制定的;而标底需要考虑具体工程的技术复杂程度、施工工艺方法、工程量大小、施工条件优劣、市场竞争情况等因素,因此在采用定额法编制标底时,可以根据工程具体情况适当调整现行的定额和取费标准。

1.基础价格编制

基础价格主要指人工、混凝土骨料、主要材料以及施工用电、水、风等的价格。必须保证选取的各种资源的数量和质量均能符合规定并满足招标人的要求(编制方法见第十章内容)。

2. 建筑工程单价编制

水利工程招标项目中,工程量清单可能多达百余个单价,在编制标底工程单价时可根据工程的具体情况,集中精力研究主要工程单价。应与编制施工组织设计的人员共同研究施工方案,确定适当的施工方法、运距、辅助人员配备及施工机械的效率等。在编制标底单价时应根据工程量的大小、施工条件的优劣等因素调整定额中人工、材料及施工机械消耗量。当工程规模大、施工条件较好、市场竞争激烈时,人工、机械效率均可适当提高,反之可适当降低。

(1)影响土方工程单价的因素主要有土的级别、取(运)土的距离、施工方法、施工条件、质量要求等。根据工程所在地的气候条件、施工工期的长短以及是否夜间施工等情况可适当调整其他直接费费率;根据工程量大小、场地集中程度、机械化程度高低等情况可适当调整现场经费费率、间接费费率及利润率。

(2)砌筑工程主要指浆砌石、干砌石、反滤料填筑、过渡料填筑、堆石体填筑等。编制标底单价时,可重点考虑两点:一是尽量利用拆除料和从开挖料中拣集石料;二是应考虑人工用量较多、材料原价高等因素,在选定各项取费费率和人工数量时适当调整。

(3)混凝土材料单价在混凝土工程单价中占有较大比重,在编制其单价时,要按照招标文件提供的配合比计算。同时,可根据工地混凝土运距、道路状况及生产管理水平适当调整施工操作、运输损耗率及超填和施工附加混凝土量。

(4)钢筋制安工程单价。在钢筋制安工作量较大时,钢筋材料的利用率高,损耗率相对较低,在编制标底钢筋制安工程单价时,根据工程部位的不同,可适当调整钢筋材料的附加量及人工数量。

3. 设备价格编制

在编制设备的标底价格时应注意以下方面:

(1)向多家设备生产厂商询价,确定有竞争力的设备出厂价格。

(2)搜集有关设备重量、体积大小及运距等资料,确定合理的设备运输线路和运输方式。

(3)搜集有关设备在运输途中发生的调车费、装卸费、运输保险费、包装绑扎费、变压器充氮费及其他可能发生的杂费标准。

(4)合理计算运杂费用,要注意价格高的设备运杂费率要相对低。

(5)材料保险费的费率也可根据设备价格高低、运距远近、周转次数多少适当调整。

(6)对于进口设备要计算到岸价、进口征收的税金、手续费、商检费及港口费等,加上国内段的运杂费、保险费、采保费等各项费用。

4. 设备安装工程单价编制

以实物消耗量形式表现的定额计算工程单价时,量价分离,计算较准确,但相对烦琐。编制标底的主要设备安装单价时一般套用此类定额,同时可以适当调整人工和机械效率。设备安装费一般占设备费的5%~10%,对标底影响不大,可参考现行定额编制。但投标项目以机电和金属结构设备为主的,可适当调整人工数量、现场经费和间接费费率。

5. 临时设施费编制

(1)单独招标的临时工程项目,包括导流工程、道路、桥梁、供电线路、缆机平台、混凝土拌和系统、供水系统等,按工程量清单的数量乘标底工程单价计算。对于混凝土拌和系统和供水系统等临时工程,标底的编制通常只计算土建费和安装费,不包括设备费。设备费按折旧摊销计入相应的混凝土拌和单价和施工用水单价中。

(2)应摊销的临时设施费用。凡未单独列项招标的临时工程项目及未包括在现场经费中的临时设施,而在施工中又必然发生的临时设施均包括在应摊销的临时设施费用中。这些临时设施主要指承包商的生活用房、仓库等房屋建筑及场地平整、大型机械安拆、施工排水、施工临时支护及其他临时设施等项目。在编制标底时可根据工程的具体情况适当调整施工人员的生活、文化福利建筑费用和施工仓库面积等。

6. 风险附加费的计取与分摊

根据施工承包合同种类不同,计算和分摊风险附加费的方法也不同,对不调价合同标底应充分考虑风险因素,而可调价合同的标底可不计或少计风险附加费。

(二)实物量法

实物量法是把项目分成若干施工工序,按完成该项目所需的时间配备劳动力和施工设备,根据分析计算的基础价格计算直接费单价,最后分摊间接费的工程造价计算方法。实物量法是针对每个工程的具体情况来计算工程造价的,计算准确、合理,但相对复杂,且要求标底编制人员有较高的业务水平和较丰富的经验,还要掌握翔实的基础资料和经验数据。在编制时间相对紧张的标底编制阶段,不具备全面推广应用的条件,但是针对工程量清单中对标底影响较大的主要工程单价,在设计深度满足需求,施工方法详细具体、符合实际,资料较齐全的条件下,应采用实物量法进行编制,以提高标底的准确性,保证标底的质量。

实物量法的工作程序:制定施工组织设计或施工规划;确定各个工序需要的人员及设备的规格、数量、时间;计算人工费、施工设备费、材料费;计算直接费单价;计算并分摊间接费。

(三)其他辅助方法

在采用定额法或实物量法编制标底时,对工程量清单中对标底影响不大的次要工程项目和工程量较小的项目可采取较为简便的计算分析方法,加快标底编制进度。主要方法有:

(1)分类抽样方法。即把费用项目划分为几类,把各类的成本价格估算出来。

(2)内含方法。一些次要、零星的项目或费用,在认为没有必要单独列项计价时,可以包含到其他价格中去。

(3)项目总额方法。在工程量表中有些项目没有表明数量时,通常需要估算出一笔总金额。这种方法是用来估算合同中所安排和规定的一般性项目的费用。

(4)经验方法。根据已完工程的相关资料,借用所需数据。

(5)概算价格调整方法。根据招标设计与初步设计的不同,对概算的价格进行调整,作为标底价格。

(6)类比分析方法。根据已计算的主要工程单价,类比分析得出次要工程项目单价。

(7)百分率方法。在已计算的主要工程项目的造价的基础上，乘以一个经验百分率得到次要工程项目造价。

(8)参照其他行业方法。其他行业在某些项目上有较成熟的施工工艺和造价资料，在标底中可以参照引用。

五、标底文件的组成

标底文件一般由标底编制说明和标底编制表格组成。

(一)标底编制说明

标底编制说明主要有：

(1)工程概况；

(2)主要工程项目及标底总价；

(3)编制原则、依据及编制方法；

(4)基础单价；

(5)主要设备价格；

(6)标底取费标准及税率、费率；

(7)需要说明的其他问题。

(二)标底编制表格

标底编制表格主要有：

表1　工程施工招标分组标底汇总表。

表2　分组工程标底计算表。

附表1　工程单价分析表。

附表2　总价承包项目分解表。

附表3　人工预算单价计算表。

附表4　主要材料(设备)预算价格汇总表。

附表5　施工机械台时费汇总表。

附表6　混凝土与砂浆材料单价计算表。

附表7　施工用水、用电、用风价格计算表。

附表8　应摊销临时设施费计算表。

附表9　主要材料用量汇总表。

附表10　其他表格。

第四节　投标报价

一、投标报价

投标报价是潜在承包商投标时确定的承包工程的价格。招标人常把投标人的报价作为选择中标者的主要依据。报价是投标者投标的核心，报价过低虽易中标，但会给承包商带来亏损的风险。因此，标价过高或过低都不可取，如何确定合适的投标报价，是投标人能否中标的关键。

(一)投标报价的编制原则

投标报价的编制应遵循以下原则:

(1)报价要合理。在对招标文件进行充分、完整、准确理解的基础上,编制出的报价是投标人施工措施、能力和水平的综合反映,应是合理的较低报价。当标底计算依据比较充分、准确时,适当的报价不应与标底相差太大。当报价高出标底许多时,往往不被招标人考虑;若报价低于标底较多时,则会使投标人盈利减少,风险加大,且易造成招标人对投标者的不信任。因此,合理的报价应与投标者本身具备的技术水平和工程条件相适应,接近标底,低而适度,尽可能被招标者理解和接受。

(2)单价合理可靠。各项目单价的分析、计算方法应合理可行,施工方法及所采用的设备应与投标书中施工组织设计相一致,以提高单价的可信度与合理性。

(3)较高的响应性和完整性。投标单位在编制报价时应按招标文件规定的工作内容、价格组成与计算填写方式编制投标报价文件,从形式到实质对招标文件给予充分响应。

(二)投标报价的编制依据

投标报价的编制依据有以下内容:

(1)招标文件、设计图纸。

(2)施工组织设计。

(3)施工规范。

(4)国家、部门、地方或企业定额及费用标准。

(5)当地的劳务工资标准,包括各种津贴、补贴等。

(6)工程所在地的主要材料价格和其他材料、设备价格及运费。

(7)当地生活物资价格水平。

(8)以往类似工程报价或实际完成价格的参考资料。

(三)投标报价的编制程序

投标报价的编制程序与标底的编制程序基本相同,即先计算基础单价,根据现场条件、施工方案和费用标准确定各工程单价,最后汇总。但由于两者作用、立场不同,所以方法也有所不同。投标报价的编制程序为:

(1)仔细研究并"吃透"招标文件。

(2)复核工程量。在总价承包中,此项工作尤为重要。

(3)研究投标人编制的施工组织设计。

(4)根据标书格式及填写要求,进行标价计算。同时,要根据报价策略作出各个报价方案,供投标决策人参考。

(5)投标决策确定最终报价。

(6)标书打印、复印、装订,法人或授权委托人签字、盖章等。

二、投标报价的编制方法

编制投标报价的程序与编制标底的程序基本相同,二者都必须充分考虑工程技术复杂程度、施工工艺方法、工程量大小、施工条件优劣、市场竞争激烈程度等情况。但投标人报价不同于标底,标底是按社会平均先进工效和管理水平编制的价格;而投标报价是以自身拥有的施工设备、技术优势和管理水平确定人工、材料、机械的消耗数量,以自己的采购优势确定材料预算价格,以自己的管理水平确定各项取费费率,即投标人报价是体现具体施工企业工效和管理水平的竞争价格。

由于两者作用不同,立场不同,所以编制方法也有所不同,现在把主要不同点介绍如下。

(一)人工预算单价计算

编制投标报价的人工预算单价不但要参照现行概算编制规定的人工费组成,还要合理结合本企业的具体情况。如果按以上方法算出的人工费单价偏高,为提高投标的竞争力,可适当降低。可采取的降低措施有:更加详细地划分工种;各项工资性津贴按照调查资料计算;工人年有效工作日和工作小时数按工地实际工作情况进行调整。

(二)施工机械台时费计算

施工机械台时费与机械设备来源密切相关,机械设备可以是施工企业已有的和新增的,新增的包括购置的或是租赁的。

(1)购置的施工机械。其台时费包括购置费和运行费,即包括折旧费、修理及替换设备费、机上人工和动力燃料费等,可视招标文件的要求计入施工机械台时费或计入间接费内。施工机械台时费的计算可参照行业有关定额和规定进行,缺项时,可补充编制施工机械台时费(编制方法见第十章第四节的相关内容)。

(2)租赁的施工机械。根据工程项目的施工特点,为了保证工程的顺利实施,业主有时提供某些大型专用施工机械供承包商租用,或承包商根据自己的设备状况而租借其他部门的施工机械。此时,施工机械台时费应按照业主在招标文件中给出的条件或租赁协议的规定进行计算。对于租借的施工机械,其基本费用是支付给设备租赁公司的租金。编制标价时,往往要加上操作人员的工资、燃料费、润滑油费、其他消耗性材料费等。

(三)直接工程费单价编制

根据招标文件的工程量清单中各个项目的具体情况,可采用编制标底的几种方法,即定额法、实物量法和其他方法编制直接工程费单价。

(四)间接费计算

施工间接费占有一定的比重,要作到合理报价,应根据施工组织设计确定管理人员数量、工资标准、人均费用、工地交通管理车辆数量与费用指标、其他应归入间接费的项目费用等数据资料,科学测算本企业的间接费费率,一般不能大于主管部门规定的间接费费率。过高的间接费费率,不仅会削弱竞争能力,也表示本企业管理水平低下。进行间接费计算时,既要结合本企业情况,更要注意投标竞争情况。

(五)利润、税金计算

投标人应根据企业状况、施工水平、竞争情况、工作饱满程度等确定利润率,并按国家规定的税率计算税金。

三、投标报价策略

投标报价策略即投标技巧,是指在投标报价中采用一些策略与方法,使投标者的报价既让招标人可以接受，而且中标后又能获得更多的利润。因此，投标报价策略的第一目标是确定一个最具竞争力的报价以求中标。其第二目标则是在总价确定以后，如何调整内部各个项目的报价，以期既不提高总价，又不影响中标，还能在结算时得到更理想的经济效益。

(一)修改设计法

投标者有时在研究招标文件时发现，原招标文件的设计和施工方案不尽合理，则投标者可提出更合理的方案吸引业主，同时提出一个和该方案相适应的报价，以供业主比较。一般这种新的设计和施工方案的总报价要比原方案的报价低。关于修改设计，具体有以下几种不同的处理办法：

(1)改正设计错误，显示投标企业的雄厚技术实力，在相同报价下能够增强竞争力。

(2)改进设计，在原设计功能不变的情况下，降低工程造价。以原设计内容为准编制一个报价，再以修改后的设计为准编制一个报价，同时报出，以期比较。

(3)改进设计，保持工程造价不变，大大改善设计功能。这一方面可以显示投标单位的技术力量；另一方面直接提高了投资效益，等于间接节约了投资，降低了工程造价。

应用修改设计法时，一定要对招标方案进行投标报价，另附修改后的“建议方案”，以引起招标单位重视，否则会造成废标。

(二)优惠条件法

在投标时，根据所掌握的招标单位的信息，结合企业的实际能力，提出对招标单位有吸引力、在众多投标者中有竞争力的优惠条件，以此来增加中标机会。优惠条件主要有：

(1)提出垫支工程款、不收预付工程款。工程开工一段时间内不收工程价款，或按比例减收工程款等，以缓解招标单位的筹资困难。

(2)解决主要材料、主要设备的采购问题。有些招标单位采购工程所需的主要材料、设备有困难时，投标单位就以帮助其解决困难为优惠条件。

(3)协助招标单位进行三大目标控制。有些招标项目的建设单位技术、管理力量薄弱，对做好工程项目的三大目标控制工作心中无数，希望得到帮助。投标单位针对这种情况，可以在标书中提出帮助其进行三大目标控制，以解其忧。

(4)提出工期优惠。在一些招标项目中，工期要求特别紧急，按正常工期施工，则招标单位觉得时间太长；向前赶工，又会大大增加造价。在这种情况下，经验丰富、实力雄厚的投标企业就可以在标书中提出既能满足招标单位的工期要求，又不增加工程造价的条件，并附上详细计划，以吸引招标单位。

(三)不平衡报价法

不平衡报价法是指一个工程项目的投标报价，在总价基本确定后，合理调整内部各个子项目的报价，以期既不影响总报价，又能在中标后可以获得较好的经济效益。

不平衡报价法的应用一定要建立在对工程量表中工程量仔细核对分析的基础上。同时，要注意在合理的范围或幅度内提高或降低单价，以免引起业主反感，甚至导致废标。

(1)经过工程量核算，预计今后工程量会增加的项目，单价适当提高，这样在最终结算时可以多赚钱，而将来工程量有可能减少的项目单价降低，工程结算时损失不大。

(2)能够早日结算的项目，如前期措施费、基础工程、土石方工程等可以报得较高，以利资金周转;后期工程项目的报价可适当降低。

上述两种情况要统筹考虑,即对于清单工程量有错误的早期工程,如果工程量不可能完成而有可能降低的项目,则不能盲目抬高单价,要具体分析后再定。

(3)设计图纸不明确,估计修改后工程量要增加的,可以抬高单价,而工程内容说不清楚的,则可以降低一些单价。

(4)暂定项目要作具体分析。因这一类项目要开工后由发包人研究决定是否实施、由哪一家投标人实施。如果工程不分包,只由一家投标人施工,则其中肯定要施工的单价可高些,不一定要施工的则应该低些。如果工程分包,该暂定项目也可能由其他投标人施工时,则不宜报高价,以免抬高总报价。

(5)单价包干的合同中,招标人要求有些项目采用包干报价时,宜报高价。一则这类项目多半有风险,二则这类项目在完成后可全部按报价结算,即可以全部结算回来。其余单价项目则可适当降低。

(6)有时招标文件要求投标人对工程量大的项目报"清单项目报价分析表",投标时可将单价分析表中的人工费及机械设备费报得较高,而材料费报得较低。这主要是为了在今后补充项目报价时,可以参考选用"清单项目报价分析表"中较高的人工费和机械费,而材料则往往采用市场价,因而可获得较高的收益。

(7)在其他项目费中报工日单价和机械台班单价可以高些,以便在日后招标人用工或使用机械时可多盈利。对于其他项目中的工程量要具体分析,是否报高价,高多少有一个限度,不然会抬高总报价。

(四)多方案报价法

对于某些招标文件,若要求过于苛刻,则可采用多方案报价法,即按原招标文件报一个价,然后再提出若对某些条件作些修改,可降低报价,报另一个较低的价,以此来吸引业主。

(五)先亏后盈法

对于大型分期建设的工程,在第一期工程投标时,可以将部分间接费分摊到第二期工程中去,并减少利润以争取中标。这样在第二期工程投标时,凭借第一期工程的经验、临时设施以及创立的信誉,比较容易拿到第二期工程。如第二期工程遥遥无期时,则不可以这样考虑。

(六)逐步升级法

在邀请招标或议标方式中,投标单位可以利用竞争对手少或没有竞争对手为优势,先报出较低报价,然后在反复协商、洽谈的过程和拟定施工合同的过程中,提出种种制约施工的因素或其他对投标单位不利的因素,并借故要求加价,逐步升级,最后协商成功时的发包造价,已远远高于开始时的报价。

(七)预备标价法

工程招标的全过程也是施工企业互相竞争的过程,竞争对手们总是随时随地互相侦察对方的报价动态。而要作到报价绝对保密又很难,这就要求参加投标报价的人员能随机应变,当了解到第一报价已不利时,可用预备的标价投标。

习 题

14-1 实行招标投标的主要意义是什么?

14-2 中标的基本条件是什么?

14-3 编制招标标底的作用、原则及依据是什么?

14-4 编制招标标底的方法有那些?

14-5 投标报价策略有哪些?

附 录

工程部分一级、二级、三级项目划分的具体情况详见附表1～附表5。

附表1 第一部分 建筑工程

I	枢纽工程			
序号	一级项目	二级项目	三级项目	技术经济指标
一	挡水工程			
1		混凝土坝(闸)工程		
			土方开挖	元/m^3
			石方开挖	元/m^3
			土石方回填	元/m^3
			模板	元/m^2
			混凝土	元/m^3
			防渗墙	元/m^2
			灌浆孔	元/m
			灌浆	
			排水孔	元/m
			砌石	元/m^3
			钢筋	元/t
			锚杆	元/根
			锚索	元/束
			启闭机室	元/m^2
			温控措施	
			细部结构工程	元/m^3
2		土(石)坝工程		
			土方开挖	元/m^3
			石方开挖	元/m^3
			土料填筑	元/m^3
			砂砾料填筑	元/m^3
			斜(心)墙土料填筑	元/m^3
			反滤料、过渡料填筑	元/m^3
			坝体(坝趾)堆石	元/m^3
			土工膜	元/m^2
			沥青混凝土	元/m^3
			模板	元/m^2
			混凝土	元/m^3
			砌石	元/m^3
			铺盖填筑	元/m^3
			防渗墙	元/m^2
			灌浆孔	元/m
			灌浆	
			排水孔	元/m
			钢筋	元/t
			锚索(杆)	元/束(根)
			面(趾)板止水	元/m
			细部结构工程	元/m^3

续附表 1

I	枢纽工程			
序号	一级项目	二级项目	三级项目	技术经济指标
二	泄洪工程			
1		溢洪道工程		
			土方开挖	元/m^3
			石方开挖	元/m^3
			土石方回填	元/m^3
			模板	元/m^2
			混凝土	元/m^3
			灌浆孔	元/m
			灌浆	
			排水孔	元/m
			砌石	元/m^3
			钢筋	元/t
			锚索(杆)	元/束(根)
			温控措施	
			细部结构工程	元/m^3
2		泄洪洞工程		
			土方开挖	元/m^3
			石方开挖	元/m^3
			模板	元/m^2
			混凝土	元/m^3
			灌浆孔	元/m
			灌浆	
			排水孔	元/m
			钢筋	元/t
			锚索(杆)	元/束(根)
3		冲沙洞(孔)工程		
			土方开挖	元/m^3
			石方开挖	元/m^3
			模板	元/m^2
			混凝土	元/m^3
			灌浆孔	元/m
			灌浆	
			排水孔	元/m
			钢筋	元/t
			锚索(杆)	元/束(根)
			细部结构工程	元/m^3
4		放空洞工程		
三	引水工程			
1		引水明渠工程		
			土方开挖	元/m^3
			石方开挖	元/m^3
			模板	元/m^2
			混凝土	元/m^3
			钢筋	元/t
			锚索(杆)	元/束(根)
			细部结构工程	元/m^3

续附表 1

I	枢纽工程			
序号	一级项目	二级项目	三级项目	技术经济指标
2		进(取)水口工程		
			土方开挖	元/m^3
			石方开挖	元/m^3
			模板	元/m^2
			混凝土	元/m^3
			钢筋	元/t
			锚索(杆)	元/束(根)
			细部结构工程	元/m^3
3		引水隧洞工程		
			土方开挖	元/m^3
			石方开挖	元/m^3
			模板	元/m^2
			混凝土	元/m^3
			灌浆孔	元/m
			灌浆	
			钢筋	元/t
			锚索(杆)	元/束(根)
			细部结构工程	元/m^3
4		调压井工程		
			土方开挖	元/m^3
			石方开挖	元/m^3
			模板	元/m^2
			混凝土	元/m^3
			喷浆	元/m^2
			灌浆孔	元/m
			灌浆	
			钢筋	元/t
			锚索(杆)	元/束(根)
			细部结构工程	元/m^3
5		高压管道工程		
			土方开挖	元/m^3
			石方开挖	元/m^3
			模板	元/m^2
			混凝土	元/m^3
			灌浆孔	元/m
			灌浆	
			钢筋	元/t
			锚索(杆)	元/束(根)
			细部结构工程	元/m^3

续附表 1

Ⅰ	枢纽工程			
序号	一级项目	二级项目	三级项目	技术经济指标
四	发电厂工程			
1		地面厂房工程		
			土方开挖	元/m^3
			石方开挖	元/m^3
			模板	元/m^2
			混凝土	元/m^3
			砖墙	元/m^3
			砌石	元/m^3
			灌浆孔	元/m
			灌浆	
			钢筋	元/t
			锚索(杆)	元/束(根)
			温控措施	
			厂房装修	元/m^2
			细部结构工程	元/m^3
2		地下厂房工程		
			石方开挖	元/m^3
			模板	元/m^2
			混凝土	元/m^3
			喷浆	元/m^2
			灌浆孔	元/m
			灌浆	
			排水孔	元/m
			钢筋	元/t
			锚索(杆)	元/束(根)
			温控措施	
			厂房装修	元/m^2
			细部结构工程	元/m^3
3		交通洞工程		
			土方开挖	元/m^3
			石方开挖	元/m^3
			模板	元/m^2
			混凝土	元/m^3
			灌浆孔	元/m
			灌浆	
			钢筋	元/t
			锚索(杆)	元/束(根)
			细部结构工程	元/m^3

续附表1

I	枢纽工程			
序号	一级项目	二级项目	三级项目	技术经济指标
4		出线洞(井)工程		
5		通风洞(井)工程		
6		尾水洞工程		
7		尾水调压井工程		
8		尾水渠工程		
			土方开挖	元/m^3
			石方开挖	元/m^3
			模板	元/m^2
			混凝土	元/m^3
			砌石	元/m^3
			钢筋	元/t
			细部结构工程	元/m^3
五	升压变电站工程			
1		变电站工程		
			土方开挖	元/m^3
			石方开挖	元/m^3
			模板	元/m^2
			混凝土	元/m^3
			砌石	元/m^3
			构架	元/m^3(t)
			钢筋	元/t
			细部结构工程	元/m^3
2		开关站工程		
			土方开挖	元/m^3
			石方开挖	元/m^3
			模板	元/m^2
			混凝土	元/m^3
			砌石	元/m^3
			构架	元/m^3(t)
			钢筋	元/t
			细部结构工程	元/m^3
六	航运工程			
1		上游引航道工程		
			土方开挖	元/m^3
			石方开挖	元/m^3
			模板	元/m^2
			混凝土	元/m^3
			砌石	元/m^3
			钢筋	元/t
			锚索(杆)	元/束(根)
			细部结构工程	元/m^3

续附表1

I	枢纽工程			
序号	一级项目	二级项目	三级项目	技术经济指标
2		船闸(升船机)工程		
			土方开挖	元/m^3
			石方开挖	元/m^3
			模板	元/m^2
			混凝土	元/m^3
			灌浆孔	元/m
			灌浆	
			防渗墙	元/m^2
			钢筋	元/t
			锚索(杆)	元/束(根)
			控制室	元/m^2
			温控措施	
			细部结构工程	元/m^3
3		下游引航道工程		
			土方开挖	元/m^3
			石方开挖	元/m^3
			模板	元/m^2
			混凝土	元/m^3
			砌石	元/m^3
			钢筋	元/t
			锚索(杆)	元/束(根)
			细部结构工程	元/m^3
七	鱼道工程			
八	交通工程			
1		公路工程		
			土方开挖	元/m^3
			石方开挖	元/m^3
			土石方回填	元/m^3
			砌石	元/m^3
			路面	
2		铁路工程		元/km
3		桥梁工程		元/延米
4		码头工程		
九	房屋建筑工程			
1		辅助生产厂房		元/m^2
2		仓库		元/m^2
3		办公室		元/m^2
4		生活及文化福利建筑		
5		室外工程		

续附表1

Ⅰ	枢纽工程			
序号	一级项目	二级项目	三级项目	技术经济指标
十	其他建筑工程			
1		内外部观测工程		
2		动力线路工程(厂坝区)		元/km
3		照明线路工程		元/km
4		通信线路工程		元/km
5		厂坝区及生活区供水、供热、排水等公用设施		
6		厂坝区环境建设工程		
7		水情自动测报系统工程		
8		其他		

Ⅱ	引水工程及河道工程			
序号	一级项目	二级项目	三级项目	技术经济指标
一	渠(管)道工程(堤防工程、疏浚工程)			
1		××—××段干渠(管)工程(××—××段堤防工程、××—××段疏浚工程)		
			土方开挖(挖泥船挖)	元/m^3
			石方开挖	元/m^3
			土石方回填	元/m^3
			土工膜	元/m^2
			模板	元/m^2
			混凝土	元/m^3
			输水管道	元/m
			砌石	元/m^3
			抛石	元/m^3
			钢筋	元/t
			细部结构工程	元/m^3
2		××—××段支渠(管)工程		
二	建筑物工程			
1		泵站工程(扬水站、排灌站)		

续附表 1

Ⅱ	引水工程及河道工程			
序号	一级项目	二级项目	三级项目	技术经济指标
			土方开挖	元/m^3
			石方开挖	元/m^3
			土石方回填	元/m^3
			模板	元/m^2
			混凝土	元/m^3
			砌石	元/m^3
			钢筋	元/t
			锚杆	元/根
			厂房建筑	元/m^2
			细部结构工程	元/m^3
2		水闸工程		
			土方开挖	元/m^3
			石方开挖	元/m^3
			土石方回填	元/m^3
			模板	元/m^2
			混凝土	元/m^3
			防渗墙	元/m^2
			灌浆孔	元/m
			灌浆	
			砌石	元/m^3
			钢筋	元/t
			启闭机室	元/m^2
			细部结构工程	元/m^3
3		隧洞工程		
			土方开挖	元/m^3
			石方开挖	元/m^3
			模板	元/m^2
			混凝土	元/m^3
			灌浆孔	元/m
			灌浆	
			钢筋	元/t
			锚索(杆)	元/束(根)
			细部结构工程	元/m^3

续附表1

Ⅱ	引水工程及河道工程			
序号	一级项目	二级项目	三级项目	技术经济指标
4		渡槽工程		
			土方开挖	元/m^3
			石方开挖	元/m^3
			土石方回填	元/m^3
			模板	元/m^2
			混凝土	元/m^3
			砌石	元/m^3
			钢筋	元/t
			细部结构工程	元/m^3
5		倒虹吸工程		
			土方开挖	元/m^3
			石方开挖	元/m^3
			土石方回填	元/m^3
			模板	元/m^2
			混凝土	元/m^3
			砌石	元/m^3
			钢筋	元/t
			细部结构工程	元/m^3
6		小水电站工程		
			土方开挖	元/m^3
			石方开挖	元/m^3
			土石方回填	元/m^3
			模板	元/m^2
			混凝土	元/m^3
			砌石	元/m^3
			钢筋	元/t
			锚筋	元/t
			厂房建筑	元/m^2
			细部结构工程	元/m^3
7		调蓄水库工程		
8		其他建筑工程		
三	交通工程			

续附表 1

Ⅱ	引水工程及河道工程			
序号	一级项目	二级项目	三级项目	技术经济指标
1		公路工程		
			土方开挖	元/m^3
			石方开挖	元/m^3
			土石方回填	元/m^3
			砌石	元/m^3
			路面	
2		铁路工程		元/km
3		桥梁工程		元/延米
4		码头工程		
四	房屋建筑工程			
1		辅助生产厂房		元/m^2
2		仓库		元/m^2
3		办公室		元/m^2
4		生活及文化福利建筑		
5		室外工程		
五	供电设施工程			
六	其他建筑工程			
1		内外部观测工程		
2		动力线路工程(5 坝区)		元/km
3		照明线路工程		元/km
4		通信线路工程		元/km
5		厂坝(闸、泵站)区及生活区供水、供热、排水等公用设施		
6		厂坝区环境建设工程		
7		水情自动测报系统工程		
8		其他		

附表 2　第二部分　机电设备及安装工程

I	枢纽工程			
序号	一级项目	二级项目	三级项目	技术经济指标
一	发电设备及安装工程			
1		水轮机设备及安装工程		
			水轮机	元/台
			调速器	元/台
			油压装置	元/台
			自动化元件	元/台
			透平油	元/t
2		发电机设备及安装工程		
			发电机	元/台
			励磁装置	元/台(套)
3		主阀设备及安装工程		
			蝴蝶阀(球阀、锥形阀)	元/台
			油压装置	元/台
4		起重设备及安装工程		
			桥式起重机	元/台
			转子吊具	元/具
			平衡梁	元/副
			轨道	元/双 10 m
			滑触线	元/三相 10 m
5		水力机械辅助设备及安装工程		
			油系统	
			压气系统	
			水系统	
			水力量测系统	
			管路(管子、附件、阀门)	
6		电气设备及安装工程		
			发电电压装置	
			控制保护系统	
			直流系统	

续附表 2

I	枢纽工程			
序号	一级项目	二级项目	三级项目	技术经济指标
			厂用电系统	
			电工试验	
			35 kV 及以下动力电缆	
			控制和保护电缆	
			母线	
			电缆架	
			其他	
二	升压变电设备及安装工程			
1		主变压器设备及安装工程		
			变压器	元/台
			轨道	元/双 10 m
2		高压电气设备及安装工程		
			高压断路器	
			电流互感器	
			电压互感器	
			隔离开关	
			高压避雷器	
			110 kV 及以上高压电缆	
3		一次拉线及其他安装工程		
三	公用设备及安装工程			
1		通信设备及安装工程		
			卫星通信	
			光缆通信	
			微波通信	

续附表 2

I	枢纽工程			
序号	一级项目	二级项目	三级项目	技术经济指标
			载波通信	
			生产调度通信	
			行政管理通信	
2		通风采暖设备及安装工程		
			通风机	
			空调机	
			管路系统	
3		机修设备及安装工程		
			车床	
			刨床	
			钻床	
4		计算机监控系统		
5		管理自动化系统		
6		全厂接地及保护网		
7		电梯设备及安装工程		
			大坝电梯	
			厂房电梯	
8		坝区馈电设备及安装工程		
			变压器	
			配电装置	
9		厂坝区供水、排水、供热设备及安装工程		
10		水文、泥沙监测设备及安装工程		
11		水情自动测报系统设备及安装工程		
12		外部观测设备及安装工程		
13		消防设备		
14		交通设备		

续附表2

Ⅱ	引水工程及河道工程			
序号	一级项目	二级项目	三级项目	技术经济指标
一	泵站设备及安装工程			
1		水泵设备及安装工程		
2		电动机设备及安装工程		
3		主阀设备及安装工程		
4		起重设备及安装工程		
			桥式起重机	元/台
			平衡梁	元/副
			轨道	元/双10 m
			滑触线	元/三相10 m
5		水力机械辅助设备及安装工程		
			油系统	
			压气系统	
			水系统	
			水力量测系统	
			管路(管子、附件、阀门)	
6		电气设备及安装工程		
			控制保护系统	
			盘柜	
			电缆	
			母线	
二	小水电站设备及安装工程			
三	供变电工程			
		变电站设备及安装工程		
四	公用设备及安装工程			
1		通信设备及安装工程		
			卫星通信	
			光缆通信	
			微波通信	

续附表 2

Ⅱ	引水工程及河道工程			
序号	一级项目	二级项目	三级项目	技术经济指标
			载波通信 生产调度通信 行政管理通信	
2		通风采暖设备及安装工程		
			通风机 空调机 管路系统	
3		机修设备及安装工程		
			车床 刨床 钻床	
4		计算机监控系统		
5		管理自动化系统		
6		全厂接地及保护网		
7		坝(闸、泵站)区馈电设备及安装工程		
			变压器 配电装置	
8		厂坝(闸、泵站)区供水、排水、供热设备及安装工程		
9		水文、泥沙监测设备及安装工程		
10		水情自动测报系统设备及安装工程		
11		外部观测设备及安装工程		
12		消防设备		
13		交通设备		

附表3　第三部分　金属结构设备及安装工程

I	枢纽工程			
序号	一级项目	二级项目	三级项目	技术经济指标
一	挡水工程			
1		闸门设备及安装工程		
			平板门	元/t
			弧形门	元/t
			埋件	元/t
			闸门防腐	
2		启闭设备及安装工程		
			卷扬式启闭机	元/台
			门式启闭机	元/台
			油压启闭机	元/台
			轨道	元/双10 m
3		拦污设备及安装工程		
			拦污栅	元/t
			清污机	元/t(台)
二	泄洪工程			
1		闸门设备及安装工程		
2		启闭设备及安装工程		
3		拦污设备及安装工程		
三	引水工程			
1		闸门设备及安装工程		
2		启闭设备及安装工程		
3		拦污设备及安装工程		
4		钢管制作及安装工程		

续附表 3

Ⅰ	枢纽工程			
序号	一级项目	二级项目	三级项目	技术经济指标
四	发电厂工程			
1		闸门设备及安装工程		
2		启闭设备及安装工程		
五	航运工程			
1		闸门设备及安装工程		
2		启闭设备及安装工程		
3		升船机设备及安装工程		
六	鱼道工程			
Ⅱ	引水工程及河道工程			
序号	一级项目	二级项目	三级项目	技术经济指标
一	泵站工程			
1		闸门设备及安装工程		
2		启闭设备及安装工程		
3		拦污设备及安装工程		
二	水闸工程			
1		闸门设备及安装工程		
2		启闭设备及安装工程		
3		拦污设备及安装工程		
三	小水电站工程			
1		闸门设备及安装工程		
2		启闭设备及安装工程		
3		拦污设备及安装工程		
4		钢管制作及安装工程		
四	调蓄水库工程			
五	其他建筑物工程			

附表 4　第四部分　施工临时工程

序号	一级项目	二级项目	三级项目	技术经济指标
一	导流工程			
1		导流明渠工程		
			土方开挖	元/m^3
			石方开挖	元/m^3
			模板	元/m^2
			混凝土	元/m^3
			钢筋	元/t
			锚杆	元/根
2		导流洞工程		
			土方开挖	元/m^3
			石方开挖	元/m^3
			模板	元/m^2
			混凝土	元/m^3
			灌浆	
			钢筋	元/t
			锚杆(索)	元/根(束)
3		土石围堰工程		
			土方开挖	元/m^3
			石方开挖	元/m^3
			堰体填筑	元/m^3
			砌石	元/m^3
			防渗	元/m^3(m^2)
			堰体拆除	元/m^3
			截流	
			其他	
4		混凝土围堰工程		
			土方开挖	元/m^3
			石方开挖	元/m^3

续附表 4

序号	一级项目	二级项目	三级项目	技术经济指标
			模板	元/m^2
			混凝土	元/m^3
			防渗	元/m^3(m^2)
			堰体拆除	元/m^3
			其他	
5		蓄水期下游断流补偿设施工程		
6		金属结构设备及安装工程		
二	施工交通工程			
1		公路工程		元/千米
2		铁路工程		元/千米
3		桥梁工程		元/延米
4		施工支洞工程		
5		码头工程		
6		转运站工程		
三	施工供电工程			
1		220 kV 供电线路		元/千米
2		110 kV 供电线路		元/千米
3		35 kV 供电线路		元/千米
4		10 kV 供电线路(引水及河道)		元/千米
5		变配电设施(场内除外)		元/座
四	房屋建筑工程			
1		施工仓库		
2		办公、生活及文化福利建筑		
五	其他施工临时工程			

附表5　第五部分　独立费用

序号	一级项目	二级项目	三级项目	技术经济指标
一	建设管理费			
1		项目建设管理费		
			建设单位开办费	
			建设单位经常费	
2		工程建设监理费		
3		联合试运转费		
二	生产准备费			
1		生产及管理单位提前进厂费		
2		生产职工培训费		
3		管理用具购置费		
4		备品备件购置费		
5		工器具及生产家具购置费		
三	科研勘测设计费			
1		工程科学研究试验费		
2		工程勘测设计费		
四	建设及施工场地征用费			
五	其他			
1		定额编制管理费		
2		工程质量监督费		
3		工程保险费		
4		其他税费		

参 考 文 献

[1] 刘成武.土木工程施工组织学[M]. 北京:中国铁道出版社,2003.

[2] 刘松深.水利水电施工技术规范汇编(续编)[G]. 北京:水利电力出版社,1995.

[3] 毛建平,等.水利水电工程施工[M].郑州:黄河水利出版社,2004.

[4] 钟汉华.水利水电施工组织与管理[M]. 北京:中国水利水电出版社,2005.

[5] 李向东,等. 安全员[M]. 北京:中国水利水电出版社,2006.

[6] 李向东,等. 施工员[M]. 北京:中国水利水电出版社,2007.

[7] 张起森,等. 公路施工组织与概预算[M]. 北京:人民交通出版社,2005.

[8] 于立君,等.建筑工程施工组织[M].北京:高等教育出版社,2005.

[9] 尹军,等.建筑施工组织与进度管理[M].北京:化学工业出版社,2005.

[10] 陈乃佑.建筑施工组织[M].北京:机械工业出版社,2003.

[11] 陈全会,等.水利水电工程定额与概预算[M].北京:中国水利水电出版社,2003.

[12] 周召梅,等.工程造价与招投标[M].北京:中国水利水电出版社,2007.

[13] 贾宏俊,等.工程造价计价与控制[M].北京:中国计划出版社,2006.

[14] 方国华,等.新编水利水电工程概预算[M].郑州:黄河水利出版社,2003.

[15] 中国水利学会水利工程造价管理专业委员会.水利工程造价[M].北京:中国计划出版社,2002.

[16] 水利部、国家电力公司、国家工商行政管理局.水利水电工程施工合同和招标文件示范文本[M].北京:中国水利水电出版社,中国电力出版社,2000.

[17] 梁建林. 水利水电工程造价与招投标[M].郑州:黄河水利出版社,2001.

[18] 徐学东,等.水利水电工程定额与概预算[M].北京:中国水利水电出版社,2005.

[19] 水利部建设与管理司.最新水利工程建设项目招标投标文件汇编[G].北京:中国水利水电出版社,2005.

[20] 王文新,等.水利水电工程招标投标运作指南[M].北京:中国水利水电出版社,2004.

[21] 中华人民共和国国家经济贸易委员会. DL/ T 5088—1999 水电水利工程工程量计算规定[S].北京:中国电力出版社,1999.